工业和信息化普通高等教育"十三五"规划

21世纪高等学校**会计学**系列教材

A UDITING

审计学
理论、方法与案例

◆ 孙永军 窦晓飞 王丹 编著

人民邮电出版社

北 京

图书在版编目（CIP）数据

审计学：理论、方法与案例 / 孙永军，窦晓飞，王丹编著. -- 北京：人民邮电出版社，2020.9
21世纪高等学校会计学系列教材
ISBN 978-7-115-52847-6

Ⅰ. ①审… Ⅱ. ①孙… ②窦… ③王… Ⅲ. ①审计学－高等学校－教材 Ⅳ. ①F239.0

中国版本图书馆CIP数据核字(2019)第268547号

内 容 提 要

本书共九章，第一章重点介绍了审计基础理论。第二章～第六章详细介绍了审计流程、内部控制原理、审计目标与审计计划、审计证据及其收集方法、终结审计与审计报告等内容。第七章～第九章，分别结合实践需要，主要介绍了注册会计师审计、内部审计和国家审计的内容，并对实用的审计方法及相关案例进行了全面的解析。

本书可作为普通高等院校会计学专业高年级本科生、研究生、MBA、MPAcc 的教材，也适合相关专业的教师、研究人员学习使用。

♦ 编　著　孙永军　窦晓飞　王　丹
　　责任编辑　许金霞
　　责任印制　周昇亮

♦ 人民邮电出版社出版发行　　北京市丰台区成寿寺路 11 号
　　邮编 100164　电子邮件 315@ptpress.com.cn
　　网址 https://www.ptpress.com.cn
　　北京天宇星印刷厂印刷

♦ 开本：787×1092　1/16
　　印张：16.75　　　　　　　2020 年 9 月第 1 版
　　字数：458 千字　　　　　2020 年 9 月北京第 1 次印刷

定价：56.00 元

读者服务热线：(010)81055256　印装质量热线：(010)81055316
反盗版热线：(010)81055315
广告经营许可证：京东市监广登字 20170147 号

随着审计环境的变化，我国审计学科不断创新与发展。近年来，中国国家审计起到了十分明显的反腐利剑、改革的"催化剂"、政策"推进器"作用，甚至在联合国都有中国国家审计的身影。独立审计和内部审计同样取得了很大发展。审计参与国家治理、市场经济建设、规范制度和经营管理等的战略地位不言而喻。我国高校在人才培养目标、培养途径、知识体系方面必须满足审计工作的需要，同时知道对社会的担当。当前，我国政治、经济、社会发展进入新阶段，对各类审计人才的需求和对审计工作的期望越来越高。

审计学理论性、技术性、应用性的一体化有助于增强审计人才在工作中的对接性。但审计学科的多学科融合性、功能和目标的演变性及内涵外延的扩展性，促进了审计学体系的不断丰富，同时加大了对审计学教育的挑战。

本书立足于审计人才培养的目标，针对审计体系、知识要点、重点难题，梳理了审计的基础知识和典型例题，力求向读者提供新理论、新方法和新实践，扩展读者的知识面，从而激发读者学习的积极性和主动性。

本书在吸纳优秀审计学教材精华的基础上，尊重审计科学认知规律，具有如下特点。

1. 结构更系统，内容更全面，理论实践结合度更高

本书以国家审计、注册会计师审计和内部审计结合的形式，构建审计职业基础知识、审计技术流程、各类审计应用三大内容，并在各章节内容中重点进行了理论方法与案例的融合。这也是我们在审计教学中的新探索和新特点。

2. 借鉴最新法规和理论前沿，更新审计点，增强实践针对性

本书的设计初衷就是进一步促进读者对审计理论的学习。近些年来，我国审计涉及的一些重要法规发生了变革，尤其是实践工作中的一些新探索特别具有教育意义和引导性，体现了我国审计界工作的成绩。本书在更新现有法律的基础上，在国家审计中引入了大量的新实践、新经验、新总结，突出了自然资源资产离任审计、转移支付审计等特色内容。本书在内部审计和注册会计师审计中突出了实操性和技术衔接性，将基础理论、技术原理、实践方法间理论与运用的融合作为重点，具有较强的针对性。

3. 围绕主线，兼顾重点和难点，深入浅出

本书围绕三大审计，突出了对知识点的把握，尤其是强调了审计目标、审计问题、审计方法等实用型内容，让审计理论建立在简单的重点内容之上，以点带面，促进学生对知识的理解。通过典型例题、经典案例等多种方式加深读者对重点、难点的理解。同时，本书还配套了相应的课后训练，进一步加强了读者关于审计方法的训练，以便更好地掌握相关知识点。

本书在编写过程中结合了最新审计准则修订的内容，在主要内容中充分展示了审计学最新的理论和实务研究成果。同时，本书充分考虑到了审计学教学的现实需要，大量运用图表，简明、形象地解析重点和难点问题，力图将审计理论与实际业务有机结合起来，以提高读者对实际问题的分析、判断和解决能力。

本书由黑龙江大学经济与工商管理学院、黑龙江省国家审计研究中心主任孙永军教授主编，具体分工为：孙永军拟定写作原则和提纲，负责总纂和定稿，并编写第一章、第四章、第九章。窦晓飞负责整理和协调工作，并编写第二章、第三章、第七章、第八章。王丹负责编写第五章和第六章。此外，黑龙江大学经济与工商管理学院会计系研究生刘洋、甘美泉、陈雅莉、刘琪做了大量的文稿整理与校对工作。

编者历时近一年认真学习新知识并不断丰富对审计学理论的认识，力求让本书更完美。但由于多种原因，本书难免存在不足，恳请读者批评指正。

孙永军

2020 年 3 月

第一章　审计基础理论

第一节　**审计概述** ·· **2**
　一、审计的概念 ·· 2
　二、审计的特征 ·· 2
　三、审计对象 ·· 3
　四、审计目的 ·· 4
　五、审计的职能和作用 ·· 4
第二节　**审计的分类** ·· **5**
　一、审计的基本分类 ·· 5
　二、审计的其他分类 ·· 7
第三节　**审计的产生和发展** ···································· **9**
　一、审计的产生 ··· 9
　二、审计的发展 ·· 11
第四节　**审计组织与业务范围** ································ **15**
　一、国家审计 ··· 15
　二、民间审计 ··· 16
　三、内部审计 ··· 20
第五节　**审计准则与职业道德** ································ **22**
　一、审计准则 ··· 22
　二、审计职业道德 ··· 27
　课后训练 ··· **30**

第二章　审计流程

第一节　**审计流程与风险导向审计** ··························· **33**
　一、审计流程 ··· 33
　二、风险导向审计 ··· 33
第二节　**注册会计师的审计流程** ······························ **35**
　一、接受审计委托 ··· 35
　二、计划审计工作 ··· 36
　三、实施风险评估程序 ······································ 36

四、实施控制测试和实质性程序·······37

五、完成审计工作和编制审计报告·······37

第三节　内部审计流程·······**37**

一、内部审计准备阶段·······37

二、内部审计实施阶段·······41

三、内部审计报告阶段·······41

四、后续审计阶段·······44

第四节　国家审计流程·······**47**

一、准备阶段·······47

二、实施阶段·······48

三、终结阶段·······50

课后训练·······**53**

第三章　内部控制原理

第一节　内部控制理论的产生与发展·······**56**

一、内部控制理论的发展历程·······56

二、我国内部控制规范体系·······61

第二节　企业内部控制基本规范·······**62**

一、内部控制定义·······62

二、内部控制的目标·······62

三、内部控制要素·······63

第三节　内部控制评价指引·······**66**

一、内部控制评价的含义·······66

二、内部控制评价的内容·······67

三、内部控制评价的程序·······67

四、内部控制缺陷的认定·······69

五、内部控制缺陷报告·······70

第四节　内部控制审计指引·······**71**

一、内部控制审计的定义·······71

二、计划审计工作·······72

三、实施审计工作·······72

四、评价控制缺陷·······74

五、完成审计工作·······76

六、出具审计报告·······76

课后训练·······**80**

第四章　审计目标与审计计划

第一节　审计目标 ·· 82
　一、审计总体目标 ·· 82
　二、管理层认定与具体审计目标 ························ 83
第二节　审计计划 ·· 84
　一、国家审计计划 ·· 85
　二、注册会计师审计计划 ·································· 86
　三、内部审计计划 ·· 90
第三节　审计重要性 ·· 91
　一、审计重要性的内涵与判断流程 ·················· 91
　二、审计重要性的确定 ···································· 93
　三、重要性水平评估 ·· 96
第四节　审计风险 ·· 98
　一、审计风险的定义 ·· 98
　二、审计风险的内容 ·· 98
　三、重要性水平与审计风险及审计证据的关系 ··· 100
第五节　重大错报风险评估与应对 ······················ 100
　一、风险评估程序 ·· 100
　二、了解被审计单位及评估其环境 ·················· 102
　三、评估重大错报风险 ···································· 105
　四、与管理层和治理层的沟通、记录 ··············· 108
　五、控制性测试 ··· 109
　六、实质性程序 ··· 113
课后训练 ·· 115

第五章　审计证据及其收集方法

第一节　审计证据 ·· 118
　一、审计证据的内涵 ·· 118
　二、审计证据的类型 ·· 119
　三、审计证据的特征 ·· 121
第二节　审计证据的收集方法及审计抽样 ·············· 124
　一、审计证据的收集方法 ·································· 124
　二、审计程序与审计证据、认定的关系 ··········· 126

三、审计抽样方法 ························126

第三节　审计工作底稿 ·····················**134**

一、审计工作底稿概述 ·····················134

二、审计工作底稿的要素 ···················135

三、审计工作底稿的归档 ···················138

课后训练 ·······························**140**

第六章　终结审计与审计报告

第一节　终结审计 ·······················**142**

一、终结审计概述 ·······················142

二、考虑持续经营假设 ·····················146

三、或有事项审计 ·······················147

四、期后事项 ··························147

五、书面声明 ··························149

第二节　审计报告范式与案例 ················**150**

一、审计报告概述 ·······················150

二、审计报告的基本格式与内容 ···············154

课后训练 ·······························**161**

第七章　注册会计师审计

第一节　销售与收款循环审计 ················**163**

一、销售与收款业务的特点 ··················163

二、销售与收款循环的内部控制和控制测试 ·······166

三、销售与收款交易的实质性程序 ·············170

四、营业收入的实质性程序 ··················172

五、应收账款的实质性程序 ··················174

六、坏账准备的实质性程序 ··················177

第二节　采购与付款循环审计 ················**177**

一、采购与付款循环的特点 ··················178

二、采购与付款循环的内部控制和控制测试 ·······180

三、应付账款的实质性程序 ··················184

四、固定资产的实质性程序 ··················187

第三节　生产与存货循环审计 ················**188**

一、生产与存货循环的特点 ··················188

二、生产与存货交易的内部控制与控制测试······ 190
三、生产与存货循环的实质性程序············ 191
四、存货监盘的实质性程序················ 192
第四节　投资与筹资循环审计··············· **196**
一、投资与筹资循环的特点················ 196
二、投资活动的内部控制与控制测试········· 198
三、筹资活动的内部控制与控制测试········· 200
四、投资与筹资循环的实质性程序··········· 201
第五节　货币资金审计··················· **203**
一、货币资金审计概述··················· 203
二、库存现金审计······················ 204
三、银行存款审计······················ 207
课后训练····························· **208**

第八章　内部审计

第一节　绩效审计与案例················· **211**
一、绩效审计的含义··················· 211
二、绩效审计的一般原则················ 211
三、绩效审计的内容··················· 211
四、绩效审计的方法··················· 212
五、绩效审计的评价标准················ 212
六、绩效审计报告····················· 212
第二节　信息系统审计与案例············· **215**
一、信息系统审计的概述················ 215
二、信息系统审计的一般原则············· 217
三、信息系统审计计划················· 218
四、信息技术风险评估················· 218
五、信息系统审计的内容················ 219
六、信息系统审计的方法················ 220
第三节　舞弊审计与案例················· **222**
一、舞弊与动因······················ 222
二、对舞弊行为进行检查和报告的一般原则····· 223
三、对舞弊行为进行检查和报告的基本工作流程··· 224
课后训练····························· **226**

第九章　国家审计

第一节　**经济责任审计与案例** ……………………………………**229**

一、经济责任审计概述 ………………………………229

二、经济责任审计的计划、委托与审前准备 ………231

三、经济责任审计的实施及审计结果报告 …………232

四、经济责任审计案例分析 …………………………235

第二节　**金融审计与案例** ……………………………………**236**

一、金融审计的基础理论 ……………………………236

二、中央银行审计 ……………………………………238

三、商业银行审计 ……………………………………240

四、非银行金融机构的审计 …………………………245

第三节　**财政审计与案例** ……………………………………**247**

一、财政审计概述 ……………………………………247

二、本级财政预算执行和决算草案审计 ……………249

三、部门预算执行审计 ………………………………251

四、专项转移支付资金审计 …………………………256

课后训练 ……………………………………………………**256**

参考文献

第一章
审计基础理论

学习目标

- 理解审计的含义和特征
- 了解审计的分类以及审计的产生与发展
- 明确各类审计的作用和职能
- 明确审计在社会中的地位

关键词

审计　国家审计　独立审计　内部审计

引导案例

审计的角色

某市审计局在对A集团公司进行年报审计的过程中，通过该集团公司与其下属子公司之间看似正常的代缴归垫业务，挖出了隐藏长达14年的"小金库"。

审计人员小张在查看A集团公司的财务凭证时，看到有摘要为"代垫"的费用计入了A集团公司管理费用。为谁代垫？是否真实？经小张询问，该单位财务人员表示，该费用是为下属子公司代垫的水电费，再由下属企业归还。因为子公司与集团公司同在一幢办公楼办公，所以母公司代缴水电费还是比较正常的，只是会计核算有些不规范，应该挂账而不应该直接计入管理费用。

随着审计工作的深入，小张在查看该集团公司下属子公司的财务凭证时，发现一笔2万余元的归垫母公司代缴水电费的凭证，相关金额计入子公司的管理费用。母公司有代垫的凭证，子公司有归还的记录，而且附件齐全。小张判断，这笔代垫和归垫业务似乎应该是正常的。

小张在下班后梳理一天的工作，又想起了这两笔代缴和归垫的业务，多年的审计经验让她对这两笔看似真实的正常的业务再次产生了疑问。不规范的会计核算有时候是为了某些便利，母公司将代垫费用计入管理费用，子公司归还后冲销，子公司也将归垫费用计入管理费用。小张想到，如果下属子公司归的这笔款项没有计入母公司的账内，而是计入了别的账户，账面上也没有挂往来，那是不是就隐藏了这笔款项呢？

小张再次调出那笔子公司归垫母公司代缴水电费的凭证，将转账支票上的收款账号与母公司会计账上核算的银行账户进行核对，发现收款账号并没有在母公司账内核算。于是小张要求母公司的财务人员提供该公司名下的银行账户清单，在小张反复催促下，财务人员终于不情愿地提供清单了。

小张对该账外账户进行了详细的核查，发现该账户早在14年前就已设立，一直未纳入账内核算。多年来，该企业将部分业务收入以及下属子公司归垫的部分费用存入该账户，截至审计之时，金额已高达数百万元。

问题讨论：审计为什么产生？审计工作的目的、对象、职能是什么？审计的作用是什么？

第一节　审计概述

一、审计的概念

审计的初始含义在不同的国家不尽相同。在西方，审计的本来含义是"听"的意思。所谓"听其会计"，即奴隶主或封建帝王听取和稽核有关部门或人员以口头或书面形式汇报会计账目，检查各相关人员的责任履行情况。在我国古代就曾有"听""考""勾""比""磨堪""都察"等表示审计活动的名词。

随着社会生产力的发展，社会分工越来越细，各经济组织间的权利、义务、责任更加细化。首先是各组织的所有权与经营权分离；其次是伴随着组织规模的扩大，经营权中的管理权与支配权也进一步分离；最后，保管权与使用权也开始分离。所有这些权利的分离形成庞大的责权利网络，各利益集团相互独立和制衡，确保权力的使用、享受，责任和义务的承担、履行能够相一致。为此，各利益集团要各自记录自身的经济活动并对外报告（会计信息），但这种记录和报告是否真实、是否损害其他方利益，需要进行监督和评价。因此，审计是经济监督、经济鉴证和经济评价活动。

在责权利的博弈中，逐渐产生了国家审计、独立审计和内部审计形式，以满足不同的时代需要。作为一种监督机制，审计的定义并未统一。比如，美国会计学会（American Accounting Association，AAA）在1973年发表的《基本审计概念报告》中认为："审计是一个客观地获取和评价与经济活动和经济事项的认定有关的证据，以确认这些认定与既定标准之间的符合程度，并把审计结果传达给有利害关系的用户的系统过程。"1989年，中国审计学会将审计定义为："由专职机构和人员，依法对被审单位的财政、财务收支及其有关经济活动的真实性、合法性和效益性进行审查，评价经济责任，以维护财经法纪、改善经营管理、提高经济效益、促进宏观调控的独立性经济监督活动"。可以看出，随着社会经济与审计环境的变化，审计目的会发生改变，审计定义会有新的内涵。

因此，综合审计的发展形式与特点，审计是指由相对独立和有胜任能力的专职机构与专业人员接受委托或授权，对特定主体的特定时期的会计报表及其他有关资料进行审查，并将结果传达给利害关系人，以监督、鉴证、评价并促进受托经济责任履行的活动。

二、审计的特征

（一）独立性

审计的独立性是保证审计工作顺利进行的必要条件，是审计的最本质特征，是审计的灵魂，是区别于其他经济监督的关键所在。所谓独立性，强调组织形式、人员构成、工作过程、经费支持等具有较强的自主性，可以分为形式上的独立性和实质上的独立性。形式上的独立性是一种外在表现，使得一个理性且掌握充分信息的第三方，在权衡所有相关事实和情况后，认为会计师事务所或鉴证项目组成员没有损害诚信原则、客观原则和公正原则或职业怀疑态度。审计师与被审计单位没有特殊利益关系。实质上的独立性是一种内心状态，使审计师在提出结论时不受损害和职业因素影响，诚信行事，遵循客观公正原则，保持职业怀疑态度，保证审计过程的结果客观公正、不偏不倚。

审计的原始之意就是查账，即强调由会计人员以外的第三者，对会计账目和报表进行审查，借以验证其公允性、真实性和合法性，以保证审计关系正常发展。独立是以特定的审计关系为判断标准，缺少任何一方，独立的、客观公正的审计将不复存在。因此，财政、税务、工商、咨询、代理记账等活动均不是审计。正是因为审计关系的特定环境不同，国家审计、民间审计和内部审计的独立性存在较大差异。

（二）权威性

审计的权威性是保证有效地行使审计监督权的必要条件。首先，各个国家制度对实行的审计制度、设立审计机关以及不同层次审计机构的地位和权力都做了明确的规定，审计师依法行使权力，受法律保护。其次，审计师应恪守独立、客观、公正的原则，按照有关法律、法规，根据一定的准则、原则、程序进行审计，表现出较高的专业水准或经验，保证其所从事的审计工作具有准确性、科学性、客观性，发表的审计结论使不同经济利益各方乐于接受，从而维护独立性和专业水平构筑的高质量审计信誉。一些国际性组织为了提高审计的权威性，也通过协调各国的审计制度、准则、标准，使审计成为一项世界性的专业服务，增强各国会计信息的一致性和可比性，以有利于促进国际经济的繁荣。

（三）公正性

审计的公正性反映了审计工作的基本要求。它与独立性、权威性具有相辅相成的作用，独立性和权威性是公正性的保障和前提，公正性也有助于维护和提升独立性和权威性。审计师应以"第三方"视角和立场，对审计的监督检查做出不偏不倚、符合实际的判断，进行公正的评价和处理，真正取信于众，建立起足够的权威性。

三、审计对象

审计对象是指审计监督的客体，由审计监督的内容和范围两部分构成。正确认识审计对象，有利于对审计概念的正确理解、审计方法的正确运用和审计监督职能的发挥。

描述审计对象时，审计师必须明确与审计对象有关的基本问题。一是审计的主体，是指审计机构和审计人员（也称审计师），即实施审计监督的执行者。二是审计的范围，是指审计监督客体的外延，它是审计对象的组成部分，具体地说就是被审计单位。三是审计的主要内容，审计的主要内容构成审计对象的内涵，即财务收支及其经营管理活动。四是审计所依据的信息来源，是指形成审计证据的各种文字、数据以及电子计算机的磁带、磁盘、磁鼓等。

因此，审计对象的核心是"审计谁"和"审计什么"。审计对象可以概括为被审计单位的财务收支及其经营管理活动，也可以概括为被审计单位的受托经济责任。

实践中，被审计单位的受托经济责任或财务收支及经济管理活动必然以一定的载体形式记录下来，定期编制并向所有者报告。会计凭证、账簿、报表等会计资料，有关经济预测与决策方案、计划与预算、经济合同、经济活动分析资料、技术资料、会议记录、电子记录、财务报表及其他报告等形成了受托经济责任的依据，涵盖了其活动的真实性、合法性、合理性的信息，因而也属于审计对象。需要注意的是，信息载体只是审计对象的现象或表征，信息反映的内在活动的质量才是审计对象的本质。

审计对象可以定义为：被审计单位的财务收支以及与其有关的经营管理活动和作为提供这些经济活动信息载体的会计报表和其他有关资料。

不论是传统审计还是现代审计，不论是国家审计还是民间审计、内部审计，都要求以被审计单位客观存在的财务收支及其有关的经营管理活动为审计对象，对其是否公允、合法、合理进行评价，以便对其所负受托经济责任是否认真履行进行确定、证明和监督。审计对象在不同审计中会有差异。比如，根据《中华人民共和国宪法》（以下简称"《宪法》"），我国国家审计的对象为国务院各部门和地方各级政府的财政收支，以及国家财政金融机构和企业、事业组织的财务收支。内部审计的对象为本部门、本单位的财务收支及其有关经营管理活动。

四、审计目的

审计目的是指审计所要达到的目标和要求。审计目的和审计目标并不同：审计目的是大概念，审计目标是小概念。审计目标是针对具体事项进行审计而应达到的要求，包括了审计师的专业判断。有关审计目标的内容将在后续章节中详细说明。

任何审计，其总目的都是评价受托经济责任，但不同主体的审计应当具有不同的目的。

国家审计的目的是通过审计财政财务收支真实、合法和效益，最终达到维护国家财政经济秩序，促进廉政建设，保障国民经济健康发展。财政收支、财务收支真实、合法和效益，是国家对地区、部门和单位管理、使用国有资产的基本要求。真实是指财政收支、财务收支及其有关的经济活动真实发生，有关资料如实反映。合法是指财政收支、财务收支及其有关的经济活动遵循国家有关规定。效益是指财政收支、财务收支及其有关的经济活动的经济效率和效果。真实、合法和效益三者之间是相辅相成的统一整体，真实、合法是效益的前提和基础，效益是真实、合法的最终表现。在各项审计业务中，审计机关应当将这三者有机统一起来，可根据特定时期经济工作形势和要求突出其中一个方面。

注册会计师的审计目的是提高财务报表预期使用者对财务报表的信赖程度。注册会计师的审计目的包括一般目的和特殊目的。一般目的是对被审计会计报表的合法性、公允性进行审计，并发表审计意见。特殊目的是对被审计单位按照特殊基础编制的会计报表或其他会计信息进行审计，并发表审计意见。特殊目的的审计业务包括：对按照特殊编制基础编制的会计报表进行审计；对会计报表的组成部分进行审计，包括对会计报表的特定项目、特定账户或特定账户的特定内容进行审计；对法规、合同所涉及的财务会计规定的遵循情况进行审计；对简要会计报表的审计等。总体而言，民间审计也可以理解为以"增信"为目的。

内部审计是在组织内部通过审查和评价经营活动及内部控制的适当性、合法性和有效性来促进组织目标的实现。因此，内部审计的目的是评价和改善风险管理和公司治理流程的有效性，帮助组织实现其目标。内部审计以"增值"为目的。

五、审计的职能和作用

（一）审计的职能

审计的职能是审计工作的客观要求和内在固有功能，审计一般具有三种职能。

1. 经济监督职能

经济监督职能是审计的基本职能，主要通过对被审计单位财务收支及其相关的经营管理活动的审核检查，认定经济资料的真实性、合法性、效益性，揭露弄虚作假、违法违纪、损失浪费等现象。

2. 经济鉴证职能

经济鉴证职能是指审计师通过审核检查来判定被审计单位反映和说明经济事项或经济活动的资料是否符合实际情况,确定其可信度并出具书面证明。这一职能突出地表现在外部审计,而内部审计的独立性受到限制,很难为社会所认同。

3. 经济评价职能

经济评价职能是指审计师对受托责任做出评定,在审核检查的基础上,对被审计单位的经济活动做出判定,确认财务状况、经营成果的优劣、经济效益的高低和受托责任的履行结果,并提出管理建议。

(二)审计的作用

审计有制约、促进、证明三种作用。

1. 制约作用

审计的制约作用,即防护性作用,是指在完成经济监督职能所赋予的任务之后发挥出来的作用。

2. 促进作用

审计的促进作用,即建设性作用,是指在完成经济评价职能所赋予的任务之后发挥出来的作用。

3. 证明作用

审计的证明作用,即审计的公证性作用,是指在完成经济鉴证职能所赋予的任务之后发挥出来的作用。

第二节 审计的分类

按照一定的标准,将性质相同或相近的审计活动归属于一种审计类型的做法,即审计分类。审计按其主体分类和按其内容、目的分类,属于基本分类。基本分类中的审计类别,分别从不同角度说明审计的本质,形成不同的审计工作体系。

一、审计的基本分类

(一)按审计主体分类

审计主体是指执行审计行为的组织和个人。按审计主体的不同,审计可以分为国家审计、民间审计、内部审计三类,如图 1-1 所示。

1. 国家审计

国家审计,也称政府审计,是指由国家审计机关执行的审计。国家审计机关包括按我国宪法规定由国务院设置的审计署,由各省、自治区、直辖市、市、县等地方各级政府设置的审计局和政府在地方或中央各部委设置的派出审计机关。国家通过财政和税收形成的大量国有资源,通过法律授权分配给各级政府机构、事业单位、国有企业管理和使用,因而国家需要监督和评价这些单位或个人的受托经济责任履行情况。国家设立审计机关,代表国家并依据审计法规,以查错防弊和保护国有资源的安全完整,提高国有资源运用的合法性和效益性。

图1-1　审计按主体分类

2. 民间审计

民间审计，又称为社会审计、独立审计、注册会计师审计，是指由经财政部门审核批准成立的民间审计组织所实施的审计。民间审计通常是经有关部门审核批准成立的社会中介组织，如会计师事务所。民间审计的特点是受托审计。按一定标准收取审计服务费用，没有审计委托，就没有民间审计业务。民间审计包括财务报表审计、经营审计、合规性审计。

3. 内部审计

内部审计，是指由本部门和本单位内部专职的审计机构或人员所实施的审计，包括部门内部审计和单位内部审计两大类。这种专职的审计机构或人员，独立于财会部门之外，直接接受本部门、本单位主要负责人的领导，依法对本部门、本单位及其下属单位的财务收支、经营管理活动及其经济效益进行内部审计监督。内部审计的主要目的是纠错防弊，促使改善经管管理、提高经济效益。

（二）按审计内容和目的分类

按审计内容和目的，我国审计可分为财政财务审计、财经法纪审计和经济效益审计，如图1-2所示。

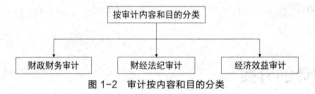

图1-2　审计按内容和目的分类

1. 财政财务审计

财政财务审计，也称传统审计或常规审计，是指审计机构对被审计单位的会计报表及其有关资料的公允性及所反映的财政收支、财务收支的合法性和合规性所进行的审计。就内容来看，财政财务审计是对国务院各部门和地方各级政府、国家的财政金融机构、企业事业组织的财政财务收支活动及其财务报表与相关资料的审查，验证其正确性和公允性，并发现所记载的财务收支活动是否存在问题、是否真实正确、是否合规合法，明确被审计单位的受托经济责任。财政财务审计按对象的不同，可以分为财政预算审计、财政决算审计、财务收支审计，其中，财政预算审计涉及财政预算编制、预算收入与支出的执行情况审计；财政决算审计主要对年终财政收入决算、支出决算、财政结余、预算外资金进行审计；财务收支审计涉及对企事业单位的财务收支活动进行的审计。

2. 财经法纪审计

财经法纪审计，是指审计机构对被审计单位和个人严重侵占国家资财、严重损失浪费以及其他严重损害国家经济利益等违反财经纪律行为所进行的专案审计，类似于国外的舞弊审计和法规审计。它也可以作为财政财务收支审计的一个特殊类别，是我国审计监督的一种重要形式，其目的是保护国家财产，维护党和国家的路线、方针、政策及法律规章，并保证得以贯彻执行。财经法纪审计的主要特点是：根据群众揭发和会计资料所反映出来的问题，对有关单位或当事人在经济活动中的不法行为立案审查，以查清事实并确定问题的性质。财经法纪审计的主要内容包括审查严重侵占国家资财、严重损失浪费、在经济交易中行贿受贿、贪污以及其他严重损害国家和企业利益的重大经济案件等。

3. 经济效益审计

经济效益审计，也称为绩效审计，是指审计机构对被审计单位的财政财务收支及其经营管理活动的经济性、效益性、效果性所实施的审计，其目的是验证绩效的高低有无，发现存在的问题，促使被审计单位改善经营管理，提高经济效益和工作效率，增强被审计单位履行受托经济责任的能力和水平。经济效益审计的内容通常包括对被审计单位财务收支活动及其经营管理活动的经济效益情况及影响因素、途径所进行的审计。在国外，经济效益审计称为"3E"审计（后改为"5E"审计）或综合审计，其主要特点是：通过对被审计单位的工作和生产经营活动的分析、评价，发现被审计单位在工作和经营管理上存在的薄弱环节，挖掘潜力，厉行增产节约、增收节支，寻求提高经济效益的正确途径。审查重点包括两个方面：一是对被审计单位预算、计划和预测、决策方案的效益性进行审查和分析；二是对被审计单位的预算或计划执行情况的效益性进行审查和分析。

二、审计的其他分类

（一）按审计范围分类

1. 按审计的业务范围，审计可以分为全部审计和局部审计

（1）全部审计又称全面审计，是指对被审计单位一定期间与履行受托经济责任相关的全部财政财务收支及有关经济活动与资料进行的审计。这种审计的业务范围较广泛，涉及被审计单位的会计资料及其经济资料所反映的采购、生产、销售、各项财产物资、债权债务和资金以及企业利润、税款等经济业务活动，其优点是审查详细彻底，缺点是工作量太大、花费时间太多。全部审计一般适用规模较小、业务较简单、会计资料较少的企事业单位，或适用于被审计单位内部控制制度及会计核算工作质量差等情况。

（2）局部审计又称部分审计，是指对被审计单位一定期间的财务收支或经营管理活动的某些方面及其资料进行部分的有目的、有重点的审计。比如，对企业进行的现金审计、银行存款审计都属于局部审计。专项审计是局部审计的特殊形式，这种审计工作量小，时间较短，耗费较少，能及时发现纠正问题，达到预定的审计目的和要求，但容易遗漏问题，所以具有一定的局限性。

2. 按审计项目的范围，审计可以分为综合审计和专项审计

（1）综合审计是指对被审计单位的若干审计项目综合起来同时进行的审计。经济效益审计就属于典型的综合审计，其优点是涉及面宽，能同时查清多个方面的问题。

（2）专项审计也称为专题审计，是指对被审计单位某一特定项目所进行的审计，其审计业务范围比局部审计业务范围小，针对性强，如存货管理审计、固定资产投资审计、支农扶贫专项资金审计、退耕还林专项资金审计、世界银行贷款项目审计、国家审计机关的自筹基建资金来源审计等。

（二）按审计实施时间分类

1. 事前审计

事前审计也称为预防性审计，是指在被审计单位经济业务发生以前所进行的审计，一般指预算或计划的编制和对经济事项的预测及决策进行的审计。事前审计的主要目的是加强预算、计划、预测、决策的准确性、合理性和可行性。事前审计的内容包括对财政预算、信贷计划、企业生产经营的计划和决策等进行的审计。这种审计对于预防错弊，防患于未然，保证经济活

动的合理性、有效性和会计资料的正确性，提出建设性意见，形成最佳决策方案，严格执行财经纪律，都具有积极的作用。

2. 事中审计

事中审计是指在被审计单位经济业务执行过程中进行的审计。对被审计单位的费用预算、费用开支标准、材料消耗定额等执行过程中有关经济业务进行的事中审计，有助于相关人员及时发现并纠正偏差，保证经济活动的合法性、合理性和有效性。事前、事中审计一般适用于内部审计。

3. 事后审计

事后审计是指在被审计单位经济业务完成以后进行的审计。会计报表审计和全部审计均属事后审计。事后审计的适用范围十分广泛，主要是进行合法性、合规性、公允性和正确性审计。事后审计的主要目的是：监督和评价被审计单位的财务收支及有关经济活动、会计资料和内部控制制度是否符合国家财经法规和财务会计制度的规定，是否符合会计准则和会计原则，从而确定或解除被审计单位的受托经济责任。国家审计、民间审计大多属于事后审计，内部审计有时也属于事后审计。

另外，审计按照实施时间还可以分为定期审计和不定期审计。定期审计是按照预先规定的时间进行的审计，如民间审计对外商投资企业和股份制企业的年度会计报表审计。不定期审计是出于需要而临时安排的审计，如国家审计对被审计单位存在的贪污、受贿案件进行的财经法纪审计等。

（三）按审计执行地点分类

1. 报送审计

报送审计又称送达审计，是指审计机构按照审计法规的规定，对被审计单位按期报送来的计划、预算和会计报表及有关账证等资料进行的审计。例如，当前审计机关一般对行政和事业单位的财务收支活动实行定期报送审计方式。报送审计主要适用于国家审计机关对规模小的单位执行财务审计。这种方式的优点是节省人力、物力；缺点是不能实地观察、了解被审计单位的实际情况，不易从报告、报表资料中发现被审计单位的实际问题。

2. 就地审计

就地审计是指审计机构委派审计人员到被审计单位所在地进行的审计。就地审计可以深入实际，调查研究易于全面了解和掌握被审计单位的实际情况，是我国审计监督中使用最广泛的一种方式。按照就地审计的具体方式，其又可以分为驻在审计、专程审计和巡回审计三种。驻在审计是审计机构委派审计人员长期驻在被审计单位所进行的就地审计，如大型企业的驻厂审计员。专程审计是审计机构为查明有关问题而委派相关人员专程到被审计单位进行的就地审计。巡回审计是审计机构委派审计人员轮流对若干被审计单位进行的就地审计。

（四）按审计动机分类

1. 强制审计

强制审计是指审计机构根据法律、法规规定对被审计单位行使审计监督权而进行的审计。这种审计是按照审计机关的审计计划进行的，不管被审计单位是否愿意接受审查，都应依法进行。我国国家审计机关根据法律赋予的权利，对国务院各部门和地方各级政府的财政收支、国家的财政金融机构和企事业单位的财务收支实行强制审计。

2. 任意审计

任意审计是被审计单位根据自身的需要，要求审计组织对其进行的审计。民间审计接受委托人的要求对委托人进行的财务审计或经济效益审计，即属于任意审计。任意审计是相对概念，实际上，任意审计大多也是按照《中华人民共和国公司法》及其他经济法规的要求进行的，带有一定的强制性。

（五）按审计是否通知被审计单位分类

1. 预告审计

预告审计是指在进行审计以前把审计的目的、主要内容和日期预先通知被审计单位的审计方式。采用这种审计方式，可以使被审计单位有充分时间做好准备工作，以利于审计工作的顺利进行。一般进行财务审计和经济效益审计时多采用这种方式，事前向被审计单位下达审计通知书或签订审计业务约定书。

2. 突击审计

突击审计是指在对被审计单位实施审计之前不预先把审计的目的、主要内容和日期通知被审计单位而进行的审计，其目的在于使被审计单位或被审计者事前不知情的情况下接受审查，没有时间去弄虚作假、掩饰事实真相，以利于取得较好的审计效果。这种审计方式主要用于对贪污、盗窃和违法乱纪行为进行的财经法纪审计。

（六）按审计使用的技术和方法分类

按照所使用的技术和方法，审计可以分为账表导向审计、系统导向审计和风险导向审计。

1. 账表导向审计

账表导向审计的技术和方法是围绕着会计账簿、会计报表的编制过程来进行的，通过对账表中的数字进行详细核实来判断是否存在舞弊行为和技术性错误。账表导向审计是审计技术和方法发展的第一阶段。

2. 系统导向审计

系统导向审计强调对内部控制系统的评价，当评价的结果证明内部控制系统可以信赖时，审计师在实质性测试阶段只抽取少量样本就可以得出审计结论。当评价结果认为内部控制系统不可靠时，审计师才根据内部控制的具体情况扩大审查范围。系统导向审计是财务审计发展的较高阶段，但是，系统导向审计仍需运用账表导向审计的一些技术和方法。

3. 风险导向审计

风险导向审计要求审计人员从企业环境和企业经营进行全面的风险分析出发，使用审计风险模型，积极采用分析性复核，制订与企业状况相适应的多样化审计计划，以提高审计工作的效率，提升审计效果。风险导向审计是迎合高度风险社会的产物，是现代审计方法的最新发展。

第三节　审计的产生和发展

一、审计的产生

（一）理论

审计是为社会经济发展的需要而存在和发展的，但如何认识审计存在和发展的动因，理论界和职业界尚存在不同的观点，主要包括信息理论、代理理论、受托责任理论、保险理论和冲突理论等。

1．受托责任理论

该理论认为，审计因受托责任的产生而发展。受托责任关系确立后，客观上就存在授权委托人对受托人实行相对独立监督的需要。受托责任理论认为：审计可以缓解信息不对称现象的发生；由于受托责任的日益复杂，委托人无法直接监督受托人的活动，客观上要求独立的第三者监督受托人。因此，两权分离产生的受托责任为审计活动提供了客观基础。权力分散使财产所有者或者有关管理人员在获取信息时可能面临风险，因此有必要进行监督检查。可见，受托经济责任是审计产生的前提条件，而审计又是维系受托经济责任关系的根本。

2．信息理论

该理论认为，由于资本市场的参与者信息不对称，审计的结果能使信息更可靠，减少经营者和投资者之间潜在的信息不对称现象，从而使市场更具效率。审计的本质在于增进财务信息的价值，提高财务信息对使用者决策的有用程度，降低信息使用人的信息风险。信息理论的观点主要包括：审计可以降低获取可靠信息的成本；审计可以缓解信息不对称现象的发生；实现经济生活与信息论的逻辑一致性。不过，它强调审计师只是做出合理保证而不是绝对的保证，且审计师不是财务报表正确性的保证人或保险人。

3．代理理论

该理论认为，企业中的股东与债权人和管理层之间存在代理关系；为了减少这种代理关系下的代理成本；委托、代理双方签订一系列契约；契约条款的实施需要外部独立第三方的监督，所以就产生了对独立审计的需求。因此，该理论认为，审计可以减少代理关系下的代理成本，维护契约双方的合法权益。审计的本质在于促使股东利益和企业管理人员利益达到最大化。

4．保险理论

该理论认为，审计是降低风险的活动，即审计是把财务报表使用者的信息风险降到社会可接受的风险水平之下的过程。该理论认为审计是分担风险的一项服务。

保险理论的观点如下。

（1）信息风险是客观存在的。产生信息风险的原因有信息的距离、信息提供者的偏见和动机、信息量过大以及交易的复杂性。

（2）信息风险是可转移的。保险费用是风险决策者愿意从自己将要得到的收入中支付出去的、实现分担风险目的的费用。审计费用的发生纯粹是贯彻了风险分担的原则。

（3）审计的作用被看作一种保险行为，可减轻投资者的压力。

可见，该理论认为，审计师要对欺诈和错误行为承担足够的责任；审计行为是分担社会风险的过程，且这种风险分担的角色类似于保险人，不分享成功决策的利益而分担损失。

5．冲突理论

该理论认为，审计存在的根本原因在于人与人之间存在的利害冲突。由于利益相关者之间的利益目标不一致，因此，这种实际或潜在的利害冲突导致财务报表存在不实报道的可能性，而审计是协调冲突的活动。审计的本质在于以独立的合理保证业务来维护各方利益集团的利益。冲突理论的观点为：利益冲突的存在，使人不能轻易相信别人的话，需要独立的第三者进行查证；协调各方的利益关系是审计存在的关键。

综上所述，审计产生的动因观点林立，各有所长，但是受托责任仍然是审计产生的主要动因，有以下几点需要注意。

（1）受托经济责任关系是不断演进的，也是审计产生和发展的客观基础，并不断丰富审计工作体系与内容。经济责任在不同的历史条件下有着不同的内涵和外延，导致审计供给与需求关系不断丰富，由最初的保护私有财产逐步上升为保护公共利益，其内容也从单纯的财务责任逐渐向更为广泛的经营责任、管理责任方面纵深扩展，进而形成现代经济责任或现代审计概念。随着审计参与国家治理的作用进一步发挥，审计的系统性、融合性、技术性将不断加强，对经济责任的监督作用会更加强大。

（2）资源财产的所有权和经营管理权分离以及管理者内部分权制，是受托经济责任关系早期形成的基本根据，也是审计赖以存在和发展的社会条件。在经济责任日益复杂的进程中，审计成为联系各方经济责任、保障社会经济正常和有序运行的重要制约机制。

（3）资源财产所有者对经营管理者无法直接监督是审计产生和发展的直接动因。实践表明，所有者无法克服地理、时间、法律、精力、技术等众多信息质量考核的障碍，无法直接对经营管理者的活动进行经常性的专业监督和检查，从而产生了对审计的直接需求，构成了审计产生和发展的直接动因。

（二）审计关系人定律

审计与受托责任之间的关系，可以通过审计关系人得到充分体现。所谓审计关系，就是构成审计三要素之间的关系，即审计主体、审计客体和审计授权或委托人之间的关系。审计主体，即审计机构和审计人员，为审计第一关系人。审计客体，即被审计的资产代管或经营者，为审计第二关系人。审计授权或委托人为审计第三关系人。

作为审计主体的第一关系人在审计活动中起主导作用，既要接受第三关系人的委托或授权，又要对第二关系人所履行的经济责任进行审查和评价，但是必须独立于两者之间，与第二关系人及第三关系人不存在任何经济利益上的联系。作为审计授权或委托人的第三关系人，在审计活动中起决定作用。如果第三关系人不委托第二关系人对其财产进行管理或经营，那么就不存在第三关系人和第二关系人之间的经济责任关系，就不必要委托或授权第一关系人去进行审查和评价。因此，受托责任关系是审计产生的真正基础。

二、审计的发展

（一）国家审计的产生与发展

1. 我国国家审计

审计史学家理查德·布朗说："审计的起源可以追溯到与会计起源相距不远的时代"。在古代中国、古希腊、古罗马都有审计活动的存在。私有制下私有财产的所有者为了获得更多的利益，使所有权与经营权分离。国家形成后，财产所有者（国王）受多种因素的制约，开始将财产的经营权、管理权委托给其管理者（各级官吏），形成了受托责任关系。所有者无法亲自审核财产管理情况，必然需要一个独立的第三方实施审核，官厅审计（即政府审计）出现了。早期的审计就是审查会计账目，与会计账目密切相关，但各种称谓并不统一。多数人认为，公元前 700 多年前在西周出现的类似于审计性质的职官——"宰夫"，独立于财计部门之外，是我国国家审计的标志。与其对应的定期"上计"制度实际上是定期报表审计的开端。而东周提出的"明法审数"原则，是"依法审计"原则的开端，也是世界上最古老的审计原则。

秦汉时期是我国国家审计的确立阶段。秦代实行御史监察制度，御史大夫负责掌管全国的政治与经济监察大权。汉承秦制，国家审计也由御史大夫兼管，推行比部制度，并制定了"上计律"，这便是我国审计立法的开端。

隋、唐、宋时期，我国国家审计发展进入顶峰。国家审计正式与财政监督和行政监督相分离，逐步形成了独立的、权威的和具有司法性质的审计监督制度。比如，隋朝时期，刑部尚书下设"比部"，是专职审计制度的开始，具有司法性质，负责管理稽核工作。唐代审计范围进一步延伸到军队审计，与行政审计并重，极大促进了唐代的经济繁荣。唐代正式使用"审计"一词。宋朝初期并没有专门的审计机构，为了扭转财物流失与贪污舞弊滋生的局面，宋太宗时期设立了"审计院"，是我国历史上第一个以"审计"一词命名的监督机构，但不久又被撤销。后来，宋朝在比部下设"审计司"主管全国的审计工作，但未能发挥应有的监督作用。

元、明、清三个朝代的审计，在发展方面停滞不前，最典型的证据是重新回到了"财政监察代行审计职责"的老路。虽然清末设立了"审计院"，但流于形式。

民国时期，北洋军阀控制下的北京政府在国务院下设中央审计处，在各省设立审计分处，并先后颁布了《审计处暂行规定》《新行审计规则》等审计法规。1914 年，审计处被改为审计院，颁布了《审计法》。这是我国正式颁布的第一部《审计法》。民国时期审计的一个最重要的特点是审计法规的完备达到空前的程度。

中华人民共和国成立后，以财政监督和主管部门的会计检查代替了专职的国家审计制度，实行"财审合一"的监督制度。1982 年 12 月 4 日，我国发布的《中华人民共和国宪法》（简称《宪法》）规定，县以上各级政府都应建立审计机构，实行审计监督制度。1983 年 9 月，隶属于国务院的国家审计署正式成立，标志着我国国家审计制度的恢复。1994 年，第八届全国人民代表大会常务委员会（简称"人大常委会"）第九次会议通过了《中华人民共和国审计法》（简称"《审计》"），对审计监督的基本原则、审计机关和审计人员、审计机关职责、审计机关权限、审计程序、法律责任等做了全面规定。2018 年 3 月，根据第十三届全国人民代表大会第一次会议批准的国务院机构改革方案，中央审计委员会成立，审计署职责进一步优化，地位得到提升：将中华人民共和国国家发展和改革委员会（简称"发改委"）的重大项目稽查、中华人民共和国财政部（简称"财政部"）的中央预算执行情况和其他财政收支情况的监督检查、国务院国有资产监督管理委员会（简称"国资委"）的国有企业领导干部经济责任审计和国有重点大型企业监事会的职责划入审计署，相应对派出审计监督力量进行整合优化，构建统一、高效的审计监督体系。审计署负责对国家财政收支和法律法规规定属于审计监督范围的财务收支的真实、合法和效益进行审计监督。

2．国外国家审计

随着社会经济的发展，官厅审计不断发展。据考证，早在奴隶制度下的古埃及、古罗马和古希腊时代，已经有了官厅审计。审计人员以"听证"的方式，对掌管国家财物和赋税的官吏进行考核，成为具有审计性质的经济监督工作。在西方的封建王朝中，英国于 1314 年任命了第一任国库审计长，而法国在资产阶级大革命前就设有审计厅，1320 年设立审计院。英国和法国成为国外近现代审计的典型。在资本主义时期，英国成为最早迈进政府审计现代化的国家。1866 年，英国通过《国库与审计部法案》，规定政府的一切开支都必须经独立于政府之外的、代表国会的审计院长的审计。欧洲的许多国家于 19 世纪在宪法或特别法令中都规定了审计的法律地位，确立国家审计机关的职权、地位，审计独立地对财政，财务收支进行监督。美国于 1921 年公布了《预算会计条例》，并设立了美国审计署（U. S. Government Accountability Office，U. S. GAO）。

多数国家在三权分立框架中处理审计受托责任关系。在议会下设有专门的审计机构，由议会或国会授权。国家审计主要负责政府机构的财政、财务收支、重点项目的资金及专项资金使用情况，官员的经济责任履行情况、对国家企业或国有控股情况进行审计。

综合而言，世界上已有 160 多个国家（或地区）建立了适合自己国情的政府审计制度，基本上可划分为立法模式、司法模式、行政模式和独立模式。

（1）立法模式的国家审计。

立法模式的国家审计监督权力归议会，审计机构代表议会监督国家财产的收支与分配，以保证预算和决算的合法性和有效性，如英国和美国。

（2）司法模式的国家审计。

司法模式与立法模式相比，国家审计拥有司法权，审计人员享有司法地位，如法国。

（3）行政模式的国家审计。

行政模式的国家审计部门是国家行政部门的一个组成部分，管理权与监督权归政府，审计是上级对下级的监督控制，如瑞士、瑞典、中国。

（4）独立模式的国家审计。

审计机构独立于立法、司法、行政之外，具有高度自治的审计监督模式，如德国的联邦审计院、日本会计检察院、菲律宾审计委员会。

总之，各国经济环境的不同，国家审计的运行具有差异性。但随着世界经济的一体化进程的推进，各国国家审计间的合作交流将是主导。

（二）民间审计的产生与发展

1. 国外民间审计

民间审计起源于意大利合伙企业制度，形成于英国股份制企业制度，完善于美国发达的资本市场。独立审计起源于 16 世纪的意大利。合伙企业的发展形了新的受托责任关系，客观需要第三者进行监督检查。英国的股份公司形成了股东、经营者维护各自利益的需求，民间审计便应运而生。1720 年，英国出现了"南海公司事件"。1721 年，英国议会聘请会计师查尔斯·斯奈尔对"南海公司"进行审计。斯奈尔以"会计师"名义提出了"查账报告书"，指出了该公司存在的舞弊行为，成为注册会计师第一人。1853 年，在苏格兰的爱丁堡诞生了第一个注册会计师的专业团体——"爱丁堡会计师协会"。1862 年，英国公司法规定，股份有限公司应依法进行年度审计。注册会计师的产生就是维护所有者利益，通过提供可靠的信息，帮助投资者做出正确决策。此后，民间审计的发展在美国得到扩大，1887 年美国公共会计师协会成立，1956 年形成"美国注册会计师协会"（American Certified Public Accoutants，AICPA），成为世界上最大、最负盛名的民间审计专业团体。民间审计技术也由过去的详细审计，拓展到抽样审计、内部控制导向审计等。第二次世界大战以后，独立审计又推出了管理咨询服务业务。在 2001 年"安然事件"之后，风险导向审计模式普遍被接受，延用至今。19 世纪前，英国是民间审计的先行者和领导者。20 世纪初起，美国成为民间审计的领导者和先行者。

2. 我国民间审计的兴起与发展

民族工商业的发展需要审计。1918 年 6 月，谢霖开办了第一家会计师事务所。1918 年 9 月，《会计师暂行章程》的出台标志着注册会计师行业的诞生。谢霖成为我国第一位注册会计师。其后，谢霖、徐永祚、潘序伦、奚玉书分别创办了自己的会计师事务所，是中国当时的四大会计师事务所。

1956 年，我国完成对生产资料的社会主义改造，民间审计随之消失，1980 年得以恢复。1981 年，上海会计师事务所（1998 年改制为上海上会会计师事务所）成立。1993 年，我国颁布《中华人民共和国注册会计师法》。2006 年，财政部颁布了新修订的《中国注册会计师执业准则》，标志着我国注册会计师审计准则国际化趋势形成。2008 年后，我国提出"做大做强"战略，我国注册会计行业迅速发展。

（三）内部审计的产生与发展

1. 国外的内部审计

国外的内部审计产生于封建社会时期。当时，寺院制度在西欧广泛流传，需要处理账目和财产清单上的错误、舞弊、浪费行为。类似现象还出现在庄园等地方。因此，庄园审计、宫廷审计、行会审计、寺院审计得以出现。这时，审计的目的是查错防弊，审查单位内部受托人的诚实性，评价受托者的经济责任。

20 世纪前后，企业组织的大型化、跨地域性、复杂化加剧。企业管理者为加强风险控制与效益管理，要设立专门的机构和人员，由最高管理当局授权，对其所属分支机构的经营业绩进行独立的内部审计监督，近代内部审计也就因此而产生。1941 年，由瑟斯顿（John B.Thurston）、米尔恩（Robert B. Milne）和布瑞克（Victor Z. Brink）等 40 多位内审人员于 11 月 11 日正式宣布在纽约成立内部审计师协会。1974 年，该协会在伦敦召开年会，也标志着内部审计师协会发展成为国际性组织，目前协会会员遍及 100 多个国家，共有 160 多个分会和多个国家分会，1973 年协会正式进行注册，获得注册的人成为注册内部审计师。这也意味着现代审计走向成熟。

内部审计（简称"内审"）大致经历了四个阶段。

（1）以"控制"为导向的内审阶段

20 世纪 40～60 年代，在内审制度产生的初期，企业只在总公司一级设立内审机构，实行自上而下的巡回式审计，一般由会计部门领导，实质上履行的是会计监督职能。为了独立和及时开展审计工作，第二次世界大战后，许多西方企业纷纷建立了专门且独立的内审部门，并成为公司控制系统中的核心环节，主要从财会资料和财务收支出发，关注对交易事项记录的核实、比对以及合规的检查。这是一种事后的控制机制。

（2）以"流程"为导向的内审阶段

不同于上一阶段，内审职能到了 20 世纪 70～80 年代，变成以业务流程为关注点，对组织内关键业务流程的设计、效果和效益进行评价。此变化主要是因为这个时期的法律法规更为强调企业管理当局的责任，要求企业的内控制度必须随着企业发展而完善，并且组织的效率没有因业务控制点的设置而降低，从而产生了需要内审对业务流程的控制点设置给予评价的机制，强调业务流程的梳理与优化，关注当前流程与最佳流程之间的差异。

（3）以"风险基础"为导向的内审阶段

20 世纪 80～90 年代，随着国际金融一体化进程加快，信息技术和电子交易增加了金融风险。英国巴林银行案、日本住友银行案迫使管理层反思内部审计功能如何控制这些风险。以"风险基础"为导向的内审应时而出，主要关注对企业关键业务流程以及关键控制的风险的辨识，从而采取措施，降低组织面临的风险。

（4）以"企业风险管理"为导向的内审阶段

到了 20 世纪 90 年代后期，企业对风险的认识产生了较大的转变——认为企业所面临的是包含了财务管理、业务经营、流程管理以及战略管理等多方面的风险，是企业的整体风险，而不是局限于某一部分、某一功能或某一区域。这种关注企业整体风险管理的观念，逐渐为更多企业所接纳和采用。在这个过程中，内审部门为配合管理当局的需要，主动调整自己的工作方向，更加关注组织战略目标的实践、管理层的风险容忍度、关键风险度量、业绩指标以及风险管理能力。在此发展趋势下，COSO（The Committee of Sponsoring Organizations of the Treadway Commission，美国反虚假财务报告委员会下属发起人委员会）应企业需求所制定的《企业风险管理整体框架》逐步成形并出台。

2．我国的内部审计

在我国，奴隶社会是内部审计的萌芽时期。比如，西周时期的司会不仅掌管政府会计工作，而且也同时行使内部审计之权。

我国现在的内部审计是伴随国家审计的恢复和重建而产生与发展的。在国家与国家审计署早期阶段颁布的法律法规中，一般都有关于内部审计的规定和说明。1985 年 12 月，审计署颁布了《审计署关于内部审计的若干规定》，这是审计署成立后第一个关于内部审计的法规文件，对我国内部审计的发展起到了规范和一定的推进作用。2003 年 3 月 4 日，审计署发布了《审计署关于内部审计工作的规定》，要求内部审计机构的领域拓宽到任何组织，从而摆脱了内部审计从属的地位。国家机关、金融机构、企业事业组织、社会团体以及其他单位，应当按照国家有关规定建立健全内部审计制度。内部审计不再侧重于监督控制，而是着眼于服务，即评价和改善组织的风险管理、内部控制、管理过程的有效性，从而提升组织的价值和改善组织的经营管理服务，更关注增加企业价值。

总之，现代内部审计出于经济预测和事先控制的需要开展了事前审计，现代内部审计的领域由财务审计扩大到对经营、管理及经济效益方面的审计。现代内部审计从过去的详细审计改变为以评价内部控制制度为基础的抽样审计。

第四节 审计组织与业务范围

一、国家审计

国家审计是指由国家审计机关代表国家依法进行的审计。国家审计主要监督检查国家行政机关、行政事业单位、国有企业的财政收支及公共资金的收支、运用情况，其实质是对受托经济责任履行结果进行独立的经济监督。

国家审计的诞生是为了促使国家管理事务中的经济责任的严格履行。目前，国家审计更多是顺应民主政治的发展。根据民主政治的原则，人民有权对国家事务和财产的管理进行监督。因此，对全民所有的公共资金和资源进行受托管理的同时，各级政府机构及相关人员还要受到较为严格的经济责任制度的约束，这种约束就表现在对受托管理的全民所有的公共资金和资源经济责任进行有效监督。因此，国家审计是对公共财产资源的审计，与民间审计及内部审计相比，国家审计具有监督的强制性和范围的广泛性等特点。

（一）组织形式

我国的国家审计机关设置的依据是《中华人民共和国宪法》（以下简称"《宪法》"）。它是代表政府对全民所有的公共资产和资源行使监督权的行政机关，具有《宪法》赋予的独立性和权威性。

1. 中央国家审计机关

中华人民共和国审计署（简称"审计署"）是中国人民共和国最高国家审计机关，在国务院领导下，按照统一领导分级负责的原则依法组织全国的审计工作，对国务院各部门和地方各级财政收支、对国家财政金融机构和企事业组织的财务收支进行监督。审计署依照法律规定独立行使审计监督权，不受其他行政机关、社会团体和个人的干涉。审计署对国务院负责并报告工作。审计署还可按工作内容和范围分设财政、金融、外贸外资、农林水利、基本建设科教卫生等职能审计部门，开展对行政机关、企业、事业、团体等各种专业性审计工作。另外，审计署还可设置审计科研培训机构，开展审计科学研究和培训审计人员。

2. 地方国家审计机关

我国 2018 年修正的《宪法》第一百零九条规定："县级以上的地方各级人民政府设立审计机关。地方各级审计机关依照法律规定独立行使审计监督权，对本级人民政府和上一级审计机关负责。"所设立的审计机关分别在省长、自治区主席、市长、县长、区长和上一级审计机关的领导下，组织领导本行政区的审计工作，负责本级审计机关范围内的审计事项，对上级审计机关和本级人民政府负责，并报告工作。地方国家审计机关在行政上主要以本级人民政府领导为主，在审计业务上以上一级审计机关领导为主。

3. 审计机关的派出机构

根据具体工作需要，审计署及地方国家审计机关可以在重点地区、部门设立派出机构，进行审计监督。审计署向重点地区、城市和计划单列市派出的代表人员，在该地区和城市组成审计特派员办事处，代表审计署执行审计业务，监督某些地方审计局难以监督的审计项目。比如，审计署在太原、哈尔滨、长春、武汉等地设立特派员办事处。审计署根据工作需要，可以在国务院各部委设立派出机构，进行审计监督。

（二）业务范围

1. 财政收支审计

国家审计机关对本级财政预算执行情况和下级政府财政预算的执行情况和决算，以及预算外资金的管理和使用情况的真实性、合法性进行审计监督。接受审计监督的财政收支，是指依照《中华人民共和国预算法》（以下简称"《预算法》"）和国家其他有关规定，纳入预算管理的收入和支出，以及预算外资金的收入和支出。

2. 财务收支审计

国家审计机关对金融机构、企事业单位的财务收支以及有关经济活动的真实性、合法性所进行审计监督。接受审计监督的财务收支，是指国有的金融机构、企业事业单位以及国家规定应当接受审计监督的其他各种资金的收入和支出。

以企业财务收支为例，国家审计机关的主要工作内容包括：企业制定的财务会计核算办法是否符合《企业财务通则》《企业会计准则》以及国家财务会计法规、制度的规定；对企业一定时期内的财务状况和经营成果进行综合性的审查并做出客观评价。

3. 绩效审计

绩效审计是指审计人员对政府及其部门和其他组织所发生的经济活动，进行经济性、效率性和效果性的审查和评价，是对财政收支、财务收支及其有关经济活动的效益进行监督的行为。审计机关可对全部列入审计监督范围的所有单位和项目进行经济效益审计。其中，经济性是指从事一项活动并使其达到合格质量的条件下耗费资源的最小化。效率性，是指资源的投入和产出之间的关系，以一定的投入取得最大的产出或最小的投入取得一定的产出。效果性是指目标的实现程度，在多大程度上达到了预期目标、预测结果。

根据《宪法》和《审计法》中的相关规定，必须接受国家审计的部门和单位如下。

（1）国务院各部门、地方人民政府及其各部门。

（2）国有金融机构、国有企业和国有资产占控股地位或者主导地位的企业。

（3）国家事业组织。

（4）其他应当接受审计的部门和单位，以及上述部门和单位的有关人员。

依法行使监督权的国家审计机关的主要工作内容是财政收支审计、财务收支审计以及绩效审计，其中财政收支审计与财务收支审计并不是完全对立的，存在相互重合的部分。国家审计机关应依照法律法规，对所有影响国民经济正常运转的部门及单位实施有效的审计监督，对存在的重大影响的或者普遍性问题的错误行为给予相应处罚。

二、民间审计

民间审计是指依法成立的民间审计组织接受委托，对被审计者的财务收支及其经济活动的真实性、合法性、效益性依法独立进行审计查证和咨询服务的活动。

（一）组织形式

民间审计是商品经济发展到一定阶段的必然产物。只要商品经济发展到一定阶段，势必会存在所有权和经营权的两权分离。两权分离意味着在企业中存在不同的利益群体，那么民间审计也就有其发展环境和空间。会计事务所是注册会计师依法承办业务的组织。纵观注册会计师行业在各国的发展，其以如下几种组织形式存在。

1. 独资会计师事务所

独资会计师事务所是由具备注册会计师执业资格的个人开设的，担负有无限责任的企业组织形式。此类会计师事务所一般具有规模小、人员少的特征，主要服务于小微企业。这种组织形式的会计师事务所一般是在注册会计师执业发展的初期设立的。它的优点是，对执业人员的需求不高，较容易设立，以代理记账、代理纳税等服务较好满足于小微型企业对注册会计师的需求。即使此类组织形式的会计师事务所需承担无限责任，但实际发生风险的概率以及程度相对较低。它的缺点是无法承担大型审计业务，发展空间受到限制，通常来讲，收益相对也较低。

2. 普通合伙制会计师事务所

普通合伙制会计师事务所是由两位或两位以上合伙人开设的，以合伙人各自财产对会计师事务所承担无限连带责任的组织形式。此类型的会计师事务所的优点是能够在风险利益共担的情况下不断强化专业发展，扩大规模，提升规避风险的能力；缺点是若想建立一个跨国、跨地区的大型事务所需要经历相当长一段时间，并且事务所中合伙人可能会面临为素不相识的合伙人承担无限责任的局面，任何一个合伙人在审计活动过程中出现失误或者舞弊行为，都有可能会给事务所带来不可估量的灭顶之灾，甚至在一日之间土崩瓦解，辉煌不复存在，因此日益增长的风险给此类型组织形式的会计师事务所的发展带来了负面影响。

3. 股份有限责任公司制会计师事务所

股份有限责任公司制会计师事务所是由注册会计师购买会计师事务所股份，以其所认购股份对会计师事务所承担有限责任，而会计师事务所以其全部资产对其债务承担有限责任的组织形式。此类型的会计师事务所的优点是：可以快速聚集大量注册会计师认购股份，建立规模较大的会计师事务所，承办大型业务，也可在一定程度上降低注册会计师因其他注册会计师的失误或者舞弊行为对自身造成的经济损失。它的缺点是：注册会计师以认购股份承担有限责任弱化了风险责任对执业过程中的高度制约作用，淡化了注册会计师的个人责任，会加剧外界对注册会计师的不信任。

4. 有限责任合伙制会计师事务所

有限责任合伙制会计师事务所是合伙人对个人执业业务承担无限责任，事务所以全部资产对其负债承担有限责任的组织形式。此种类型的会计师事务所的最大特点是传承了合伙制和有限公司制会计师事务所的优点，又摒弃了它们存在的不足。在西方国家，大多数会计师事务所已完成了向有限责任合伙制会计师事务所的转制，有限责任会计师事务所目前已成为了注册会计师业界组织形式发展的趋势。

5. 特殊普通合伙会计师事务所

目前，我国现行的特殊普通合伙会计师事务所，在性质上等同于西方国家的有限责任合伙制会计师事务所。根据《中华人民共和国合伙企业法》中的有关规定，这种组织形式的会计师事务所中，当某一位合伙人在执业过程中，由于故意或重大过失造成企业承担债务的，该合伙人对其债务承担无限责任，其他合伙人以出资额为限，承担有限责任。某一位合伙人由于非故意或重大过失造成企业承担债务的，全体合伙人承担无限连带责任。

（二）业务范围

自民间审计诞生以来，其业务范围就在不断扩充和发展。目前，我国注册会计师接受被审计单位委托的业务范围既包括财务报表审计、审阅以及内部控制审核等具有鉴证功能的鉴证业务，也包括商定程序、代编财务报告、税务服务、管理咨询、会计服务等不具有鉴证功能的相关服务。具体业务范围如图1-3所示。

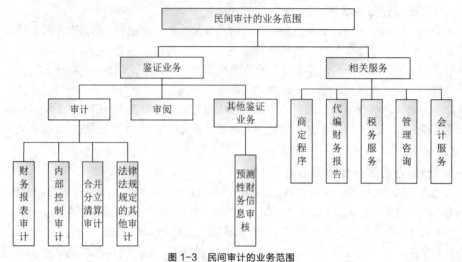

图 1-3　民间审计的业务范围

1. 鉴证业务

鉴证业务是指注册会计师对鉴证对象提出结论，出具相关报告，以增强除责任方之外的预期使用者对鉴证对象信息信任程度的业务。

（1）审计业务

审计业务主要是指注册会计师对被审计单位的历史财务信息（主要是指财务报表）执行的审计活动。注册会计师为提高财务报表预期使用者对财务报表的可信赖程度，通过执行审计工作，获取充分适当的审计证据，对历史财务信息（主要是指财务报表）发表审计意见。

根据《中华人民共和国注册会计师法》的相关规定，审计业务属于法定业务，非注册会计师人员不得承接此类业务。审计业务的主要特点在于最终注册会计师根据审查结果出具审计报告，并对出具的报告承担法律责任。注册会计师所执行的审计业务具体内容如下。

① 对被审计单位的财务报表进行审查，并出具审计报告。

② 对被审计单位资本进行验证，并出具验资报告。

③ 对被审计单位合并、分立、清算的审计业务进行办理，并出具有关报告。

④ 对被审计单位法律、行政法规规定的其他审计业务进行办理，出具相应审计报告。

（2）审阅业务

审阅业务主要是指注册会计师对被审阅单位的历史财务信息（主要是指财务报表）所做的认定是否符合既定标准或者惯例来进行查证的活动。注册会计师主要是通过询问和分析程序的方式获取充分、适当的证据，得出对历史财务信息（主要是指财务报表）审阅的结论。审阅的业务类型如下。

① 对未来财务信息（如计划或财务预测）所根据的假设是否合理进行审查，对未来财务信息是否根据此种假设进行编制进行审查，以及对未来财务信息与历史信息的基础是否一致进行审查。

② 对确定某一会计主体的内部控制系统是否科学合理、是否符合行政部门或者管理当局所建立的标准进行审查等。

（3）其他鉴证业务

其他鉴证业务是指注册会计师对被审计或审阅单位执行的除审计业务和审阅业务之外的鉴证业务。其他鉴证业务主要包括预测性财务信息审核、内部控制审核等。注册会计师通过对鉴证对象获取充分、适当的证据，对鉴证对象信息提出鉴证结论。

2. 相关服务业务

相关服务业务是指注册会计师对被审计单位执行的除鉴证业务之外的其他相关服务的业务。商定程序、代编财务报告、税务服务、管理咨询、会计服务等均属于相关服务业务。注册会计师对相关服务业务无需提供任何程度的保证。

（1）商定程序

注册会计师财务信息执行商定程序服务的目标是对特定财务数据、单独财务报表或者整套财务报表的财务信息执行与特定主体商定的具有审计性质的程序，并对执行的商定程序以及商定结果出具报告。需要注意的是，注册会计师仅报告商定程序和结果，并不提出鉴证结论。

（2）代编财务报告

代编业务指注册会计师按照执业准则运用会计而非审计的专业知识和技能，代客户编制一套完整或非完整的财务报表，或代为收集、分类和汇总其他财务信息。

（3）税务服务

国家为了实现政府职能，会依法进行征税。个人及组织应依法进行纳税。特别指出的是，法人在纳税时，不仅要履行纳税义务享受纳税权利，更要关注自身的纳税负担是否合理，是否能够享受到国家的税收优惠政策。而注册会计师不必参加考试就能够取得税务服务的资格，帮助纳税人进行合理、合法纳税，为企业增值，提高效益服务。同时，税收服务也是会计师事务所重要业务收入之一。

（4）管理咨询

管理咨询业务是注册会计师为客户提供技术帮助或者管理建议，为帮助客户合理利用资源，实现客户的总体目标服务。注册会计师在执行管理咨询业务时，主要是以外部专家的身份为客户提供建设性管理意见，但是不能代替管理层进行决策。目前，很多会计师事务所都单独设立管理咨询部门，管理咨询业务也越来越成为事务所的一项重要收入。

（5）会计服务

会计服务是指注册会计师为客户提供代理记账，工资单处理等业务的服务。之前，会计服务仅是各国中小型会计师事务所的主要业务。随着近年来财务舞弊造假事情的不断增多，而借助注册会计师的专业能力为企业提供会计服务，能在一定程度上减轻舞弊现象的发生。因此，越来越多的会计师事务所提供会计服务业务。

综上所述，鉴证业务与相关服务两大类业务构成了民间审计的业务范围。这两类业务在业务关系人、业务关注焦点、工作结果以及独立性要求方面存在着区别，如表1-1所示。

表 1-1　　　　　　　　　　　　鉴证服务与相关服务的区别

	鉴证业务	相关服务
业务涉及关系人	责任方、注册会计师、除责任方之外的预期使用者	责任方、注册会计师
业务关注聚焦	关注的是适当保证和提高鉴证对象的质量	关注的是信息的生成、编制或对如何利用信息做出决策提供建议
工作结果	以书面形式提出结论，对鉴证对象提供某种程度的可信性保证	不提供可信性保证
独立性要求	要求注册会计师必须独立于鉴证业务中的另外两方关系人	通常不对提供服务的注册会计师提出独立性要求

注册会计师所执行的业务范围包括鉴证业务和相关服务业务，其中鉴证业务根据保证程度又分为合理保证的鉴证业务和有限保证的鉴证业务。审计业务、内部控制审计业务均属于合理保证（高水平保证）的鉴证业务，要求注册会计师将审计业务的风险降至审计业务环境下可接受的低水平，作为以积极方式提出审计意见的基础。审阅业务属于有限保证（低于审计业务的保证水平）的鉴证业务，要求注册会计师将审阅风险降至审阅业务环境下可接受的水平，作为以消极方式提出审阅结论的基础。而其他鉴证业务可能是合理保证的鉴证业务，也可能是有限保证的鉴证业务。

三、内部审计

内部审计是由部门、单位内部专职审计人员进行的对本部门或本单位的财政财务收支、经营管理活动及其经济效益进行审核和评价，查明其真实性、正确性、合法性、合规性和有效性，提出意见和建议的一种专门经济监督活动。内部审计的目的在于帮助部门、单位的管理人员实行最有效的管理。内部审计与民间审计互相配合补充，是现代审计的一大特色。健全完善的内部审计制度可以为民间审计提供可信赖的审计证据，减少民间审计的工作量。在我国，内部审计不仅是部门、单位内部经济管理的重要组成部分，而且同国家审计、民间审计一并被纳入审计监督体系。

（一）组织形式

1. 国内内部审计组织形式

我国的内部审计组织形式是根据审计法规和其他财经法规的规定设置的，主要包括部门内部审计机构和单位内部审计机构。

（1）部门内部审计机构。国务院和县级以上地方各级人民政府各部门，应当建立健全内部审计监督制度，根据审计业务需要，设立部门内部审计机构并配备内部专职审计人员，在本部门主要负责人的领导下，负责开展对所属单位和本行业的财务收支及其经济效益的内部审计工作。

（2）单位内部审计机构。大中型企事业单位应当建立健全内部审计监督制度，设立单位内部审计机构，在本单位主要负责人或者董事会下设的审计委员会的领导下，负责开展对本单位的财务收支及其经济效益的内部审计工作。审计业务不是很多以及规模较小的企事业单位可以不单独设置单位内部审计机构，只需设置专门的内部审计人员即可。

不论是哪种组织形式的内部审计机构，都担负着专职业务。内部审计的工作性质与会计日常检查工作并不相同，因此单独设立内审机构是必要的。内部审计机构不应受到财务部门的领导，也不应设立在财务部门内部，否则内部审计机构在内部难以开展内部审计工作。

2. 国外内部审计组织形式

在西方国家，大多数部门和企业都设置内部审计机构，例如美国联邦各部以及多数大中型企业都设立内部审计机构。日本、英国、加拿大等国对内部审计也非常重视，其设置的内部审计机构不仅对部门或者企业财务信息进行审计，而且还对经济、效率和效果进行审计。在西方国家中，由于内部审计机构隶属关系不同，主要有以下几种类型的内部审计机构。

（1）受本单位主计长（相当于我国企业的总会计师）领导。

（2）受本单位总裁或总经理领导。

（3）受本单位董事会下设的审计委员会领导。

（4）受本单位董事会下设的审计委员会和主计长双重领导。

（二）业务范围

部门内部审计机构或者单位内部审计机构所开展的内部审计活动主要是对本单位及下属单位的下列事项进行审计监督：审查财务收支计划或者决算、预算执行情况；审查国家和单位资产的经营管理情况；审查财经法规的执行情况；审查承包、租赁相关事项以及审查组织领导人交办或者审计机关委托的其他需要进行审计的事项。

当下，内部审计的重要性和必要性愈加明显，内审的业务范围不断拓宽，其职能不断完善，在审计监督体系中，作用和地位更加突出。目前，内部审计的范围如下。

（1）财务审计

以财务审计为基础开展内部审计工作，能准确反映出部门或者单位资产、负债以及损益核算的真实状况，主要包括：对会计资料的真实性、准确性以及完善性的审查；对财务收支的合法性及遵守财经法规情况的审查；对会计组织制度的健全性以及贯彻执行情况的审查。

（2）经济责任审计

经营责任审计是用于评价一定时期内，部门或者单位内部机构及人员所从事的经济活动过程，确定其经营业绩、明确其经济责任。经济责任审计包括领导干部任期经济责任审计和年度经济责任审计。通过开展经济责任审计可以检查相关经济责任人在履职期间是否存在违规业务。经济责任审计一般侧重于经营责任目标的审计，是结合日常的财政财务收支审计及经济效益审计进行的。通过对相关审计资料的积累和信息的汇总，为离任审计提供有效服务。

① 审查内部控制系统设计的恰当性。确定现行系统能否提供充分适当的保证，使得部门或者单位能够经济、高效地完成任务和目标。

② 审查内部控制系统执行的有效性。确认现行系统能否按照预期起到相应的作用，确认部门或者单位的任务和目标是否已经完成。

（3）经济效益审计

推进以经济效益为审计重点，从内容上来看，开展经济效益审计必须要对部门或者单位的财务收支、影响其经济效益的各种因素实施恰当的审计。经济效益审计以降低成本为核心，对部门或者单位投入产出在整个经济活动中是否具备经济性、效率性进行审查；对供产销、经济决策、人财务管理以及内部控制制度是否科学、合理、有效、健全进行审查；完成各项审计之后的综合分析阶段，针对存在的薄弱环节和潜在漏洞，提出具有建设性意义的意见和建议；从部门或者单位的实际情况出发，对其经营管理过程以及各环节实施经济效益审计，不断延伸经济效益审计的领域，找到组织存在的更多的风险问题，给出具体可行的改进措施，从根本上促使组织增收节支、开源节流、挖掘内部潜力、降低成本费用，进而提高组织经济效益。

（4）内部管理审计

内部管理审计围绕内部控制制度设计展开。在进行内部管理审计时，内部审计人员必须审查组织内部控制制度是否健全、运行是否有效、自我调节能力是否良好等。假如内部审计工作只涉及财务数据，对内部控制制度及设计不予以评价，则无法客观评价和识别出组织内部存在的潜在的风险，进而就无法向组织提出具有建设性、实质性和预防性的管理意见和建议。

（5）专项审计调查和各项咨询业务

组织开展专项审计调查与各项咨询业务是通过一系列专项审计调查，对部门或单位主要负责人的经营决策，做出政策上和经济上的可支持的论证，以便负责人在重大经营业务、重大项目投资等方面实施风险评估，避免决策失误，降低或挽回经济损失。在面临组织经济活动中存在的具有普遍性、倾向性问题的时候，提出具有针对性、切实可行的改进建议和意见，并且客观公正的评价组织实施的各项经营决策后的经营成果，最终达到加快部门或单位主要负责人了解改进措施的力度、完善决策行为的程度以及提高资源利用效率的目的。

内部审计机构在开展内部审计活动时，在遇到任何审计业务范围受到限制阻碍审计业务的完成的情形时，都要与相关部门进行沟通。沟通的最好方式是以书面形式报送董事会、审计委员会和其他相关治理机构。

第五节　审计准则与职业道德

一、审计准则

审计准则是总结广大审计人员的实践经验，适应时代需要，为保障审计的职业声誉而产生的。审计准则的产生迎合了来自两个方面的要求：一是来自于审计职业界内部的要求，即为审计人员提供工作标准和指南，规范审计人员资格条件和工作方式；二是来源于审计职业界外部的要求，即为审计服务使用者提供审计工作质量评价依据。

（一）审计准则的含义

审计准则是由国家审计部门或注册会计师职业团体制定的，用于规定审计人员应有的素质和专业资格，规范和指导其执业行为，衡量和评价其工作质量的权威性标准。审计准则的特点如下。

（1）审计准则是适应审计自身的需要和社会公众对审计的要求而产生和发展的，是审计实践经验的总结。

（2）审计准则规定了审计人员应有的素质和专业资格，并对审计人员的审计行为予以规范和指导。

（3）审计准则提出了审计工作应达到的质量要求，是衡量和评价审计工作质量的依据。

（4）审计准则一般由国家审计组织机构或注册会计师职业团体制定颁布。

（5）审计准则具有很高权威性和很强的约束力，审计人员在执业过程中必须严格遵守。

根据审计主体的不同以及作用范围的不同，审计准则可分为注册会计师审计准则、国家审计准则和内部审计准则。

（二）中国注册会计师执业准则体系

中国注册会计师执业准则又称为独立审计准则，是我国注册会计师在执行审计业务中应当遵守的行为准则，是衡量注册会计师审计工作质量的权威性标准。中国注册会计师协会于2006年2月15日发布了共48项准则，统称为中国注册会计师执业准则。该准则包括鉴证业务基本准则、鉴证业务具体准则、相关服务准则和会计师事务所质量控制准则四部分。该准则于2007年1月1日起实施，实现了我国注册会计师审计准则与国际审计准则趋同。其后，准则历经2010年和2016年的修订，进一步强化了风险导向审计思想，增强了审计报告相关性和决策有用性，提高审计报告的沟通价值，增强审计工作的透明度，并强化注册会计师与审计相关的责任。

截至本书出版，中国注册会计师执业准则体系共包括52项准则，具体构成如表1-2所示。

表 1-2　　　　　　　　　　　　　　中国注册会计师执业准则　　　　　　　　　　　　　第一章　审计基础理论

中国注册会计师鉴证业务基本准则	中国注册会计师审计准则	基本要求和责任	中国注册会计师审计准则第 1101 号——注册会计师的总体目标和审计工作的基本要求
			中国注册会计师审计准则第 1111 号——就审计业务约定条款达成一致意见
			中国注册会计师审计准则第 1121 号——对财务报表审计实施的质量控制
			中国注册会计师审计准则第 1131 号——审计工作底稿
			中国注册会计师审计准则第 1141 号——财务报表审计中与舞弊相关的责任
			中国注册会计师审计准则第 1142 号——财务报表审计中对法律法规的考虑
			中国注册会计师审计准则第 1151 号——与治理层的沟通
			中国注册会计师审计准则第 1152 号——与治理层和管理层通报内部控制缺陷
			中国注册会计师审计准则第 1153 号——前任注册会计师和后任注册会计师的沟通
		风险评估和应对	中国注册会计师审计准则第 1201 号——计划审计工作
			中国注册会计师审计准则第 1211 号——通过了解被审计单位及其环境识别和评估重大错报风险
			中国注册会计师审计准则第 1221 号——计划和执行审计工作时的重要性
			中国注册会计师审计准则第 1231 号——针对评估的重大错报风险采取的应对措施
			中国注册会计师审计准则第 1241 号——对被审计单位使用服务机构的考虑
			中国注册会计师审计准则第 1251 号——评价审计过程中识别出的错报
		审计证据	中国注册会计师审计准则第 1301 号——审计证据
			中国注册会计师审计准则第 1311 号——对存货、诉讼和索赔、分部信息等特定项目获取审计证据的具体考虑
			中国注册会计师审计准则第 1312 号——函证
			中国注册会计师审计准则第 1313 号——分析程序
			中国注册会计师审计准则第 1314 号——审计抽样
			中国注册会计师审计准则第 1321 号——审计会计估计（包括公允价值会计估计）和相关披露
			中国注册会计师审计准则第 1323 号——关联方
			中国注册会计师审计准则第 1324 号——持续经营
			中国注册会计师审计准则第 1331 号——首次审计业务涉及的期初余额
			中国注册会计师审计准则第 1332 号——期后事项
			中国注册会计师审计准则第 1341 号——书面声明
		利用他人工作	中国注册会计师审计准则第 1401 号——对集团财务报表审计的特殊考虑
			中国注册会计师审计准则第 1411 号——利用内部审计人员的工作
			中国注册会计师审计准则第 1421 号——利用专家的工作
		审计结论和报告	中国注册会计师审计准则第 1501 号——对财务报表形成审计意见和出具审计报告
			中国注册会计师审计准则第 1502 号——在审计报告中发表非无保留意见
			中国注册会计师审计准则第 1503 号——在审计报告中增加强调事项段和其他事项段
			中国注册会计师审计准则第 1504 号——在审计报告中沟通关键审计事项
			中国注册会计师审计准则第 1511 号——比较信息：对应数据和比较财务报表
			中国注册会计师审计准则第 1521 号——注册会计师对其他信息的责任
		特殊领域	中国注册会计师审计准则第 1601 号——对按照特殊目的编制基础编制的财务报表审计的特殊考虑
			中国注册会计师审计准则第 1602 号——验资

续表

中国注册会计师鉴证业务基本准则	中国注册会计师审计准则	特殊领域	中国注册会计师审计准则第 1603 号——对单一财务报表和财务报表特定要素审计的特殊考虑
			中国注册会计师审计准则第 1604 号——对简要财务报表出具报告的业务
			中国注册会计师审计准则第 1611 号——商业银行财务报表审计
			中国注册会计师审计准则第 1612 号——银行间函证程序
			中国注册会计师审计准则第 1613 号——与银行监管机构的关系
			中国注册会计师审计准则第 1631 号——财务报表审计中对环境事项的考虑
			中国注册会计师审计准则第 1632 号——衍生金融工具的审计
			中国注册会计师审计准则第 1633 号——电子商务对财务报表审计的影响
	中国注册会计师其他鉴证业务准则		中国注册会计师审阅准则第 2101 号——财务报表审阅
			中国注册会计师其他鉴证业务准则第 3101 号——历史财务信息审计或审阅以外的鉴证业务
			中国注册会计师其他鉴证业务准则第 3111 号——预测性财务信息的审核
中国注册会计师相关服务准则			中国注册会计师相关服务准则 4101 号——对财务信息执行商定程序
			中国注册会计师相关服务准则 4111 号——代编财务信息
质量控制准则第 5101 号——会计师事务所对执行财务报表审计和审阅、其他鉴证业务和相关服务业务实施的质量控制			

中国注册会计师执业准则体系受注册会计师执业道德守则统御，包括注册会计师业务准则和会计师事务所质量控制准则，如图 1-4 所示。

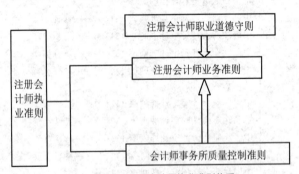

图 1-4　中国注册会计师执业准则体系

注册会计师业务准则是对注册会计师具体执业的行为规范，而质量控制准则是对会计师事务所质量控制提出的具体要求，用于规范会计师事务所在执行各类业务时应当遵守的质量控制政策和程序。两者的具体对比如表 1-3 所示。

表 1-3　　　　　　　　　　　　业务准则与质量控制准则的对比

主要区别	业务准则	质量控制准则
性质	技术标准	管理标准
作用	按照标准，指导具体业务工作，衡量工作本身好坏	建立内部控制，指导质量控制工作，衡量质量控制的有效性
内容	专业胜任能力和业务过程及报告质量的要求	各项质量控制应达到的要求
对象	执业人员的执业作为	会计师事务所的管理

我国注册会计师业务准则分为鉴证业务准则和相关服务准则两部分，如图 1-5 所示。鉴证业务准则体系分为两个层次，第一层次是鉴证业务基本准则，对整个鉴证业务准则起到统领驾驭作用；第二层次为审计准则、审阅准则、其他鉴证业务准则。其中，审计准则是整个执业准

则体系的核心。相关服务准则用于规范注册会计师代编财务信息、执行商定程序，提供管理咨询等其他服务。在提供相关服务时，注册会计师不提供任何程度的保证。

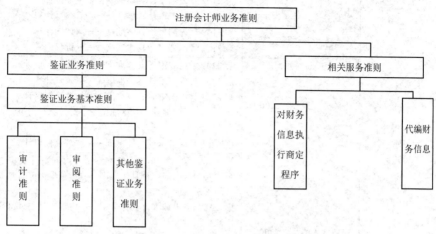

图 1-5　中国注册会计师业务准则体系

（三）内部审计准则体系

内部审计准则是各类企业、各级政府机关以及其他单位的内部审计人员在进行内部审计工作时所应遵循的原则，是衡量内部审计工作质量的尺度和准绳，对于提高内部审计工作质量和工作效率、促进内部审计理论与实务的发展具有重要的意义。我国现行的内部审计准则由中国内部审计协会（China Institute of Internal Audit，CIIA）依据《中华人民共和国审计法》《审计署关于内部审计工作的规定》及相关法律法规制定。

自 2003 年 4 月以来，中国内部审计协会分五批发布了内部审计基本准则、内部审计人员职业道德规范，共计 29 个具体准则和 5 个实务指南，标志着内部审计准则体系基本框架的初步建立。2013 年 8 月，CIIA 发布了新修订的准则，包括内部审计基本准则、内部审计人员职业道德规范，共 20 个具体准则和 5 个实务指南，自 2014 年 1 月 1 日起施行。CIIA 于 2016 年 2 月 19 日又发布了《第 2205 号内部审计具体准则——经济责任审计》和《第 2308 号内部审计具体准则——审计档案工作》，这两条具体准则自 2016 年 3 月 1 日起施行。

中国内部审计准则是中国内部审计工作规范体系的重要组成部分，由内部审计基本准则、内部审计具体准则、内部审计实务指南三个层次组成。内部审计准则体系中的三个不同层次具有不同的约束力和权威性。基本准则是内部审计准则体系的第一层次，是内部审计准则的总纲，具有最高的权威性和法定约束力。具体准则的权威性虽低于基本准则，但要高于实务指南，并有法定约束力。而实务指南是给内部审计机构和人员提供操作性的指导意见，不具有法定约束力和强制性，内部审计机构和人员在进行内部审计时应当参照执行。中国内部审计准则体系（2016 年修订版）如表 1-4 所示。

表 1-4　　　　　　　　　　　　中国内部审计准则体系

第一层次：内部审计基本准则和内部审计人员职业道德规范（编码：1000）	第 1101 号——内部审计基本准则 第 1201 号——内部审计人员职业道德规范	
第二层次：内部审计具体准则（编码：2000）	作业类（编号：2100）	第 2101 号内部审计具体准则——审计计划 第 2102 号内部审计具体准则——审计通知书 第 2103 号内部审计具体准则——审计证据 第 2104 号内部审计具体准则——审计工作底稿

第二层次：内部审计具体准则（编码：2000）	作业类（编号：2100）	第 2105 号内部审计具体准则——结果沟通 第 2106 号内部审计具体准则——审计报告 第 2107 号内部审计具体准则——后续审计 第 2108 号内部审计具体准则——审计抽样 第 2109 号内部审计具体准则——分析程序
	业务类（编号：2200）	第 2201 号内部审计具体准则——内部控制审计 第 2202 号内部审计具体准则——绩效审计 第 2203 号内部审计具体准则——信息系统审计 第 2204 号内部审计具体准则——对舞弊行为进行检查和报告 第 2205 号内部审计具体准则——经济责任审计
	管理类（编号：2300）	第 2301 号内部审计具体准则——内部审计机构的管理 第 2302 号内部审计具体准则——与董事会或者最高管理层的关系 第 2303 号内部审计具体准则——内部审计与外部审计的协调 第 2304 号内部审计具体准则——利用外部专家服务 第 2305 号内部审计具体准则——人际关系 第 2306 号内部审计具体准则——内部审计质量控制 第 2307 号内部审计具体准则——评价外部审计工作质量 第 2308 号内部审计具体准则——审计档案工作
第三层次：实务指南（编码：3000）		第 3201 号内部审计实务指南——建设项目内部审计 第 3202 号内部审计实务指南——物资采购审计 第 3203 号内部审计实务指南——审计报告 第 3204 号内部审计实务指南——高校内部审计 第 3205 号内部审计实务指南——企业内部经济责任审计

（四）国家审计准则体系

国家审计准则也叫政府审计准则，是审计机关和审计人员履行法定审计职责的行为规范，是执行审计业务的职业标准，是评价审计质量的基本尺度，发挥保障国家经济和社会健康运行的"免疫系统"功能。1996 年，审计署发布了 38 个审计规范。2000 年，审计署修订、发布了《中华人民共和国国家审计基本准则》和一系列通用准则和专业准则。2010 年 9 月 1 日，审计署对国家审计准则进行了修订并颁布了我国现行的《中华人民共和国国家审计准则》（见表 1-5）（以下简称《国家审计准则》）于 2011 年 1 月 1 日起实施。《国家审计准则》的修订和颁布，对促进审计工作的法制化、规范化和科学化，具有十分重大的意义。

表 1-5　　　　　　　　　　　　　中华人民共和国国家审计准则

总则	本章规定了审计准则的制定依据，适用范围，审计机关与被审计单位的责任划分，审计目标，审计业务分类及审计业务流程等
审计机关和审计人员	本章规定了审计机关及其审计人员执行审计业务的基本条件和要求，基本审计职业道德原则，审计独立性，职业胜任能力，与被审计单位的职业关系等
审计计划	本章规定了年度审计项目计划的主要内容和编制程序，审计工作方案的主要内容和编制要求，对年度审计项目计划执行情况及执行结果的跟踪、检查和统计等
审计实施	本章分四节。第一节"审计实施方案"规定了审计实施方案的编制程序和主要内容等。第二节"审计证据"规定了审计证据的含义，审计证据适当性和充分性的质量要求，获取审计证据的模式、方法和要求，利用专家意见和其他机构工作结果的要求等。第三节"审计记录"规定了做出审计记录、编制审计工作底稿的事项范围、目标和质量要求，审计工作底稿的分类和内容，审计工作底稿的复核，审计工作底稿的利用等。第四节"重大违法行为检查"规定重大违法行为的特征，检查重大违法行为的特殊程序和应对措施等

审计报告	本章分五节。第一节"审计报告的形式和内容"规定了审计报告、专项审计调查报告的基本要素和主要内容，经济责任审计报告的特殊要素和内容，审计决定书、审计移送处理书的主要内容等。第二节"审计报告的编审"规定了审计报告等文书的起草、征求意见、复核、审理、审定、签发等编审环节的要求，专项审计调查中发现重大违法违规问题的处置方式等。第三节"专项报告与综合报告"规定了编写审计专项报告、信息简报、综合报告、经济责任审计结果报告、本级预算执行和其他财政收支情况审计结果报告和审计工作报告等基本要求。第四节"审计结果公布"规定了审计机关公布审计结果的信息范围、质量要求和审核批准程序等。第五节"审计结果跟踪检查"规定了跟踪检查的事项，检查的时间、方式，检查结果的报告和处理措施等
审计质量控制与责任	本章规定了建立审计质量控制制度的目标，审计质量控制要素，针对"质量责任"要素确定的各级质量控制环节的职责和责任，审计档案的质量控制责任及归档材料的内容，针对"质量监控"要素建立的审计业务质量检查、年度业务考核和优秀审计项目评选制度等
附则	本章说明了政府审计具体准则制定的依据、本准则的解释权及实施日期

《国家审计准则》将审计职业道德规范、审计技术准则和审计质量控制准则融为一体，形成单一的国家审计准则，在准则下一层次制定若干审计指南作为实践指导。《国家审计准则》进一步细化了审计流程、统一了审计标准、规范了审计行为，把依法审计贯穿到审计工作的全过程，落实到每个审计机关及审计人员的行动上。我国的国家审计准则体系由国家审计基本准则、通用审计准则和专业审计准则、审计指南三个层次组成。

1. 国家审计基本准则

国家审计基本准则是相关机构制定其他审计准则和审计指南的依据，是中国国家审计准则的总纲，是审计机关和审计人员依法办理审计事项时应当遵循的行为规范，是衡量审计质量的基本尺度。

2. 通用审计准则与专业审计准则

（1）通用审计准则是依据国家审计基本准则制定的，是审计机关和审计人员在依法办理审计事项、提交审计报告、评价审计事项、出具审计意见书、做出审计决定时，应当遵循的一般具体规范。

（2）专业审计准则是依据国家审计基本准则制定的，是审计机关和审计人员依法办理不同行业的审计事项时，在遵循通用审计准则的基础上，同时应当遵循的特殊具体规范。

3. 审计指南

审计指南是对审计机关和审计人员办理审计事项提出的审计操作规程和方法，为审计机关和审计人员从事专门审计工作提供可操作的指导性意见。

二、审计职业道德

（一）审计职业道德的含义

审计职业道德是指审计人员在从事审计工作时所遵循的行为规范，包括职业道德、职业纪律、专业胜任能力及职业责任等行为标准。审计职业道德是审计工作质量的重要保障，是维护和提高审计行业信誉的重要手段。如果说审计准则是对审计人员的最低要求，那么审计职业道德则升华了对审计人员的要求。

（二）中国注册会计师职业道德守则

注册会计师职业道德是指注册会计师职业品德、职业纪律、专业胜任能力及职业责任等的总称。注册会计师职业道德规范不属于执业准则，它高于注册会计师执业准则的标准，是注册会计师与会计师事务所执业时的最高要求。2009年10月，中国注册会计师协会制定并发布了《中国注册会计师职业道德守则》（以下简称《职业道德守则》），《职业道德守则》于2010年7月1日起施行。中国注册会计师职业道德的基本原则如下。

1. 诚信

诚信是指诚实守信。诚信原则要求注册会计师应当在所有的职业活动中保持正直，诚实守信。注册会计师如果认为业务报告、申报资料或其他信息存在下列问题，则不得与这些有问题的信息发生牵连：含有严重虚假或误导性的陈述；含有缺少充分依据的陈述或信息；存在遗漏或含糊其辞的信息。

注册会计师如果注意到已与有问题的信息发生牵连，则应当采取措施消除牵连。在鉴证业务中，如果注册会计师依据执业准则出具了恰当的非标准业务报告，不被视为违反上述要求。

2. 独立性

独立性是指不受外来力量控制、支配，按照规则行事。独立性是注册会计师执行鉴证业务的灵魂，因为注册会计师要以自身的信誉向社会公众表明被审计单位的财务报表是否真实与公允。在市场经济条件下，投资者主要依赖财务报表判断投资风险，在投资机会中做出选择。如果注册会计师与客户之间存在经济利益、关联关系，或屈从外界压力，就很难取信于社会公众。

注册会计师执行审计和审阅业务以及其他鉴证业务时，应当从实质上和形式上保持独立性，不得因任何利害关系而放弃。会计师事务所在承办审计和审阅业务以及其他鉴证业务时，应当从整体层面和具体业务层面采取措施，以保持会计师事务所和项目组的独立性。

3. 客观和公正

注册会计师应当力求公正，不因成见或偏见、利益冲突和他人影响而损害其客观性。公正，是指公平、正直、不偏袒。客观和公正原则要求注册会计师应当公正处事、实事求是，不得由于偏见、利益冲突或他人的不当影响而损害自己的职业判断。如果存在导致职业判断出现偏差，或对职业判断产生不当影响的情形，注册会计师不得提供相关专业服务。

4. 专业胜任能力和应有的关注

专业胜任能力原则要求注册会计师应当通过教育、培训和执业实践获取和保持专业胜任能力。注册会计师应当持续了解并掌握当前法律、技术和实务的发展变化，将专业知识和技能始终保持在应有的水平，确保为客户提供具有专业水准的服务。在应用专业知识和技能时，注册会计师应当合理运用职业判断。专业胜任能力可分为两个独立阶段：专业胜任能力的获取；专业胜任能力的保持。

5. 保密

保密原则要求注册会计师应对执业活动中获知的涉密信息保密，不得有下列行为：未经客户授权或法律法规允许，向会计师事务所以外的第三方披露其所获知的涉密信息；利用所获知的涉密信息为自己或第三方谋取利益。

6. 良好职业行为

良好职业行为要求注册会计师应当遵守相关法律法规，避免发生任何损害职业声誉的行为。注册会计师在向公众传递信息以及推介自己和工作时，应当客观、真实、得体，不得损害职业形象。注册会计师应当诚实、实事求是，不得有下列行为：夸大宣传提供的服务、拥有的资质或获得的经验；贬低或无根据地比较其他注册会计师的工作。

九好集团造假案

一、事件回放

九好集团2013年、2014年和2015年分别虚增收入1 726万元、8 755万元、1.6亿元。2015年，九好集团虚构3亿元银行存款，且未披露借款3亿元的质押。2016年4月21日，利安达会计师事务所（以下简称"利安达"）出具审计报告，对九好集团2013年至2015年度财务报表发表了标准无保留意见。

中国证券监督管理委员会（以下简称"证监会"）在调查中认定，利安达对九好集团2013年至2015年度财务报表审计时，未勤勉尽责，出具的审计报告存在虚假记载，存在如下问题：对银行存款审计程序不到位；对函证审计程序不到位；对收入的审计程序不到位；利安达对供应商和客户的现场走访工作存在瑕疵和矛盾。鉴于此，证监会对利安达的处罚如下：没收利安达业务收入150万元，并处以750万元罚款；对签字注册会计师给予警告，并分别处以10万元罚款。

二、利安达的申辩意见

面对证监会的处罚，利安达做出如下申诉。

第一，九好集团虚增3亿元银行存款是九好集团蓄意造假的结果，其应承担相应的会计责任，利安达履行了必要的审计程序，不应承担审计责任。

第二，已按照审计准则执行了必要的审计程序，核实了九好集团90%以上的服务类收入。九好集团与相关企业串通舞弊，正常审计手段难以发现。

第三，审计工作底稿收录的访谈记录存在疏忽，不属于审计责任。

三、证监会的认定

针对利安达的申辩，证监会做出如下回应。

第一，对于九好集团3亿元定期存单，在浙江证监局已提示关注且银行未回函的异常情况下，利安达仅查询了网银和征信中心的企业信用报告。但网银页面仅显示存款是否存在，而企业信用报告由商业银行进行信息录入，存在滞后性。

此外，审计工作底稿中存有一份单位存款质押合同，合同附件明确可见九好集团其中一笔1.5亿元的定期存款在2015年9月22日被质押。在此情况下，利安达仅进行简单查询，在查询结果与相关信息明显矛盾的情形下，未获取进一步审计证据，即出具了审计报告。

第二，九好集团的业务模式为向供应商和客户提供平台，收取服务费。利安达仅审查九好集团与供应商之间的交易，而未对供应商和客户的实际交易情况进行检查。同时，对于现有的收入审计工作底稿中错误和矛盾之处，利安达未予以关注。

第三，利安达审计工作底稿中错误、矛盾和疑点众多，前端审计未予以关注，工作未执行到位，复核环节失效。证监会对利安达整体审计工作未勤勉尽责进行处罚，未单独针对访谈记录整理问题进行处罚。

（三）内部审计人员职业道德规范

内部审计人员职业道德是内部审计人员在开展内部审计工作中应当具有的职业品德、应当遵守的职业纪律和应当承担的职业责任的总称。职业道德的基本原则包括以下内容。

1. 诚信正直

内部审计人员在从事内部审计活动时，应当诚信、正直。诚信，是指诚实、守信。也就是说，一个人的言行与内心思想一致，不虚假，能够履行与别人的约定而取得对方的信任。诚信正直原则要求内审人员应当在所有的职业关系中保持正直和诚实，秉公处事、实事求是。

在实施内部审计业务时，内部审计人员应当诚实、守信，不应有下列行为：歪曲事实；隐瞒审计发现的问题；进行缺少证据支持的判断；做出误导性的或者含糊的陈述。

内部审计人员在实施内部审计业务时，应当廉洁、正直，不应有下列行为：利用职权谋取私利；屈从于外部压力，违反原则。

2. 客观性

内部审计人员应当遵循客观性原则，公正、不偏不倚地做出审计职业判断。

客观，是指按照事物的本来面目去考察，不添加个人的偏见。公正，是指公平、正直、不偏袒。客观和公正原则要求内部审计人员（以下简称"内审人员"）在实施内部审计业务时，应当公正处事、实事求是，不得由于偏见、利益冲突或他人的不当影响而损害自己的职业判断。

内部审计人员实施内部审计业务前，应当采取下列步骤对客观性进行评估：识别可能影响客观性的因素；评估可能影响客观性因素的严重程度；向审计项目负责人或者内部审计机构负责人报告客观性受损可能造成的影响。

内部审计人员应当识别下列可能影响客观性的因素：审计本人曾经参与过的业务活动；与被审计单位存在直接利益关系；与被审计单位存在长期合作关系；与被审计单位管理层有密切的私人关系；遭受来自组织内部和外部的压力；内部审计范围受到限制；其他。

3. 专业胜任能力

内部审计人员应当保持并提高专业胜任能力，按照规定参加后续教育。一名合格的内部审计人员不仅要充分认识自己的能力，对自己充满信心，更重要的是必须清醒地认识到自己在专业胜任能力方面存在的不足。为了保持专业胜任能力，内部审计人员必要时可适当地聘请有关专家协助。在专业胜任能力方面，内审人员的相关要求包括：禁止从事不能胜任的业务；不能谎称自己具有本不具备的专业知识、技能或经验；对助理人员及其他人员的责任。

4. 保密

内部审计工作的性质决定了内部审计人员经常会接触到组织的一些机密内部信息，因此，内部审计人员应当遵循保密原则，按照规定使用其在履行职责时所获取的信息。内部审计人员应当对实施内部审计业务所获取的信息保密，不得披露非因有效授权、法律规定或其他合法事由。内部审计人员在社会交往中，应当履行保密义务，警惕非故意泄密的可能性。内部审计人员不得利用其在实施内部审计业务时获取的信息牟取不正当利益，或者以有悖于法律法规、组织规定及职业道德的方式使用信息。

（四）审计机关审计人员职业道德准则

审计机关审计人员职业道德，是指审计机关审计人员的职业品德、职业纪律、职业胜任能力和职业责任。为了提高审计人员素质，加强审计人员职业道德修养，严肃审计纪律，审计署根据《中华人民共和国审计法》和《中华人民共和国国家审计基本准则》，于2001年8月1日颁布了《审计机关审计人员职业道德准则》（以下简称"《准则》"）。《准则》共十八条，自发布之日起施行。《准则》要求审计人员应当依照法律规定的职责、权限和程序进行审计工作，并遵守国家审计准则。审计人员办理审计事项时应当做到：客观公正、实事求是、合理谨慎、职业胜任、保守秘密、廉洁奉公、恪尽职守。

 课后训练

一、思考题

1. 如何理解受托责任的确立是审计产生的前提条件？

2. 描述审计发展历史，并进行国际比较（选择国家和地区），根据经济、政治、法律制度或国家经济发展状况进行差异分析。

3. 中国国家审计模式属于哪一类型？是否存在局限性？

4. 查找资料，详细了解 1720 年英国的"南海公司事件"及其影响。

5. 如何理解鉴证业务与非鉴证业务？

6. 简述注册会计师审计的业务范围。

7. 审计对象、目的和方法间的关系是什么？你是如何理解的？

8. 阐述审计职业道德准则与审计准则的关系。

9. 中国注册会计师执业准则框架是怎样的？

10. 如何理解内部审计人员职业道德中的独立性和客观性之间的关系？

二、分析题

2001 年，A 集团公司虚构财务报表事件被曝光：该公司通过伪造购销合同、伪造出口报关单、虚开增值税专用发票、伪造免税文件和伪造金融票据等手段，虚构主营业务收入，虚构巨额利润 7.45 亿元，其中，1999 年为 1.78 亿元，2000 年为 5.67 亿元。甲会计师事务所及其签字注册会计师违反法律法规和职业道德，非但没有对审计证据的真伪给予应有的关注，甚至都没有执行必要的审计程序，就出具了无保留意见的审计报告。在事情被揭露后，A 集团公司趋于崩溃。甲会计师事务所也由于此案件的影响：执业资格被吊销，事务所被摘牌。签字注册会计师被吊销注册会计师资格，被追究刑事责任。

请问：什么是审计？审计是如何产生的？审计是否可以有所作为？

第二章
审计流程

 **学习目标**

- 理解审计流程的含义与作用
- 掌握审计流程的模式
- 掌握注册会计师报表审计流程
- 掌握内部审计与国家审计流程

 关键词

审计流程　风险导向审计　审计计划　风险评估　后续审计

引导案例

大智慧公司审计失败案

2016年7月，证监会对上海大智慧股份有限公司（以下简称"大智慧公司"）和立信会计师事务所（以下简称"立信事务所"）的行政处罚决定，引发人们重新审视审计风险与质量控制问题。

大智慧公司是一家面向国内和国际资本市场、从事资本市场投资咨询及相关服务业务的全国性投资管理咨询公司。2016年7月22日，大智慧公司收到证监会的《行政处罚决定书》，其由于使用提前确认收入、虚增销售收入、虚构业务合同等违法违规手段，虚增2013年度净利润1.2亿元，被证监会处于"顶格"罚款。同时，大智慧公司的审计机构——立信事务所，由于未能发现虚假陈述，被证监会罚款追责（没收业务收入70万元，并处以210万元罚款，签字注册会计师都给予警告，并处以10万元罚款）。立信事务所对大智慧公司的审计被判"审计失败"，不仅给其带来行政处罚，还引起了股民的集体诉讼与声讨，更影响到其多年积累的职业声誉。

如何提高审计质量是审计人员永恒的研究课题。注册会计师需要进一步提高自身素质，更新自身业务知识，完善审计工作底稿复核制度。会计师事务所及审计机构应提高注册会计师的独立性，落实现代风险导向审计理念。注册会计师还应保持职业怀疑态度和谨慎性等。审计人员不能单单依靠表面结果进行审计，而应跳出财务会计的约束，通过对企业环境、经营战略和经营活动、内部控制和会计策略等多方面的综合评价分析，透过表象看实质，洞察企业可能存在的"风险点"，然后再设计有针对性的审计程序。这是风险导向审计策略的核心所在。

第一节　审计流程与风险导向审计

一、审计流程

审计程序是指审计人员在取得审计证据、完成审计目标的过程中所采取的步骤和方法。审计流程有广义和狭义之分。广义审计流程，又被称为审计循环，是指一个审计项目从开始准备到结束的整个系统化过程的先后顺序和工作内容。广义的审计流程一般可划分为三个阶段，分别为审计准备、审计实施和审计终结阶段，各阶段又包括许多具体内容。狭义审计程序是指审计人员在实施审计的具体工作中所采取的审计方法。本节所涉及的是前者。

国家审计、民间审计以及内部审计的具体审计流程略有差异。民间审计人员提交审计报告或审计机关出具审计意见书和依法做出审计处理决定即意味着审计任务的结束。但在内部审计中，对一些重大的审计事项则还要进行后续审计，跟踪审计报告中提出的改进建议和意见的落实情况。在国家审计中，如果发现被审计单位对审计处理决定执行不认真，则要责成被审计单位采取措施强制执行。在审计处理决定发出后，如果被审计单位不服，则被审计单位可向做出审计处理决定的审计机关的上一级审计机关申请审计行政复议。因此，国家审计中的行政复议环节也是审计流程的一个重要内容。

二、风险导向审计

审计模式又称审计方式模式、审计取证模式，是审计导向的目标、范围和方法等要素的组合。它规定了审计取证工作的切入点，解答了审计取证工作从何处下手、如何着手、何时着手等问题，从而解答了如何分配审计资源、如何控制审计风险和规划审计程序、如何收集审计证据以及如何形成审计结论等问题。审计模式的变迁历程是审计发展史的重要组成部分，其发展经历了账项基础审计、制度基础审计和风险导向审计三个阶段，反映了在不同的历史时期审计理念的变化以及它是如何通过规划和设计工作流程以达成审计目标和实现审计职能的。

风险导向审计，也称为风险基础审计。风险导向审计正是以审计风险为出发点，通过对产生风险的各个环节进行评价，调整审计策略和审计资源分布，使审计成为不断克服和降低风险的过程。风险导向审计的发展又可分为两个时期：传统风险导向审计时期和现代风险导向审计时期。

（一）传统风险导向审计阶段

自 1895 年英国大法官 Lindley 在 "London and General Bank" 一案的判决中开始追究审计人员的过失责任后，审计责任及由此产生的审计风险问题开始引起审计职业界的关注。1957 年《蒙哥马利审计学》（第八版）首次将 "风险" 这一概念与审计流程的设计紧密联系起来，开始探索审计风险控制的措施和审计方法的改进。美国审计准则委员会 1981 年发布的第 39 号审计准则公告（SASNo.39）《审计抽样》和 1983 年发布的第 47 号审计准则公告（SASNo.47）《审计业务中的审计风险与重要性》包含的有关审计风险模式的阐述，对风险导向审计概念的产生起到了重要的推动作用。SASNo.47 建立并推行了一个被广泛接受的审计风险模型，即

$$审计风险=固有风险×控制风险×检查风险$$

传统审计风险模型实际上是假定固有风险、控制风险和检查风险之间相互独立，通过对会计报表固有风险和控制风险的定量评估，确定检查风险，进而确定实质性测试的性质、时间和范围。但固有风险和控制风险都受企业内外部环境的影响，而且两者之间还相互影响。随着企业与内外部环境联系紧密性的增强，这一假设的可靠性越来越受到质疑。由于传统风险导向审

计采用的是一种自下而上的审计思路，因而在审计实务中关于审计资源的分配经常是面面俱到，难以突出重点，造成有限的审计资源的浪费。同时，传统风险导向审计由于对固有风险的判断缺乏指引，因此，注册会计师往往简单将其定义为高风险，将主要精力放在对控制风险的评估上，而由于对审计风险公式的僵化运用，对控制风险的评估又往往沦为减少实质性测试的工具。

（二）现代风险导向审计阶段

进入 20 世纪 70 年代，美国注册会计师协会发布的第 16 号、第 17 号审计准则首先将揭露非法行为纳入审计目标和职责范围。到了 20 世纪 80 年代，审计人员与社会公众对此项责任的认识分歧很大。面对外部的强大压力和复杂环境的变化，美国注册会计师协会审计准则委员会于 1988 年发布的审计准则公告阐述了审计人员揭露和报告客户舞弊、差错的责任及揭露非法行为的责任。

这些事件表明，审计职业界已认识到社会公众的需求与自身发展之间的矛盾，希望把审计风险降到社会可接受的水平，满足社会公众的信息需求。风险导向审计正是以审计风险为出发点，通过对产生风险的各个环节进行评价，调整审计策略和审计资源分布，使审计成为一个不断克服和降低风险的过程。

现代风险导向审计的开拓者——美国毕马威会计师事务所审计与鉴证研究中心主任 Timothy B. Bell 博士和伊利诺伊大学香槟分校会计系主任 Ira Solomon 教授对审计风险模型进行了重构，即

审计风险=重大错报风险×检查风险

重大错报风险的评估分两个层次进行：一是财务报表整体层次；二是认定层次。

其中，重大错报风险又被分解为固有风险和控制风险，检查风险又被分解为抽样风险和非抽样风险，其中"抽样风险"是指审计师依据抽样结果得出的结论与对审计对象总体执行同一审计程序所得到的结论不相符合的可能性。而"非抽样风险"是指因样本规模之外的其他因素导致审计师做出错误结论的可能性。实质性测试的风险主要是由抽样产生，而固有风险和控制风险的大小都是审计师的主观判断，属于非抽样风险。在 20 世纪的下半叶，对非抽样风险控制的不足成了审计失败的主要因素。因此，现代风险导向审计的产生可以理解为：审计师需要有一个框架或者模型来帮助其在整个审计过程中对重大错报风险进行主观的评估，也就是帮助其更有效地控制非抽样风险。

同时，现代风险导向审计对审计流程也带来了实质性变化，见图 2-1。

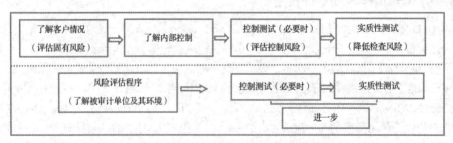

图 2-1　审计流程的变化

风险导向审计是审计模式发展的最新阶段，尤其是对现代风险导向审计模式来说，其发展的历程相对较短，目前仍处于初步应用和完善时期。现代风险导向审计是以系统观和战略观为指导思想，采用"自上而下"的方式，通过对客户的战略及经营风险的识别和评估，判断高风险的审计领域、确立审计重点，同时结合"自下而上"的方式，设计并实施必要的实质性测试，将检查风险降低到可接受水平，从而实现审计资源的有效配置，切实提高审计的效率和效果。

第二节 注册会计师的审计流程

一、接受审计委托

注册会计师应当按照执业准则的规定，谨慎决策是否保持某客户关系和接受具体审计业务。在接受委托前，注册会计师应当初步了解审计业务环境，包括业务约定事项、审计对象特征、使用的标准、预期使用者的需求、责任方及其环境的相关特征，以及可能对审计业务产生重大影响的事项、交易、条件和惯例等其他事项。

只有在了解后认为自身符合专业胜任能力、独立性和应有的关注等职业道德要求且拟承接的业务具备审计业务特征时，注册会计师才能将其作为审计业务予以承接。如果审计业务的工作范围受到重大限制，或者委托人试图将注册会计师的名字和审计对象不适当地联系在一起，则该项业务可能不具有合理的目的。接受业务委托阶段，注册会计师（审计人员）的主要工作包括：了解和评价审计对象的可信性；决策是否考虑接受委托；商定业务约定条款；签订审计业务约定书等。

（一）初步业务活动

注册会计师应当在本期审计业务开始时开展初步业务活动，针对建立与保持客户关系和具体审计业务实施相应的质量控制程序，评价遵守职业道德规范的情况（包括评价独立性），就业务约定条款与被审计单位达成一致意见。

首次接受审计委托时，注册会计师需要执行针对建立有关客户关系和承接具体审计业务的质量控制程序，应当向前任注册会计师询问被审计单位变更会计师事务所的原因，并关注前任注册会计师与被审计单位管理当局在重大会计、审计等问题上可能存在的意见分歧。后任注册会计师应当提请被审计单位书面授权前任注册会计师对其询问做出充分答复。如果被审计单位不同意前任注册会计师做出答复，或限制答复的范围，后任注册会计师应当向被审计单位询问原因，并考虑是否接受委托。而在连续审计时，注册会计师通常执行针对保持客户关系和具体审计业务的质量控制程序。如果是新客户，审计人员应该复核以前年度的工作底稿。

（二）签订审计业务约定书

1. 审计业务约定书的含义

审计业务约定书是指会计师事务所与被审计单位签订的，用于记录和确认审计业务的委托与受托关系、审计目标和范围、双方的责任以及报告的格式等事项的书面协议。审计业务约定书的签约双方是被审计单位和会计师事务所，不能误认为是被审计单位与注册会计师。审计业务约定书的性质是书面协议，一经双方签字认可，即成为会计师事务所与被审计单位之间具有法律效力的契约，违反合约对他人造成损失时可能会被追究违约责任。签订审计业务约定书的目的是确认审计业务的委托与受托关系。

2. 审计业务约定书的主要内容

审计业务约定书的主要内容如下。

（1）财务报表审计的目标。

（2）管理层对财务报表的责任。

（3）管理层编制财务报表采用的会计准则和相关会计制度。

（4）审计范围，包括指明在执行财务报表审计业务时遵守的中国注册会计师审计准则。

（5）执行审计工作的安排，包括出具审计报告的时间要求。

（6）审计报告的格式和对审计结果的其他沟通形式。

（7）说明由于测试的性质和审计的其他固有限制以及内部控制的固有局限性，审计报告不可避免地存在某些重大错报可能仍然未被发现的风险。

（8）管理层为注册会计师提供必要的工作条件和协助。

（9）注册会计师不受限制地接触任何与审计有关的记录、文件和所需要的其他信息。

（10）管理层对其做出的与审计有关的声明予以书面确认。

（11）注册会计师对执业过程中获知的信息保密。

（12）审计收费，包括收费的计算基础和收费安排。

（13）违约责任。

（14）解决争议的方法。

（15）签约双方法定代表人或其授权代表的签字盖章，以及签约双方加盖的公章。

3. 审计业务约定书的特殊考虑

如果情况需要，注册会计师还应当考虑在审计业务约定书中列明下列内容。

（1）详细说明审计工作的范围，包括提及适用的法律法规、审计准则，以及注册会计师协会发布的职业道德守则和其他公告。

（2）对审计业务结果的其他沟通形式。

（3）说明由于审计和内部控制的固有限制，即使审计工作按照审计准则的规定得到恰当的计划和执行，仍不可避免地存在某些重大错报未被发现的风险。

（4）计划和执行审计工作的安排，包括审计项目组的构成。

（5）管理层确认将提供书面声明。

（6）管理层同意向注册会计师及时提供财务报表草稿和其他所有附带信息，以使注册会计师能够按照预定的时间表完成审计工作。

（7）管理层同意告知注册会计师在审计报告日至财务报表报出日之间注意到的可能影响财务报表的事实。

（8）收费的计算基础和收费安排。

（9）管理层确认收到审计业务约定书并同意其中的条款。

（10）在某些方面对利用其他注册会计师和专家工作的安排。

（11）对审计涉及的内部审计人员和被审计单位其他员工工作的安排。

（12）在首次审计的情况下，与前任注册会计师（如存在）沟通的安排。

（13）说明对注册会计师责任可能存在的限制。

（14）注册会计师与被审计单位之间需要达成进一步协议的事项。

（15）向其他机构或人员提供审计工作底稿的义务。

二、计划审计工作

计划审计工作十分重要，计划不周不仅会导致盲目实施审计流程，无法获得充分、适当的审计证据以将审计风险降至可接受的低水平，影响审计目标的实现，而且还会浪费有限的审计资源，增加不必要的审计成本，影响审计工作的效率。因此，对于任何一项审计业务，注册会计师在执行具体审计流程之前，都必须根据具体情况指定科学、合理的计划，使审计业务以有效的方式得到执行。一般来说，计划审计工作主要包括：在本期审计业务开始时开展的初步业务活动、制订总体审计策略、制订具体审计计划等。计划审计工作不是审计业务的一个孤立阶段，而是一个持续的、不断修正的过程，贯穿于整个审计业务的始终。

三、实施风险评估程序

注册会计师必须实施风险评估程序，以此作为评估财务报表层次和认定层次重大错报风险的基础。所谓风险评估程序,是指注册会计师实施的了解被审计单位及其环境并识别和评估财务报表重大错报风险的程序。风险评估程序是必要程序,了解被审计单位及其环境特别为注册会计师在许多关键环节做出职业判断提供了重要基础。了解被审计单位及其环境是一个连续和动态地收集、更新与分析信息的过程,贯穿于整个审计过程的始终,注册会计师应当运用职业判断确定需要了解被审计单位及其环境的程度。一般来说,实施风险评估程序的主要工作包括:了解被审计单位及其环境;识别和评估财务报表层次以及各类交易、账户余额、列报认定层次的重大错报风险,包括确定需要特别考虑的重大错报风险(即特别风险)及仅通过实质性程序无法应对的重大错报风险等。

四、实施控制测试和实质性程序

注册会计师实施风险评估程序本身并不足以为审计意见提供充分、适当的审计证据。注册会计师还应当实施进一步审计流程,包括实施控制测试(必要时或决定测试时)和实质性程序。因此,注册会计师评估财务报表重大错报风险后,应当运用职业判断,针对评估的财务报表层次重大错报风险确定总体应对措施,并针对评估的认定层次重大错报风险设计和实施进一步审计程序,以将审计风险降至可接受的低水平。

五、完成审计工作和编制审计报告

注册会计师在完成财务报表所有循环的进一步审计程序后,还应当按照有关审计准则的规定做好审计完成阶段的工作,并根据所获取的各种证据,合理运用专业判断,形成适当的审计意见。本阶段的主要工作有:审计期初余额、比较数据、期后事项和或有事项;考虑持续经营问题和获取管理层声明;汇总审计差异,并提请被审计单位调整或披露;复核审计工作底稿和财务报表;与管理层和治理层沟通;评价审计证据,形成审计意见;编制审计报告等。

审计业务流程从一般意义上表明了审计工作的过程,但并不绝对说明这些业务流程在时间上的先后顺序。在实际执行过程中,注册会计师会根据被审计单位的实际情况和审计程序的执行情况进行调整、更新和反复。在审计中,注册会计师要编制审计工作底稿,形成审计轨迹,详细记录审计过程,实施的审计程序和形成的审计结论及审计证据。

第三节 内部审计流程

一、内部审计准备阶段

(一)内部审计计划

内部审计计划,是指内部审计机构和内部审计人员为完成审计业务,达到预期的审计目的,对审计工作或者具体审计项目做出的安排。审计计划具体分为:年度审计计划,是对年度预期要完成的审计任务所做的工作安排,是组织年度工作计划的重要组成部分;项目审计方案,是对实施具体审计项目所需要的审计内容、审计程序、人员分工、审计时间等做出的安排。内部审计计划的分类如表2-1所示。

表2-1 内部审计计划的分类

计划层次	计划的内容	编制时间	编制人	批准人
年度审计计划	(1)内部审计年度工作目标。	本年度编制下年度	内部审计机构负责人	董事会或最高管理层

计划层次	计划的内容	编制时间	编制人	批准人
年度审计计划	（2）需要执行的具体审计项目及实施时间。 （3）各审计项目所分配的审计资源。 （4）后续审计的必要安排	本年度编制下年度	内部审计机构负责人	董事会或最高管理层
项目审计方案	（1）被审计单位、项目的名称。 （2）审计目标和范围。 （3）审计内容和重点。 （4）审计程序和方法。 （5）审计组成员及其分工和时间安排。 （6）审计起止日期。 （7）对专家和外部审计工作结果的利用。 （8）其他有关内容	项目审计实施前	审计项目负责人	内部审计机构负责人

在编制年度审计计划前，内部审计机构和内部审计人员应当重点调查了解下列情况，以评价具体审计项目的风险。

（1）组织的战略目标、年度目标及业务活动重点。

（2）对相关业务活动有重大影响的法律、法规、政策、计划和合同。

（3）相关内部控制的有效性和风险管理水平。

（4）相关业务活动的复杂性及其近期变化。

（5）相关人员的能力及其岗位的近期变动。

（6）其他与项目有关的重要情况。

◈ 案例2-1　年度审计计划示例

××股份有限公司20×8年年度审计计划

一、公司内部审计工作总体思路

1. 公司今后3年审计工作总体目标

2. 20×8年审计工作重点

二、20×8年年度公司内部审计计划

20×8年度内部审计工作计划，如下表所示。

××股份有限公司20×8年度内部审计工作计划表

项目	工作目的与内容	时间安排	审计人员
年度审计	审核企业年度经营状况、年度考核目标完成与预算执行情况	20×8年2—5月	李××等5人
预算审计	半年度预算执行情况审计	20×8年6—12月	梁××等4人
内部控制审计	对收入、合同签订内部控制的有效性进行评价	不定期	陈××等3人
后续审计	审计问题整改	不定期	张××等2人

1. 被审计单位、项目的名称

被审计单位名称为内部审计机构供职的企业名称

项目名称为实施项目审计方案时的名称

××公司负责人李××经济责任审计

××公司内部控制管理情况审计

××公司担保及重大资产处置情况审计

2. 审计目标和范围

（1）审计目标

项目审计的目标是对年度审计计划的细化。

通过对被审计对象的初步了解，结合管理层的要求，汇总以前年度中审计发现的问题与改正措施，识别风险，按风险高低程度排列。

（2）审计范围

确定审计范围应考虑相关制度、记录、人员和实物资源，包括由第三方控制的相关制度、记录、人员和实物资源。内部审计师应确保业务范围足以实现审计目标。

3. 审计内容和重点

项目审计因具体审计内容不同，确定的审计内容和重点也各不相同。

例如，经济责任审计应重点关注履职绩效、公务消费情况等。费用开支情况应重点关注费用发生的合理性、授权审批情况等。

4. 审计程序和方法

内部审计师可以通过询问、观察、检查、重新执行等方法，以证明审计目标的实现程度。

5. 审计组成员的组成及分工

审计小组是进行审计项目的主体，审计小组成员要根据内部审计部门的人员编制情况和被审计事项的具体情况而定，确定审计小组的核心议题有明确审计组组长和明确审计分工这两项内容。

审计组组长应根据审计项目的性质、特点及复杂程度，结合审计人员的学识、专业能力及经验，包括外语程度、计算机水平、沟通能力等，合理配备相应的内部审计人员。

6. 审计起止日期

审计起止日期就是审计项目组开始执行审计工作的日期至结束审计工作的日期。

（二）审计通知书

1. 审计通知书的概念

审计通知书，是指内部审计机构在实施审计之前，告知被审计单位或者人员接受审计的书面文件。

2. 审计通知书的作用

（1）审计通知书既是内部审计部门对被审计单位的正式书面告知，也是内部审计执业的基本礼节。

（2）送达审计通知书有利于消除被审计单位或人员的误解。

送达审计通知书是告知被审计单位或人员，审计活动是按照年度审计计划和其他授权或者委托文件开展的，目的是通过审计工作发现被审计单位或人员管理方面可能存在的问题，并为被审计单位提供可行的建议。

（3）送达审计通知书有利于增强内部审计师与被审计单位的配合。

通过预先通知的方式，内部审计人员可以让被审计单位或人员为审计工作做好准备，提供与审计相关的文件资料与必要的工作安排。被审计单位或人员也可以通过审计通知书，要求审计部门在实施审计程序时尽量不影响被审计单位或人员的正常经营业务或工作的开展，必要时也可以申请审计部门推迟本次审计工作的时间。

3．审计通知书的编制依据

内部审计机构应当根据经过批准后的年度审计计划和其他授权或者委托文件编制审计通知书。

4．审计通知书的内容

（1）审计项目名称。

（2）被审计单位名称或者被审计人员姓名。

（3）审计范围和审计内容。

（4）审计时间。

（5）需要被审计单位提供的资料及其他必要的协助要求。

（6）审计组组长及审计组成员名单。

（7）内部审计机构的印章和签发日期。

5．审计通知书的送达时间

（1）内部审计机构应当在实施审计三日前，向被审计单位或者被审计人员送达审计通知书。特殊审计业务的审计通知书可以在实施审计时送达。

（2）审计通知书送达被审计单位，必要时可以抄送组织内部相关部门。经济责任审计项目的审计通知书送达被审计人员及其所在单位，并抄送有关部门。

◆ 案例2-2　经济责任审计通知书

审计通知书

×审【×××】×号

关于对××同志在××单位（被审计单位）任职期间的经济责任审计的通知

××单位（被审计单位名称）：

根据×××（董事会、审计委员会或纪检监督部门）的委托（或年度审计计划的安排），决定派出审计组，自××××年××月××日起，对××同志自××××年××月至××××年××月在你单位任职期间的经济责任进行就地审计，审计内容为单位财务收支的真实性、合法性、效益性，以及个人履行经济责任、遵守财经纪律、廉洁自律的情况，必要时将追溯到其他年度或延伸审计有关单位。请予以积极配合，提供必要的工作条件。

请你单位于审计开始日提供与经济责任审计有关资料，并请通知××同志于审计开始日5日内向审计组提交述职报告。

审计组组长：××

审计组成员：×××、×××

附件1：领导干部经济责任审计提供资料清单

附件2：被审计领导干部述职报告内容要求

（内部审计机构公章）审计机构负责人签字

签发日期：××××年××月××日

抄送：（必要时可抄送组织内部相关部门。涉及组织内部个人责任的审计项目，应抄送被审计者本人）

被审计单位在收到审计通知书后，必须按审计通知书的要求，做好审计准备，并为审计工作提供必要的工作条件。内部审计人员一般熟悉本部门、本单位的内部情况，因此，可以不需要做很多的准备工作，便能迅速地转入实施阶段。同时，因内部审计人员是本部门、本单位内

部的成员，所以，审计工作方案可以比较机动灵活，并且可以随时补充修改。

二、内部审计实施阶段

（一）控制测试

控制测试内容包括内部控制健全性测试与有效性测试。内部控制健全性测试是评价被审计单位各项业务活动是否建立了内部控制制度；各项内部控制制度是否符合内部控制的基本原则（全面、制衡、成本效益、权责利对称）；控制环节是否设置齐全，关键控制点是否存在；控制强点与控制弱点。内部控制有效性测试是评价内部控制系统布局是否合理，有无多余和不必要的控制；关键控制点是否发挥作用；内部控制目标是否达到。

（二）实质性测试

实质性测试包括业务活动效益性测试和财务收支合法性测试。实质性测试种类有分析性程序、交易测试、余额测试和列报测试。在内部审计实质性测试中，内部审计机构和内部审计人员可采取询问、观察、检查、监盘、函证、分析、计算等方法。

（三）审计工作底稿与审计日志

审计工作底稿是审计业务的具体记录，其内容包括：被审计单位名称；审计事项名称；审计事项期间；审计事项描述与结果记录；审计结论；执行人姓名与执行日期；复核人员姓名、复核日期与复核意见；索引号及页次；审计标识；审计工作底稿应实行多层次复核。

审计日志是审计人员行为的过程记录，其内容包括：审计事项名称；实施的审计步骤与方法；审计查阅的资料名称和数量；审计人员的专业判断和查证结果；其他需要记录的情况。

（四）中期审计报告

在内部审计中，中期审计报告是指内部审计人员在现场审计过程中就某些领域的审计发现与被审计单位适当层次的管理人员进行交流，并要求他们在规定期限内给予书面答复的一种报告形式。中期报告可以是书面的也可以是口头的，可以正式报送也可以非正式报送，非常灵活。

三、内部审计报告阶段

（一）结果沟通

1. 审计结果沟通的必要性

根据《第 2105 号内部审计具体准则——结果沟通》，结果沟通，是指内部审计机构与被审计单位、组织适当管理层就审计概况、审计依据、审计发现、审计结论、审计意见和审计建议进行的讨论和交流。

审计结果沟通是出具审计报告前的必要程序。

在出具审计报告前与被审计单位、组织管理层进行有效沟通，给被审计单位辩解机会，有助于纠正内部审计人员的片面意见，提高审计结果的客观性、公正性。这既体现了审计结果沟通的必要性，又是审计结果沟通的目的之一。

通过审计结果的有效沟通，内部审计人员还可以取得被审计单位、组织管理层对审计工作的理解和认同。这是审计结果沟通的第二个目的。

2．审计结果沟通的方式

审计结果沟通一般采取书面或者口头方式。内部审计机构应当在审计报告正式提交之前进行审计结果的沟通。

内部审计机构应当将结果沟通的有关书面材料作为审计工作底稿归档保存。

3．审计结果沟通的内容

（1）审计概况，包括审计目标、审计范围、审计内容及重点、审计方法、审计程序及审计时间等。

（2）审计依据，是实施审计所依据的相关法律法规、内部审计准则等规定。

（3）审计发现，是内部审计人员在对被审计单位的业务活动、内部控制和风险管理实施审计过程中发现的主要问题。

（4）审计结论，是内部审计人员根据已查明的事实，对被审计单位业务活动、内部控制和风险管理所作的评价。

（5）审计意见，是内部审计人员针对审计发现的主要问题，提出的处理意见。

（6）审计建议，是内部审计人员针对审计发现的主要问题，提出的改善业务活动、内部控制和风险管理的建议。

如果被审计单位对审计结果有异议，审计项目组负责人及相关人员应进行核实和答复。

内部审计部门负责人应当与组织适当管理层就审计过程中发现的重大问题及时进行沟通。内部审计部门与被审计单位进行结果沟通时，应当注意沟通技巧。

◆ 案例2-3

审计结果沟通不畅引发严重后果

半月前，×股份有限公司薪酬委员会兼审计委员会主席，提请本公司审计部做一份审计调查，了解公司中层人员薪资政策及其调整情况，供薪酬委员会讨论公司薪酬政策参考，同时指示，对薪资调整流程实施专项审计。

由于公司实行薪酬保密制度，审计部门从未做过薪酬福利方面的审计，原来的人力资源审计仅限于人力资源招募、录用、晋升、考核和培训方面的审计，且考核结果运用于薪酬发放不列入审计范围，人员晋升流程中涉及晋升后薪资调整文件也不向审计部门提供。

审计总监李×立即想到了授权，审计通知书由董事长亲自签发，总经理也专门找了人力资源总监面谈。李某派出了审计部最强的两员干将，并专门就此项审计单独签署了保密协议，明确要求对薪酬等敏感信息保密。

审计见面会和结果沟通会议上，人力资源总监不配合，将很多问题推脱为出于保密要求。现在审计报告和调查报告初稿已出，在人力资源部征求意见多日，人力资源部没有按期回复，却发来一份泄密情况通报。

通报指出：公司一直实行薪酬保密制度，对工资信息实行不公开、不询问、不讨论的"三不"政策多年，员工对于薪酬从未有过攀比。人力资源部怀疑最近进行的审计泄露了薪酬机密。公司在这几天收到数份加薪申请，加薪申请人将自己的薪酬与多个自认为同岗、同档次应该同酬的员工进行了详细比较，所涉及的薪酬数据相当准确。这可是从未有过的事情。人力资源部正在安抚加薪申请人，对其提供的其他员工薪酬信息不予承认，并要求其提供信息源。通报还指出某加薪申请人入职时就是审计师王亮推荐的。

通报提到的那位审计师王×提出了离职申请。理由是审计部门的员工薪酬普遍低于公司其他部门，而且审计部每年加薪申请均被调减为按最低增资额调整，而其他部门还出现申请少、批得多的情况，而那些人往往是审计出问题被处罚的人，被处罚后获得了更多的补偿。

王×心灰意冷，将此审计发现也写入了审计报告，却被×某在初稿中就删掉了。李某深知王×的为人，他从来不会透露审计中的任何信息，但不知道这次审计对他的冲击是否让他乱了方寸，况且他口头提出不满，并要离职。

分析：因为内部审计机构和内部审计人员与被审计的人力资源部缺乏有效沟通，导致事情复杂化，审计面临失败的风险，并很可能因此导致人才流失。作为内部审计人员，一定要秉持冷静平和的心态，与被审计单位认真沟通，在取得被审计单位理解的同时，也要多理解被审计单位的处境和做法，这样才有可能破解沟通难题。

（二）审计报告

1. 审计报告的含义

审计报告，是指内部审计人员根据审计计划对被审计单位实施必要的审计流程后，以经过核实的审计证据为依据，就被审计事项做出审计结论，提出审计意见和审计建议的书面文件，是审计工作的最终成果。

内部审计人员应当在审计实施结束后，以经过核实的审计证据为依据，形成审计结论、意见和建议，出具审计报告。

如有必要，内部审计人员可以在审计过程中提交中期报告，以便被审计单位及时采取有效地纠正措施改善业务活动、内部控制和风险管理。

2. 审计报告的作用

（1）审计报告是审计人员评价被审计人承担和履行经济责任情况、发表审计意见和提出审计建议的载体。

（2）审计报告是审计机构编制审计信息、为被审计单位经济决策服务的重要信息来源。

（3）审计人员签发的审计报告具有一定的经济鉴证作用。

（4）内部审计报告为最高管理层和董事会提示风险和内部控制缺陷，促进组织规范运作。

（5）审计报告也是总结审计过程和结果，评价审计人员工作、控制审计质量的重要依据。

3. 审计报告形式

审计报告按照详细程度分为简式审计报告和详式审计报告。简式审计报告，又称短式审计报告，是指审计人员用简练的语言扼要地说明审计过程、审计结果，并简略地表达审计意见的审计报告。在我国，审计人员在对财务报表形成审计意见时通常出具简式审计报告。详式审计报告，又称长式审计报告，是指审计人员详细地叙述审计项目基本情况、审计评价意见、审计发现的主要问题及处理处罚意见、审计建议等的审计报告。在我国，国家审计机关和内部审计机构在实施审计后，通常都要撰写详式审计报告。

4. 审计报告的内容

内部审计报告的内容因审计项目的不同而不同，但主要包括的要素是基本一致的。审计报告的要素主要包括：标题、收件人、正文、附件、签章、报告日期、其他。

审计组在审计结束后，应进行综合分析，在与被审计单位交换意见后，于审计终结后 10（节假日顺延）日内写出审计报告征求意见稿。被审计单位应当自接到审计报告征求意见稿之日起 3（节假日顺延）日内，将其书面意见送交审计组，被审计单位未提出书面意见，可视为对审计报告无异议。审计报告的编制以审计证据为依据，做到客观、公正。内部审计报告经审计部经理审核后向分管副总与总经理报出。内部审计机构应当将复核后的审计报告提交被审单位和组织适当管理层，并要求被审计单位在规定的期限内落实纠正措施。

已经出具的审计报告如果存在重要错误或者遗漏，内部审计机构应当及时更正，并将更正后的审计报告提交给原审计报告接收者。

内部审计报告通常一式多份，内部审计机构应将其中一份及时归入审计档案，妥善保存。

◆ **案例2-4　审计报告的基本格式举例**

关于××公司内部会计控制的审计报告（标题）

××公司总经理（收件人）：

为了配合今年年底公司组织的行业检查活动，我们临时调整了审计计划，组成了以吴××为项目负责人的3人审计小组，对公司内部会计控制制度进行了部分审计，旨在评价公司内部会计控制制度、消除内部控制的弱点、改善公司管理水平。我们争取在行业评比中取得优异成绩。

我们的审计目标是测试内部控制方面是否存在漏洞，寻找与同行业其他企业的差距。审计涉及的期间是20××年1月1日至20××年12月31日，审核的范围包括会计制度设计、会计核算程序、会计工作机构和人员职责、财务管理制度等方面。（审计概况）

我们按照内部审计准则的规定计划和实施本项内部审计工作，并采用了我们认为应当采用的必要审计程序。根据抽查结果，我们认为，下列情况应予关注。

（1）没有定期进行银行对账单调节。截至我们进行审计时，银行对账单的调节工作已经延误了4个月，严重削弱了公司对资金安全性的控制。（见附件第××页）

（2）由于没有防止投资收益账户上舞弊行为的控制程序，导致超过×××元的现金股利被非法挪用。（见附件第××页）

（3）……（审计发现）

除上述问题外，我们认为，组织管理层对内部控制的设计在整体上符合公司的实际情况，其运行取得了预期的效果。（审计结论）公司应尽快就上述问题采取纠正措施，完善相关控制。（审计意见）

我们认为，上述问题的发生，主要原因是相关职位人员配备不足，不相容职务未予分离。建议财务部门健全资金控制制度，并招聘一名有经验的会计人员。（审计建议）

附件：1. ××
　　　2. ××
　　　3. ××

审计项目负责人：×××
审计小组成员：×××
×××
审计机构负责人：×××
××审计机构（签章）
20××年××月××日（报告日期）

四、后续审计阶段

（一）后续审计的含义

后续审计是指内部审计机构为跟踪检查被审计单位针对审计发现的问题所采取的纠正措

施及其改进效果，而进行的审查和评价活动。

后续审计和复审的区别在于：后续审计是指在审计报告发出后相隔一定时间内，审计人员为检查被审计单位对审计发现和建议是否已经采取了适当的纠正行动并取得预期的效果的跟踪审计。后续审计通常出现在内控审计、效率和效果审计中，是对审计结果反馈和反应的继续审计。复审是审计人员对原来的审计工作进行全部或部分的复查，以确定原来所做的审计结论的正确性。引起复审的原因可以归纳为以下三个方面：被审计单位对审计结论提出异议；审计机关对于审计小组的工作进行检查，为保证审计质量而进行复审；法律诉讼引起复审。复审通常出现在财务报表审计中，是对审计结果质量的控制。

（二）后续审计的作用

1. 后续审计能够提高审计工作质量，充分发挥审计职能

通过后续审计，审计人员能够评价并报告管理者纠正错误的态度是否积极、措施是否得当、效果是否显著，是确保审计效果的重要措施。

2. 后续审计可以为被审计对象革除管理上的弊端

被审计单位仍有可能表面上虽认可审计结论，实际上却没有采取任何实质性的改进措施。这样，内部审计工作的成果也就失去了意义。后续审计能够防止上述情况出现，使被审计单位的工作质量得到真正的改进和提高。

3. 后续审计是内部审计工作自身规范的一部分，有利于明确组织内部责权划分

内部审计工作报告中通常包括了被审计单位对审计工作的反馈，但只有经过后续审计才能真正验证哪一方对存在的问题的看法更具有合理性，进而真正解决被审计单位的问题。

（三）责任区分

1. 被审计单位管理层的责任

对审计中发现的问题采取纠正措施，是被审计单位管理层的责任。单位管理层应对审计报告中的结论、建议及时做出回应，对报告中提出的缺陷采取纠正措施，及时、全面纠正存在的问题。在内部审计人员进行后续审计的时候，被审计单位应积极予以配合、协助。

2. 内部审计人员的责任

评价被审计单位管理层所采取的纠正措施是否及时、合理、有效，是内部审计人员的责任。审计人员应当跟踪被审计单位在内部审计项目结束后是否及时、迅速地采取了必要的措施来解决存在的问题，并进行相应的后续审计。在执行后续审计后，审计人员应向管理层、被审计单位提交后续审计报告，对被审计单位所采取的纠正措施做出恰当的评价。

3. 内部审计机构负责人的责任

（1）内部审计机构负责人可以适时安排后续审计工作，并将其列入年度审计计划。审计实务中，内部审计机构负责人负责对后续审计项目做出统筹安排，根据实际情况决定后续审计的时间安排。内部审计机构可以在规定期限内，或者与被审计单位约定的期限内实施后续审计。

（2）内部审计机构负责人如果初步认定被审计单位管理层对审计发现的问题已采取了有效的纠正措施，可以将后续审计作为下次审计工作的一部分。

（3）当被审计单位基于成本或者其他方面考虑，决定对审计发现的问题不采取纠正措施并做出书面承诺时，内部审计机构负责人应当向组织董事会或者最高管理层报告。

内部审计机构应在规定的期限内，或与被审计单位约定的期限内执行后续审计。在一般情况下，在审计项目结束后，内部审计人员应给被审计单位留一段合理的时间期限，以便被审计单位有充裕的时间采取纠正措施。如果审计报告中并未对纠正措施的期限进行明确规定，则内部审计机构应当与被审计单位约定适当的期限，在此期限内执行后续审计。这样的规定主要是

考虑到内部审计是为被审计单位服务的，在安排后续审计工作时，应尽量减少对被审计单位的业务影响。因为后续审计是审计项目的必要后续程序，所以内部审计机构负责人应当在制订年度计划时充分考虑，并进行必要的时间和人员等资源的安排。

内部审计人员应根据后续审计的执行过程和结果，向被审计单位及组织适当管理层提交后续审计报告。在后续审计报告中，可以简单回顾审计发现的问题及原来的审计结论与建议。内部审计人员应对被审计单位所采取的行动进行直接的访问、观察、测试或检查纠正措施的有关文件，对被审计单位针对问题所采取的纠正措施的及时性、有效性进行评价，说明问题是否已经解决或者问题尚未解决的原因及其对组织的影响。

◈ **案例2-5　后续审计报告范例**

关于对××××年的审计意见执行情况的后续审计报告

××公司审计委员会：

根据××××年工作计划，审计部于近期对××××年审计意见执行情况进行了后续审计，现将有关情况报告如下：

一、基本情况

××××年审计部共完成审计项目××项，审计总金额约××亿元，提出审计意见××条。我部于×月×日对有关被审计单位下发了对××××年审计意见执行情况后续审计的通知，要求各单位书面上报审计意见执行情况。审计部根据上报情况，进行了抽样审计。

我部对各单位上报的材料进行了统计汇总，其中，已执行的审计意见××条，已处理纠正的不良资产、违规违纪等有问题金额约××××万元。总体来看，对我部下发的审计意见，被审计单位都十分重视，并且逐项落实整改，如××公司在收到审计意见书后，立即召开了专门会议研究落实，并将相关会议纪要及采取的相应措施情况通报我部。

二、后续审计情况

我部于××××年×月下旬对××、××××、×××、××××××、××××5个单位进行了实地后续审计。从审计情况看，这些单位的实际执行情况与上报的情况基本一致，对我部提出的审计意见都进行了一一落实、整改，各单位根据审计意见整改后增加收益××万元。

在后续审计中，我们发现有些审计意见虽然被审计单位十分重视，但在执行上尚有一定难度，有的需要集团公司相关部门协调解决，有的涉及外部单位如地方税务部门一时无法解决，具体情况如下：

（1）个别审计意见尚未执行，如要求××××按有关规定与集团公司签订房屋租赁协议。要求××公司对××××年被诈骗的××万元，指定专人配合法院执行，如无法执行，做坏账处理，账销案存。据该公司反映，以上事宜需报董事会批准后处理。

（2）我部曾建议少数单位应进一步完善和规范相关财务核算办法（如成本核算方法）和财务基础管理工作。在后续审计中，被审计单位的财务部门纷纷提出，希望加强学习和交流，不断提高业务水平，做好财务会计工作。

三、审计建议

（1）应责成××公司就签订房屋租赁协议及诈骗处理事宜尽快向其董事会提交议案，近期内召开临时董事会形成有关决议。

（2）对在后续审计中有关单位的财务部门提出的加强学习和交流的要求，已转××公司财务部，建议组织财务工作交流活动，以取长补短，不断提高集团公司整体财务工作水平。

审计部（签章）
××××年××月××日

第四节　国家审计流程

国家审计流程是政府审计机关在进行审计时，从开始到结束的审计工作步骤和顺序。国家审计流程一般分为三个阶段，即准备阶段、实施阶段和终结阶段。

一、准备阶段

（一）编制审计项目计划

1. 审计项目计划的含义

审计项目计划是指审计机关每年对审计项目（包括专项审计调查项目）做出的统一安排，也称年度审计项目计划。

2. 审计项目的分类

在国家审计中，审计项目一般有以下几种。

（1）自行安排项目。在本级机关审计管辖和分工范围内，自行安排开展审计的项目。

（2）上级审计机关统一组织项目。

（3）授权审计项目。上级审计机关授权下级审计机关审计的项目。

（4）政府交办项目。本级政府（有时还有党委）或其下属部门授权或委托开展的审计项目。

根据《审计法》的规定，国家审计机关应对国务院各部门和地方各级政府及其各部门的财政收支、国有金融机构和企事业单位的财务收支，以及其他依照《审计法》规定应接受审计的财政、财务收支的真实性、合法性和效益性进行审计监督。由于审计的范围广、单位多、内容复杂多样、时间有限，要在一定的时间内完成审计任务、充分发挥审计在国民经济中的监督作用，政府审计机关就必须对审计工作进行统筹安排，编制审计项目计划，以指导、控制和促进审计工作。

（二）确定被审计单位

国家审计机关应按照审计项目计划的时间安排，确定相应的被审计单位和被审计项目。在实施执行过程中，如果由上级交办或其他临时需要审计的项目，则审计部门可对原被审计项目计划进行调整，并报请审计机关批准执行。

（三）组织审计力量

实施项目审计需要配备审计人员，组成审计小组。审计小组是审计机构派出审计人员实施具体审计项目的组织形式，至少要2人以上，其具体职责是：拟定审计工作方案、实施审计、搜集审计证据、编写审计工作底稿、撰写审计报告、征求被审计单位意见、报送审计报告、审计事项的立卷归档、检查审计意见和审计决定的落实情况、进行后续审计。

（四）拟定审计工作方案

1. 审计实施方案的意义

审计实施方案，是审计组为顺利完成某项审计任务，达到预期审计目的而编制的具体工作计划。审计实施方案是实施审计项目，以及监督和考核审计质量的重要依据。

审计实施方案对于有效地控制审计项目实施过程，保证审计人员有条不紊地进行审计查证，完成计划所确定的审计任务，保障审计工作质量，达到预期审计目的，具有重要作用。

2. 审计实施方案的内容

方案内容主要包括：被审计单位（项目）的名称和基本情况，编制审计方案的依据，审计的目标和范围，审计的内容和重点，审计方式和方法，具体实施步骤，审计预计时间，审计组长、审计组成员及分工，编制人、编制日期及审批意见。

它一般包括文字和表格两部分。文字部分内容包括：编制审计方案的依据和目的、审计范围、审计内容及重点、组织分工，以及实施进度等。表格部分是审计具体内容（具体目标），包括审计方法、时间预算、负责审计的人员、需要编制的工作底稿编号。

3. 审计实施方案的编制和调整

审计实施方案的编制组织：由审计组负责编制，由其所在部门负责人审批，重要事项报经所在审计机关领导批准。

审计实施方案的基本编制要求是：做好审前调查，明确审计目的，熟悉有关的政策、法律、法规，准确把握审计重点，合理设计审计方案，灵活确定审计分工，科学安排实施步骤。

审计实施方案经批准后，审计人员在审计项目的整个实施阶段都要遵照执行。审计实施方案确实需要调整的，应由审计组长向所在部门负责人或审计机关领导提出书面申请，说明调整理由和调整内容，经批准后调整。在特殊情况，不能或来不及按照规定办理调整审批手续的，相关审计部门（项目）负责人可以先口头请示同意，调整并实施审计实施方案。但审计项目结束时，审计组应及时补办调整审批手续。

（五）审计通知书

审计通知书必须以审计机关的名义制作和送达，体现的是审计机关与被审计单位的监督和被监督的关系，不能以审计机关内部单位或审计组的名义送达。对每一事项实施的审计，都必须事先向被审计单位送达审计通知书。这是法定程序，否则被审计单位有权拒绝接受审计。审计通知书必须在实施审计3日前送达被审计单位。下列三种特殊情况下，审计机关可以直接持审计通知书实施审计：一是办理交办的紧急审计事项的；二是发现被审计单位涉嫌严重违法违规需要突击审计的；三是其他不宜提前三日送达审计通知书的。审计机关可以直接送达通知书，也可以邮寄送达通知书。

二、实施阶段

（一）实施审计

根据审计工作方案的时间安排，在送达审计通知书后，审计人员进驻被审计单位开始实施审计。审计人员进驻后的第一项工作是通过召开"见面会"，与被审计单位的有关领导和财会、内部审计等部门的负责人以及有关工作人员取得联系，说明审计的目的、内容、时间等，以取得被审计单位的领导和员工的支持和配合，同时听取被审计单位的意见及有关情况介绍，协商、确定有关审计事宜，如确定与审计组联络的人员，确定并公布接待来访地点、时间等。

对被审计单位实施具体审计之前，审计组还需要对被审计单位的情况进行深入、细致的了解，尤其要重视对被审计单位的内部控制进行了解、测试和评价，根据新掌握的情况和内部控制可信赖程度，适当修改和补充审计方案。按修改后的审计方案，审计组就可以分头实施审计方案，运用各种审计方法，对被审计事项进行审查，搜集审计证据，并认真做审计记录，编制审计工作底稿。

（二）提出审计报告

1. 审计报告的意义

审计报告，是指审计组在对审计事项实施审计后，就审计工作情况和审计结果向派出的审计机关提出的书面文书。它既是审计工作及其成果的总结，也是出具审计意见书和做出审计决定的基础。审计组按审计机关签发的审计通知书的要求实施审计的所有审计项目都应当向所属审计机关出具审计组的审计报告。

2．审计报告的内容

国家审计报告通常是长文式的，有一定的格式要求，但正文的行文比较自由和详细。它一般由标题、主送单位、正文、审计组组长签名、报告日期等组成。审计报告的主要内容如下。

（1）审计任务的说明。

审计报告应对本次审计的任务进行说明。主要包括：执行审计的依据，被审计单位的名称，审计范围、内容、方式和时间，延伸、追溯审查重要事项的情况，以及被审计单位配合与协调情况等。

（2）被审计单位的基本情况。

被审计单位的基本情况，主要包括：经济性质，管理体制，业务范围及经营规模，财政财务隶属关系或国有资产监管关系，财政、财务收支状况等。

（3）审计的基本情况。

审计的基本情况及总体审计评价主要包括：所审计财政、财务收支的主要内容，依据的审计规范，实施的审计手续，采用的主要审计方法，以及其他需要说明的情况。

（4）总体审计评价。

不同的审计类型对应不同评价的内容。例如，对被审计单位内部控制和财政、财务收支真实、合法、效益的评价；对被审计领导干部经济责任履行情况的评价。

（5）审计发现的问题。

审计发现的问题，主要有两类：一类是指审计查出的被审计单位违反财经法规和审计法的行为；另一类是不合理、不规范的行为。审计报告对审计发现的问题应予具体揭示，包括所发现问题的事实，产生问题的原因，所违反有关法规的具体内容，问题所造成的影响或后果等。

（6）审计意见和建议。

审计报告应就审计发现的问题，提出审计意见和建议；对违反财经法规和审计法的问题，要提出处理、处罚意见；对不合理、不合规的问题要提出审计建议。

3．审计报告的编制步骤

编写审计报告一般按如下步骤进行。

第一，审核审计工作底稿，并进行整理分类。

第二，讨论编写提纲，草拟审计报告。

第三，征求被审计单位意见，修订审计报告。

审计报告报送审计机关前，应当征求被审计单位的意见，被审计单位应在审计报告之日起10日内，将其书面意见送到审计组或者审计机关。

征求意见的主要内容是：审计组认定的事实，适用的法律、法规是否正确，做出的审计评价是否客观，提出的审计意见和建议是否合理有效。

审计组在规定的征求意见时效内未收到对方的复函，则视同对方对审计报告无意见。若收到对方的书面意见，则应认真研究。

对审计报告的不同意见，属于事实不清、证据不足的，应进一步核实补充。属于引用法律、法规不当的，则应当必要的调整。

对审计组做出的审计评价及提出的审计意见和建议，被审计单位若有不同意见，审计组认为理由充分的，可以做出修改和调整；否则，应坚持已有的意见和建议。审计组应当写出对审计报告征求意见稿反馈意见的说明，连同修改后的审计报告一并报送审计机关审定。

4. 审计报告编制的要求

（1）证据充分，定性准确。

（2）事实清楚，数据真实。

（3）内容完整，重点突出。

（4）层次清晰，结构合理。

（5）表述准确，文字简练。

5. 审计报告的复核和审定

审计组提交的审计报告，由派出审计组的审计机关进行复核和审定。

复核工作通常由审计机关的法制部门进行。一般审计报告的审定由审计机关主管领导进行。重要的审计报告（社会关注度高或发现了重大问题的）应由审计机关领导召开业务会议集体审定。审定的事项主要是：与审计事项有关事实是否清楚，审计证据是否充分；审计评价意见是否恰当；审计定性、处理、处罚建议是否合法、恰当；被审计单位对审计报告的意见和复核机构或者复核人员提出的复核意见是否正确。

（三）征求被审计单位的意见

审计小组讨论修改后的审计报告要送交被审计单位征求意见。

对于被审计单位提出的书面意见，如果属于审计报告中事实不清或有出入的，审计组应当进一步核实。如果属于审计报告中的适用法律、法规不准确或错误的，审计组应当根据有关法律、法规以及具体情况认真研究、核实，必要时对报告进行修改。如果被审计单位在规定期限内未提出书面意见，可视作其对审计报告无异议。

三、终结阶段

（一）审定审计报告

派出审计机关要对审计组提交的审计报告和被审计单位的书面意见进行审定。审定审计报告是审计机关对审计报告所列内容进行复核审理，做出最后判断，形成最终评价的过程。审定审计报告，是《审计法》中所规定的重要环节，通过对审计报告的审定，可使审计工作质量得到充分的保证。

审定审计报告的内容包括：审计事项的事实是否清楚；搜集的证据材料是否具有客观性、相关性、合法性和充分性；适用的法律、法规、规章和具有普通约束力的决定、命令是否准确；提出的审计意见是否可行，是否具有针对性；对查出问题的定性是否准确，初步处理意见是否恰当；对被审计单位提出的异议是否进行了认真研究；审计过程中是否遵循了法定的程序。

（二）出具审计意见书

审计机关审定审计报告后，必须按照法定程序向被审计单位出具审计意见书。审计意见书是对审计事项做出评价并提出审计意见和建议的书面文件。

1. 审计意见书的作用

出具审计意见书的作用在于：是审计机关评价审计事项，表达审计意见的载体；是被审计单位纠正违法违规问题的依据；是被审计单位据以改进工作的参考。

2. 审计意见书的基本内容

审计意见书，一般由标题、主送单位、正文、落款和日期等组成。审计意见书的主要内容如下。

（1）审计的立项依据、范围、内容、方式和时间。

立项依据是确定审计项目的依据，如审计机关的工作计划、接受委托、政府交办。审计范围主要说明审计的单位及延伸审计的单位，审查的财政、财务收支活动的期间。审计内容主要说明具体的审计事项。审计方式说明的是就地审计还是报送审计。审计时间主要说明审计实施起止点时间。若审计方式为就地审计，则审计实施方案需说明审计组进驻被审计单位的时间到撤离被审计单位的时间。若审计方式为送达审计，则审计实施方案需说明审计组调阅被审计单位空间资料的时间到归还这些资料的时间。

（2）审计评价意见。

审计评价，是对被审计单位财政、财务收支事项的真实、合法和效益的综合评价。财政财务审计评价主要包括以下内容。

第一，对审计事项真实性的评价。主要是评价被审计单位账务处理是否符合会计准则、财政财务制度的要求，会计资料是否真实地反映了年度财政收支、财务收支情况。真实性评价意见有三种类型：一是真实；二是基本真实；三是不真实。

第二，对审计事项合法性的评价。主要是评价被审计单位财政、财务收支符合国家财经法规规定的情况。合法性评价有三种意见类型：一是合法；二是基本合法；三是不合法。

第三，对审计事项效益性的评价。对经济效益进行评价，应当剔除不可比因素，以经济效益实绩与当年计划、历史同期水平、同业先进水平等进行比较，并做出经济效益好、较好或差的评价。

第四，对内部控制制度健全有效性的评价。在审计中应对内部控制制度的健全有效性做出评价。健全性评价是对内部控制的设置情况进行的评价，有效性评价是对内部控制制度执行情况进行的评价。

审计机关对审计过程中未涉及的具体事项和证据不足、评价依据和标准不明确的事项不做评价，但应当说明不评价的原因。

（3）责令被审计单位自行纠正的事项。

审计意见书上要说明审计查出的不需处理、处罚，而要求被审计单位自行纠正的问题。包括说明其形成原因、主要表现及造成的影响，指出违反国家财政法规的情况。（需要处理处罚的问题应当写入审计决定）

（4）加强管理和改进工作的建议。

审计意见书还应就被审计单位的会计核算、内部控制制度及相关的管理制度中存在的问题提出改进意见和建议，以促进被审计单位完善内部控制制度，改进会计核算和管理工作。

3. 审计意见书的编制

审计意见书由审计机关编制。审计机关在收到审计报告之日起30日内向被审计单位下达审计意见书。审计意见书的编制要遵循一定的程序和基本要求。

（1）审计意见书的编制步骤。

第一，对审计发现的问题进行分类。审计机关审定审计报告后，应对审计发现的问题进行分类。一般分为三类：严重违反国家财经法规，需要处理处罚的问题；一般性违反财经法规，要求被审计单位自行纠正的问题；在会计核算、内部控制及管理工作中不属于违反财经法规但需要被审计单位加以规范和改进的问题。

第二，确定审计意见。审计机关应根据对审计发现问题的分类结果，确定具体的审计意见和总体评价意见：对于需要处理、处罚的问题，确定以审计决定等方式做专门处理；对于需责令被审计单位纠正的问题，应确定具体的审计意见和处理依据；对于需要由被审计单位加以规范和改进的问题，应确定切合实际的改进建议。在分类意见的基础上，审计机关应综合各方面情况形成有关被审计单位财政、财务收支真实、合法、效益的总体评价意见。

第三，草拟审计意见书。审计机关审定审计报告后，指定专人草拟审计意见书。草拟时，被指定的专人要认真阅读审计组提出的审计报告，了解审计组对审计事项的评价意见和建议，必要时要翻阅审计工作底稿。同时，被指定的专人要完整体现审计机关确定的审计意见。

第四，复核审计意见书。草拟的审计意见书，审计机关应指定草拟人以外的人进行复核，以保证正确性。

（2）审计意见书的编写要求。

第一，依法进行评价。

第二，准确把握评价范围。审计人员应以审计时所检查的范围为限，对于审计过程中未涉及的具体事项以及证据不足、评价依据或标准不明确的事项不予评价。

第三，分清层次，突出重点。审计意见与审计建议要明确区分。

第四，审计意见和建议要切实可行。

（三）审计决定

审计机关审定审计报告后，对被审计单位违反国家财经法规，需要依法处理、处罚的问题，在法定职权范围内做出审计决定。审计决定是审计机关对被审计单位违反国家规定的财政、财务收支行为给予处理、处罚的法律文书。审计决定是审计处理处罚权限的运用形式，不是每次审计必须要出具的内容。审计机关在收到审计报告之日起 30 日内，如果被审计单位有严重违反财经法律法规的问题，审计机关需要依法给予处理处罚的，则审计机关应向被审计单位下达审计决定，审计决定自送达之日起生效。

1. 审计决定的作用

审计决定是审计机关行使处理处罚权力的手段，是被审计单位纠正审计中发现的违法乱纪问题的依据。

因此，审计决定被审计单位必须无条件执行。如有异议，被审计单位可以向更高一级审计机关上诉，申请复议，上诉、复议期间原审计决定仍照常执行。

2. 审计决定的内容

审计决定一般由标题、主送单位、正文、落款和日期等组成，具体如下。

（1）审计的立项依据、范围、内容、方式和时间（与审计意见书有关内容相同）。

（2）被审计单位违反国家规定需要受到审计处理处罚的财政、财务收支的行为。

（3）违反财经法规事项的定性及其依据和处理、处罚决定及其依据。

（4）审计决定的生效日期及执行期限，以及报告审计决定执行结果的要求。

（5）依法申请复议的期限和复议机关：被审计单位在对审计处理、处罚决定不服时，可在收到审计决定之日起 15 日内向上一级审计机关或同级政府申请复议；对审计署的审计决定不服的，向审计署申请复议。在复议期间，审计决定照常执行。

3. 审计决定的编制步骤

（1）确定需要做出审计处理、处罚决定的事项。处理处罚事项分为两类：一类是按照法定职权应由审计机关做出处理处罚的；另一类是审计机关认为应当由有关主管机关做出处理处罚的。由审计机关做出处理处罚的事项，审计机关应当做出处理处罚决定。审计机关认为需追究有关人员责任的，应区别不同情况，分别移送司法机关和行政监察机关处理。审计机关认为应当由有关主管机关处理、处罚的事项，以审计建议的方式移交。

（2）确定审计处理、处罚事项的性质。审计机关应根据国家财经法规的规定，确定被审计单位违反国家规定的财政、财务收支行为的性质，弄清该问题违反什么规定，该规定的内容，以及审计处理、处罚的依据和标准。

（3）依法做出处理、处罚。审计机关应根据国家法律、法规和有关规定，做出处理、处罚决定。

审计处理，是指审计机关对违反国家规定的财政、财务收支行为采取的纠正措施。主要包括责令限期缴纳、上缴应当交纳或上缴的财政收入，责令限期退还违法所得，责令限期退还被侵占的国有资产，冲转或调整有关账目，依法采取的其他处理。

审计处罚，是指审计机关对违反国家规定的财务收支行为和违反审计法的行为采取的行政制裁措施。主要包括：警告、通报批评、罚款、没收违法所得、依法采取的其他措施。

被审计单位违反国家规定的财务收支行为在两年内未被发现的，审计机关不再给予审计处罚。这不影响审计机关对被审计单位违反国家规定的财政、财务收支行为的依法处理。

（4）草拟和复核审计决定。审计机关审定审计报告后，根据确定的处理处罚事项，定性依据和处理处罚意见，指定专人草拟和复核审计决定，以确保其正确性。

（四）进行后续审计

后续审计是指在审计决定发出后的规定期限内，对被审计单位执行审计决定的情况所进行的审计。实行后续审计的目的有两个：一是确保审计决定的贯彻执行，维护审计监督的权威性和严肃性；二是通过后续审计可验证审计结论的正确性，提高审计工作质量。

后续审计不是每个审计项目必须的步骤。一般而言，问题较多、性质严重而且审计决定不是在短期内就能得到贯彻执行的项目需要进行后续审计。后续审计的范围取决于审计决定的内容，即要根据审计决定，审阅被审计单位或其他有关单位的会计记录和其他资料，逐项检查决定事项的落实情况，撰写后续审计报告，报送派出审计机关，并将有关资料存入审计档案。对拒不执行审计决定的被审计单位，审计机关应采取必要的措施，如向政府有关部门通报或向社会工不审计结果。当然，审计机关通报审计结果，应按照国务院的有关规定，依法保守国家秘密和被审计单位的商业秘密。

（五）受理审计行政复议

审计行政复议是行政复议的一种，是审计行政复议机关根据审计行政相对人的申请，依法解决审计争议的活动。审计行政复议是为了维护和监督审计机关依法行使审计职权，防止和纠正违法或不当的具体审计行政行为，保护被审计单位的权益。依据《中华人民共和国行政复议法（2017 年修正）》的规定：对县级以上地方各级人民政府工作部门的具体行政行为不服的，由申请人选择，可以向该部门的本级人民政府申请行政复议，也可以向上一级主管部门申请行政复议。审计工作结束时，审计组应将具有保存价值的文件资料按照一定的要求归类、装订、立卷，建立审计档案。审计档案是国家档案的重要组成部分。它真实地记录了审计项目的过程及结果，对今后审计案情的查考以及审计理论、教学的研究提供重要的参考依据。

 课后训练

一、思考题

1. 什么是审计模式？审计模式的演进分为哪几个主要阶段？各阶段的特点是什么？
2. 如何理解传统风险导向审计模型与现代风险导向审计模型的演进。
3. 注册会计师审计的主要流程是什么？
4. 控制测试与实质性程序的关系是什么？
5. 注册会计师审计业务约定书的主要内容包括哪些？
6. 内部审计中的年度审计计划与项目审计方案的区别是什么？

7. 审计通知是否与审计突击性存在矛盾？如何理解审计通知书的意义？

8. 内部审计报告的内容包括什么？

9. 后续审计是否等同于审计复查？如何理解后续审计中各方的责任？

10. 什么是审计决定？审计机关在什么情况下需要做出审计决定？

二、分析题

内部审计项目结束后，审计人员与被审计单位沟通审计发现并提出审计建议，被审计单位对审计发现及建议均认同，但是找各种借口不对审计发现进行改进，同时希望审计部门派员帮助他们改进，即帮他们做事——实施相应的改进建议。

请问：（1）被审计单位上述做法是否正确，理由是什么？

（2）审计人员应如何处理上述情况？

第三章
内部控制原理

 学习目标

- 了解内部控制理论的发展历程
- 了解COSO内部控制的整体框架
- 熟悉我国内部控制规范的体系
- 熟悉我国内部控制基本规范的内容
- 熟悉我国内部控制评价指引的基本内容
- 熟悉我国内部控制审计指引的基本内容

关键词

内部控制　COSO风险管理　内部控制规范　内部控制评价　内部控制审计

 引导案例

从内部控制看英国巴林银行倒闭案

巴林银行（Barings Bank）创建于1763年。由于经营灵活变通、富于创新，巴林银行很快就在国际金融领域获得了巨大的成功。然而，这一具有233年历史、在全球范围内掌控270多亿英镑资产的巴林银行，竟毁于一个年龄只有28岁的毛头小子尼克·里森（Nick Leeson）之手。里森于1989年7月10日正式到巴林银行工作，由于他富有耐心和毅力，善于逻辑推理，其被视为期货与期权结算方面的专家。1992年，巴林银行伦敦总部派他到新加坡分行成立期货与期权交易部门，并出任总经理。1992年夏天，巴林银行伦敦总部要求里森另设立一个"错误账户"，记录较小的错误，并自行在新加坡处理，于是里森建立了账号为"88888"的"错误账户"。几周之后，巴林银行伦敦总部又要求所有的错误记录仍由"99905"账户直接向伦敦报告。1992年7月，里森手下一名加入巴林银行仅一星期的交易员犯了一个错误。这个错误致使巴林银行损失2万英镑（当日的收盘价计算）。按照规定，里森应将此事报告给伦敦总公司。但在种种考虑下，里森决定利用错误账户"88888"掩盖这个失误。数天之后，损失便由2万英镑增为6万英镑了。此后，里森将乔治出现的几次错误计入"88888账户"。为了赚回足够的钱来补偿所有损失，里森承担越来越大的风险。他当时从事大量跨式部位交易，因为当时日经指数稳定，所以他从此交易中赚取期权权利金。在1993年下旬，用于清算记录的计算机屏幕故障频繁，无数笔的交易入账工作都积压起来。因为系统无法正常工作，交易记录都靠人力，等到发现各种错误时，里森在一天之内的损失便已高达将近170万美元。在无路可走的情况下，里森决定继续隐藏这些失误。其后，里森越亏越多，1995年2月23日终于达到了86 000万英镑的高点，造成了世界上最老牌的巴林银行终结的命运。

巴林银行的倒闭暴露出其内部控制的失效。第一巴林银行对海外部运作的监督非常松散，调查人员走过场，高额奖金的诱惑使他们不愿严加控制。可以说巴林银行倒闭不是一人所为，而是漏洞百出的组织结构所致。第二，巴林银行没有严格分离它的自营业务和代客交易。里森一人身兼交易与清算二职，权利过于集中，给了里森的舞弊提供了机会。第三，巴林银行没有专门的风险管理机制以应对可能的业务风险。巴林银行案件的一个关键线索是巴林银行伦敦总部向其新加坡分行提供的巨额资金的去向。巴林银行总部的官员相信这笔钱是应客户要求的付款，而实际上该资金转移是里森用来拆东墙补西墙的伎俩。由于缺乏专门的风险管理机制，琐事缠身的总部官员根本没有对这笔资金的去向和用途进行审慎审查，不仅没能查出本应查出的错漏，反而加重了巴林银行的损失，导致该银行百年基业的最终坍塌。

第一节　内部控制理论的产生与发展

一、内部控制理论的发展历程

内部控制是指组织在经济活动中建立的一种相互制约的业务组织形式和职责分工制度。内部控制因加强经济管理的需要而产生，并随着经济的发展而完善。纵观内部控制理论的发展历程，大致上经历了以下几个阶段。

（一）内部牵制阶段——20世纪40年代前

1. 内部牵制的定义

内部控制源于内部牵制。古代内部牵制的实践是现代意义上的内部控制的渊源，15世纪末，随着资本主义经济的初步发展，复式记账法开始出现，内部牵制渐趋成熟。18世纪工业革命以后，美国的一些企业逐渐摸索出一些组织、调节、制约和检查企业生产经营活动的办法，逐步建立了内部牵制制度。

根据《柯勒会计辞典》（Kohler's Dictionary for Accountants）的解释，内部牵制是指以提供有效的组织和经营，并防止错误和其他非法业务发生的业务流程设计。在此定义下，内部牵制的主要特点是以任何个人或部门不能单独控制任何一项或一部分业务权力的方式进行组织上的责任分工，每项业务通过正常发挥其他个人或部门的功能进行交叉检查或交叉控制。

2. 内部牵制理念的科学性

内部牵制基于下列两个设想。

第一，因为相互有了制衡，在经办一项交易或事项时，两个或两个以上人员或部门无意识地犯同样的错误的概率要大大小于一个人或部门。

第二，两个或两个以上人员或部门有意识地合伙舞弊的可能性大大低于一个人或部门。

由此可见，内部牵制是以不相容职务分离为主要内容的流程设计，是内部控制的最初形式和基本形态。

3. 内部牵制的基本内容

（1）识别不相容职务，即通常不能由一人兼任的职务，包括出纳与记账、业务经办与记账、业务经办与审批、业务审批与记账、财务保管与记账、业务经办与财务保管、业务操作与业务复核。

（2）准确分清不同职务的职责与权限。

（3）分离不相容职务。

（4）必要的保障措施，如保险柜、网络口令、定期轮岗等。

4．内部牵制的特点

内部牵制主要以账目间的相互核对为主要内容并实施岗位分离，即通过授权审批、职责分工、双重记录、核对记录等手段，检查钱、物、账分管，来防止错弊，并保证会计记录的正确和财产的安全。

内部牵制思想是从一个环节或者一个部门出发进行控制管理的，缺乏全局观，不强调业务流程和系统控制，即只强调点，不注意点与点的关系。

（二）内部控制制度阶段——20世纪40年代至70年代

20世纪40年代至70年代，在内部牵制的基础上，逐渐产生了内部控制制度的概念。随着企业经济业务规模的扩大，一方面企业需要在管理上采用更为有效的控制方法。另一方面，美国民间审计完全抛弃了详细审计，审计程序从检查过去的经营状况，转向评价内部控制系统，其结果对内部控制系统的信赖程度持续提高。

1．内部控制制度的内涵

1934年，美国《证券交易法》，首先提出了"内部会计控制"（Internal Accounting Control System）的概念。1949年，美国注册会计师协会（American Institute of Certified Public，AICPA）的审计程序委员会，发布了一份题为《内部控制，一种协调组织要素及其对管理当局和独立注册会计师的重要性》的报告。该报告对内部控制提出了权威性的定义："内部控制包括组织机构的设计和企业内部采取的所有相互协调的方法和措施。这些方法和措施都用于保护企业的财产，检查会计信息的准确性，提高经营效率，推动企业坚持执行既定的管理政策。"1958年，美国审计程序委员会又发布了名为《独立审计人员评价内部控制的范围》的报告，将内部控制分为内部会计控制和内部管理控制。内部会计控制包括与财产安全和财产记录的可靠性有关的所有方法和程序，如授权与批准控制。从事财物记录与审核的职务及从事经营与财产保管的职务实行分离控制；实物控制和内部审计等。内部管理控制包括组织规划的所有方法和程序。这些方法和程序主要与经营效率和贯彻管理方针有关，一般与财务会计间接相关，如统计分析、业绩报告、员工培训、质量控制等。

2．内部控制制度阶段的特点

与以账户核对和职务分工为主要内容的内部牵制相比，内部控制制度强调内部控制是组织结构、岗位职责、人员条件、业务处理程序、检查标准和内容审计等要素构成的较为严密的内部控制系统。

（三）内部控制结构阶段——20世纪80年代至90年代

20世纪70年代以后，内部控制的研究重点逐步从一般含义向具体内容深化，控制环境逐步被纳入内部控制范畴。于是，美国注册会计师协会于1988年发布的《审计准则公告第55号》中明确提出了"内部控制结构"概念。该公告认为，"企业的内部控制结构包括为合理保证企业特定目标的实现而建立的各种政策和程序"，并指出内部控制结构由控制环境、会计制度和控制程序三个方面组成。控制环境是指对建立、加强或削弱特定政策和程序效率发生影响的各种因素，诸如管理者的思想和经营作风，企业组织结构，董事会及其所属审计委员会特别是审计委员会发挥的职能等。会计制度规定各项经济业务的确定、分析、归类、登记和编报的方法，明确各项资产和负债的经营责任。控制程序指管理当局所制订的政策和程序，如经济业务和活动的批准权，明确人员职责分工及资产和记录的接触控制等，从而达到一定的控制目的。

（四）内部控制整合框架阶段——20 世纪 90 年代至 21 世纪初

1. COSO 内部控制整合框架的提出

20 世纪 90 年代后期，与内部控制有关的活动集中的制度设计和审计方面，重在改进内部控制制度与方法。1985 年，由美国注册会计师协会、美国会计协会、财务经理人协会、内部审计师协会、管理会计师协会联合创建了反虚假财务报告委员会，旨在探讨财务报告中的舞弊产生的原因，并寻找解决之道。两年后，基于该委员会的建议，其赞助机构成立 COSO 委员会（The Committee of Sponsoring Organizations of the Treadway Commission），专门研究内部控制问题。1992 年 9 月，COSO 委员会提出了《内部控制——整合框架》，并于 1994 年进行了修改。这就是著名的 "COSO 报告"（Internal Control-Integrated Framework），并于 1994 年进行了修订。这一报告已经成为内部控制领域最为权威的文献之一。

2. COSO 报告的核心思想

该报告系内部控制发展历程中的一座重要里程碑，其对内部控制的发展所做出的贡献可以用十二个字概括，即 "一个定义、三项目标、五种要素"。

COSO 报告将内部控制订义为：内部控制是由企业董事会、经理阶层和其他员工实施的，为运营的效率（经营目标）、财务报告的可靠性（报告目标）、相关法令的遵循性（合规目标）等目标的达成而提供合理保证的过程。

具体内容包括控制环境、风险评估、控制活动、信息和沟通及监督等五个要素。

（1）控制环境：包括员工的正直、道德价值观和能力，管理当局的理念和经营风格，管理当局确立权威性和责任、组织和开发员工的方法等。

（2）风险评估：为了达成组织目标而对相关的风险所进行的辨别与分析。

（3）控制活动：为了确保实现管理当局的目标而采取的政策和程序，包括审批、授权、验证、确认、经营业绩的复核、资产的安全性等。

（4）信息与沟通：为了保证员工履行职责而必须识别、获取的信息及其沟通。

（5）监控：对内部控制实施质量的评价，主要包括经营过程中的持续监控，即日常管理和监督、员工履行职责的行动等，也包括个别评价，或者是两者的结合。

内部控制五要素的关系如下。

（1）内部环境是基础，是企业建设内部控制的土壤，是一切内控制度、流程、控制点得以实施的根本条件。

（2）风险评估、控制活动、信息沟通是内控体系核心三个环节。风险评估是内控建设的方向，这并不代表企业所有的任何的操作都需要管控、都需要使用无比复杂的流程进行防范。内控体系强调成本效益原则，注重企业经营效果效率，就必须注重风险评估，以风险为导向的建设内部控制体系，而对于非重大风险可酌情简化，但是重大风险就需要认真将制度、流程和控制环节建设好。控制活动是内控体系的核心环节，应该是嵌入在业务流程当中得以保证实施，并应该注意留下控制痕迹，以供检查监督。信息沟通包括信息传递和信息系统两个部分。信息采集和信息传递指的是企业部门之间、上下级之间、各管理级层次之间是否存在良好的沟通渠道。

（3）监控是使内部控制成为闭环的重要组成部分。若缺乏这个环节，则内控工作就不能不断优化和提升。

3. COSO 报告的特点

（1）强调内部控制的合理目标。

（2）强调风险意识。

（3）明确内控制的责任，认为内部控制不仅仅是管理部门、内部审计部门和董事会的责任，组织中的每一个人都对内部控制负有责任，强调人的重要性。

（4）强调软控制的作用，主要指属于精神层面的实务，如管理层的管理风格和管理哲学、企业文化、内控意识等。

（5）强调内部控制应该与企业的经营管理过程相结合，强调内部控制是企业经营过程的一部分。

COSO 报告也存在不足：其过分注重财务报告，而没有从企业全局与战略的高度来关注企业风险。

4. COSO 内部控制整合框架图（见图 3-1）

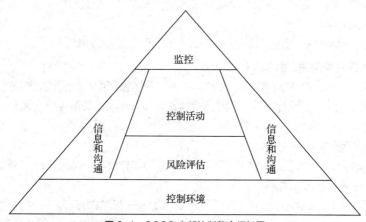

图 3-1　COSO 内部控制整合框架图

（五）风险管理框架阶段——21 世纪初至今

1. COSO-ERM 的提出

安然事件发生后，美国于 2002 年颁布的《萨班斯—奥克斯利法案》（简称《萨班斯法案》）要求上市公司全面关注风险，加强风险管理，在客观上也推动了内部控制整体框架的进一步发展。与此同时，COSO 委员会也意识到《内部控制——整合框架》自身也存一些问题，如过分注重财务报告，而没有从企业全局与战略的高度来关注企业风险。正是基于这种内部和外部的双重因素，COSO 委员会认为必须出台新框架，以适应发展需求。2004 年 9 月，COSO 颁布了《企业风险管理——整合框架》（Enterprise Risk Management-Integrated Framework，COSO-ERM）。这个报告的出台预示着 COSO 委员会对待内部控制的认识和态度有了新变化，即从重视内部控制本身转向了重视风险管理，或者说其更加倾向于在风险管理的背景下研究内部控制问题。由于新环境、新技术的不断演变，新的风险也层出不穷。COSO 于 2017 年 9 月发布了修订版的《企业风险管理框架》（COSO-ERM）。

2. 2004 版 COSO-ERM 的主要内涵

《企业风险管理框架》认为，风险管理是一个过程，是由企业的董事会、管理层和其他员工共同参与的，应用于企业战略制订和企业内部各个层次和部门的，用于识别可能对企业造成潜在影响的事项并在其风险偏好范围内管理风险的，为企业目标的实现提供合理保证的过程。

《企业风险管理框架》将内部控制的要素进一步扩展为内部环境、目标制订、事项识别、风险评估、风险反应、控制活动、信息与沟通、监控等八个要素。

（1）内部环境，指董事会、企业管理者的管理理念、风险偏好，企业文化等影响内部控制运行的各种因素。这是其他内部控制要素发挥作用的基础。

（2）目标制订，指企业所要达到的目标和所需要制订的战略规划。企业的目标有四类：战略目标、经营目标、报告目标和合法性目标。

（3）事项识别，指企业应对影响企业风险的有利或不利事项进行分析和识别，并对各种事项发生的可能性进行预期。

（4）风险评估，指企业应采用定性和定量的方法对企业的风险进行评价，以确定其对企业的影响方式和影响程度。

（5）风险反应，指企业根据风险评估的结论，将风险容忍度和风险控制成本结合起来，以确定企业应该采用的风险控制方案。一般来说，有四类风险应对方案：规避风险（剥离低效资产）、减少风险（催收应收账款）、分担风险（为车缴纳保险）和接受风险（坏账损失确认）。

（6）控制活动，指企业各个部门、各个环节所采用的实际控制行动。

（7）信息与沟通，指有关信息在企业内部各个管理层面，企业与供应商、客户、行政管理部门之间的传递过程。

（8）监控，指对企业风险控制过程和控制效果进行的监督与控制。

3．COSO-ERM 框架的创新

（1）从目标上看，COSO-ERM 不仅涵盖了内部控制框架中的经营性、财务报告可靠性和合法性三个目标，而且还新提出了一个更具管理意义和管理层次的战略管理目标，同时还扩大了报告的范畴，即 COSO 报告目标只与公开披露的财务报表的可靠性相关，而 COSO-ERM 框架中的财务报告范围则覆盖企业编制的全部报告。

（2）从内容上看，COSO-ERM 除了包括内部控制整体框架中的五个要素外，还增加了目标制订、风险识别和风险应对三个管理要素。

（3）从概念上看，COSO-ERM 提出了两个新概念——风险偏好和风险容忍度。风险偏好是指企业在实现目标过程中愿意接受风险的数量。风险容忍度是企业在风险偏好的基础上设定的对差异的可接受程度和可容忍限度。

（4）从观念上看，COSO-ERM 提出了一个新的观念——风险组合观。企业应从企业整体角度评估风险。

需要说明的是，《企业风险管理框架》的产生时间虽然晚于《内部控制——整体框架》，但是它并不是要完全替代《内部控制——整体框架》。在企业管理实践中，内部控制是基础，风险管理只是建立在内部控制基础之上的、具有更高层次和更有综合意义的控制活动。如果离开良好的内部控制系统，所谓的风险管理只能是一句空话而已。同时，后者比前者更为成熟、稳定，另外 COSO 内控框架是美国证券交易委员会唯一推荐使用的内控框架，萨班斯法案第 404 条款最终细则也明确表示 COSO 内控框架可以作为评估企业内控的标准。因此，大多数国家包括我国的内部控制还是五要素。

4．2017 版 COSO-ERM

2017 年 9 月 6 日，COSO 发布了新版（2017 版）的企业风险管理框架：《企业风险管理——与战略和业绩的整合》（Enterprise Risk Management-Integrating with Strategy and Performance）（以下简称"新框架"）。新框架强调了制订战略和提升绩效过程中的风险，将五大要素划分为：治理和文化；战略和目标设定；绩效；审阅和修订；信息、沟通和报告。五大要素最明显的变化就是"去风险化"。五大要素中的"风险"一词均被去除，不再一味地强调风险视角下的企业治理及管理要素，而是直接从企业治理和管理的角度提出将风险管理内容嵌入，为风险管理工作真正融入治理与管理打下了基础，将要素和原则贯穿融入企业战略、绩效和价值提升。新框架的主要创新点如下。

（1）重新定义了风险及风险管理。

新框架将风险的范畴扩大到了对风险的"正面"和"负面"影响兼顾。风险被重新定义为：

事项发生并影响战略和商业目标实现的可能性。企业风险管理被定义为：组织在创造、保持和实现价值的过程中，结合战略制订和执行，赖以进行风险管理的文化、能力和实践。新框架将风险管理工作直接从"一个流程或程序"提升到"一种文化、能力和实践"，用于实现组织创造、保持和实现价值，从定义上撇清了风险管理和内部控制的模糊关系。

（2）一个真正的"管理框架"而不再是"控制框架"。

新框架从企业使命、愿景和核心价值出发，定位的宗旨为提升主体的价值和业绩，强调嵌入企业管理业务活动和核心价值链，对主要的要素和内容进行大的更改，从而使得一个崭新的"管理框架"诞生。如果说在原有"控制框架"下，会计师事务所可以在实施内部控制框架的基础上，协助企业加强风险管理工作，那么新的"管理框架"更像是企业决策者或企业管理咨询顾问关心的范畴。近年来，基于风险导向的管理理念逐渐兴起，企业管理领域中常见的公司治理、企业文化、战略管理、卓越绩效、危机管理、高效沟通等都可以应用新框架实现更好的标准化和科学化。

（3）更广泛的主体适用性。

COSO 希望新框架可以适用于任何类型、任何规模的组织，包括营利机构、非营利机构、政府部门等。所以 COSO 期望的主体适用性已经从企业面向了各类型的主体，有些内容中故意回避了"企业"一词来显示了对不同主体本框架的包容性。理论上来讲，只要一个主体有明确的愿景、使命和核心价值观，设定了所要期望达到的目标，就具备了实施新框架的条件。

（4）关于风险管理的局限性。

COSO 1992 年、2004 年发布的《内部控制整合框架》和《企业风险管理——整合框架》均列示了企业内部控制和风险管理工作的局限性，而新框架删除了与风险管理局限性相关的章节，从而突破原来的局限性。

（5）关于是否强制实施。

企业实施风险管理的目的是为股东和利益相关方创造、保持和实现价值。这些并不能通过外部监管机构通过强制的方式来执行，所有需要监管机构强制要求的工作都是控制类而非价值创造类。所以各类主体的利益相关方需要明确实施风险管理的目的并不是满足监管和合规要求，而是实现价值和达成业绩及支持主体使命、愿景和核心价值的实现，是为了满足更高层次的诉求。

二、我国内部控制规范体系

2008 年 6 月 28 日，财政部、证监会、审计署及当时的中国银行监督管理委员会和中国保险监督管理委员会联合发布了我国首部《企业内部控制基本规范》（简称"基本规范"），并于 2009 年 7 月 1 日起首先在上市公司范围内施行，并鼓励非上市的其他大中型企业执行。2010 年 4 月 26 日，以上五部委联合发布了《企业内部控制配套指引》。该配套指引包括《企业内部控制应用指引》（简称"应用指引"）、《企业内部控制评价指引》（简称"评价指引"）和《企业内部控制审计指引》（简称"审计指引"），连同此前发布的《企业内部控制基本规范》，标志着适应我国企业实际情况、融合国际先进经验的中国企业内部控制规范体系（见图 3-2）基本建成。

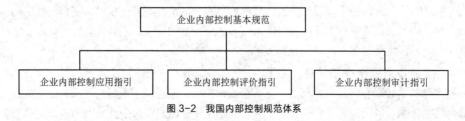

图 3-2 我国内部控制规范体系

《企业内部控制基本规范》规定内部控制的目标、要素、原则和总体要求，是内部控制的总体框架，在内部控制标准体系中起统领作用。

《企业内部控制应用指引》共18项，用于指导企业开展内部控制建设，并为企业及事务所的内部控制评价及审计提供参考，包含制订指引的总体目标、涉及事项的定义、相关风险描述、业务流程规范和关键控制点要求等标准性内容。应用指引是对企业按照内部控制原则和内部控制"五要素"建立健全本企业内部控制所提供的指引，在配套指引乃至整个内部控制规范体系中占据主体地位。

《企业内部控制评价指引》和《企业内部控制审计指引》是对企业按照内部控制原则和内部控制"五要素"建立健全本企业"事后控制"的指引，是对企业贯彻基本规范和应用指引效果的评价与检验。

第二节　企业内部控制基本规范

我国的《企业内部控制基本规范》借鉴了COSO委员会《内部控制——整合框架》的内容，对内部控制的目标、要素、原则和总体要求做出了规定，在我国内部控制标准体系中起统领作用。

一、内部控制订义

基本规范将内部控制订义为："由企业董事会、监事会、经理层和全体员工实施的、旨在实现控制目标的过程。"

二、内部控制的目标

内部控制的目标是内部控制要达到的目的。它源于管理目标，是管理目标的具体化。内部控制的目标是合理保证企业经营管理合法合规、资产安全、财务报告及相关信息真实完整，提高经营效率和效果，促进企业实现发展战略。

1. 促进实施发展战略（战略目标）

在战略目标方面，企业应将近期利益与长远利益结合起来，使企业经营管理符合战略要求。战略目标应有利于企业提升可持续发展能力和创造长久价值。

2. 提高经营管理效率（营运目标）

企业经营管理是搞好企业的关键。管理是制约和决定企业效益的重要因素，管理水平的高低关键取决于管理效率的状况。较低的管理效率很难使企业获得较高的收益回报。较高的管理效率一般与较好的企业效益相一致。所以企业内部控制的目标之一就是促进提高经营管理效率。

3. 提高信息报告质量（报告目标）

企业财务报告目标是提供对现在的、潜在的投资者和债权人以及其他使用者做出合理的投资、信贷及类似决策有用的信息。可见财务报告对企业（尤其对于上市公司）来说非常重要。首先，可靠的信息报告为管理层提供适合其既定目的的准确而完整的信息，支持管理层的决策和对营运活动及业绩的监控。其次，对外披露的信息报告的真实、完整，有利于提高企业的诚信度和公信力，维持企业良好的声誉和形象。

4. 维护资产安全完整（资产目标）

资产是资本赖以存在的自然形态，是对企业未来经济效益有用的经济资源。企业实现资本增值保值也有赖于资产的安全完整。这就要求企业会计在稳健性等会计原则的基础上遵循会计职业道德，从事会计核算及监督工作。因此，保证资产的安全、完整，不仅是财产经管和使用部门的内部控制目标，也是企业出资者及管理当局的内部控制目标。

5. 促进国家法律法规的有效遵循（合规目标）

企业在从事经营和其他特定活动时必须遵守相关法律法规，法律法规确定了企业在遵循性目标中规定的最低标准。

内部控制的目标的相关比较见表 3-1。

表 3-1   比较内部控制的目标

内部控制的目标	COSO 1994	ERM 2004	我国基本规范
战略目标		√	√
经营目标	√	√	√
报告目标	√	√	√
合规目标	√	√	√
资产目标			√

三、内部控制要素

基本规范将内部控制的要素归纳为内部环境、风险评估、控制活动、信息与沟通、内部监督五大方面。

1. 内部环境

控制环境是对组织内部控制的建立和实施有重大影响的因素的统称。控制环境反映了管理当局关于控制对组织重要性的态度。它决定了一个组织的组织基调，提供组织纪律与构架，塑造组织文化，并影响员工的控制意识。我国《企业内部控制基本规范》中的内部环境共包含 9 条内容。

（1）企业应当根据国家有关法律法规和企业章程，建立规范的公司治理结构和议事规则，明确决策、执行、监督等方面的职责权限，形成科学有效的职责分工和制衡机制。

（2）董事会负责内部控制的建立健全和有效实施。监事会对董事会建立与实施内部控制进行监督。经理层负责组织领导企业内部控制的日常运行。企业应当成立专门机构或者指定适当的机构具体负责组织协调内部控制的建立实施及日常工作。

（3）企业应当在董事会下设立审计委员会。审计委员会负责审查企业内部控制，监督内部控制的有效实施和内部控制自我评价情况，协调内部控制审计及其他相关事宜等。审计委员会负责人应当具备相应的独立性、良好的职业操守和专业胜任能力。

（4）企业应当结合业务特点和内部控制要求设置内部机构，明确职责权限，将权力与责任落实到各责任单位。企业应当通过编制内部管理手册，使全体员工掌握内部机构设置、岗位职责、业务流程等情况，明确权责分配，正确行使职权。

（5）企业应当加强内部审计工作，保证内部审计机构设置、人员配备和工作的独立性。内部审计机构应当结合内部审计监督，对内部控制的有效性进行监督检查。内部审计机构对监督检查中发现的内部控制缺陷，应当按照企业内部审计工作程序进行报告。对监督检查中发现的内部控制重大缺陷，有权直接向董事会及其审计委员会、监事会报告。

（6）企业应当制订和实施有利于企业可持续发展的人力资源政策。人力资源政策应当包括下列内容：①员工的聘用、培训、辞退与辞职；②员工的薪酬、考核、晋升与奖惩；③关键岗位员工的强制休假制度和定期岗位轮换制度；④掌握国家秘密或重要商业秘密的员工离岗的限制性规定；⑤有关人力资源管理的其他政策。

（7）企业应当将职业道德修养和专业胜任能力作为选拔和聘用员工的重要标准，切实加强员工培训和继续教育，不断提升员工素质。

（8）企业应当加强文化建设，培育积极向上的价值观和社会责任感，倡导诚实守信、爱岗敬业、开拓创新和团队协作精神，树立现代管理理念，强化风险意识。董事、监事、经理及其他高级管理人员应当在企业文化建设中发挥主导作用。企业员工应当遵守员工行为守则，认真履行岗位职责。

（9）企业应当加强法制教育，增强董事、监事、经理及其他高级管理人员和员工的法制观念，严格依法决策、依法办事、依法监督，建立健全法律顾问制度和重大法律纠纷案件备案制度。

2．风险评估

我国《企业内部控制基本规范》中的要素风险评估共包含8条内容。

（1）根据设定的控制目标，全面系统持续地收集相关信息，结合实际情况，及时进行分析评估。

（2）企业开展风险评估，应当准确识别与实现控制目标相关的内部风险和外部风险，确定相应的风险承受度。风险承受度是企业能够承担的风险限度，包括整体风险承受能力和业务层面的可接受风险水平。

（3）企业识别内部风险，应当关注下列因素：①董事、监事、经理及其他高级管理人员的职业操守、员工专业胜任能力等人力资源因素；②组织机构、经营方式、资产管理、业务流程等管理因素；③研究开发、技术投入、信息技术运用等自主创新因素；④财务状况、经营成果、现金流量等财务因素；⑤营运安全、员工健康、环境保护等安全环保因素。⑥其他有关内部风险因素。

（4）企业识别外部风险，应当关注下列因素：①经济形势、产业政策、融资环境、市场竞争、资源供给等经济因素；②法律法规、监管要求等法律因素；③安全稳定、文化传统、社会信用、教育水平、消费者行为等社会因素；④技术进步、工艺改进等科学技术因素；⑤自然灾害、环境状况等自然环境因素；⑥其他有关外部风险因素。

（5）企业应当采用定性与定量相结合的方法，按照风险发生的可能性及其影响程度等，对识别的风险进行分析和排序，确定关注重点和优先控制的风险。企业进行风险分析，应当充分吸收专业人员，组成风险分析团队，按照严格规范的程序开展工作，确保风险分析结果的准确性。

（6）企业应当根据风险分析的结果，结合风险承受度，权衡风险与收益，确定风险应对策略。企业应当合理分析、准确掌握董事、经理及其他高级管理人员、关键岗位员工的风险偏好，采取适当的控制措施，避免因个人风险偏好给企业经营带来重大损失。

（7）企业应当综合运用风险规避、风险降低、风险分担和风险承受等风险应对策略，实现对风险的有效控制。

（8）企业应当结合不同发展阶段和业务拓展情况，持续收集与风险变化相关的信息，进行风险识别和风险分析，及时调整风险应对策略。

3．控制活动

控制活动是指企业根据风险应对策略，采用相应的控制措施，将风险控制在可承受度之内，是实施内部控制的具体方式。我国《企业内部控制基本规范》的第三个要素控制活动共包含10条内容。

（1）企业应当结合风险评估结果，通过手工控制与自动控制、预防性控制与发现性控制相结合的方法，运用相应的控制措施，将风险控制在可承受度之内。控制措施一般包括：不相容职务分离控制、授权审批控制、会计系统控制、财产保护控制、预算控制、运营分析控制和绩效考评控制等。

（2）不相容职务分离控制要求企业全面系统地分析、梳理业务流程中所涉及的不相容职务，实施相应的分离措施，形成各司其职、各负其责、相互制约的工作机制。

（3）授权审批控制要求企业根据常规授权和特别授权的规定，明确各岗位办理业务和事项的权限范围、审批程序和相应责任。企业应当编制常规授权的权限指引，规范特别授权的范围、权限、程序和责任，严格控制特别授权。常规授权是指企业在日常经营管理活动中按照既定的职责和程序进行的授权。特别授权是指企业在特殊情况、特定条件下进行的授权。

企业各级管理人员应当在授权范围内行使职权和承担责任。企业对于重大的业务和事项，应当实行集体决策审批或者联签制度，任何个人不得单独进行决策或者擅自改变集体决策。

（4）会计系统控制要求企业严格执行国家统一的会计准则制度，加强会计基础工作，明确会计凭证、会计账簿和财务会计报告的处理程序，保证会计资料真实完整。

企业应当依法设置会计机构，配备会计从业人员。从事会计工作的人员，必须取得会计从业资格证书。会计机构负责人应当具备会计师以上专业技术职务资格。

大中型企业应当设置总会计师。设置总会计师的企业，不得设置与其职权重叠的副职。

（5）财产保护控制要求企业建立财产日常管理制度和定期清查制度，采取财产记录、实物保管、定期盘点、账实核对等措施，确保财产安全。企业应当严格限制未经授权的人员接触和处置财产。

（6）预算控制要求企业实施全面预算管理制度，明确各责任单位在预算管理中的职责权限，规范预算的编制、审定、下达和执行程序，强化预算约束。

（7）运营分析控制要求企业建立运营情况分析制度，经理层应当综合运用生产、购销、投资、筹资、财务等方面的信息，通过因素分析、对比分析、趋势分析等方法，定期开展运营情况分析，发现存在的问题，及时查明原因并加以改进。

（8）绩效考评控制要求企业建立和实施绩效考评制度，科学设置考核指标体系，对企业内部各责任单位和全体员工的业绩进行定期考核和客观评价，将考评结果作为确定员工薪酬以及职务晋升、评优、降级、调岗、辞退等的依据。

（9）企业应当根据内部控制目标，结合风险应对策略，综合运用控制措施，对各种业务和事项实施有效控制。

（10）企业应当建立重大风险预警机制和突发事件应急处理机制，明确风险预警标准，对可能发生的重大风险或突发事件，制订应急预案、明确责任人员、规范处置程序，确保突发事件得到及时妥善处理。

4. 信息与沟通

信息与沟通是指相关信息以某种形式并在某个时段被识别、获得和沟通，以促使员工履行自己的职责。这里所说的信息是指来源于企业内部及外部、与企业经营相关的财务及非财务的信息。信息必须在一定的时限内传递给需要的人，以帮助人们行使各自的控制和其他职能。沟通则是指信息在企业内部各层次、各部门，在企业与顾客、供应商、监管者和股东等外部环境之间的流动。有效的沟通必须广泛地进行，自上而下、自下而上地贯穿整个组织。我国《企业内部控制基本规范》信息与沟通基本框架共6条。

（1）企业应当建立信息与沟通制度，明确内部控制相关信息的收集、处理和传递程序，确保信息及时沟通，促进内部控制有效运行。

（2）企业应当对收集的各种内部信息和外部信息进行合理筛选、核对、整合，提高信息的有用性。企业可以通过财务会计资料、经营管理资料、调研报告、专项信息、内部刊物、办公网络等渠道，获取内部信息。企业可以通过行业协会组织、社会中介机构、业务往来单位、市场调查、来信来访、网络媒体以及有关监管部门等渠道，获取外部信息。

（3）企业应当将内部控制相关信息在企业内部各管理级次、责任单位、业务环节之间，以及企业与外部投资者、债权人、客户、供应商、中介机构和监管部门等有关方面之间进行沟通和反馈。信息沟通过程中发现的问题，应当及时报告并加以解决。重要信息应当及时传递给董事会、监事会和经理层。

（4）企业应当利用信息技术促进信息的集成与共享，充分发挥信息技术在信息与沟通中的作用。企业应当加强对信息系统开发与维护、访问与变更、数据输入与输出、文件储存与保管、网络安全等方面的控制，保证信息系统安全稳定运行。

（5）企业应当建立反舞弊机制，坚持惩防并举、重在预防的原则，明确反舞弊工作的重点领域、关键环节和有关机构在反舞弊工作中的职责权限，规范舞弊案件的举报、调查、处理、报告和补救程序。企业至少应当将下列情形作为反舞弊工作的重点：①未经授权或者采取其他不法方式侵占、挪用企业资产，牟取不当利益；②在财务会计报告和信息披露等方面存在的虚假记载、误导性陈述或者重大遗漏等；③董事、监事、经理及其他高级管理人员滥用职权；④相关机构或人员串通舞弊。

（6）企业应当建立举报投诉制度和举报人保护制度，设置举报专线，明确举报投诉处理程序、办理时限和办结要求，确保举报、投诉成为企业有效掌握信息的重要途径。举报投诉制度和举报人保护制度应当及时传达至全体员工。

5．内部监督

内部控制随着时间、环境而变化，曾经有效的程序可能会变得不太有效，因此需要对内部控制进行监督。监督是评估内控系统在一定时期内运行质量的过程，目的是保证内部控制持续有效。监督可通过两种方式进行，持续性的监督活动和独立的评估。我国《企业内部控制基本规范》的第五个要素内部监督包含4条内容。

（1）企业应当根据本规范及其配套办法，制订内部控制监督制度，明确内部审计机构（或经授权的其他监督机构）和其他内部机构在内部监督中的职责权限，规范内部监督的程序、方法和要求。内部监督分为日常监督和专项监督。日常监督是指企业对建立与实施内部控制的情况进行常规、持续的监督检查。专项监督是指在企业发展战略、组织结构、经营活动、业务流程、关键岗位员工等发生较大调整或变化的情况下，对内部控制的某一或者某些方面进行有针对性的监督检查。专项监督的范围和频率应当根据风险评估结果以及日常监督的有效性等予以确定。

（2）企业应当制订内部控制缺陷认定标准，对监督过程中发现的内部控制缺陷，应当分析缺陷的性质和产生的原因，提出整改方案，采取适当的形式及时向董事会、监事会或者经理层报告。内部控制缺陷包括设计缺陷和运行缺陷。企业应当跟踪内部控制缺陷整改情况，并就内部监督中发现的重大缺陷，追究相关责任单位或者责任人的责任。

（3）企业应当结合内部监督情况，定期对内部控制的有效性进行自我评价，出具内部控制自我评价报告。内部控制自我评价的方式、范围、程序和频率，由企业根据经营业务调整、经营环境变化、业务发展状况、实际风险水平等自行确定。

（4）企业应当以书面或者其他适当的形式，妥善保存内部控制建立与实施过程中的相关记录或者资料，确保内部控制建立与实施过程的可验证性。

第三节　内部控制评价指引

一、内部控制评价的含义

内部控制评价是企业董事会或类似权力机构对内部控制的有效性进行全面评价、形成评价结论、出具评价报告的过程。内部控制评价从属于内部监督，是监督结果的总体体现。在企业正常的生产经营中，内部控制评价倚重内部监督。企业应在充分利用日常监督与专项监督结果的基础上，至少每年由内部控制评价机构对内部控制的五要素相对独立地进行评价，全面地、综合地分析，提出认定意见，报董事会审定。企业应当根据评价指引，结合自身情况和关注的重点，自行确定内部控制重大缺陷、重要缺陷和一般缺陷的具体认定标准。根据具体认定标准认定企业存在的内部控制缺陷，由董事会最终审定。

二、内部控制评价的内容

企业应当根据基本规范、应用指引以及本企业的内部控制制度，围绕内部环境、风险评估、控制活动、信息与沟通、内部监督五要素，确定内部控制评价的具体内容，对内部控制设计与运行情况进行全面评价。

内部控制的目标包括合规目标、资产目标、报告目标、经营目标和战略目标。因此，内部控制评价的内容应是对以上5个目标的内控有效性进行全面评价。具体地说，内部控制评价应紧紧围绕内部环境、风险评估、控制活动、信息与沟通、内部监督五要素进行。

1. 内部环境评价

企业组织开展内部环境评价，应当以组织架构、发展战略、人力资源、企业文化、社会责任等应用指引为依据。其中，组织架构评价可以重点从组织架构的设计和运行等方面进行。发展战略评价可以重点从发展战略的制订合理性、有效实施和适当调整三方面进行。人力资源评价应当重点从企业人力资源引进结构合理性、开发机制、激励约束机制等方面进行。企业文化评价应从建设和评估两方面进行。社会责任可以从安全生产、产品质量、环境保护与资源节约、促进就业、员工权益保护等方面进行。

2. 风险评估评价

企业应当对日常经营管理过程中的目标设定、风险识别、风险分析、应对策略等进行认定和评价。

3. 控制活动评价

企业应对企业各类业务的控制措施与流程的设计有效性和运行有效性进行认定和评价。

4. 信息与沟通评价

企业应当对信息收集、处理和传递的及时性、反舞弊机制的健全性、财务报告的真实性、信息系统的安全性，以及利用信息系统实施内部控制的有效性进行认定和评价。

5. 内部监督评价

企业应当对管理层对于内部监督的基调、监督的有效性及内部控制缺陷认定的科学、客观、合理进行认定和评价，应重点关注监事会、审计委员会、内部审计机构等是否在内部控制设计和运行中有效发挥作用。

企业应当以内部控制五要素为基础，建立内部控制核心指标体系，在以上评价内容的基础上，层层分解、展开，进一步细化。

三、内部控制评价的程序

1. 制订评价控制方案

企业可以授权审计部门或专门机构负责内部控制评价组织的实施工作。该评价部门或机构应具备以下条件。

（1）能够独立行使对内部控制系统建立与运行过程及结果进行监督的权力。

（2）具备与监督和评价内部控制系统相适应的专业胜任能力和职业道德素养。

（3）与企业其他职能机构就监督与评价内部控制系统方面应当保持协调一致，在工作中相互配合、相互制约。

（4）能够得到企业董事会和经理层的支持，通常直接接受董事会及其审计委员会的领导和监事会的监督，有足够的权威性来保证内部控制评价工作的顺利开展。

2. 组成评价工作组

评价工作组成员应具备独立性、业务胜任能力和职业道德素养及吸收企业内部相关机构熟悉情况、参与日常监控的负责人或业务骨干参加。对于拥有内部审计部门的企业来说，内审部门很大可能也同样地担当内部控制评价组的工作。如果企业决定利用外聘会计师事务所为其提供内部控制评价服务，则该事务所不应同时为企业提供内部控制的审计服务。

3. 实施评价工作与测试

（1）评价工作组成员应了解企业层面的基本情况：了解企业内部控制五个要素；了解其经营业务范围、企业文化、发展战略、组织结构、人力资源等内部环境及内部控制内容中五个要素的运作情况。

（2）评价工作组成员应了解企业各业务层面的主要流程及风险，应把工作重点放在主要业务流程中，如资金管理流程、销售流程和采购流程等。

4. 开展现场检查测试

评价工作组可综合运用不同评价方法（见表 3-2），收集被评价单位内部控制设计与运行是否有效的证据，按照要求填写工作底稿、记录有关测试结果。如果发现内部控制出现缺陷，则需与管理层沟通，对有关缺陷进行认定并进行记录。

表 3-2 内部控制评价主要方法

评价方法	做法	适用情况
个别访谈	个别访谈企业或被评价单位的不同人员，了解公司内部控制的现状与运行	用于企业层面与业务层面评价的阶段
调查问卷	通过扩大对象范围	多用于企业层面的评价（内部环境）
专题讨论	集合企业中有关专业人员就内部控制执行情况或控制问题进行分析和讨论	常用于控制活动评价
穿行测试	在流程中任意选取一项交易为样本，获取原始单据、跟踪交易从最初起源，到会计处理，信息系统和财务报告编制，直到这项交易在财务报表中报告出来的全过程	可获取确定对一个流程的了解，查找潜在的内控设计问题及识别出相关控制
实地查验	例如，评价工作人员进行实地盘点以测试企业记录存货的数量，或有关控制的有效性	用于业务层面评价（针对资产安全目标）
抽样	抽样方法可以分为随机抽样和其他抽样。随机抽样一般被认为是最具有代表性或是基于统计学的取样方式，从样本库中抽取一定数量的样本，进行控制测试，以获取有关控制的运行状况。随机选取通常是采用电脑来完成	业务层面评价
比较分析	通过数据分析，识别评价关注点的方法	业务局面评价
审阅检查	通过核对有关证据而获取有关控制的运行状况，如选择某些调节表上的差异，追溯到相应的单据记录（如银行对账单）或检查调节表是否有相关负责人签字	业务层面评价

5. 汇总评价结果

评价工作组人员制作工作底稿，记录评价所实施的程序及有关结果。内部控制评价部门或机构编制内部控制缺陷认定汇总表。

四、内部控制缺陷的认定

企业对内部控制缺陷的认定，应当以构成内部控制的内部监督要素中的日常监督和专项监督为基础，结合年度内部控制评价，由内部控制评价机构进行综合分析后提出认定意见，按照规定的权限和程序进行审核，由董事会予以最终确定。企业在确定内部控制缺陷的认定标准时，应当充分考虑内部控制缺陷的重要性及其影响程度。

将财务报告内部控制的缺陷划分为重大缺陷、重要缺陷和一般缺陷，所采用的认定标准直接取决于由于该内部控制缺陷的存在可能导致的财务报告错报的重要程度，如表3-3所示。这种重要程度主要取决于两个方面的因素。

（1）该缺陷是否具备合理可能性导致企业的内部控制不能及时防止或发现并纠正财务报告错报。合理可能性是指大于微小可能性的可能性，确定是否具备合理可能性涉及评价人员的职业判断。

（2）该缺陷单独或连同其他缺陷可能导致的潜在错报金额的大小。

另外，一些迹象通常表明财务报告内部控制可能存在重大缺陷。

（1）董事、监事和高级管理人员舞弊。

（2）企业更正已公布的财务报告。

（3）注册会计师发现当期财务报告存在重大错报，而内部控制在运行过程中未能发现该错报。

（4）企业审计委员会和内部审计机构对内部控制的监督无效。

表 3-3　　　　　　　　　　　　　　内部控制缺陷的分类

名称	认定	例子	整改
重大缺陷	指一个或多个控制缺陷的组合，可能严重影响内部整体控制的有效性，进而导致企业无法及时防范或发现严重偏离整体控制目标的情形	（1）董事、监事和高级管理人员舞弊。（财务报告内部控制订性标准） （2）对已经公告的财务报告出现的重大差错进行错报更正。（财务报告内部控制订性标准） （3）利润总额潜在错报≥利润总额的 10%。（财务报告内部控制订量标准） （4）公司中高级管理人员和高级技术人员流失严重。（非财务报告内部控制订性标准） （5）公司决策程序导致重大失误。（非财务报告内部控制订性标准） （6）媒体频现负面新闻，涉及面广且负面影响一直未能消除（非财务报告内部控制订性标准） （7）直接财产损失金额≥利润总额的 10%。（非财务报告内部控制订量标准）	应向董事会（审计委员会）、监事会或经理层报告并审定。如果出现不适合向经理层报告的情形，例如，存在与管理层舞弊相关的内部控制缺陷，内部控制评价组应当直接向董事会（审计委员会）、监事会报告。 重大缺陷应当由董事会予以最终认定。企业对于认定的重大缺陷，应当及时采取应对策略，切实将风险控制在可承受度之内，并追究有关部门或相关人员的责任
重要缺陷	指一个或多个一般缺陷的组合，其严重程度低于重大缺陷，但导致企业无法及时防范或发现严重偏离整体控制目标的严重程度依然重大，需引起管理层关注	（1）未依照公认会计准则选择和应用会计政策。（财务报告内部控制订性标准） （2）未建立反舞弊程序和控制措施。（财务报告内部控制订性标准） （3）利润总额的 5%≤利润总额潜在错报＜利润总额的10%（财务报告内部控制订量标准） （4）公司决策程序导致出现一般失误。（非财务报告内部控制订性标准） （5）公司关键岗位业务人员流失严重。（非财务报告内部控制订性标准） （6）利润总额的 5%≤直接财产损失金额＜利润总额的10%（非财务报告内部控制订量标准）	重要缺陷并不影响企业内部控制的整体有效性，但是应当引起董事会和管理层的重视

名称	认定	例子	整改
一般缺陷	除重要缺陷、重大缺陷外的其他缺陷	（1）利润总额潜在错报<利润总额的5%（财务报告内部控制订量标准） （2）公司违反内部规章，但未形成损失（非财务报告内部控制订性标准） （3）公司一般岗位业务人员流失严重（非财务报告内部控制订性标准） （4）媒体出现负面新闻，但影响不大（非财务报告内部控制订性标准） （5）直接财产损失金额<利润总额的5%（非财务报告内部控制订量标准）	可以与企业管理层报告，并视情况考虑是否需要向董事会（审计委员会）、监事会报告

五、内部控制缺陷报告

企业内部控制评价机构应当编制内部控制缺陷认定汇总表，结合日常监督和专项监督发现的内部控制缺陷及其持续改进情况，对内部控制缺陷及其成因、表现形式和影响程度进行综合分析和全面复核，提出认定意见，并以适当的形式向董事会、监事会或者经理层报告。重大缺陷应当由董事会予以最终认定。对于重大缺陷，企业应当及时采取应对策略，切实将风险控制在可承受度之内，并追究有关部门或相关人员的责任。

内部控制评价报告应当报经董事会或类似权力机构批准后对外披露或报送相关部门。企业内部控制评价部门应当关注自内部控制评价报告基准日至内部控制评价报告发出月之间是否发生影响内部控制有效性的因素，并根据其性质和影响程度对评价结论进行相应调整。企业应当以12月31日作为年度内部控制评价报告的基准日，应于基准日后4个月内报出内部控制评价报告。企业应当建立内部控制评价工作档案管理制度。内部控制评价的有关文件资料、工作底稿和证明材料等应当妥善保管。

内部控制缺陷报告应当采取书面形式，可以单独报告，也可以作为内部控制评价报告的一个重要组成部分。一般而言，内部控制的一般缺陷、重要缺陷应定期（至少每年）报告，重大缺陷应立即报告。对于重大缺陷和重要缺陷及整改方案，应向董事会（审计委员会）、监事会或经理层报告并审定。如果出现不适合向经理层报告的情形（例如存在与管理层舞弊相关的内部控制缺陷，或存在管理层凌驾于内部控制之上的情形），则内部控制评价机构应当直接向董事会（审计委员会）、监事会报告。对于一般缺陷，内部控制评价机构可以向企业经理层报告，并视情况考虑是否需要向董事会（审计委员会）、监事会报告。

评价指引要求企业在评价报告中至少披露以下内容。

（1）董事会对内部控制报告真实性的声明，实质就是董事会全体成员对内部控制有效性负责。

（2）内部控制评价工作的总体情况，即概要说明。

（3）内部控制评价的依据，一般指基本规范、评价指引及企业在此基础上制订的评价办法。

（4）内部控制评价的范围，描述内部控制评价所涵盖的被评价单位，以及纳入评价范围的业务事项。

（5）内部控制评价的程序和方法。

（6）内部控制缺陷及其认定情况，主要描述适用于企业的内部控制缺陷具体认定标准，并声明与以前年度保持一致，同时，根据内部控制缺陷认定标准，确定评价期末存在的重大缺陷、重要缺陷和一般缺陷。

（7）内部控制缺陷的整改情况及重大缺陷拟采取的整改措施。

（8）内部控制有效性的结论，对不存在重大缺陷的情形，出具评价期末内部控制有效结论，对存在重大缺陷的情形，不得做出内部控制有效的结论，并需描述该重大缺陷的成因、表现形式及其对实现相关控制目标的重要程度。

企业内部控制评价机构应当就发现的内部控制缺陷提出整改建议，并报经理层、董事会（审计委员会）、监事会批准。获批后，企业应制订切实可行的整改方案，包括整改目标、内容、步骤、措施、方法和期限。整改期限超过一年的，整改目标应明确近期和远期目标以及相应的整改工作内容。

第四节　内部控制审计指引

安然、世通等一系列公司财务报表舞弊事件发生后，各国政府监管机构、企业界和会计职业界对内部控制的重视程度进一步提升，从注重财务报告本身可靠性转向注重对保证财务报告可靠性机制的建设，也就是通过过程的有效保证结果的有效。资本市场上的投资者甚至社会公众要求企业披露其与内部控制相关的信息，并要求经过注册会计师审计，以增强信息的可靠性。

但是，在财务报表审计中，只有在以下两种情况下才强制要求对内部控制进行测试：在评估认定层次重大错报风险时，预期控制的运行是有效的（即在确定实质性程序的性质、时间安排和范围时，注册会计师拟信赖控制运行的有效性）；仅实施实质性程序并不能够提供认定层次充分、适当的审计证据。可见，注册会计师对内部控制的了解和测试不足以对内部控制发表意见，难以满足信息使用者的需求。我国《企业内部控制基本规范》及配套指引要求执行企业内控规范体系的企业，必须对本企业内部控制的有效性进行自我评价，披露年度自我评价报告，同时聘请具有证券期货业务资格的会计师事务所对其财务报告内部控制的有效性进行审计，出具审计报告。

一、内部控制审计的定义

内部控制审计，是指会计师事务所接受委托，对特定基准日内部控制设计与运行的有效性进行审计。注册会计师可以单独进行内部控制审计，也可以将内部控制审计与财务报表审计整合进行（以下简称整合审计）。

1. 企业内部控制审计基于特定基准日

注册会计师基于基准日（如年末12月31日）内部控制的有效性发表意见，而不是对财务报表涵盖的整个期间（如一年）的内部控制的有效性发表意见。但这并不意味着注册会计师只关注企业基准日当天的内部控制，而是要考察企业一个时期内（足够长的一段时间）内部控制的设计和运行情况。

2. 财务报告内部控制与非财务报告内部控制

注册会计师应当对财务报告内部控制的有效性发表审计意见，并针对内部控制审计过程中注意到的非财务报告内部控制的重大缺陷，在内部控制审计报告中增加"非财务报告内部控制重大缺陷描述段"予以披露。

财务报告内部控制，是指企业为了合理保证财务报告及相关信息真实完整而设计和运行的内部控制，以及用于保护资产安全的内部控制中与财务报告可靠性目标相关的控制。主要包括下列方面的政策和程序：

（1）保存充分、适当的记录，准确、公允地反映企业的交易和事项。

（2）合理保证按照企业会计准则的规定编制财务报表。

（3）合理保证收入和支出的发生以及资产的取得、使用或处置经过适当授权。

（4）合理保证及时防止或发现并纠正未经授权、对财务报表有重大影响的交易和事项。

非财务报告内部控制，是指除财务报告内部控制之外的其他控制，通常是指为了合理保证经营的效率效果、遵守法律法规、实现发展战略而设计和运行的控制，以及用于保护资产安全的内部控制中与财务报告可靠性目标无关的控制。

3. 企业内控责任与注册会计师审计责任的关系

《企业内部控制审计指引》规定，建立健全和有效实施内部控制，评价内部控制的有效性是企业董事会的责任。按照该指引的要求，在实施审计工作的基础上对内部控制的有效性发表审计意见，是注册会计师的责任。

两者之间的关系和会计责任与审计责任的区分保持一致，即建立健全和有效实施内部控制是企业董事会（或类似决策机构，下同）的责任。换言之，内控本身有效与否是企业的内控责任，是否遵循审计指引开展内控审计并发表恰当的审计意见是注册会计师的审计责任。因此，注册会计师在实施内控审计之前，应当在业务约定书中明确双方的责任。在发表内控审计意见之前，注册会计师应当取得经企业签署的内控书面声明。

二、计划审计工作

注册会计师应当恰当地计划内部控制审计工作，配备具有专业胜任能力的项目组，并对助理人员进行适当的督导。

注册会计师应当以风险评估为基础，确定重要账户、列报及其相关认定，选择拟测试的控制，以及确定针对所选定控制所需收集的证据。

风险评估的理念及思路应当贯穿于整合审计过程的始终。实施风险评估时，注册会计师可以考虑固有风险及控制风险。在计划审计工作阶段，注册会计师应对内部控制的固有风险进行评估，作为编制审计计划的依据之一。根据对控制风险评估的结果，调整计划阶段对固有风险的判断。这是个持续的过程。

内部控制的特定领域存在重大缺陷的风险越高，给予该领域的审计关注就越多。内部控制不能防止或发现并纠正由于舞弊导致的错报风险的概率，通常高于其不能防止或发现并纠正由错误导致的错报风险的概率。注册会计师应当更多地关注高风险领域，而没有必要测试那些即使有缺陷，也不可能导致财务报表重大错报的控制。

在进行风险评估以及确定审计程序时，企业的组织结构、业务流程或业务单元的复杂程度可能产生的重要影响均是注册会计师需要考虑的因素。

三、实施审计工作

（一）基本思路

注册会计师应当按照自上而下的方法实施审计工作。自上而下的方法是注册会计师识别风险、选择拟测试控制的基本思路。

自上而下的方法按照下列思路展开。

（1）从财务报表层次初步了解内部控制整体风险。

（2）识别企业层面控制。

（3）识别重要账户、列报及其相关认定。

（4）了解错报的可能来源。

（5）选择拟测试的控制。

在财务报告内控审计中，自上而下的方法始于财务报表层次，以注册会计师对财务报告内部控制整体风险的了解开始。然后，注册会计师将关注重点放在企业层面的控制上，并将工作逐渐下移至重大账户、列报及相关的认定。这种方法引导注册会计师将注意力放在显示有可能导致财务报表及相关列报发生重大错报的账户、列报及认定上。之后，注册会计师验证其了解到的业务流程中存在的风险，并就已评估的每个相关认定的错报风险，选择足以应对这些风险的业务层面控制进行测试。在非财务报告内控审计中，自上而下的方法始于企业层面控制，并将审计测试工作逐步下移到业务层面控制。

自上而下的方法描述了注册会计师在识别风险以及拟测试的控制时的连续思维过程，但并不一定是注册会计师执行审计程序的顺序。

注册会计师应当测试内部控制设计与运行的有效性。如果某项控制由拥有必要授权和专业胜任能力的人员按照规定的程序与要求执行，能够实现控制目标，则表明该项控制的设计是有效的。如果某项控制正在按照设计运行，执行人员拥有必要授权和专业胜任能力，能够实现控制目标，则表明该项控制的运行是有效的。

设计不当的控制可能表明控制存在缺陷甚至重大缺陷。注册会计师在测试控制运行的有效性时，首先要考虑控制的设计。注册会计师在测试控制设计与运行的有效性时，应当综合运用询问适当人员、观察经营活动、检查相关文件、穿行测试和重新执行等方法。注册会计师测试控制有效性实施的程序，按提供证据的效力，由弱到强排序为：询问、观察、检查和重新执行。其中询问本身并不能为得出控制是否有效的结论提供充分、适当的证据。执行穿行测试通常足以评价控制设计的有效性。

（二）审计证据

在测试所选定控制的有效性时，注册会计师需要根据与控制相关的风险，确定所需获取的证据。与控制相关的风险包括控制可能无效的风险和因控制无效而导致重大缺陷的风险。与控制相关的风险越高，注册会计师需要获取的证据就越多。

与某项控制相关的风险受下列因素的影响。

（1）该项控制拟防止或发现并纠正的错报的性质和重要程度。

（2）相关账户、列报及其认定的固有风险。

（3）相关账户或列报是否曾经出现错报。

（4）交易的数量和性质是否发生变化，进而可能对该项控制设计或运行的有效性产生不利影响。

（5）企业层面控制（特别是对控制有效性的内部监督和自我评价）的有效性。

（6）该项控制的性质及其执行频率。

（7）该项控制对其他控制（如内部环境或信息技术一般控制）有效性的依赖程度。

（8）该项控制的执行或监督人员的专业胜任能力，以及其中的关键人员是否发生变化。

（9）该项控制是人工控制还是自动化控制。

（10）该项控制的复杂程度，以及在运行过程中依赖判断的程度。

针对每一相关认定，注册会计师都需要获取控制有效性的证据，以便对内部控制整体的有效性单独发表意见，但注册会计师没有责任对单项控制的有效性发表意见。

对于控制运行偏离设计的情况（即控制偏差），注册会计师需要考虑该偏差对相关风险评估、需要获取的证据以及控制运行有效性结论的影响。

注册会计师通过测试控制有效性获取的证据，取决于实施程序的性质、时间安排和范围的组合。就单项控制而言，注册会计师应当根据与该项控制相关的风险，适当确定实施程序的性质、时间安排和范围，以获取充分、适当的证据。

测试控制有效性时实施的程序其性质在很大程度上取决于拟测试控制的性质。某些控制可能存在文件记录，反映其运行的有效性，而另外一些控制，如管理理念和经营风格，可能没有书面的运行证据。对缺乏正式运行证据的企业或企业的某个业务单元，注册会计师可以通过询问并结合运用观察活动、检查非正式的书面记录和重新执行某些控制等程序，获取有关控制有效性的充分、适当的证据。

对控制有效性的测试涵盖的期间越长，提供的控制有效性的证据越多。注册会计师需要获取内部控制在企业内部控制自我评价基准日前足够长的期间内有效运行的证据。对控制有效性的测试实施的时间安排越接近企业内部控制自我评价基准日，提供的控制有效性的证据越有力。

因此，注册会计师在确定测试的时间安排时，应当在下列两个因素之间做出平衡，以获取充分、适当的证据。

（1）尽量在接近企业内部控制自我评价基准日实施测试。

（2）实施的测试需要涵盖足够长的期间。

在企业内部控制自我评价基准日之前，管理层可能为提高控制效率、效果或弥补控制缺陷而改变企业的控制。如果新控制实现了相关控制目标，运行足够长时间，且注册会计师能够测试并评价该项控制设计和运行的有效性，则无需测试被取代的控制。如果被取代控制设计和运行的有效性对控制风险评估有重大影响，注册会计师则需要测试该项控制的有效性。

注册会计师执行内部控制审计业务通常旨在对企业内部控制自我评价基准日（通常为年末）内部控制的有效性发表意见。如果已获取有关控制在期中运行有效性的证据，注册会计师应当确定还需要获取哪些补充证据，以证实在剩余期间控制的运行情况。在将期中测试的结果更新至年末时，注册会计师需要考虑下列因素，以确定需获取的补充证据：

（1）期中测试的特定控制的有关情况，包括与控制相关的风险、控制的性质和测试的结果。

（2）期中获取的有关证据的充分性、适当性。

（3）剩余期间的长短。

（4）期中测试之后，内部控制发生重大变化的可能性及其变化情况。

（三）连续审计时的特殊考虑

在连续审计中，注册会计师在确定测试的性质、时间安排和范围时，还需要考虑以前年度执行内部控制审计时了解的情况。

影响连续审计中与某项控制相关的风险的因素除第（四）部分所列的 10 项因素外，还包括下列因素。

（1）以前年度审计中所实施程序的性质、时间安排和范围。

（2）以前年度对控制的测试结果。

（3）上次审计之后，控制或其运行流程是否发生变化，尤其是考虑 IT 环境的变化。

在考虑上述所列的风险因素以及连续审计中可获取的进一步信息之后，只有当认为与控制相关的风险水平比以前年度有所下降时，注册会计师在本年度审计中才可以减少测试。

为保证控制测试的有效性，使测试具有不可预见性，并能应对环境的变化，注册会计师需要每年改变控制测试的性质、时间安排和范围。每年在期中不同的时段测试控制，并增加或减少所执行测试的数量和种类，或者改变所使用测试程序的组合等。

四、评价控制缺陷

（一）总体要求

如果某项控制的设计、实施或运行不能及时防止或发现并纠正财务报表错报，则表明内部控制存在缺陷。如果企业缺少用于及时防止或发现并纠正财务报表错报的必要控制，则表明企业存在内部控制缺陷。

（1）下列迹象可能表明企业的内部控制存在重大缺陷。

① 注册会计师发现董事、监事和高级管理人员舞弊。

② 企业更正已经公布的财务报表。

③ 注册会计师发现当期财务报表存在重大错报，而内部控制在运行过程中未能发现该错报。

④ 企业审计委员会和内部审计机构对内部控制的监督无效。

（2）财务报告内部控制控制缺陷的严重程度取决于下列因素。

① 控制缺陷导致账户余额或列报错报的可能性。

② 因一个或多个控制缺陷的组合导致潜在错报的金额大小。

控制缺陷的严重程度与账户余额或列报是否发生错报无必然对应关系，而取决于控制缺陷是否可能导致错报。评价控制缺陷时，注册会计师需要根据财务报表审计中确定的重要性水平，支持对财务报告控制缺陷重要性的评价。注册会计师需要运用职业判断，考虑并衡量定量和定性因素。同时，注册会计师要对整个思考判断过程进行记录，尤其是详细记录关键判断和得出结论的理由。对于"可能性"和"重大错报"的判断，在评价控制缺陷严重性的记录中，注册会计师需要给予明确地考量和陈述。

（二）评价控制缺陷

1. 单个控制缺陷的识别

例如，某公司每月处理大量的公司间常规交易。公司间的单项交易并不重大，主要是涉及资产负债表的活动。公司制度要求逐月进行公司间对账，并在业务单元间函证余额。注册会计师了解到，目前公司没有按时开展对账工作，但公司管理层每月执行相应的程序对挑选出的大额公司间账目进行调查，并编制详细的营业费用差异分析表来评估其合理性。

基于上述情况，注册会计师可以确定此控制缺陷为重要缺陷。因为由于该控制缺陷引起的财务报表错报可以被合理地预计为介于重要和重大之间，因为公司间单项交易并不重大，这些交易限于资产负债表科目，而且每月执行的补偿性控制应该能够发现重大错报。

仍用上例，如果公司每月处理的大量公司间交易涉及广泛的业务活动，包括涉及公司间利润的存货转移，研究开发成本向业务单元的分摊，公司间单项交易常常是重大的。公司制度要求逐月进行公司间对账，并在业务单元间函证余额。注册会计师了解到，目前公司没有按时开展对账工作，这些账目经常出现重大差异。公司管理层没有执行任何补偿性控制来调查重大的公司间账目差异。

基于上述情况，注册会计师可以确定此控制缺陷为重大缺陷。因为，由于该控制缺陷引起的财务报表错报可以被合理地预计为是重大的，因为公司间单项交易常常是重大的，而且涉及大范围活动。另外，在公司间账目上尚未对账的差异是重要的，由于这种错报常常发生，财务报表错报可能出现，而且补偿性控制无效。

2. 多个控制缺陷的识别

例如，注册会计师识别出企业存在以下控制缺陷。

（1）对特定信息系统访问控制的权限分配不当。

（2）存在若干明细账不合理交易记录（交易无论单个还是合计都是不重要的）。

（3）缺乏对受不合理交易记录影响的账户余额的及时对账。

上述每个缺陷均单独代表一个重要缺陷。基于这一情况，注册会计师可以确定这些重要缺陷合并构成重大缺陷。因为，就个别重要缺陷而言，这些缺陷有一定可能性，各自导致金额未达到重要性水平的财务报表错报。可是，这些重要缺陷影响同类会计账户，有可能导致不能防止或发现并纠正重大错报的发生。因此，这些重要缺陷组合在一起符合重大缺陷定义。

五、完成审计工作

注册会计师需要评价从各种来源获取的证据，包括对控制的测试结果、财务报表审计中发现的错报以及已识别的所有控制缺陷，以形成对内部控制有效性的意见。只有在审计范围没有受到限制时，注册会计师才能对内部控制的有效性形成意见。如果审计范围受到限制，注册会计师需要解除业务约定或出具无法表示意见的内部控制审计报告。

注册会计师需要与企业沟通审计过程中识别的所有控制缺陷。对于重大缺陷，注册会计师需要以书面形式与企业的董事会及其审计委员会进行沟通。如果认为审计委员会和内部审计机构对内部控制的监督无效，则注册会计师需要就此以书面形式直接与董事会和经理层沟通。对于重要缺陷，注册会计师需要以书面形式与审计委员会沟通。

虽然并不要求注册会计师执行足以识别所有控制缺陷的程序，但是，注册会计师需要沟通其注意到的内部控制的所有缺陷。如果发现企业存在或可能存在舞弊或违反法规行为，注册会计师需要按照《中国注册会计师审计准则第 1141 号——财务报表审计中对舞弊的考虑》《中国注册会计师审计准则第 1142 号——财务报表审计中对法律法规的考虑》的规定，确定并履行自身的责任。

六、出具审计报告

（一）标准内部控制审计报告

当注册会计师出具的无保留意见的内部控制审计报告不附加说明段、强调事项段或任何修饰性用语时，该报告称为标准内部控制审计报告。标准内部控制审计报告包括下列要素。

（1）标题。内部控制审计报告的标题统一规范为"内部控制审计报告"。

（2）收件人。内部控制审计报告的收件人是指注册会计师按照业务约定书的要求致送内部控制审计报告的对象，一般是指审计业务的委托人。

（3）引言段。内部控制审计报告的引言段说明企业的名称和内部控制已经过审计。

（4）企业对内部控制的责任段。企业对内部控制的责任段说明，按照《企业内部控制基本规范》《企业内部控制应用指引》《企业内部控制评价指引》的规定，建立健全和有效实施内部控制，并评价其有效性是企业董事会的责任。

（5）注册会计师的责任段。注册会计师的责任段说明，在实施审计工作的基础上，对财务报告内部控制的有效性发表审计意见，并对注意到的非财务报告内部控制的重大缺陷进行披露是注册会计师的责任。

（6）内部控制固有局限性的说明段。内部控制无论如何有效，都只能为企业实现控制目标提供合理保证。内部控制实现目标的可能性受其固有限制的影响，注册会计师需要在内部控制固有局限性的说明段说明，内部控制具有固有局限性，存在不能防止和发现错报的可能性。此外，由于情况的变化可能导致内部控制变得不恰当，或对控制政策和程序遵循的程度降低，根据内部控制审计结果推测未来内部控制的有效性具有一定风险。

（7）财务报告内部控制审计意见段。如果符合下列所有条件的，注册会计师应当对财务报告内部控制出具无保留意见的内部控制审计报告：

① 企业按照《企业内部控制基本规范》《企业内部控制应用指引》《企业内部控制评价指引》以及企业自身内部控制制度的要求，在所有重大方面保持了有效的内部控制。

② 注册会计师已经按照《企业内部控制审计指引》的要求计划和实施审计工作，在审计过程中未受到限制。

（8）非财务报告内部控制重大缺陷描述段。对于审计过程中注意到的非财务报告内部控制缺陷，如果发现某项或某些控制对企业发展战略、法规遵循、经营的效率效果等控制目标的实现有重大不利影响，确定该项非财务报告内部控制缺陷为重大缺陷的，注册会计师应当以书面形式与企业董事会和经理层沟通，提醒企业加以改进。同时，注册会计师应在内部控制审计报告中增加非财务报告内部控制重大缺陷描述段，对重大缺陷的性质及其对实现相关控制目标的影响程度进行披露，提示内部控制审计报告使用者注意相关风险，但无需对其发表审计意见。

（9）注册会计师的签名和盖章。

（10）会计师事务所的名称、地址及盖章。

（11）报告日期。如果内部控制审计和财务报表审计整合进行，注册会计师对内部控制审计报告和财务报表审计报告需要签署相同的日期。

（二）非标准内部控制审计报告

1. 带强调事项段的无保留意见内部控制审计报告

注册会计师认为财务报告内部控制虽不存在重大缺陷，但仍有一项或者多项重大事项需要提请内部控制审计报告使用人注意的，需要在内部控制审计报告中增加强调事项段予以说明。注册会计师需要在强调事项段中指明，该段内容仅用于提醒内部控制审计报告使用者关注，并不影响对财务报告内部控制发表的审计意见。

2. 否定意见的内部控制审计报告

注册会计师认为财务报告内部控制存在一项或多项重大缺陷的，除非审计范围受到限制，需要对财务报告内部控制发表否定意见。注册会计师出具否定意见的内部控制审计报告，还需要包括重大缺陷的定义、重大缺陷的性质及其对财务报告内部控制的影响程度。

3. 无法表示意见的内部控制审计报告

注册会计师只有实施了必要的审计程序，才能对内部控制的有效性发表意见。注册会计师审计范围受到限制的，需要解除业务约定或出具无法表示意见的内部控制审计报告，并就审计范围受到限制的情况，以书面形式与董事会进行沟通。

注册会计师在出具无法表示意见的内部控制审计报告时，需要在内部控制审计报告中指明审计范围受到限制及无法对内部控制的有效性发表意见，并单设段落说明无法表示意见的实质性理由。注册会计师不应在内部控制审计报告中指明所执行的程序，也不应描述内部控制审计的特征，以避免对无法表示意见的误解。注册会计师在已执行的有限程序中发现财务报告内部控制存在重大缺陷的，需要在内部控制审计报告中对重大缺陷做出详细说明。

4. 期后事项与非标准内部控制审计报告

企业内部控制自我评价基准日并不存在，但在该基准日之后至审计报告日之前（以下简称期后期间）内部控制可能发生变化，或出现其他可能对内部控制产生重要影响的因素，注册会计师需要询问是否存在这类变化或影响因素，并获取企业关于这些情况的书面声明。

注册会计师知悉对企业内部控制自我评价基准日内部控制有效性有重大负面影响的期后事项的，需要对财务报告内部控制发表否定意见。注册会计师不能确定期后事项对内部控制有效性的影响程度的，需要出具无法表示意见的内部控制审计报告。

在出具内部控制审计报告之后，如果知悉在审计报告日已存在的、可能对审计意见产生影响的情况，注册会计师需要按照《中国注册会计师审计准则第 1332 号——期后事项》的规定办理。

案例3-1　标准内部控制审计报告参考格式

内部控制审计报告

××股份有限公司全体股东：

按照《企业内部控制审计指引》及中国注册会计师执业准则的相关要求，我们审计了××股份有限公司（以下简称"××公司"）××××年×月×日的财务报告内部控制的有效性。

一、公司对内部控制的责任

公司应按照《企业内部控制基本规范》《企业内部控制应用指引》《企业内部控制评价指引》的规定，建立健全和有效实施内部控制，并评价其有效性是企业董事会的责任。

二、注册会计师的责任

我们的责任是在实施审计工作的基础上，对财务报告内部控制的有效性发表审计意见，并对注意到的非财务报告内部控制的重大缺陷进行披露。

三、内部控制的固有局限性

内部控制具有固有局限性，存在不能防止和发现错报的可能性。此外，由于情况的变化可能导致内部控制变得不恰当，或对控制政策和程序遵循的程度降低，根据内部控制审计结果推测未来内部控制的有效性具有一定风险。

四、财务报告内部控制审计意见

我们认为，××公司按照《企业内部控制基本规范》和相关规定在所有重大方面保持了有效的财务报告内部控制。

五、非财务报告内部控制的重大缺陷

在内部控制审计过程中，我们注意到××公司的非财务报告内部控制存在重大缺陷（描述该缺陷的性质及其对实现相关控制目标的影响程度）。由于公司存在上述重大缺陷，因此我们提醒本报告使用者注意相关风险。需要指出的是，我们并不对××公司的非财务报告内部控制发表意见或提供保证。本段内容不影响我们对财务报告内部控制有效性发表的审计意见。

××会计师事务所　　　中国注册会计师：×××（签名并盖章）

（盖章）　　　　　　　中国注册会计师：×××（签名并盖章）

中国××市　　　　　　××××年×月×日

案例3-2　带强调事项段的无保留意见内部控制审计报告范例

内部控制审计报告

××股份有限公司全体股东：

按照《企业内部控制审计指引》及中国注册会计师执业准则的相关要求，我们审计了××股份有限公司（以下简称"××公司"）××××年×月×日的财务报告内部控制的有效性。

〔"一、企业对内部控制的责任"至"五、非财务报表内部控制的重大缺陷"参见标准内部控制审计报告相关段落表述。〕

六、强调事项

我们提醒内部控制审计报告使用者关注，（描述强调事项的性质及其对内部控制的重大影响）。本段内容不影响已对财务报告内部控制发表的审计意见。

　　××会计师事务所　　　　中国注册会计师：×××（签名并盖章）

　　（盖章）　　　　　　　　　中国注册会计师：×××（签名并盖章）

　　中国××市　　　　　　　　××××年×月×日

 案例3-3　否定意见内部控制审计报告

内部控制审计报告

××股份有限公司全体股东：

　　按照《企业内部控制审计指引》及中国注册会计师执业准则的相关要求，我们审计了××股份有限公司（以下简称"××公司"）××××年×月×日的财务报告内部控制的有效性。

　　["一、企业对内部控制的责任"至"三、内部控制的固有局限性"参见标准内部控制审计报告相关段落表述。]

　　四、导致否定意见的事项

　　重大缺陷是指一个或多个控制缺陷的组合，可能导致企业严重偏离控制目标。

　　[指出注册会计师已识别出的重大缺陷，并说明重大缺陷的性质及其对财务报告内部控制的影响程度。]

　　有效的内部控制能够为财务报告及相关信息的真实完整提供合理保证，而上述重大缺陷使××公司内部控制失去这一功能。

　　五、财务报告内部控制审计意见

　　我们认为，由于存在上述重大缺陷及其对实现控制目标的影响，××公司未能按照《企业内部控制基本规范》和相关规定在所有重大方面保持有效的财务报告内部控制。

　　六、非财务报告内部控制的重大缺陷

　　[参见标准内部控制审计报告相关段落表述]

　　××会计师事务所　　　　中国注册会计师：×××（签名并盖章）

　　（盖章）　　　　　　　　　中国注册会计师：×××（签名并盖章）

　　中国××市　　　　　　　　××××年×月×日

 案例3-4　无法表示意见内部控制审计报告

内部控制审计报告

××股份有限公司全体股东：

　　我们接受委托，对××股份有限公司（以下简称"××公司"）××××年×月×日的财务报告内部控制进行审计。

　　[删除注册会计师的责任段，"一、企业对内部控制的责任"和"二、内部控制的固有局限性"参见标准内部控制审计报告相关段落表述。]

　　三、导致无法表示意见的事项

　　[描述审计范围受到限制的具体情况]

　　四、财务报告内部控制审计意见

　　由于审计范围受到上述限制，我们未能实施必要的审计程序以获取发表意见所需的充分、适当证据，因此，我们无法对××公司财务报告内部控制的有效性发表意见。

五、识别的财务报告内部控制重大缺陷（如在审计范围受到限制前，执行有限程序未能识别出重大缺陷，则应删除本段）

重大缺陷，是指一个或多个控制缺陷的组合，可能导致企业严重偏离控制目标。

尽管我们无法对××公司财务报告内部控制的有效性发表意见，但在我们实施的有限程序的过程中，发现了以下重大缺陷：

[指出注册会计师已识别出的重大缺陷，并说明重大缺陷的性质及其对财务报告内部控制的影响程度。]

有效的内部控制能够为财务报告及相关信息的真实完整提供合理保证，而上述重大缺陷使××公司内部控制失去这一功能。

六、非财务报告内部控制的重大缺陷

[参见标准内部控制审计报告相关段落表述]

××会计师事务所　　　　中国注册会计师：×××（签名并盖章）

（盖章）　　　　　　　　中国注册会计师：×××（签名并盖章）

中国××市　　　　　　　××××年×月×日

 课后训练

一、思考题

1. 内部控制的产生与发展历经几个阶段？每一阶段都有什么特点？

2.《内部控制——整合框架》的核心思想是什么？

3.《企业风险管理——整合框架》与《内部控制——整合框架》相比具有哪些进步？

4.《企业风险管理——战略与业绩的整合》的主要创新点在哪里？

5. 我国企业内部控制规范的框架体系是什么？

6. 我国内部控制的目标分为几个层次？各个目标之间的关系如何？

7. 何为不相容职务分离控制？它的内容包括什么？

8. 内部控制活动主要包括哪些？

9. 内部控制评价的实施主体是谁？如何理解内部控制评价与内部控制审计的关系？

10. 如何区别内部控制缺陷认定中的重大缺陷、重要缺陷与一般缺陷？

11. 何为标准内部控制审计报告？其主要要素包括哪些？

二、分析题

内部控制评价工作组对公司业务层面的控制活动进行了全面测试，有关资料如下。

（1）实施货币资金支付审批分级管理。单笔付款金额5万元及5万元以下的，由财务部经理审批。5万元以上、20万元及20万元以下的，由总会计师审批。20万元以上的由总经理审批。

（2）强化采购申请制度，明确相关部门或人员的职责权限及相应的请购和审批程序。对于超预算外采购项目，无论金额大小，均应在办理请购手续后，按程序报请具有审批权限的部门或人员审批。

（3）销售经理负责批准赊销，并亲自注销坏账。

（4）销售部门应当按照经批准的销售合同开具相关销售通知并组织发货，确保货物的安全发运。

（5）出纳员对库存现金要做到"日清月结"，对"白条抵库"情形应定期向内部审计部门报告。

请问：判断以上五项业务的内部控制是否恰当，说明对不恰当的情况的正确处理方法。

第四章
审计目标与审计计划

 学习目标

- 掌握审计重要性以及判定重要性水平的标准与方法
- 了解审计风险的内涵
- 重点掌握审计风险的判定模型以及它与审计证据、审计重要性的关系
- 掌握如何应对风险

 关键词

审计目标　审计计划　总体审计策略　重要性　财务报表层次重要性水平
认定层次重要性水平　计划中的重要性水平　实际执行中的重要性水平
重大错报　明显微小错报　尚未更正错报　审计风险　具体审计目标
审计方案　风险评估程序　综合评分法　控制测试　实质性程序

引导案例

陨落的安然——有人了解它的业务吗?

安然公司——曾是全美最大的能源批发公司,曾制造了美国历史上最大的公司破产案。尽管在陨落前曾以750亿美元的市值在《财富》500强中名列第七,但它却很快倒下了。安然公司的陨落始于2001年10月,安然公司的管理人员宣布了令人震惊的消息,季度亏损6.18亿美元,据说与隐秘的内部人关联方关系有关。2001年11月初,公司的管理人员被迫承认他们曾于1997年虚报近6亿美元的盈利。2001年年底,该公司破产。

安然公司于1985年由两家天然气管道公司合并而成。该公司是放松监管的新型公用事业市场上从事天然气和电力交易的急先锋。早些时候,安然公司从诸如管道之类的"硬资产"中赚钱。但到了20世纪90年代后期,安然公司80%的利润来自被称为"能源批发及服务"的业务。安然公司构筑了诸如天气证券的新市场。在2001年年初,人们关于安然公司业务的猜疑就已经出现。一位声誉卓著的投资银行家公开宣称,没有人能够解释安然到底是如何赚钱的。

在安然倒闭之后,许多人指出了安然难以置信的复杂业务结构和这些业务之间相互关联且模糊不清的财务状况。

安然公司的业务和财务报表的复杂性和不确定性也明显地愚弄了承担其审计任务的会计师事务所。在2001年12月的美国国会听证会上,事务所的首席执行官承认:事务所的职业判断出了差错,当关联实体应该合并时,却错误地让安然公司保持它们的独立。

从安然事件中，注册会计师可能吸取一些教训。注册会计师要加强的工作就是了解被审计单位的业务和行业，以识别增加财务报表重大错报风险的重大经营风险。

那么，注册会计师如何认知重要性、审计风险，以避免发表不恰当的审计意见，注册会计师又应如何应对呢？

第一节　审计目标

一、审计总体目标

审计目标是在一定的历史环境之下，人们通过审计实践活动所期望达到有境地或最终结果。操作中，审计目标被视为审计活动的起点，将目标作为确定合适的审计程序和审计方法的导向和基础，注册会计师所执行的审计测试和得出的审计结论都与既定的审计目标直接相关。审计目标体系通常有两个层次构成：一是审计总目标；二是审计具体目标。其中，审计总目标决定审计的整个过程，所有工作必须为实现总目标服务。审计具体目标是审计目的、审计总目标的具体化，并受到总体目标的制约。具体目标包括一般目标和项目目标。一般目标是所有项目审计均必须达到的目标，项目目标是按每个项目分别确定的目标。具体目标必须与被审计单位管理层的认定和注册会计师的总目标来确定，有助于注册会计师收集充分、适当的审计证据。操作层面，注册会计师强调具体目标或项目目标更具有针对性。当然，审计目标随着社会需求会不断变化和创新。

（一）国家审计的总体目标

我国国家审计的总目标是通过监督财政财务收支的真实性、合法性和效益性，维护国家经济安全，推动民主法制，促进廉政建设，保证国家经济和社会健康发展。真实性是指财政收支、财务收支及其有关的经济活动的信息与实际情况相符合的程度。合法性是指财政收支、财务收支及其有关的经济活动遵守法律、法规或规章的情况。效益性是指财政收支、财务收支及其有关的经济活动实现的经济效益、社会效益和环境效益。财政收支和财务收支的真实性、合法性和效益性，是国家对属于审计监督对象的单位、项目、资金的基本要求。但在现实中，这三类目标很难同时实现，不同时期应具有不同的针对性。真实性和合法性问题一直是我国国家审计的重点，近年来，效益性目标越来越得到重视。

（二）民间审计的总体目标

民间审计的总体目标是对被审计单位财务报表的合法性和公允性发表审计意见。合法性是被审计单位财务报表的编制基础符合适用的财务报告编制基础的规定。公允性是被审计单位财务报表在所有重大方面公允反映财务状况、经营成果和现金流量情况。《中国注册会计师审计准则第 1101 号——注册会计师的总体目标和审计工作的基本要求》规定，注册会计师在执行财务报表审计时的总体目标如下。

（1）对财务报表整体是否不存在由于舞弊或错误导致的重大错报获取合理保证，使得注册会计师能够对财务报表是否在所有重大方面按照适用的财务报告编制基础编制发表审计意见。

（2）按照审计准则的规定，根据审计结果对财务报表出具审计报告，并与管理层和治理层沟通。

如果不能实现总体审计目标，注册会计师应当按照审计准则的规定出具非无保留意见的审计报告，或者在法律法规允许的情况下解除业务约定。

民间审计的总目标大致经历了详细审计、资产负债表审计和财务报表审计三个时期。

（1）详细审计时期（英式审计），查错防弊成为总目标。以英国为例，审计服务对象主要是企业业主或者贵族，他们关心的是企业管理是否有差错和舞弊，审计总目标确定为查错防弊。审计方法就是针对所有财务资料的审计。

（2）资产负债表审计时期（美式审计），总体审计目标是审查资产负债表各项目余额的可靠性，判断企业财务状况和偿债能力。

（3）财务报表审计时期，其总体审计目标是判断被审计单位一定时期的财务报表是否公允反映企业的财务状况和经营成果。这一时期，审计服务对象扩大到社会公众，免费"搭便车"普遍。

（三）内部审计的总体目标

内部审计的总体目标是审查和评价本部门、本单位的业务活动、内部控制和风险管理的适当性和有效性，以促进单位完善治理、增加价值和实现目标。

二、管理层认定与具体审计目标

管理层是指对被审计单位经营活动的执行负有经营管理责任的人员。在某些单位，管理层包括部分或全部治理层成员。治理层是对被审计单位战略方向以及管理层履行经营管理责任负有监督责任的人员或组织。

认定是管理层在财务报表中做出的明确或隐含的表述。例如，管理层在资产负债表中列报存货及其金额，意味着做出下列明确的认定：记录的存货是存在的；存货以恰当的金额反映在财务报表中，与之有关的计价或分摊调整已恰当记录。同时，管理层也做出了下列隐含的认定：所有应当包括记录的存货均已记录；记录的存货都由被审计单位拥有。

管理层认定具有三个层次（见表4-1）。管理层认定和具体审计目标密切相关，注册会计师的基本职责就是确定被审计单位管理层对其财务报表的认定是否恰当。注册会计师了解了认定，就容易确定每个项目的具体审计目标，并以此作为评估重大错报风险以及设计和实施进一步审计程序的基础。

表 4-1　　　　　　　　　　认定、审计目标和审计程序之间的关系举例

	认定	具体审计目标（项目目标）	审计程序举例
交易和事项（以主营业务收入为例）	发生：记录的交易或事项已发生，且与被审计单位有关	确认已记录的交易是真实的	检查销售收入明细账至发货单和销售发票
	完整性：所有应当记录的交易和事项均已记录	确认已发生的交易确实经记录	检查发货单和销售发票至销售明细账
	准确性：与交易和事项有关的金额及其他数据已恰当记录	确认已记录的交易是按正确金额反映的	比较价格清单与发票上的价格、发货单与销售订购单上的数量是否一致，重新计算发票上的金额
	截止：交易和事项已记录于正确的会计期间	确认接近于资产负债表日的交易记录于恰当的期间	比较上一年度最后几天和下一年度最初几天的发货单日期、销售发票日期及记账日期
	分类：交易和事项已记录于恰当的账户	确认被审计单位记录的交易经过适当分类	检查销售收入明细账、应收账款明细账
期末账户余额（以存货为例）	存在：记录的资产、负债和所有者权益是存在的	确认记录的金额确实存在	实施存货监盘程序

	认定	具体审计目标（项目目标）	审计程序举例
期末账户余额（以存货为例）	权利和义务：记录的资产由被审计单位拥有或控制，记录的负债是被审计单位应当履行的偿还义务	确认资产归属于被审计单位，负债属于被审计单位的义务	检查订货单、验收单和购货发票至销售明细账
	完整性：所有应当记录的资产、负债和所有者权益均已记录	确认已存在的金额均已记录	检查订货单、验收单和购货发票。查阅所有权证书、购货合同、结算单和保险单
	计价和分摊：资产、负债和所有者权益以恰当的金额包括在财务报表中，与之相关的计价或分摊调整已恰当记录	资产、负债和所有者权益以恰当的金额包括在财务报表中，与之相关的计价或分摊调整已恰当记录	检查残、次存货，评估计提的存货跌价准备是否充足
列报和披露	发生以及权利和义务：披露的交易、事项和其他情况已发生，且与被审计单位有关	确认发生的交易、事项，或与被审计单位有关的交易和事项均包括在了财务报表中	查阅被抵押的固定资产所有权证书、合同、保险单等
	完整性：所有应当包括在财务报表中的披露均已包括	确认应当披露的事项均包括在了财务报表中	检查关联方和关联交易，以验证其在财务报表中是否得到充分披露
	分类和可理解性：财务信息已被恰当的列报和描述，且披露内容表述清楚	财务信息已被恰当地列报和描述，且披露内容表述清楚	检查是否将一年内到期的长期负债列为流动负债
	准确性和计价：财务信息和其他信息已公允披露，且金额恰当	财务信息和其他信息已公允披露，且金额恰当	检查财务报表附注是否分别对原材料、在产品和产成品等存货成本核算方法做出了恰当说明

因此，认定是确定具体审计目标的基础，针对财务报表每一项目所表现出来的各项认定，注册会计师相应的确定一项或多项审计目标，通过执行一系列审计程序获取充分、适当的审计证据来实现。需要补充说明的是：一般目标包括总体合理性、真实性、所有权、完整性、估价、截止、机械准确性、分类、披露。

在国家审计和内部审计中，具体目标的表述有所不同。基于问题导向考虑，审计具体目标更具有针对性。

◈ 案例4-1

在国有及国有控股企业法定代表人任期经济责任审计中，某省审计厅确定审计目标如下。一是摸清家底。核实法定代表人任职期间所在单位资产、负债和所有者权益变化及经营成果的真实性、合法性和效益性。二是揭示存在的问题。揭露法定代表人任职期间所在单位存在的违纪违规问题。三是做出评价意见。在政绩和问题核实无误的情况下，要划分责任。对法定代表人任职期间履行的经济责任情况，做出全面、公正、客观的评价，作为国有企业考核干部的依据。四是为宏观决策服务。通过审计严肃财经纪律，促进企业提高管理水平。

第二节　审计计划

所谓审计计划，是注册会计师为了完成各项审计业务，达到预期的审计目标，在具体执行审计程序之前编制的工作计划。由于审计工作具有很强的时效性，是一个复杂的系统性和协作性过程，需要对各方面的人员和工作合理的组织，因此，审计计划具有层次性、规范性、科学性的特征，以利于有效控制成本、提高效率、保证审计质量。审计计划包括审计策略计划、期间审计项目计划和项目审计计划。其中，策略审计计划是一定时期、一定范围内与审计工作总目标、总任务有关的审计政策和重大措施方面的审计计划。期间审计项目计划是一定期间内需要依次进行审计的所有审计项目的计划。项目审计计划是根据期间审计项目计划，按每个具体审计项目制定的审计计划。为了方便理解，本节按主体分类进行陈述。

一、国家审计计划

审计机关应当根据法定的审计职责和审计管辖范围，编制年度审计项目计划。编制年度审计计划应当服务大局，围绕政府工作中心，突出审计工作重点，合理安排审计资源，防止不必要的重复审计。

审计机关按照下列步骤编制年度审计项目计划。

（1）调查审计需求，初步选择审计项目。审计机关通过了解、掌握、研究宏观经济信息和政策动态，走访有关部门，召开专家学者咨询会，征求内部机构和下级机关意见等，广泛开展调查研究，收集对审计工作的需求，初选审计项目。

（2）对初选审计项目进行可行性研究，确定备选审计项目及其优先顺序。对初选项目进行可行性研究，确定审计目标、范围、重点和其他重要事项。重点研究以下内容：一是与审计项目相关的法律法规和政策；二是相关部门、单位的管理体制、组织结构、主要业务等情况；三是相关部门、单位的财政、财务收支状况及结果；四是相关的信息系统及电子数据情况；五是管理和监督机构的监督检查情况及结果；六是以前年度审计情况等。

对必审项目，审计机关可以不进行可行性研究。

（3）评估审计机关可用审计资源，确定审计项目，编制年度审计项目计划。结合审计机关可用审计资源，确定审计项目，编制年度项目计划。年度审计项目计划草案经审计机关审定后，报经本级政府行政首长批准并向上一级审计机关报告。

审计机关从以下几个方面，调查审计需求，初步选择审计项目。

① 国家和地区财政收支、财务收支以及有关经济活动情况。

② 政府工作中心。

③ 本级政府行政首长和相关领导机关对审计工作的要求。

④ 上级审计机关安排或者授权审计的事项。

⑤ 有关部门委托或者提请审计机关审计的事项。

⑥ 群众举报、公众关注的事项。

⑦ 经分析相关数据认为应当列入审计的事项。

⑧ 其他方面的需求。

审计机关年度审计项目计划的主要内容如下。

① 审计项目名称。

② 审计目标，即实施审计项目预期要完成的任务和结果。

③ 审计范围，即审计项目涉及的具体单位、事项和所属期间。

④ 审计重点。

⑤ 审计项目组织和实施单位。

⑥ 审计资源。

审计机关对政府预算执行和决算草案、重点部门单位预算执行情况每年进行审计，对其他审计对象每 5 年至少审计一次。

二、注册会计师审计计划

在制定审计计划前，注册会计师应当开展初步业务活动，其主要内容包括：针对保持客户关系和具体业务实施相应的质量控制程序；评价遵守职业道德规范情况，包括评价独立性；就业务约定条款与被审计单位达成一致意见。之后，注册会计师与客户签订审计业务约定书，避免审计双方对审计业务的理解产生分歧。审计业务约定书具有经济合同性质，审计计划依据合同而产生。

审计计划通常可分为总体审计策略和具体审计计划两部分。

（一）总体审计策略

总体审计策略是对审计的预期范围和实施方式所做的规划，是注册会计师从接受审计委托到出具审计报告整个过程基本工作内容的综合计划。注册会计师通过对被审计单位及其环境的初步了解制定总体审计策略，包括确定审计范围、审计方向、审计资源和报告目标、时间安排及所需沟通。这些内容并不具体，具体内容在具体审计计划中制定。如果注册会计师通过对被审计单位及其环境的进一步了解，发现有新的情况，还会对总体审计策略进行调整。在制定总体审计策略时，注册会计师应考虑下列因素。

1. 审计范围

注册会计师应当确定审计业务的特征，包括采用的会计准则和相关会计制度、特定行业的报告要求以及被审计单位组成部分的分布等，以确定审计范围。在确定审计范围时，需要考虑下列具体事项。

（1）编制拟审计的财务信息所依据的财务报告编制基础，包括是否需要将财务信息调整至按照其他财务报告编制基础编制。

（2）特定行业的报告要求，如某些行业监管机构要求提交的报告。

（3）预期审计工作涵盖的范围，包括应涵盖的组成部分的数量及所在地点。

（4）母公司和集团组成部分之间存在的控制关系的性质，以确定如何编制合并财务报表。

（5）由组成部分注册会计师审计组成部分的范围。

（6）拟审计的经营分部的性质，包括是否需要具备专门知识。

（7）外币折算，包括外币交易的会计处理、外币财务报表的折算和相关信息的披露。

（8）除为合并目的执行的审计工作之外，对个别财务报表进行法定审计的需求。

（9）内部审计工作的可获得性及注册会计师拟信赖内部审计工作的程度。

（10）被审计单位使用服务机构的情况，及注册会计师如何取得有关服务机构内部控制设计和运行有效性的证据。

（11）对利用在以前审计工作中获取的审计证据的预期。

（12）信息技术对审计程序的影响，包括数据的可获得性和对使用计算机辅助审计技术的预期。

（13）协调审计工作与中期财务信息审阅的预期涵盖范围和时间安排，以及中期审阅所获取的信息对审计工作的影响。

（14）与被审计单位人员的时间协调和相关数据的可获得性。

2. 报告目标、时间安排及所需沟通的性质

为计划报告目标、时间安排和所需沟通，注册会计师需要考虑下列事项。

（1）被审计单位对外报告的时间表，包括中间阶段和最终阶段。

（2）与管理层和治理层举行会谈，讨论审计工作的性质、时间安排和范围。

（3）与管理层和治理层讨论注册会计师拟出具的报告的类型和时间安排以及沟通的其他事项（口头或书面沟通），包括审计报告、管理建议书和向治理层通报的其他事项。

（4）与管理层讨论预期就整个审计业务中审计工作的进展进行的沟通。

（5）与组成部分注册会计师沟通拟出具的报告的类型和时间安排，以及与组成部分审计相关的其他事项。

（6）项目组成员之间沟通的预期性质和时间安排，包括项目组会议的性质和时间安排，以及复核已执行工作的时间安排。

（7）预期是否需要和第三方进行其他沟通，包括与审计相关的法定或约定的报告责任。

3．审计方向

总体审计策略的制定应当包括考虑影响审计业务的重要因素，以确定项目组工作方向，包括确定适当的重要性水平，初步识别可能存在较高的重大错报风险的领域，初步识别重要的组成部分和账户余额，评价是否需要针对内部控制的有效性获取审计证据，识别被审计单位、所处行业、财务报告要求及其他相关方面最近发生的重大变化等。

在确定审计方向时，注册会计师需要考虑下列事项。

（1）重要性方面。具体包括：为计划目的确定重要性；为组成部分确定重要性且与组成部分的注册会计师沟通；在审计过程中重新考虑重要性；识别重要的组成部分和账户余额。

（2）重大错报风险较高的审计领域。

（3）评估的财务报表层次的重大错报风险对指导、监督及复核的影响。

（4）项目组人员的选择（在必要时包括项目质量控制复核人员）和工作分工，包括向重大错报风险较高的审计领域分派具备适当经验的人员。

（5）项目预算，包括考虑为重大错报风险可能较高的审计领域分配适当的工作时间。

（6）如何向项目组成员强调在收集和评价审计证据过程中保持职业怀疑的必要性。

（7）以往审计中对内部控制运行有效性进行评价的结果，包括所识别的控制缺陷的性质及应对措施。

（8）管理层重视设计和实施健全的内部控制的相关证据，包括这些内部控制得以适当记录的证据。

（9）业务交易量规模，以基于审计效率的考虑确定是否依赖内部控制。

（10）对内部控制重要性的重视程度。

（11）影响被审计单位经营的重大发展变化，包括信息技术和业务流程的变化，关键管理人员变化，以及收购、兼并和分立。

（12）重大的行业发展情况，如行业法规变化和新的报告规定。

（13）会计准则及会计制度的变化。

（14）其他重大变化，如影响被审计单位的法律环境的变化。

4．审计资源

注册会计师应当在总体审计策略中清楚地说明审计资源的规划和调配，包括确定执行审计业务所必需的审计资源的性质、时间安排和范围。

（1）向具体审计领域调配的资源，包括向高风险领域分派有适当经验的项目组成员，就复杂的问题咨询专家等。

（2）向具体审计领域分配资源的多少，包括分派到重要地点进行存货监盘的项目组成员的人数；在集团审计中复核组成部分注册会计师工作的范围，向高风险领域分配的审计时间预算等。

（3）何时调配这些资源，包括是在期中审计阶段还是在关键的截止日期调配资源等。

（4）如何管理、指导、监督这些资源，包括预期何时召开项目组预备会和总结会，预期项目合伙人和经理如何进行复核，是否需要实施项目质量控制复核等。

◇ **案例4-2 总体审计策略格式范例**

总体审计策略

被审计单位：_____ 索引号：_____

项目：_____ 财务报表截止日/期间：_____

编制：_____ 复核：_____

日期：_____ 日期：_____

一、审计范围

报告要求	示例
适用的会计准则或制度	
适用的审计准则	
与财务报告相关的行业特别规定	例如：监控机构发布的有关信息披露法规、特定行业主管部门发布的与财务报告相关的法规等
需审计的集团内组成部分的数量及所在地点	
需要阅读的含有已审计财务报表的文件中的其他信息	例如：上市公司年报
制定审计策略需考虑的其他事项	例如：单独出具报告的子公司范围等

二、审计业务时间安排

（一）报告时间安排：

（二）执行审计工作的时间安排：

……

三、影响审计业务的重要因素

（一）重要性

确定的重要性水平	索引号

（二）可能存在较高重大错报风险的领域

可能存在较高重大错报风险的领域	索引号
……	

……

四、人员安排

（一）项目组主要成员

职位	姓名	主要职责
……		

（二）质量控制复核人员

……

注：在分配职责时可以根据被审计单位的不同情况按会计科目划分，或按交易类别划分。

五、对专家或有关人士工作的利用（如适用）

注：如果项目组计划利用专家或有关人士的工作，需要记录其工作的范围和涉及的主要会计科目等。另外，项目组还应按照相关审计准则的要求对专家或有关人士的能力、客观性及其工作等进行考虑及评估。

（一）对内部审计工作的利用

主要报表项目	拟利用的内容审计工作	索引号
存货	内部审计部门对各仓库的存货每半年至少盘点一次，在中期审计时，项目组已经对内部审计部门盘点步骤进行观察，对其结果满意，因此项目组将审阅其年底的盘点结果，并缩小存货监盘的范围	
……		

……

（二）对专家工作的利用

……

（二）具体审计计划

具体审计计划的内容包括为获取充分、适当的审计证据（以将审计风险降至可接受的低水平），以及项目组成员拟实施的审计程序的性质、时间安排和范围。具体审计计划应当包括风险评估程序、计划实施的进一步审计程序和其他审计程序。

1. 风险评估程序

具体审计计划应当包括按照《中国注册会计师审计准则第 1211 号——通过了解被审计单位及其环境识别和评估重大错报风险》的规定，为了充分识别和评估财务报表重大错报风险，注册会计师计划实施的风险评估程序的性质、时间安排和范围。

2. 计划实施的进一步审计程序

具体审计计划应当包括按照《中国注册会计师审计准则第 1231 号——针对评估的重大错报风险采取的应对措施》规定，针对评估的认定层次的重大错报风险，注册会计师计划实施的进一步审计程序的性质、时间安排和范围。进一步审计程序包括控制测试和实质性程序。

通常，注册会计师计划的进一步审计程序可以分为进一步审计程序的总体方案和拟实施的具体审计程序（包括进一步审计程序的具体性质、时间安排和范围）两个层次如图 4-1 所示。进一步审计程序的总体方案主要是指注册会计师针对各类交易、账户余额和披露决定采用的总方案。具体审计程序则是对进一步审计程序的总体方案的延伸和细化。它通常包括控制测试和实质性程序的性质、时间安排和范围。在实务中，注册会计师通常单独制作一套包括这些具体程序的"进一步审计程序表"，待具体实施审计程序时，注册会计师将基于所计划的具体审计程序，最终形成有关的审计工作底稿。

另外，完整、详细的进一步审计程序的计划包括对各类交易、账户余额和披露实施的具体审计程序的性质、时间安排和范围，包括抽取的样本量等。在实务中，注册会计师可以统筹安排进一步审计程序的先后顺序，如果对某类交易、账户余额或披露已经做出计划，则可以安排先行开展工作，与此同时再制订其他交易、账户余额和披露的进一步审计程序。

3. 计划其他审计程序

具体审计计划应当包括根据审计准则的规定，注册会计师针对审计业务需要实施的其他审计程序。计划的其他审计程序可以包括上述进一步程序的计划中没有涵盖的、根据其他审计准则的要求注册会计师应当执行的既定程序。

需要注意的是，审计计划工作并非审计业务的一个孤立阶段，而是一个持续的、不断修正的过程，贯穿于整个审计业务的始终。

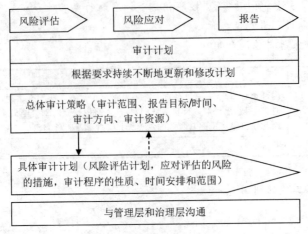

图 4-1 审计计划的两个层次

三、内部审计计划

《中国内部审计准则第 1101 号——内部审计基本准则》规定，内部审计人员应当根据组织风险状况、管理需要及审计资源的配置情况，编制年度审计计划。内部审计机构依据年度审计计划确定的审计项目，编制项目审计方案。内部审计机构应当在实施审计三日前，向被审计单位或者被审计人员送达审计通知书，做好审计准备。

内部审计计划一般包括年度审计计划、项目审计计划和审计方案三个层次。

（1）年度审计计划是对年度的审计任务所做的事先规划，是组织年度工作计划的重要组成部分。

（2）项目审计计划是对具体审计项目实施的全过程所做的综合安排。

（3）审计方案是对具体审计项目的审计程序及其时间等所做出的详细安排。

内部审计机构可以根据组织的性质、规模、审计业务的复杂程度等因素决定审计计划层次的繁简。年度审计计划应当包括以下基本内容。

（1）内部审计年度工作目标。

（2）需要执行的具体审计项目及其先后顺序。

（3）各审计项目所分配的审计资源。

（4）后续审计的必要安排。

在具体实施审计项目前，审计项目负责人应充分了解被审计单位的以下情况，以制定项目审计计划。

（1）经营活动概况。

（2）内部控制的设计及运行情况。

（3）财务、会计资料。

（4）重要的合同、协议及会议记录。

（5）上次审计的结论、建议以及后续审计的执行情况。

（6）上次外部审计的审计意见。

（7）其他与项目审计计划有关的重要情况。

项目审计计划应当包括以下基本内容：

（2）重要性和审计风险的评估。

（3）审计小组构成和审计时间的分配。

（4）对专家和外部审计工作结果的利用。

（5）其他有关内容。

审计项目负责人应根据项目审计计划制定审计方案。审计方案应当包括以下基本内容。

（1）具体审计目的。

（2）具体审计方法和程序。

（3）预定的执行人及执行日期。

（4）其他有关内容。

第三节 审计重要性

一、审计重要性的内涵与判断流程

（一）审计重要性的内涵

财务会计准则委员会第 2 号公告（FASB2）把重要性定义为：会计信息漏报或错误的严重程度，在特定环境下很可能改变或影响任何一位理性决策者依赖这些信息所做出的判断。根据《审计机关审计重要性与审计风险评价准则》的规定：审计重要性是指被审计单位财政财务收支及相关会计信息错弊的严重程度，该错弊未被揭露足以影响信息使用者的判断或决策以及审计目标的实现（该准则已于 2011 年 1 月 1 日废止，但新执行的国家审计准则对审计重要性没有给出新定义）。《中国内部审计准则第 1101 号——内部审计基本准则》中强调，内部审计人员应当运用重要性原则，考虑差异或者缺陷的性质、数量等因素，合理确定重要性水平。

《中国注册会计师审计准则第 1221 号——计划和执行审计工作时的重要性》认为，重要性概念可从以下三方面进行理解。

一是如果合理预期错报（包括漏报）单独或汇总起来可能影响财务报表使用者依据财务报表做出的经济决策，则通常认为错报是重大的。

二是对重要性的判断是根据具体环境做出的，并受错报的金额或性质的影响，或受两者共同作用的影响。

三是判断某事项对财务报表使用者是否重大，是在考虑财务报表使用者整体共同的财务信息需求的基础上做出的，由于不同财务报表使用者对财务信息的需求可能差异很大，因此不考虑错报对个别财务报表使用者可能产生的影响。

可见，不论是国家审计、民间审计还是内部审计，都需要运用重要性概念。重要性的确定依靠注册会计师的职业判断，受信息使用者对财务信息需求的认识的影响。为了说明重要性的衡量和利用，本节以民间审计为主进行说明。

从报表审计角度，审计重要性是指被审计单位财务报表中可能存在的不影响财务报表使用者做出经济决策和判断的错报及漏报的最大限额或"临界点"。如果一项错报单独或连同其他错报可能影响财务报表使用者依据财务报表做出的经济决策，则该项错报是重大的。

根据《中国注册会计师审计准则 1221 号——计划和执行审计工作时的重要性》，重要性取决于在具体环境下对错报金额和性质两个方面的判断，包括定性与定量的方式进行评估和衡量。所谓数量方面，是指错报的金额大小，通常称为重要性水平。所谓性质方面，是错报的性质。一般而言，金额大的错报比金额小的错报更重要，低于重要性水平的错报是不重要的。但是，某些错报从数量上看并不重要，但累计的结果却很重要或者性质上考虑则是重要的。此外，如果难以从数量上判断其重要性，则应当依据性质而定。

影响审计重要性的因素很多，注册会计师应当根据审计单位面临的环境，综合考虑其他因素，合理地确定重要性水平。不同的注册会计师在确定某一单位财务报表层次和认定层次的重要性水平时，得出的结果可能不一致。确定的重要性水平越低（或金额越小），说明该项目上较小的错报就足以改变报表信息使用者的决策，该项目就越重要，需要收集更多审计证据。

（二）审计重要性确定的基本流程

审计重要性概念的运用贯穿于整个审计过程，不论何种审计，它都十分关键。在制订审计计划时，注册会计师应当在总体审计策略中确定财务报表整体的重要性。根据被审计单位的特定情况，如果存在一个或多个特定类别的交易、账户余额或披露，其发生的错报金额虽然低于财务报表整体的重要性，但合理预期可能影响财务报表使用者依据财务报表做出的经济决策，则注册会计师还应当确定适用于这些交易、账户余额或披露的一个或多个重要性水平。

注册会计师应当考虑导致财务报表发生重大错报的原因，并应当在了解被审计单位及其环境的基础上，确定一个可接受的重要性水平，即首先为财务报表层次确定重要性水平，以发现在金额上重大的错报。然后，注册会计师还应当评估各类交易、账户余额和披露认定层次的重要性，以便确定进一步审计程序的性质、时间安排和范围，将审计风险降至可接受的低水平。在确定审计意见类型时，注册会计师也需要考虑重要性水平。重要性应用有紧密联系的五个基本流程如图 4-2 所示。重要性的应用是从对重要性做出初步判断和将初步判断金额分配到审计的各个分块开始的（见图 4-2 的第一个大括号）。它是注册会计师在每次审计中评价审计证据时，对审计各个分块的错报金额的估计。最后三个步骤是在业务完成阶段审计工作接近结束时进行的（见图 4-2 的第二个大括号），是评价审计测试结果的一部分。

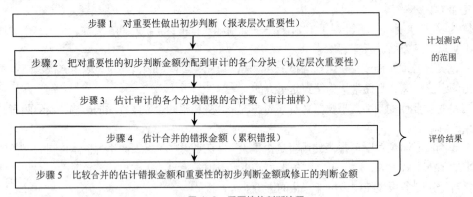

图 4-2　重要性的判断流程

重要性的初步判断（图 4-2 中的步骤 1）是注册会计师认为报表中可能存在错报，而又不至于影响使用者决策的最大金额。不过，由于此判断具有重要的地位，需要注册会计师具有很强的职业判断能力。

影响审计判断的主要因素如下。

（1）公司规模。不同规模的公司的重要性水平可能是不相等的。

（2）重要性水平的评价基础。如流动资产、总资产、利润额等不同，估计值也不同。

（3）性质因素的影响。即使金额相同，一些错报与漏报也会因为类型不同对信息使用者产生重要影响。涉及舞弊的金额比无意的差错金额更加重要。错报可能引起合同的责任后果，如贷款协议的履行、错报改变了利润的趋势等。

注册会计师在审计过程中常常要改变其对重要性的初步判断,新的判断就会被称为重要性的修正判断。做出修正判断的原因可能包括:用来确定初步判断的某个因素发生变化;注册会计师认为初步判断太大或太小;定性事项改变了被审计单位的某些情形,如债券的发行增加了一类财务报表使用者。

二、审计重要性的确定

(一)从数量上考虑重要性

重要性在数量方面的体现,称为重要性水平。在制定计划时,注册会计师一般可以从财务报表层次和各类交易、账户余额及列表认定层次两个层次确定重要性水平。这两个层次可以看作是衡量错报程度的"尺子"。

1. 计划中的重要性水平

(1)财务报表层次的重要性水平。

在计划审计工作(总体审计策略)时,注册会计师应当在考虑对被审计单位及其环境的了解、审计的目标、财务报表各项目的性质及其相互关系以及财务报表项目的金额及其波动幅度的基础上,确定一个可接受的重要性水平,以发现金额重大的错报。

在计划阶段确定重要性水平时,注册会计师应当考虑以下主要因素。

① 对被审计单位及其情况的了解。被审计单位的行业情况、法律环境与监管环境等其他外部因素,以及被审计单位业务的性质,对会计政策的选择和应用,被审计单位的目标、战略以及相关的经营风险,被审计单位的内部控制等因素,都将影响注册会计师重要性水平的判断。

② 审计目标。财务报表信息使用者的要求将直接影响到注册会计师对重要性水平的选择,尤其是一些特定目的的报告要求。例如,对某一特定业务的审计时,其重要性水平可能以该项目设定,而非财务报表的汇总数据为基础选定。

③ 财务报表各项目间的性质及其关系。财务报表项目对审计风险的影响存在差异,财务报表使用者对各个项目的关心程度也会不同。如果认为流动性资产的较小金额的错报就会影响到其决策,则注册会计师应特别关注流动性资产项目的重要性水平的设定。

④ 财务报表项目的金额及其波动幅度。如果财务报表项目的金额及其波动幅度较大,因此,注册会计师必须认真分析其波动的幅度与原因,合理确定重要性。

在计划阶段(总体审计策略)确定重要性水平时,注册会计师应先选择一个适当的基准,再选用适当的百分比乘以该基准,从而得到不同基准下的财务报表重要层次水平,最终确定的重要性水平为上述各值中的最低者,以满足不同需求的报表使用者的需求。

在实务中,有许多汇总性财务数据可以作为确定财务报表层次重要性水平的基准。本书结合实务给出一些相应百分比的参考数值(见表4-2)。

表 4-2　　　　　　　　　　　　重要性水平的确定标准

被审计单位情况	可能选择的基准	独立审计具体准则
(1)企业的盈利水平保持稳定	经常性业务税前利润	5%~10%
(2)企业近年来经营状况大幅波动,盈利和亏损交替发生,或者由正常盈利转为微利或亏损,或者本年度利润因情况变化而出现意外增加或减少	过去3~5年的经营性业务平均利润或亏损(绝对值),或其他基准,如营业收入	5%~10%
(3)企业为新设企业,处于开办期,尚未开始经营,目前正在建设厂房或购买机器设备	总资产	0.5%~1%

续表

被审计单位情况	可能选择的基准	独立审计具体准则
（4）企业处于新兴行业，目前侧重于抢占市场份额、扩大企业知名度和影响力	营业收入	0.5%～1%
（5）开放式基金，致力于优化投资组合、提高基金净值、为基金持有人创造投资价值	净资产	1%
（6）国际企业集团设置的研发中心，主要为企业下属公司提供研发服务，并以成本加成方式收费	成本与营业费用总额	0.3%～0.5%

案例4-3

注册会计师甲和乙对ABC公司20×8年度的财务报表进行审计。ABC公司未经审计的财务报表资料如表4-3所示。

表 4-3 未经审计的财务数据

财务报表项目	金额（万元）	财务报表项目	金额（万元）	财务报表项目	金额（万元）
资产总额	180 000	所有者权益	88 000	净利润	24 000

注：相应计算比率参见表 4-2。

（2）各类交易、账户余额、列报认定层次的重要性水平。

重要性水平的第二阶段是将初步判断值分配至审计的各个分块，即将财务报表层次的重要性水平分配至报表项目（各类交易、账户余额、列报认定层）。各类交易、账户余额、列报认定层次的重要性水平，称为"可容忍误差"。它以财务报表层次的重要性水平的初步评估为基础。

一般而言，对于交易、账户余额及列报认定层次的重要性水平，既可以采用分配的方法，也可以采用不分配的方法。注册会计师需要考虑的因素为：各类交易、账户余额、列报的性质和错报的可能性；审计成本；各类交易、账户余额、列报的性质及可能性。

采用分配的方法。分配的对象一般是资产负债表项目，各认定层次重要性水平之和应等于财务报表层次的重要性水平，故一般按项目本身在报表中所占的金额比重分配，比重越大，相对来说出现差错的可能性就越大。但是应当注意一些细节。①大多数注册会计师的重要性分配是依据资产负债表账户进行的，而不是依据利润表账户。这是因为复式簿记系统使得大多数利润表错报都会对资产负债表产生相等的影响。②注册会计师必须考虑报表项目审计成本的高低。对认定层次的重要性水平，注册会计师要考虑成本效益原则，予以适当调整分配。③实际工作中，平均分配的方法一般不可取。

案例4-4

假设注册会计师甲和乙对ABC公司20×8年度的财务报表进行审计，其确定认定层次重要性水平的结果如表4-4所示。

表 4-4 重要性水平

财务报表项目	金额（万元）	重要性水平（万元）
货币资金	2 000	40
应收账款	12 000	100
存货	24 000	540

续表

财务报表项目	金额（万元）	重要性水平（万元）
固定资产	50 000	200
总计	88 000	880

【答案】先确定报表层次重要性水平880万元，再依据报表项目的风险特点、成本效益原则进行项目的调整。由于存货受数量、价格、地点、保管等因素的干扰，其错报风险偏高，因此注册会计师应考虑投入高强度与结果的准确性间的矛盾。

2. 实际执行中的重要性水平

通常而言，实际执行的重要性通常为总体策略中的财务报表整体重要性的50%~75%。确定实际执行的重要性并非简单机械的计算，而需要注册会计师运用职业判断，并考虑下列因素的影响。

（1）对被审计单位的了解（这些了解在实施风险评估程序的过程中得到更新）。

（2）前期审计工作中识别出的错报的性质和范围。

（3）根据前期识别出的错报对本期错报做出的预期。

如果存在下列情况，则注册会计师应考虑较低的百分比确定重要性水平。

（1）首次接受委托的审计项目。

（2）连续审计项目，以前年度审计调整较多。

（3）项目总体审计风险较高，例如，处于高风险行业、管理层能力欠缺、面临较大市场竞争压力或业绩压力等。

（4）存在或预期存在值得关注的内部控制缺陷。

如果存在下列情况，则注册会计师应考虑较高的百分比确定重要性水平。

（1）连续审计，以前年度审计调整较少。

（2）项目总体风险较低到中等（如处于非高风险行业、管理层有足够能力、面临较低的市场竞争压力或业绩压力等）。注册会计师应将低于财务报表整体重要性水平的一个或多个金额作为实际执行中的重要性水平。

总之，把重要性的初步判断金额分配给资产负债表账户的目的在于帮助注册会计师确定资产负债表和利润表中各个账户应收集的恰当证据。分配的目标之一就是在确保审计质量的情况下使审计成本最小化。无论怎样分配，当审计完成时，注册会计师都必须相信所有账户中的错报汇总金额小于或等于对重要性的初步判断金额（或修正判断金额）。

对于重要性水平，注册会计师也可采用不分配的方法，即财务报表层次的重要性水平不分至各交易、账户余额及列报认定层次，而是采用其他方法进行分配。比如，根据出现错误或舞弊的可能性大小，注册会计师按报表层次重要性水平的一定百分比确定各类交易、账户余额和列报认定层次的重要性水平。如果财务报表层次的重要性水平是100万元，各类交易、账户余额和列报认定层次的重要性水平可确定为财务报表层次重要性水平的30%~40%，即30万~40万元。审计过程中，注册会计师只要发现某类交易、账户余额和列报认定层次的错报或漏报超过这一水平，就建议被审计单位予以调整。而对于其他低于这一水平的错报，注册会计师应在考虑其性质及连同其他错报后的累计错报的基础上，进行适当调整。当然，境外的会计师事务所的做法可能与此不同：将重要性水平界定在错报金额的1/6~1/3。假设财务报表层次的重要性水平为90万元，应收账款的重要性水平为这一金额的1/4，存货为1/5，应付账款为1/6，那么，各账户的重要性水平为22.5万元、18万元和15万元。

此外，注册会计师在选择和确定重要性水平时，不需要考虑与具体项目计量相关的固有不确定性。例如，财务报表中含有高度不确定性的大额估计，注册会计师不会因此确定一个比不含有该估计的财务报表的重要性更高或者更低的重要性水平。

（二）从性质上考虑重要性水平

金额的大小对不同的使用者来说是相对的，注册会计师必须从性质上考虑重要性，具体如下。

（1）错报对遵守监管要求的影响程度。

（2）错报对遵守债务合同或其他合同条款的影响程度。

（3）错报与会计政策的不正确选择或运用相关，这些会计政策的不正确选择或运用对当期财务报表不产生重大影响，但可能对未来期间财务报表产生重大影响。

（4）错报掩盖收益的变化或其他趋势的程度（尤其是在结合宏观经济背景和行业状况进行考虑时）。

（5）错报对用于评价被审计单位财务状况、经营成果或现金流量的有关比率的影响程度。

（6）错报对财务报表中列报的分部信息的影响程度。例如，错报事项对某一部分或对被审计单位的经营或盈利能力有重大影响的其他组成部分的重要程度。

（7）错报对增加管理层薪酬的影响程度。例如，管理层通过达到有关奖金或其他激励政策规定的要求以增加薪酬。

（8）相对于注册会计师所了解的以前向财务报表使用者传达的信息（如盈利预测），错报是重大的。

（9）错报对涉及特定机构或人员的项目的相关程度。

（10）错报涉及对某些信息的遗漏，尽管适用的财务报告编制基础未对这些信息进行明确规定，但是注册会计师根据职业判断认为这些信息对财务报表使用者了解被审计单位的财务营成果或现金流量是重要的。

（11）错报对其他信息的影响程度，这些信息与已审计财务报表一同披露，并被合理预期可能影响财务报表使用者做出的经济决策。

实务中，注册会计师应根据实际情况予以判断，但不能以存在这些因素为由而必然认为错报是重大的。在对我国上市公司的审计中，注册会计师对错报和漏报的性质判断尤为重要。这就要求注册会计师更多地考虑上市公司管理层的意图，如果管理层出于盈余管理的动机，即使金额微不足道，也应该作为重大差错对待。

三、重要性水平评估

1. 错报的原因

错报是指某一财务报表项目的金额、分类、列报或披露，与按照适用的财务报告编制基础应当列示的金额、分类、列报或披露之间存在的差异，或根据注册会计师的判断，为使财务报表在所有重大方面实现公允反映，需要对金额、分类、列报或披露做出的必要调整。错报可能是由于如下错误或舞弊导致的。

（1）收集或处理用于编制财务报表的数据时出现错误。

（2）遗漏某项金额或披露。

（3）由于疏忽或明显误解有关事实导致做出不正确的会计估计。

（4）注册会计师认为管理层对会计估计做出不合理的判断或对会计政策做出不恰当的选择和运用。

2. 累积识别出的错报分类

注册会计师可能将低于某一金额的错报界定为明显微小错报。这类错报不用累积，因为注册会计师相信这类错报的汇总数不会对财务报表产生重大影响。注册会计师可能将明显微小错报的临界值界定为财务报表整体重要性水平的3%～5%，也可能低一些或高一些，但通常不会超过报表整体重要性水平的10%。"明显微小"不等于"不重大"。

错报可以区分为事实错报、判断错报和推断错报，目的是可以有效地与被审计单位进行沟通，并且有利于注册会计师将其与重要性水平的比较。

（1）事实错报。事实错报是毋庸置疑的错报，指被审计单位收集和处理数据的错误，对事实的忽略或误解，或故意舞弊行为。例如，注册会计师在审计测试中发现最近购入存货的实际价值为 15 000 元，但账面记录的金额却为 10 000 元。因此，存货和应付账款分别被低估了 5 000 元，这里被低估的 5 000 元就是已识别的对事实的具体错报。

（2）判断错报。由于注册会计师认为管理层对会计估计做出不合理的判断或不恰当的选择和运用会计政策而导致的差异。这类错报产生于两种情况。一是管理层和注册会计师对会计估计值的判断差异，例如，由于包含在财务报表中的管理层做出的估计值超出了注册会计师确定的一个合理范围，导致出现判断差异。二是管理层和注册会计师对选择和运用会计政策的判断差异，由于注册会计师认为管理层选用会计政策造成错报，管理层却认为选用会计政策适当，导致出现判断差异。

（3）推断错报。注册会计师对总体存在的错报做出的最佳估计数，涉及根据在审计样本中识别出的错报来推断总体的错报。推断错报通常包括以下情况。

① 通过测试样本估计出的总体的错报减去在测试中发现的已经识别的具体错报。例如，某公司的应收账款年末余额为 2 000 万元，而注册会计师测试样本量后发现金额有 100 万元的高估，高估部分为账面金额的 20%，据此注册会计师推断总体的错报金额为 400（2 000×20%）万元，那么上述 100 万元就是已识别的具体错报，其余 300 万元即推断误差。

② 通过实质性分析程序推断出的会计错报。例如，注册会计师根据客户的预算资料及行业趋势等要素，对客户年度销售费用独立做出估计，并与客户账面金额比较，发现两者间有 50% 的差异。考虑到估计的精确性有限，注册会计师根据经验认为 10% 的差异通常是可接受的，而剩余 40% 的差异需要有合理解释并取得佐证性证据。假定注册会计师对其中 20% 的差异无法得到例题解释或不能取得佐证，则该部分差异金额即为推断误差。

值得注意的是：在上述错报中，注册会计师对"明显微小"错报不需要累积，但如果不确定一个或多个错报是否明显微小，就不能认为这些错报是明显微小的。明显微小的错报，是指无论单独或者汇总起来都低于某一金额的错报，无论从规模、性质或其发生的环境来看都是明显微不足道的，从而不会对财务报表产生重大影响。

3. 评价未更正错报的影响

（1）对审计过程识别出的错报的考虑。

错报可能不会孤立发生，一项错报的发生还可能表明存在其他错报。例如，注册会计师识别出由于内部控制失效而导致的错报，或被审计单位广泛运用不恰当的假设或评估方法而导致的错报，均可能表明还存在其他错报。此外，抽样风险和非抽样风险可能导致某些错报未被发现。

审计过程中累积错报的汇总数接近按照《中国注册会计师审计准则第 1221 号——计划和执行审计工作时的重要性》的规定确定的重要性，则表明企业存在比可接受的低风险更大的风险，即未被发现的错报连同审计过程中累积错报的汇总数，可能超过重要性。此外，如果某项错报是由舞弊引起的，无论金额大小，注册会计师都应考虑其对整个报表的影响程度。考虑到某项错报发生的特定环境，即使低于计划的重要性水平，注册会计师也可能认为该错报单独或连同其他错报从性质上看是重大的。

上述情况下，注册会计师应及时与适当层级的管理层沟通错报事项，因为管理层有义务评价这些事项是否为错报，并采取必要行动，如有异议则告知注册会计师。

（2）评价尚未更正的错报的汇总数的影响。

未更正错报，是指注册会计师在审计过程中累积的且被审计单位未予更正的错报。注册会计师需要在出具审计报告前评估尚未更正的错报或累积的影响是否重大。在评估时，注册会计师应当从特定交易的某类交易、账户余额及列报认定层次和财务报表层次考虑这些错报的金额和性质，以及这些错报发生的特定环境。注册会计师评估未更正的错报是否重大时，不仅需要考虑每项错报对财务报表的单独影响，也要考虑所有的错报对财务报表的累计影响及其形成原因，尤其是一些金额较小的错报，虽然单个看起来并不重大，但是累计数却可能对财务报表产生大影响。

根据财务报表层次的重要性水平评价尚未更正的错报，可能出现以下两种情况。

① 如果尚未更正错报汇总数低于财务报表层次重要性水平，且对财务报表影响不重大，则注册会计师可以直接发表无保留意见的审计报告。

② 如果尚未更正错报汇总数接近重要性水平，则注册会计师就应假设汇总数与连同尚未发现错报可能超过重要性水平。这时，注册会计师应考虑追加审计程序，或进一步提请被审计单位调整已经发现的错报，以降低审计风险。如果注册会计师实施审计程序没有发现错报增加，或被审计单位进一步调整会计报表后，尚未调整的错报汇总数低于财务报表层次重要性水平，则注册会计师可以出具无保留意见的审计报告；否则，注册会计师应考虑出具保留意见的审计报告。

③ 如果尚未更正错报汇总数超过了重要性水平，则注册会计师应考虑扩大实质性程序的范围或者要求管理层调整财务报表降低审计风险。任何条件下，注册会计师都应要求管理层就已识别错报调整财务报表。如果上述审计程序实施后，汇总数降低至重要性水平之下，则注册会计师可出具无保留意见审计报告。如果管理层拒绝调整，并且扩大审计程序范围的结果不能使注册会计师认为尚未更正错报的汇总数不重大，那么注册会计师应考虑出具非无保留意见的审计报告——保留或否定意见。

第四节 审计风险

一、审计风险的定义

审计风险是指财务报表存在重大错报时，注册会计师（审计后）发表不恰当审计意见的可能性。审计风险并不包括财务报表不存在重大风险，但包括注册会计师错误地发表了财务报表含有重大风险的审计意见的风险。审计风险取决于重大错报风险和检查风险。重大错报风险与被审计单位的风险相关，且独立存在于财务报表的审计中。在设计审计程序以确定财务报表整体是否存在重大错报时，注册会计师应当从财务报表层次和各类交易、账户余额或披露认定层次考虑重大错报风险。

审计风险不同于经营风险，但是二者的关系很紧密。不同的企业可能面临不同的经营风险，这取决于企业的性质、所处的行业、外部监督环境、企业的规模和复杂程度。管理层有责任识别和应对这些风险，但不是说企业所有的经营风险都与财务报表相关。注册会计师针对报表可能存在的重大错报风险，必须结合报表使用者的需求程度以及被审计单位的重大错报风险的高低，合理确定自身可接受检查风险的高低。

二、审计风险的内容

（一）重大错报风险

重大错报风险是指财务报表在审计前存在重大错报的可能性，包括财务报表层次的重大错报风险和认定层次的重大错报风险。认定层次的重在错报风险由固有风险和控制风险两部分构成。固有风险是在考虑相关的内部控制之前，某类交易、账户余额或披露的某一认定发生错报（该错报单独或连同其他错报可能是重大的）的可能性。它独立于会计报表而存在，并不受注册会计师人为控制或改变。控制风险是指某类交易、账户余额或披露的某一认定发生错报，该错报单独或连同其他错报可能是重大的，但没有被内部控制及时防止或发现并纠正的可能性。对于此类风险，注册会计师并不参与企业经营管理，也无力改变或控制。

1. 财务报表层次的重大错报风险

财务报表层次的重大错报风险主要是指战略经营风险（也称战略风险）。财务报表层次的重大错报风险与财务报表整体存在广泛的联系，它可能影响多项认定。此类风险通常与控制环境有关，如管理层缺乏诚信、治理层形同虚设而不能对管理层进行有效监督等，但也可能与其他因素有关，如经济萧条、企业所处行业处于衰退期等。此类风险难以被界定于某类交易、账户余额、列表的具体认定。相反，此类风险增加了一个或者多个不同认定发生重大错报的可能性，与舞弊引起的特别风险相关。

2. 各类交易、账户余额、列表认定层次的重大错报风险

各类交易、账户余额、列表认定层次的重大错报风险，包括传统的固有风险和控制风险。认定层次的错报主要指由于经济交易事项本身的性质和复杂程度发生的错报。企业管理层由于自身的认识和技术水平造成的错报，以及管理层舞弊或造假产生的错报。例如，技术进步可能导致某项产品陈旧，进而导致存货易于发生高估计价错报。对高价值、易转移的存货缺乏实物安全控制，可能导致存货的存在性认定出错。会计计量过程受到重大计量不确定性的影响，可能导致相关项目的准确性认定出错。

不论哪一种重大错报风险，其最大的特点是独立于注册会计师而客观存在。注册会计师无法控制或改变它，只能合理的评估其风险程度或水平，而且重大错报风险不可能为零。

（二）检查风险

检查风险是指如果存在某一错报，该错报单独或连同其他错报的可能性是较大的，注册会计师为将审计风险降至可接受的低水平而实施审计程序后，没有发现这种错报的风险。

注册会计师应当评估在认定层次的重大错报风险，并根据既定的审计风险水平和评估的认定层次重大错报风险确定可接受的检查风险水平。由于注册会计师采用抽样审计技术以及成本效益原则的做法，检查风险不可能等于零。检查风险取决于审计程序设计的合理性和执行的有效性，与注册会计师工作息息相关。注册会计师必须合理确定检查风险的程度，以便以此为依据，获取认定层次充分、适当的审计证据，在完成审计工作时，能够以可接受的低水平的审计风险对财务报表发表审计意见。注册会计师可以通过适当的审计计划、在项目组成员间进行恰当分工、保持职业怀疑态度、合理运用职业判断以及监督、指导、复核等审计工作合理控制检查风险。

检查风险的公式为：

$$检查风险 = \frac{审计风险}{重大错报风险}$$

总之，从注册会计师角度，审计工作的核心是控制检查风险至可接受的低水平。它是注册会计师工作的重要核心。

◇ 案例4-5

注册会计师SUN在评估A企业的审计风险时，有表4-5所示的几种方案供其选择，请帮助他确定可接受的检查风险。

表 4-5 审计风险的方案

风险类别	方案1	方案2	方案3
审计风险（对风险的总体预设值）	5%	4%	3%
重大错报风险（风险评估技术确定值）	80%	50%	40%

【答案】方案1、方案2、方案3的检查风险分别为6.25%、8%、7.5%。注册会计师应当运用职业怀疑与职业判断，确定方案。此案例应选择方案1，获取更多审计证据，提高审计质量。

三、重要性水平与审计风险及审计证据的关系

审计风险取决于重大错报风险和检查风险。在既定的审计风险水平下，可接受的检查风险水平与认定层次重大错报风险的评估结果呈反向关系。评估的重大错报风险越高，可接受的检查风险越低。评估的重大错报风险越低，可接受的检查风险越高。需要注意：在企业重大错报风险高的时候，公式中的"检查风险"也会高，但注册会计师个体不同，"可接受检查风险"的选择应当"越低"才更加明智，显然"可接受"强调了审计的行为倾向。

注册会计师在应用审计模型时，需要谨记（见图4-3）：重要性水平与审计风险呈反向关系，重要性水平越高，审计风险就越低。注册会计师应当合理设计审计程序的性质、时间安排和范围，并有效执行审计程序，以控制检查风险。如果注册会计师认为审计风险高，就会需要更多的审计证据控制风险，两者成正向关系。因此，重要性水平的高低与注册会计师所需要的审计证据也成反向关系。

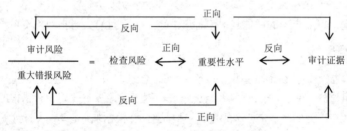

图 4-3　审计风险、重要性水平、审计证据之间的关系

第五节　重大错报风险评估与应对

一、风险评估程序

（一）风险评估的含义

风险评估程序是指为了解被审计单位及其环境，以识别和评估财务报表层次、认定层次的重大错报风险（无论错报由于舞弊或错误导致）而实施的审计程序。审计风险的识别、评估与应对贯穿于整个审计过程。风险评估是现代审计的一项重要的审计程序。风险识别是找出财务报表层次和认定层次的重大错报风险。风险评估是对重大错报风险发生的可能性和后果严重程度进行评估。

风险评估过程是从了解被审计单位及其环境开始的。注册会计师在采取风险评估程序了解被审计单位及其环境，充分识别和评估财务报表的重大错报风险之后，便要考虑如何应对评估的重大错报风险问题，包括针对评估的财务报表层次重大错报风险确定总体应对措施、针对认定层次重大错报风险设计和实施进一步的审计程序，如控制测试和实质性程序等，将审计风险降低至可接受的水平。因此，风险评估程序本身并不能为形成审计意见提供充分、适当的审计证据。

（二）风险评估程序和信息来源

了解被审计单位及其环境是一个连续和动态地收集、更新与分析信息的过程，贯穿于整个

审计过程的始终。注册会计师为了了解被审计单位及其环境实施的程序，所采用的信息的来源主要如下。

1. 询问被审计单位管理层和内部其他相关人员

询问被审计单位管理层和内部其他相关人员是注册会计师了解被审计单位及其环境的一个重要信息来源。注册会计师可以考虑向管理层和财务负责人询问下列事项。

（1）管理层所关注的主要问题，如新的竞争对手、主要客户和供应商的流失、新的税收法规的实施以及经营目标或战略的变化等。

（2）被审计单位最近的财务状况、经营成果和现金流量。

（3）可能影响财务报告的交易和事项，或者目前发生的重大会计处理问题，如重大的购并事宜等。

（4）被审计单位发生的其他重要变化，如所有权结构、组织结构以及内部控制的变化等。

根据《中国注册会计师审计准则第 1301 号——审计证据》，注册会计师实施风险评估程序获取的信息构成审计证据的一个组成部分。

尽管注册会计师通过询问管理层和财务负责人可获取大部分信息，但是询问被审计单位内部的其他人士可能为注册会计师提供不同的信息，有助于识别重大错报风险。因此，注册会计师除了询问管理层和对财务报告负有责任的人员外，还应当考虑询问内部审计人员、采购人员、生产人员、销售人员等其他人员，并考虑询问不同级别的员工，以获取对识别重大错报风险有用的信息。

（1）直接询问治理层，有助于注册会计师理解财务报表编制的环境。

（2）直接询问内部审计人员，有助于注册会计师了解其针对被审计单位内部控制设计和运行有效性而实施的工作，以及管理层对内部审计发现的问题是否采取适当的措施。

（3）询问参与生成、处理或记录复杂或异常交易的员工，有助于注册会计师评估被审计单位选择和运用某项会计政策的适当性。

（4）直接询问内部法律顾问，有助于注册会计师了解有关信息，如诉讼、遵守法律法规情况、影响被审计单位的舞弊或舞弊嫌疑、产品保证、售后责任、与业务合作伙伴的安排（如合营企业）、合同条款的含义等。

（5）直接询问营销或销售人员，有助于注册会计师了解被审计单位的营销策略及其变化、销售趋势以及与客户的合同安排。

2. 实施分析程序

实施分析程序是指注册会计师通过研究不同财务数据之间以及财务数据与非财务数据之间的内在联系，对财务信息做出评价。分析程序还包括调查识别出的、与其他相关信息不一致或与预期数据严重偏离的波动和关系。分析程序既可用于风险评估程序和实质性程序，也可用于对财务报表的总体复核。

3. 观察和检查

观察和检查程序可以印证对管理层及其他相关人员的询问结果，并可提供有关被审计单位及其环境的信息。这时，注册会计师应当实施下列观察和检查程序。

（1）观察被审计单位的生产经营活动。例如，注册会计师通过观察被审计单位人员正在从事的生产活动和内部控制活动，可以增加注册会计师对被审计单位的生产经营活动及内部控制的了解。

（2）检查文件、记录和内部控制手册。例如，注册会计师通过检查被审计单位的章程，与其他单位签订的合同、协议，各业务流程操作指引和内部控制手册等，可以了解被审计单位组织结构和内部控制制度的建立健全情况。

（3）阅读由管理层和治理层编制的报告。例如，阅读被审计单位年度和中期财务报告、股东大会、董事会会议、高级管理层会议的会议记录或纪要、管理层的讨论和分析资料、经营计划和战略、对重要经营环节和外部因素的评价、被审计单位内部管理报告以及其他特殊目的的报告（如新投资项目的可行性分析报告）等，了解自上期审计结束至本期审计期间被审计单位发生的重大事项。

（4）实地察看被审计单位的生产经营场所和设备。通过现场访问和实地察看被审计单位的生产经营场所和设备，可以帮助注册会计师了解被审计单位的性质及其经营活动。在实地察看被审计单位的厂房和办公场所的过程中，注册会计师有机会与被审计单位的管理层和担任不同职责的员工进行交流，可以增强注册会计师对被审计单位的经营活动及其重大影响因素的了解。

（5）追踪交易在财务报告信息系统中的处理过程（穿行测试）。这是注册会计师了解被审计单位业务流程及其相关控制时经常使用的审计程序。通过追踪某笔或某几笔交易在业务流程中如何生成、记录、处理和报告，以及相关内部控制如何执行，注册会计师可以确定被审计单位的交易流程和相关控制是否与之前通过其他程序所获得的了解一致，并确定相关控制是否得到执行。

4．其他审计程序

（1）其他审计程序。除了采用上述程序从被审计单位内部获取信息以外，如果注册会计师根据职业判断认为从被审计单位外部获取的信息有助于识别重大错报风险，则注册会计师应当实施其他审计程序以获取这些信息。例如，询问被审计单位聘请的外部法律顾问、专业评估师、投资顾问和财务顾问等。

（2）阅读外部信息。阅读外部信息也可能有助于注册会计师了解被审计单位及其环境。外部信息包括证券分析师、银行、评级机构出具的有关被审计单位及其所处行业的经济或市场环境等状况的报告，贸易与经济方面的期刊杂志，法规或金融出版物，以及政府部门或民间组织发布的行业报告和统计数据等。

注册会计师应当考虑在承接客户或续约过程中获取的信息，以及向被审计单位提供其他服务所获得的经验是否有助于识别重大错报风险。通常，对于新的审计业务，注册会计师应在业务承接阶段对被审计单位及其环境有一个初步的了解，以确定是否承接该业务。

而对连续审计业务，注册会计师也应在每年的续约过程中对上年审计作总体评价，并更新对被审计单位的了解和风险评估结果，以确定是否续约。对于连续审计业务，如果拟利用在以前期间获取的信息，注册会计师应当确定被审计单位及其环境是否已发生变化，以及该变化是否可能影响以前期间获取的信息在本期审计中的相关性。例如，通过前期审计获取的与被审计单位的组织结构、生产经营活动和内部控制相关的审计证据，以及以往的相关错报和错报是否得到及时更正的信息，可以帮助注册会计师评估本期财务报表的重大错报风险。但值得注意的是，被审计单位或其环境的变化可能导致此类信息在本期审计中已不具有相关性。例如，注册会计师前期已经了解了内部控制的设计和执行情况，但被审计单位及其环境可能在本期发生变化，导致内部控制也发生相应变化。在这种情况下，注册会计师需要实施询问和其他适当的审计程序（如穿行测试），以确定该变化是否可能影响此类信息在本期审计中的相关性。

注册会计师还应当考虑向被审计单位提供其他服务（如执行中期财务报表审阅业务）所获得的经验是否有助于识别重大错报风险。

二、了解被审计单位及评估其环境

（一）总体要求

《中国注册会计师审计准则第1211号——通过了解被审计单位及其环境识别和评估重大错

报风险》中强调，注册会计师应当从下列方面了解被审计单位及其环境。

（1）相关行业状况、法律环境与监管环境以及其他外部因素，包括适用的财务报告编制基础。

（2）被审计单位的性质。

（3）被审计单位对会计政策的选择和运用。

（4）被审计单位的目标、战略以及可能导致重大风险的相关经营风险。

（5）对被审计单位财务业绩的衡量和评价。

（6）被审计单位的内部控制。

上述内容中，第（1）项是被审计单位的外部环境，第（2）～（4）项以及（6）项是被审计单位的内部因素，第（5）项则既有内部又有外部因素。注册的会计师在对被审计单位负责人及其环境的各个方面进行了解和评估时，应当考虑各个因素间的相互关系。

风险评估的信息来源通常需要实施的风险评估程序包括：查阅以前年度的审计工作底稿；询问被审计单位管理层和人员；查阅内部与外部的信息资料；与项目组成员或者熟悉被审计单位的其他人员讨论；分析程序。

（二）了解被审计单位及其环境的重要途径

1. 行业状况、法律环境与监管环境以及其他外部因素

（1）行业状况。

注册会计师应当了解被审计单位的行业状况，主要包括：所在行业的市场供求与竞争；生产经营的季节性和周期性；与被审计单位产品相关的生产技术；能源供应与成本；行业的关键指标和统计数据。

（2）法律环境与监管环境。

注册会计师应当了解被审计单位所处的法律环境及监管环境，主要包括：会计原则和行业特定惯例；受管制行业的法规框架；对被审计单位经营活动产生重大影响的法律法规，包括直接监管活动；税收政策；目前对被审计单位产生影响的政府政策，如货币政策、财政政策、财政刺激措施、关税或贸易限制政策等；影响行业和被审计单位经营活动的环保要求。

（3）其他外部因素。

注册会计师应当了解影响被审计单位经营的其他外部因素，包括：总体经济状况、利率、融资的可获得性、通货膨胀水平或币值变动等。

值得注意的是：注册会计师应当考虑被审计单位所在行业的业务性质或监管程度是否可能导致特定的重大错报风险，考虑项目组是否配备了具有相关知识和经验的成员。

2. 被审计单位的性质

注册会计师应当主要从下列六个方面了解被审计单位的性质。

（1）所有权结构。

注册会计师应当了解所有权结构以及所有者与其他人员或实体间的关系，考虑关联方关系是否已经得到识别，以及关联方交易是否得到恰当核算。同时，注册会计师可能对被审计单位的控股母公司的情况进行进一步的了解，包括控股母公司的所有权性质、管理风格及其对被审计单位经营活动以及财务报表产生的影响等。

（2）治理结构。

治理结构可以对被审计单位的经营和财务运作实施有效的监督，以此降低财务报表发生重大错报的风险。因此，注册会计师应关注被审计单位的治理结构。注册会计师应当了解被审计单位的治理结构，考虑治理层是否能够在独立于管理层的情况下对被审计单位事务（包括财务报告）做出客观判断。

（3）组织结构。

注册会计师应当了解被审计单位的组织结构，考虑复杂组织结构可能导致的重大错报风险，包括财务报表合并、商誉摊销和减值、长期股权投资核算以及特殊目的实体核算等问题。

（4）经营活动。

了解被审计单位的性质有助于注册会计师理解预期在财务报表中反映的各类交易、账户余额、列报。

注册会计师应当了解被审计单位的经营活动主要包括：主营业务的性质；与生产产品或提供劳务相关的市场信息；业务的开展情况；联盟、合营与外包情况；从事电子商务的情况；地区与行业分布；生产设施、仓库的地理位置及办公地点；关键客户；重要供应商；劳动用工情况；研究与开发活动及其支出；关联方交易。

（5）投资活动。

了解被审计单位投资活动将有助于注册会计师关注被审计单位在经营策略和方向上的重大变化。注册会计师应当了解被审计单位的投资活动，主要包括：近期拟实施或已实施的并购活动与资产处置情况；证券投资、委托贷款的发生与处置；资本性投资活动，包括固定资产和无形资产投资，以及近期或计划发生的变动；不纳入合并范围的投资。

（6）筹资活动。

了解被审计单位筹资活动有助于注册会计师关注被审计单位在融资方面的压力，并进一步考虑被审计单位在可预见的将来的持续经营能力。注册会计师应当了解被审计单位的筹资活动，主要包括：债务结构和相关条款，包括担保情况及表外融资；固定资产的租赁；关联方融资；实际受益股东；衍生金融工具运用。

3．被审计单位对会计政策的选择和运用

（1）重大和异常交易的会计处理方法。

（2）在缺乏权威性标准或共识、有争议或新兴领域，采用重要会计政策产生的影响。

注册会计师应当了解被审计单位对会计政策的选择和运用，是否符合适用的会计准则和相关会计制度，是否符合被审计单位的具体情况。

（3）会计政策的变更。如果被审计单位变更了重要的会计政策，则注册会计师应当考虑变更的原因及其适当性，并考虑是否符合适用的会计准则和相关会计制度的规定。注册会计师应当考虑被审计单位是否按照适用的会计准则和相关会计制度的规定恰当地进行了列报，并披露了重要事项。

（4）新颁布的财务报告准则、法律法规，以及被审计单位何时采用、如何采用。

4．被审计单位的目标、战略以及相关经营风险

（1）目标、战略与经营风险。

注册会计师应当了解被审计单位的目标和战略，以及可能导致财务报表重大错报的相关经营风险。经营风险是指对被审计单位实现目标和战略产生不利影响的重大事项、情况、作为（或不作为）所导致的风险，或者由于制订不恰当的目标和战略所导致的风险。

注册会计师应当了解被审计单位是否存在与下列方面有关的目标和战略，并考虑相应的经营风险：行业发展；开发新产品或提供新服务；业务扩张；新的会计要求；监管要求；本期及未来的融资条件；信息技术的运用；实施战略的影响，特别是由此产生的需要运用新的会计的要求。

（2）经营风险对重大错报风险的评估。

经营风险与财务报表重大错报风险是既有联系又相互区别的两个概念，前者比后者范围更广。注册会计师了解被审计单位的经营风险有助于其识别被审计单位财务报表中存在的重大错报风险。多数经营风险最终都会产生财务后果，从而影响财务报表，但并非所有经营风险都会产生重大错报风险。注册会计师应当根据被审计单位的具体情况考虑经营风险是否可能导致财务报表发生重大错报。

管理层通常制定用于识别和应对经营风险的策略。注册会计师应当了解被审计单位的风险评估过程。小型被审计单位通常没有正式的计划和程序来确定其目标、战略并管理经营风险。注册会计师应当询问管理层或观察小型被审计单位如何应对这些事项。通常，注册会计师可以通过与管理层沟通以及查阅经营计划与其他文件，获取对被审计单位目标和战略的了解。注册会计师还可通过询问不同的管理人员，进一步了解被审计单位目标、战略和政策、程序，以及管理层的需求、期望和关注的事项。注册会计师还可利用对被审计单位所处的环境、行业状况以及被审计单位性质的了解，考虑被审计单位的战略是否与目标相适应，即考虑战略是否可以实现目标以及它们之间的差距或者不一致之处。注册会计师还应考虑被审计单位目标和战略是否与其各项内部控制和外部因素相适应。

5. 被审计单位财务业绩的衡量和评价

被审计单位内部或外部对财务业绩的衡量和评价可能对管理层产生压力，促使管理层采取行动改善财务业绩或歪曲财务报表。注册会计师应当了解被审计单位财务业绩的衡量和评价情况，考虑这种压力是否可能导致管理层采取行动，以至于增加财务报表发生重大错报的风险。

在了解被审计单位财务业绩衡量和评价情况时，注册会计师应当关注下列信息：关键业绩指标；同期财务业绩比较分析；预测、预算和差异分析；员工业绩考核与激励性报酬政策；被审计单位与竞争对手的业绩比较。

6. 了解被审计单位内部控制

内部控制是为了合理保证被审计单位财务报表的可靠性、经营的效率和效果，以及对法律法规的遵守，由治理层、管理层和其他人员设计与执行的政策和程序。内部控制是公司治理的重要组成部分和管理手段先进与否的重要体现，且已经成为审计模式的重要基础。国家审计、注册会计师审计、内部控制审计、内部审计等把内部控制当作是审计结果重要的支撑。因此，有关内部控制的基础内容，本书在第三章中单独陈述，本节不再赘述。

三、评估重大错报风险

在了解了被审计单位及其环境后，注册会计师便可以执行被审计单位的重大错报风险评估程序，进而确定进一步控制测试与实质程序的时间、性质和范围。评估重大错报风险需要正确处理识别和评估财务报表层次与认定层次的重大错报风险、特别风险、仅通过实质性程序仍然无法应对的重大错报风险等内容。

（一）识别和评估财务报表层次和认定层次的重大错报风险

了解被审计单位所处环境的目的之一就是评估重大错报风险。注册会计师应当识别和评估财务报表层次以及各类交易、账户余额、列报认定层次的重大错报风险。

1. 识别和评估重大错报风险的审计程序

在识别和评估重大错报风险时，注册会计师应当实施下列审计程序。

（1）在了解被审计单位及其环境的整个过程中，结合对各类交易、账户余额、列报的考虑，识别风险。

（2）结合对拟测试的相关控制的考虑，将识别出的风险与认定层次可能发生错报的领域相联系。

（3）评估的风险并评价其是否与财务报表整体相关，进而潜在地影响多项认定。

（4）考虑发生错报的可能，以及潜在错报的重大程度是否足以导致重大错报。

2. 重大错报风险的识别和认定原则

在对重大错报风险进行识别和评估后，注册会计师应确定，识别的重大错报风险是与特定的某项交易、账户余额和披露认定相关，还是与财务报表整体广泛相关，进而影响多项认定。比如，管理层缺乏诚信或者因异常压力可能引发舞弊风险，这些风险与财务报表整体相关。

在评估重大错报风险时，注册会计师应当将所了解的控制与特定认定相联系。控制与认定直接或间接相关。关系越间接，控制对防止或发现并纠正认定错报的效果越小。注册会计师采取适当的方式对识别的交易、账户余额、列报层次的重大错报风险予以汇总和评估，便于决定进一步审计程序的性质、时间和范围。评估认定层次的重大错报汇总表见表 4-6。

表 4-6 　　　　　　　　　　　　评估认定层次的重大错报风险汇总表

重大账户	认定	识别的重大错报风险	风险评估结果
列示重大账户。例如，应收账款	列示相关的认定，例如存在、完整、计价或分摊等	汇总实施审计程序识别出的与该重大账户的某项认定相关的重大错报风险	评估该项认定的重大错报风险水平（应考虑控制设计是否合理，是否得到执行）

资料来源：刘明辉. 审计学[M]. 大连：东北财经大学出版社，2007：193.

◆ 案例4-6

SUN注册会计师对ABC家具公司实施风险评估程序，其工作的结果如表4-7所示。

表 4-7 　　　　　　　　　　　　　　实施评估程序后得到的结果

序号	项目	认定	固有风险	控制风险	重大错报风险	记录关键风险和影响风险评估的其他因素
1	财务报表层次	普遍	中	低	低	可能存在管理越权，但我们没有发现越权情况，且管理层对待控制的态度良好
						......
2	认定层次					
（1）	销售	完整	高	低	中	收入确认政策不一致
		存在	低	低	低	收入确认政策不一致。销售奖金与市场压力导致销售扩张压力
		准确	低	低	低	销售系统运行良好
（2）	应收账款	完整	低	低	低	没有识别出特别风险
		存在	高	中	中	销售人员奖金以记录的销售收入为主
		准确	高	中	中	如果产品质量和销售退回受到关注，大量零售应收账款的回收可能成为问题。在授信之前，没有进行信用检查

【说明】该案例的主要思想是运用等式"重大错报风险=固有风险×控制风险"。注册会计师更关注认定层次的重大错报风险，利用认定层风险程度的估计值，估算总体重大错报风险程度。风险程度汇总后，注册会计师可再利用审计概率查验表，将认定层次重大错报风险转化为百分比的形式或简单估算，进而完成检查风险的确定。本案中，对于销售或应收账款的某些认定，在不涉及的情况下，注册会计师可以不进行评估。

（二）需要特别考虑的重大错报风险

作为风险评估的一部分，注册会计师应当运用职业判断，重点把握"特别风险"，从而更有效地控制检查风险。

1. 特别风险的判定

特别风险是指注册会计师识别和评估的、根据判断认为需要特别考虑的重大错报风险。在确定风险的性质时，注册会计师应当考虑下列事项。

（1）风险是否属于舞弊风险。

（2）风险是否与近期经济环境、会计处理方法和其他方面的重大变化有关。

（3）交易的复杂程度。

（4）风险是否涉及重大的关联方交易。

（5）财务信息计量的主观程度，特别是计量结果是否具有高度不确定性。

（6）风险是否涉及异常或超出正常经营过程的重大交易。

特别风险与非常规交易自身特点和产生的原因相关。

一是由于非常规交易具有下列特征，与重大非常规交易相关的特别风险可能导致更高的重大错报风险。

（1）管理层更多地介入会计处理。

（2）数据收集和处理涉及更多的人工成分。

（3）复杂的计算或会计处理方法。

（4）非常规交易的性质可能使被审计单位难以对由此产生的特别风险实施有效控制。

二是由于下列原因，与重大判断事项相关的特别风险可能导致更高的重大错报风险。

（1）对涉及会计估计、收入确认等方面的会计原则存在不同的理解。

（2）所要求的判断可能是主观和复杂的，或需要对未来事项做出假设。

2. 特定风险的处理对策

对于特别风险，注册会计师应当评价相关控制的设计情况，并确定其是否已经得到执行。与重大非常规交易或判断事项相关的风险很少受到日常控制的约束，注册会计师应当了解被审计单位是否针对该特别风险设计和实施了控制。如果管理层未能实施控制以恰当应对特别风险，则注册会计师应当认为内部控制存在重大缺陷，并考虑其对风险评估的影响。

◆ **案例4-7**

SUN注册会计师针对ABC家具公司采用综合评价法评估风险的程度，将"可能性"和"严重性"两个数相乘，表示综合或总体的风险评估得分。当存在特别风险时，这一算法十分奏效。相应的综合评估结果如表4-8所示。

表4-8　　　　　　　　　　　　　　综合评估结果

风险事件/来源	风险因素影响	认定 PCAEV	固有风险评估			特别风险（Y/N）
	财务报表某领域将以何方式错报		发生可能性	影响金额	综合得分	
会计期间：20×8年12月31日 重要性50 000元						
持续增长（尽管经济萧条）并且存货控制薄弱	违反债务契约	P	4	5	20	Y

续表

会计期间：20×8 年 12 月 31 日　重要性 50 000 元						
风险事件/来源	风险因素影响	认定PCAEV	固有风险评估			特别风险（Y/N）
	财务报表某领域将以何方式错报		发生可能性	影响金额	综合得分	
存货人员曾犯错误	存货余额可能被高估或低估	CAEV	5	3	15	N
多个领域的一般信息技术控制薄弱	数据完整性或能受到影响，甚至数据丢失	P	3	5	15	N

注：P=普遍的（所有认定）；C=完整性；A=准确性；E=存在；V=估值。

1～5 为发生的可能性：1=几乎不可能；2=不太可能；3=可能；4=很可能；5=几乎肯定。

1～5 为评估重要程度：1=不重要；2=较轻微；3=中等；4=较大；5=重要。

【说明】本案中，SUN 注册会计师针对识别的某一事件，采用综合风险评估方法确定风险程度，将得分超过 20 分的风险应看作是"特别风险"，否则不作为"特别风险"。

（三）仅通过实质性程序无法应对的重大错报风险

作为风险评估的一部分，如果认为仅通过实质性程序获取的审计证据无法将认定层次的重大错报风险降至可接受的低水平，注册会计师应当评价被审计单位针对这些风险设计的控制，并确定其执行情况。

在被审计单位对日常交易采用高度自动化处理的情况下，审计证据可能仅以电子形式存在，其充分性和适当性通常取决于自动化信息系统相关控制的有效性。这时，注册会计师应当考虑仅通过实施实质性程序不能获取充分、适当审计证据的可能性。例如，高度自动化系统中设定了收入确认和付款的条件，除了系统中的相关信息以外，该企业没有其他有关订单和记录。如果认为仅通过实施实质性程序不能获取充分、适当的审计证据，注册会计师应当考虑依赖的相关控制的有效性。

（四）对风险评估的修正

注册会计师对认定层次重大错报风险的评估应以获取的审计证据为基础，并可能随着不断获取审计证据而做出相应的变化。如果通过实施进一步审计程序获取的审计证据与初始评估获取的审计证据相矛盾，则注册会计师应当修正风险评估结果，并相应修改原计划实施的进一步审计程序。

四、与管理层和治理层的沟通、记录

注册会计师应当及时将注意到的内部控制设计或执行方面的重大缺陷告知适当层次的管理层或治理层。如果识别出被审计单位未加控制或控制不当的重大错报风险，或认为被审计单位的风险评估过程存在重大缺陷，注册会计师应当就此类内部控制缺陷与治理层沟通。注册会计师应当就下列内容形成审计工作记录。

（1）项目组对由于舞弊或错误导致财务报表发生重大错报的可能性进行的讨论，以及得出的重要结论。

（2）对被审计单位及其环境各个方面的了解要点（包括对内部控制各项要素的了解要点）、信息来源以及实施的风险评估程序。

（3）在财务报表层次和认定层次识别、评估出的重大错报风险。

（4）识别出的特别风险和仅通过实质性程序无法应对的重大错报风险，以及对相关控制的评估。

五、控制性测试

（一）控制测试的基本内涵与要求

1. 控制测试内涵

控制测试指的是指用于评价内部控制在防止或发现并纠正认定层次重大错报方面的运行有效性的审计程序。控制测试是建立在被审计单位内部控制设计和执行情况的基础之上，并非任何情况下都要进行控制测试。因此，控制测试不同于"了解内部控制"。内部控制运行有效性强调的是控制能够在各个不同的时点按照既定设计得以一贯执行。这里面有三点必须注意。

（1）控制在审计期间的相关时点是如何运行的。

（2）控制是否得到一贯运行。

（3）控制是由谁或以何种方式执行。

注册会计师应当获取有说服力的审计证据，通过抽取足够多的交易进行检查或多个时点进行观察，只有获取上述三方面的证据表明被审计单位内部控制是有效的，注册会计师才会增强对被审计单位提供信息的信赖程度。注册会计师在了解被审计单位的内部控制之后，只有对那些准备信赖的内部控制执行控制测试，以提高审计工作的效率。

◇ 案例4-8

SUN的注册会计师对ABC公司进行了风险评估后，认为该企业内部控制的设计和执行情况值得信赖或预期运行是有效的，于是执行了控制测试工作，抽查了有关销售单和发票在内的56张单据，发现了1个漏签单据。SUN的注册会计师的控制测试的结果是否支持他原有的评估或预期呢？

【说明】控制测试具有定性和定量方面的考虑，本案例是定量的角度。1个漏签具有性质和数量的意义。从数量角度，基于抽样的运用，判断公式为：

$$总体偏差上限 = \frac{风险系数}{样本量} = \frac{1 \times 3.9}{56} \approx 6.96\%$$

上述公式中，"风险系数"来自于"控制测试中常用风险系数表"；"信赖过度风险"是当10%和"样本中发现偏差的数量"为1时，二者的交叉值，即3.9。假若风险评估程序中的"重大错报风险"评估值为7%（即计划评估的控制有效性为高），那么6.96%小于7%，注册会计师可以认为被审计单位内部控制是有效的。此案例中的有关系数表，在"抽样审计"一章中。

---

2. 控制测试的基本要求

在了解被审计单位及其环境（风险评估程序）之后，控制测试并非在任何情况下都需要实施。当存在下列情形之一时，注册会计师应当实施控制测试。

（1）在评估认定层次重大错报风险时，预期控制的运行是有效的。注册会计师通过实施风险评估程序，可能发现某项控制的设计是存在的，也是合理的，同时得到了执行。在这种情况下，出于成本效益的考虑，注册会计师可能预期，如果相关控制在不同时点都得到了一贯执行，与该项控制有关的财务报表认定发生重大错报的可能性就不会很大，也就不需要实施很多的实质性程序。为此，注册会计师可能会认为值得对相关控制在不同时点是否得到了一贯执行进行测试，即实施控制测试。

（2）仅实施实质性程序不足以提供认定层次充分、适当的审计证据。如果认为仅实施实质性程序获取的审计证据无法将认定层次重大错报风险降至可接受的低水平，注册会计师应当实施相关的控制测试，以获取控制运行有效性的审计证据。

3. 控制测试的内容

控制测试应包括两个方面。

一是控制设计测试，即检测被审计单位的内部控制政策和程序的设计是否适当时所进行的审计程序。这样做的目的是确定被审计单位的内部控制是否能够防止和发现特定财务报表认定的重大错报或漏报。例如，注册会计师了解到被审计单位的会计人员记录存货购入时，必须有检验部门出具的检验报告、仓库管理人员签字的入库单和采购部门认可的购货发票。据此，注册会计师可以推断，该项控制可以防止由于虚假购货产生的存货高估的风险。

二是控制执行测试，即被审计单位的内部控制政策和程序是否发挥应有的作用。如果被审计单位的控制政策和程序未能发挥其应有的作用，即使设计得再完整，也不能减少财务报表中出现重大错报或漏报的风险。

◆ **案例4-9**

假如ABC公司规定财务经理每月审核实际销售收入（按产品明细分类）和销售费（按费用项目细分），并与预算数和上年度同期数再对比，对于产生的差异金额超过5%的项目进行分析并编制分析报告，销售经理审阅该报告并采取适当跟进措施——这就是该公司进行针对销售收入和销售费用业绩评价的相应"内部控制"。如果注册会计师对该公司进行审计，抽查了近3个月的差异金额超过5%的项目分析报告，并看到财务经理、销售经理等均在报告上签字确认，证明该控制已经得到执行——这就是"了解内部控制"。注册会计师在与销售经理的交流中，发现各经理并不了解分析报告中存在的明显异常的数据的原因，也无法对明显差异做出合理的解释，从而显示该控制并未得到有效的运行——这就是"控制测试"。

（二）控制测试的性质

1. 控制测试的性质

控制测试的性质是指控制测试所使用的审计程序的类型及其组合。计划从控制测试中获取的保证水平是决定控制测试性质的主要因素之一。计划的保证水平越高，对有关控制运行有效性的审计证据的可靠性要求越高。注册会计师应当选择适当类型的审计程序以获取有关控制运行有效的保证。当拟实施的进一步审计程序以控制测试为主，尤其是仅实施实质性审计程序获取的审计证据无法将认定层次重大错报风险降低至可接受的低水平时，注册会计师应当获取有关内部控制运行有效的更高的保证水平。因此，控制测试的性质可以理解为，解决的问题和选择的程序或工具间具有匹配性。

控制测试应当选择的程序或组合有：询问、检查、观察和重新执行。需要注意的是：穿行测试不是独立的审计方法，穿行测试并不等于控制测试。穿行测试是指追踪交易在财务报告信息系统中的处理过程。简单地说，穿行测试适合应用于"风险评估程序"或"了解被审计单位与环境"，而非针对内部控制的有效性。由于询问、检查、观察、重新执行在前文已经介绍过，本处不再赘述。

采用高度自动化处理的情况下，审计证据可能仅以电子形式存在。此时，审计证据是否充分和适当通常取决于自动化信息系统相关控制的有效性。如果信息的生成、记录、处理和报告均通过电子格式进行而没有适当有效的控制，则生成不正确信息或信息被不恰当修改的可能性就会大大增加。在认为仅通过实施实质性程序不能获取充分、适当的审计证据的情况下，注册会计师必须实施控制测试，且这种测试已经不再是单纯出于成本效益的考虑，而是必须获取的一类审计证据。

综合而言，询问本身并不足以测试控制运行的有效性；注册会计师应当将询问与其他审计程序结合使用，以获取有关控制运行有效性的审计证据。观察提供的证据仅限于观察发生的时点，本身也不足以测试控制运行的有效性。注册会计师将询问与检查或重新执行结合使用，通常能够比仅实施询问和观察获取更高的保证。例如，若被审计单位针对收到的邮政汇款单设计和执行了相关的内部控制，则注册会计师通过询问和观察程序往往不足以测试此类控制的运行有效性，还需要检查能够证明此类控制在所审计期间的其他时段有效运行的文件和凭证，以获取充分、适当的审计证据。

2. 确定控制测试的性质时的要求

（1）考虑特定控制的性质。注册会计师应当根据特定控制的性质选择所需实施审计程序的类型。例如，某些控制可能存在反映控制运行有效性的文件记录，在这种情况下，注册会计师可以检查这些文件记录，以获取控制运行有效的审计证据。某些控制可能不存在文件记录（如一项自动化的控制活动），或文件记录与能否证实控制运行有效性不相关。对此，注册会计师应当考虑实施检查以外的其他审计程序（如询问和观察）或借助计算机辅助审计技术，以获取有关控制运行有效性的审计证据。

（2）考虑测试与认定直接相关和间接相关的控制。在设计控制测试时，注册会计师不仅应当考虑与认定直接相关的控制，还应当考虑这些控制所依赖的与认定间接相关的控制，以获取支持控制运行有效性的审计证据。

（3）对自动化的应用控制实施控制测试。对于一项自动化的应用控制，由于信息技术处理过程的内在一贯性，注册会计师可以利用该项控制得以执行的审计证据和信息技术一般控制（特别是对系统变动的控制）运行有效性的审计证据，作为支持该项控制在相关期间运行有效性的重要审计证据。

（4）实施控制测试时对双重目的的实现。控制测试的目的是评价控制是否有效运行。实施细节测试的目的是发现认定层次的重大错报。尽管两者目的不同，但注册会计师可以考虑针对同一交易同时实施控制测试和细节测试，以实现双重目的。例如，注册会计师通过检查某笔交易的发票，可以确定其是否经过适当的授权，也可以获取关于该交易的金额、发生时间等细节证据。当然，如果拟实施双重目的测试，则注册会计师应当仔细设计和评价测试程序。

（5）实施实质性程序的结果对控制测试结果的影响。如果通过实施实质性程序未发现某项认定存在错报，则这本身并不能说明与该认定有关的控制是有效运行的。但如果通过实施实质性程序发现某项认定存在错报，注册会计师应当在评价相关控制的运行有效性时予以考虑。因此，注册会计师应当考虑实施实质性程序发现的错报对评价相关控制运行有效性的影响（如降低对相关控制的信赖程度、调整实质性程序的性质、扩大实质性程序的范围等）。如果注册会计师在实施实质性程序时发现被审计单位存在重大错报，则这通常表明企业的内部控制存在重大缺陷。这时，注册会计师应当就这些缺陷与管理层和治理层进行沟通。

（三）控制测试的时间

控制测试的时间包含两层含义：一是何时实施控制测试；二是测试所针对的控制适用的时点或期间。相关原理是：如果测试特定时点的控制，注册会计师仅得到该时点控制运行有效性的审计证据；如果测试某一期间的控制，注册会计师可获取控制在该期间有效运行的审计证据。因此，注册会计师应当根据控制测试的目的确定控制测试的时间，并确定拟信赖的相关控制的时点或期间。需要注意：控制在多个不同时点运行有效性的审计证据的简单累加，不能构成控制在某期间运行有效性的充分、适当的审计证据。

对于控制测试，注册会计师在期中实施进一步程序具有更积极的作用。比如，如果确定评估的认定层次重大错报风险是特别风险，并拟信赖针对该风险实施的控制，注册会计师应当在本期审计中测试这些控制运行的有效性。但需要说明的是，即使注册会计师已获取有关控制在期中运行有效性的审计证据，仍然需要考虑如何能够将控制在期中运行有效性的审计证据合理延伸至期末，一个基本的考虑是针对期中至期末这段剩余期间获取充分、适当的审计证据。因此，如果已获取有关控制在期中运行有效性的审计证据，并拟利用该证据，注册会计师应当实施下列审计程序。

（1）获取这些控制在剩余期间变化情况的审计证据。

（2）确定针对剩余期间还需获取的补充审计证据。

上述两项审计程序中，第一项是针对期中已获取审计证据的控制，考察这些控制在剩余期间的变化情况（包括是否发生了变化以及如何变化）。如果这些控制在剩余期间没有发生变化，则注册会计师可能决定信赖期中获取的审计证据。如果这些控制在剩余期间发生了变化（如信息系统、业务流程或人事管理等方面发生变动），则注册会计师需要了解并测试控制的变化对期中审计证据的影响。第二项是针对期中证据以外的、剩余期间的补充证据。在执行该项规定时，注册会计师应当考虑下列因素。

（1）评估的认定层次重大错报风险的重大程度。评估的重大错报风险对财务报表的影响越大，注册会计师需要获取的剩余期间的补充证据越多。

（2）在期中测试的特定控制。例如，对自动化运行的控制，注册会计师更可能测试信息系统一般控制的运行有效性，以获取控制在剩余期间运行有效性审计证据。

（3）在期中对有关控制运行有效性获取的审计证据的程度。如果注册会计师在期中对有关控制运行有效性获取的审计证据比较充分，可以考虑适当减少需要获取的剩余期间的补充证据。

（4）剩余期间的长度。剩余期间越长，注册会计师需要获取的剩余期间的补充证据越多。

（5）在信赖控制的基础上拟减少进一步实质性程序的范围。注册会计师对相关控制的信赖程度越高，通常在信赖控制的基础上拟减少进一步实质性程序的范围就越大。在这种情况下，注册会计师需要获取的剩余期间的补充证据越多。

（6）控制环境。在注册会计师总体上拟信赖控制的前提下，控制环境越薄弱（或把握程度越低），注册会计师需要获取的剩余期间的补充证据越多。

（四）控制测试的范围

控制测试的范围所包含的含义主要是指某项控制活动的测试次数。注册会计师应设计控制测试，获取控制在整个拟信赖的期间有效运行的充分、适当的审计证据。

1. 确定控制测试范围考虑的基本因素

注册会计师在确定某项控制的测试范围时通常考虑的一系列因素如下。

（1）在整个拟信赖的期间，被审计单位执行控制的频率。控制执行的频率越高、控制测试的范围越大。

（2）在审计期间，注册会计师拟信赖控制运行有效性的时间长度。拟信赖控制运行有效性的时间长度不同，在该时间长度内发生的控制活动次数也不同。注册会计师需要根据拟信赖控制的时间长度确定控制测试的范围。拟信赖期间越长，控制测试的范围越大。

（3）为证实控制能够防止或发现并纠正认定层次重大错报，所需获取的审计证据的相关性和可靠性。对审计证据的相关性和可靠性要求越高，控制测试的范围越大。

（4）通过测试与认定相关的其他控制获取的审计证据的范围。针对同一认定，可能存在不同的控制。当针对其他控制获取审计证据的充分性和适当性较高时，测试该控制的范围可适当缩小。

（5）在注册会计师进行风险评估时，拟信赖控制运行有效性的程度。注册会计师在进行风险评估时对控制运行有效性的拟信赖程度越高，需要实施控制测试的范围越大。

（6）控制的预期偏差。预期偏差可以用控制未得到执行的预期次数占控制应当得到执行次数的比率加以衡量（也可称作预期偏差率）。考虑该因素，是因为在考虑测试结果是否可以得出控制运行有效性的结论时，不可能只要出现任何控制执行偏差就认定控制运行无效，所以需要确定一个合理水平的预期偏差率。控制的预期偏差率越高，需要实施控制测试的范围越大。如果控制的预期偏差率过高，则注册会计师应当考虑控制可能不足以将认定层次的重大错报风险降至可接受的低水平，从而针对某一认定实施的控制测试可能是无效的。

2. 对自动化控制的测试范围的特别考虑

信息技术处理具有内在一贯性，除非系统发生变动，一项自动化应用控制应一贯运行。对于一项自动化应用控制，一旦确定被审计单位正在执行该控制，注册会计师通常无需扩大控制测试的范围，但需考虑执行下列测试以确定该控制持续有效运行。

（1）测试与该应用控制有关的一般控制的运行有效性。

（2）确定系统是否发生变动，如果发生变动，则需确认是否存在适当的系统变动控制。

（3）确定对交易的处理是否使用授权批准的软件版本。例如，注册会计师可以检查信息系统安全控制记录，以确定是否存在未经授权的接触系统硬件和软件，以及系统是否发生变动。

总之，控制测试需要注册会计师对其性质、时间和范围做出判断。注册会计师在执行控制测试时，主要应查明以下三个方面：一是这项控制是怎样执行的；二是这项控制是否在本年中一贯的得以执行；三是由谁来执行。如果某项控制在本年中由经过授权的人员一贯地予以执行，则这项内部控制就是有效的；否则，就是内部控制失效。通常，注册会计师将内部控制未能有效执行或执行不当称作"偏差""例外"或"偶发事件"。并不是所有的内部控制失效均会导致财务报表出现错报或漏报。因此，注册会计师不是对所有的内部控制均要进行控制测试，而只是对可能会导致财务报表出现重大错报或漏报的那些内部控制政策和程序执行控制测试。

六、实质性程序

（一）实质性程序的基本内涵和要求

1. 基本内涵

实质性程序是指注册会计师针对评估的重大错报风险实施的直接用于发现认定层次重大错报的审计程序。实质性程序包括对各类交易、账户余额、列报（列报与披露）的细节测试以及实质性分析程序。

2. 基本要求

由于注册会计师对重大错报风险的评估是一种判断，可能无法充分识别所有的重大错报风险，并且由于内部控制存在固有局限性，因此，无论评估的重大错报风险结果如何，注册会计师都应当针对所有重大的各类交易、账户余额、列报实施实质性程序，以发现认定层次的重大错报。

如果注册会计师认为评估的认定层次重大错报风险是特别风险，则注册会计师应当专门针对该风险实施实质性程序。例如，如果认为管理层面临实现盈利指标的压力而可能提前确认收入，注册会计师在设计询证函时不仅应当考虑函证应收账款的账户余额，还应当考虑询证销售协议的细节条款（如交货、结算及退货条款）。注册会计师还可考虑在实施函证的基础上针对销售协议及其变动情况询问被审计单位的非财务人员。

如果针对特别风险仅实施实质性程序，注册会计师应当使用细节测试，或将细节测试和实质性分析程序结合使用，以获取充分、适当的审计证据。作此规定的考虑是，为应对特别风险需要获取具有高度相关性和可靠性的审计证据，仅实施实质性分析程序不足以获取有关特别风险的充分、适当的审计证据。

（二）实质性程序的性质

1. 含义

实质性程序的性质，是指实质性程序的类型及其组合。实质性程序的两种基本类型包括细节测试和实质性分析程序。其中，细节测试是对各类交易、账户余额、列报的具体细节进行测试，目的在于直接识别财务报表认定是否存在错报。实质性分析程序从技术特征上仍然是分析程序，主要是通过研究数据间关系评价信息，只是将该技术方法用作实质性程序，即用于识别各类交易、账户余额、列报及相关认定是否存在错报。

2. 适用性

由于细节测试和实质性分析程序的目的、技术手段存在一定差异，因此各自有不同的适用领域。注册会计师应当根据各类交易、账户余额、列报的性质选择实质性程序的类型。细节测试适用于对各类交易、账户余额、列报认定的测试，尤其是对存在或发生、计价认定的测试。对在一段时期内存在可预期关系的大量交易，注册会计师可以考虑实施实质性分析程序。

（1）细节测试的适用范围。

注册会计师需要根据不同的认定层次重大错报风险设计有针对性的细节测试。例如，在针对存在或发生认定设计细节测试时，注册会计师应当选择包含在财务报表金额中的项目，并获取相关审计证据。又如，在针对完整性认定设计细节测试时，注册会计师应当选择有证据表明应包含在财务报表金额中的项目，并调查这些项目是否确实包括在内。比如，为应对被审计单位漏记本期应付账款的风险，注册会计师可以检查期后付款记录。

（2）注册会计师设计实质性分析程序时考虑的因素。

注册会计师在设计实质性分析程序时，应当考虑的因素包括：①对特定认定使用实质性分析程序的适当性；②对已记录的金额或比率做出预期时，所依据的内部或外部数据的可靠性；③做出预期的准确程度是否足以在计划的保证水平上识别重大错报；④已记录金额与预期值之间可接受的差异额。考虑到数据及分析的可靠性，当实施实质性分析程序时，如果使用被审计单位编制的信息，注册会计师应当考虑测试与信息编制相关的控制，以及这些信息是否在本期或前期经过审计。

（三）实质性程序的时间

1. 如何考虑是否在期中实施实质性程序

在期中实施实质性程序，一方面消耗了审计资源，另一方面期中实施实质性程序获取的审计证据又不能直接作为期末财务报表认定的审计证据，注册会计师仍然需要进一步消耗审计资源，使期中审计证据能够合理延伸至期末。注册会计师需要权衡如下内容。

（1）控制环境和其他相关的控制。

（2）实施审计程序所需信息在期中之后的可获得性。

（3）实质性程序的目标。

（4）评估的重大错报风险。

（5）各类交易或账户余额以及相关认定的性质。

（6）针对剩余期间，能否通过实施实质性程序或将实质性程序与控制测试相结合，降低期末存在错报而未被发现的风险。

2. 如何考虑期中审计证据

如果在期中实施了实质性程序，注册会计师应当针对剩余期间实施进一步的实质性程序，或将实质性程序和控制测试结合使用，以将期中测试得出的结论合理延伸至期末。该规定指出了在如何将期中实施的实质性程序得出的结论合理延伸至期末时，注册会计师有两种选择：一是针对剩余期间实施进一步的实质性程序；二是将实质性程序和控制测试结合使用。

3. 如何考虑以前审计获取的审计证据

注册会计师在以前审计中实施实质性程序时获取的审计证据，通常对本期只有很弱的证据效力或没有证据效力，不足以应对本期的重大错报风险。只有当以前获取的审计证据及其相关事项未发生重大变动时（例如以前审计通过实质性程序测试过的某项诉讼在本期没有任何实质性进展），以前获取的审计证据才可能用作本期的有效审计证据。但即便如此，如果拟利用以前审计中实施实质性程序获取的审计证据，注册会计师应当在本期实施审计程序，以确定这些审计证据是否具有持续相关性。

（四）实质性程序的范围

实质性分析程序的范围有两层含义。第一层含义是对什么层次上的数据进行分析。注册会计师可以选择在高度汇总的财务数据层次进行分析，也可以根据重大错报风险的性质和水平调整分析层次。例如，按照不同产品线、不同季节或月份、不同经营地点或存货存放地点等实施实质性分析程序。第二层含义是需要对什么幅度或性质的偏差展开进一步调查。注册会计师在实施分析程序时可能发现偏差，但并非所有的偏差都值得展开进一步调查。可容忍或可接受的偏差（即预期偏差）越大，作为实质性分析程序一部分的进一步调查的范围就越小。于是确定适当的预期偏差幅度同样属于实质性分析程序的范畴。在确定该差异额时，注册会计师应当主要考虑各类交易、账户余额、列报及相关认定的重要性和计划的保证水平。

在确定实质性程序的范围时，注册会计师应当考虑评估的认定层次重大错报风险和实施控制测试的结果。注册会计师评估的认定层次的重大错报风险越高，需要实施实质性程序的范围越广。如果对控制测试结果不满意，注册会计师应当考虑扩大实质性程序的范围。在设计细节测试时，注册会计师除了从样本量的角度考虑测试范围外，还要考虑选样方法的有效性等因素。例如，从总体中选取大额或异常项目，而不是进行代表性抽样或分层抽样。

总之，基于风险评估程序，控制测试和实质性程序被视为应对重大错报风险的进一步程序，以将审计风险降低至可接受的低水平。结合被审计单位及环境的了解，注册会计师应当确定识别的重大错报风险是与特定的某类交易、账户余额、披露的认定相关，还是与报表整体相关，进而影响多项认定，如果是后者，则属于财务报表层次重大风险。如何评估风险又如何应对风险是本章的主要核心，也是经典的风险导向审计模式精华所在。注册会计师针对财务报表层次重大错报风险的总体应对措施是：向项目组强调保持职业怀疑态度的必要性；指派更有经验或更具有特殊技能的审计人员，或利用专家的工作；提供更多督导；在选择进一步的审计程序时融入更多的不可预见的因素；对拟实施的审计程序的性质、时间和范围做出总体修改。

 课后训练

一、思考题

1. 注册会计师应当从哪些方面了解被审计单位及其环境？

2. 注册会计师应当了解的被审计单位的行业状况主要包括哪些内容？注册会计师对行业状况、法律环境与监管环境以及其他外部因素了解的重点是什么？

3. 由于内部控制存在固有局限性，内部控制无论如何被设计和执行，都只能对财务报告的可靠性提供合理的保证。请回答内部控制有哪些局限性？

4. 注册会计师应当从哪些层次识别重大错报风险？通常使用哪些风险评估程序？如何对风险评估程序进行修正？

5. 注册会计师与治理层沟通的目标是什么？

6. 什么是特别风险？从哪些方面考虑特别风险？

二、分析题

美联股份有限公司是纺织行业的上市公司，20×4 年发行社会公众股并上市交易。受政府的优惠政策的支持，该公司的业绩相当不错，上市当年的每股收益为 0.433 元，但在 2015 年该公司的业绩显现下滑趋势，每股收益为 0.200 元。公司目前在准备 20×8 年的年度审计，并打算聘请宝信会计师事务所进行年度审计。宝信会计师事务所在接受该公司委托前通过公开渠道了解到如下信息。

（1）20×6 年、20×7 年两年的业绩相当不理想，每股收益分别为 0.155 元和 0.100 元。

（2）20×8 年未经审计的中期报表的每收益为 0.090 元。

（3）20×8 年 12 月 5 日公告了其进行资产重组的消息。

（4）20×6 年、20×7 年负责该公司年度报表审计的事务所是大胜会计师事务所。

（5）该公司在 20×8 年 2 月 26 日宣布组建电子商务网络公司，并处于控股地位。

请问：（1）你作为该项目的负责人，在受托前你会如何处理？

（2）如果接受委托，你在制订审计计划时采用何种手段防范因上述信息可能带来的风险。

第五章
审计证据及其收集方法

★ 学习目标

- 了解审计证据的特征
- 了解审计证据的分类
- 重点掌握审计抽样的技术
- 掌握审计工作底稿的内容和格式

⌁ 关键词

审计证据的充分性　审计证据的适当性　审计抽样　抽样风险　审计工作底稿

📑 引导案例

银广夏审计失败案例

2002年，深圳中天勤会计师事务所有限公司由于为广夏（银川）实业股份有限公司（以下简称"银广夏"）出具严重失真的审计报告而被吊销执业资格，其签字注册会计师也被吊销执业资格，并受到司法机关的调查。"银广夏"事件引发了整个社会对会计师行业的信任危机。

注册会计师在审计过程中，没有按照规定对应收账款实施有效的审计程序，例如，注册会计师将所有的询证函通过公司发出但并未对回函地址做出要求；在对应收账款无法实施函证的情况下，实施的替代程序仅依靠内部证据而不是获取相关的海关报关单、运单等外部证据。

根据原银广夏董事、财务总监、总会计师兼董事局秘书丁功民的指令和在原银广夏董事局副主席兼总裁李有强的同意下，时任天津广夏（集团）有限公司财务总监的董博，于1999年年底至2000年年初，为达到增资配股的目的，夸大公司业绩，采取虚构进货单位、虚假购入萃取产品原材料、伪造销售发票、进出口报关单、银行进账单等手段，同时又指使时任天津广夏（集团）萃取有限公司总经理的被告人阎金岱伪造萃取产品生产记录。阎金岱便让天津广夏职工刘文军、李东、郑娟等人伪造萃取产品原料入库单、产品出库单等。调查表明，银广夏2000年虚增利润56 704万元，1999年虚增利润17 782万元，1998年虚增利润1 776万元，三年虚增利润共计76 262万元。

注册会计师的责任是其未有效执行分析性程序。例如，没有发现2000年银广夏的主营业务收入大幅度上升但生产所用电费却出现降低的情况；在面对生产卵磷脂的投入产出比率出现大幅度降低的情况，注册会计师既未进行现场考察，也未咨询专家意见，而选择相信银广夏管理层声称的"生产进入成熟期"等，最终导致了审计的失败。

在审计实施阶段，注册会计师的主要工作是获取审计证据，编制审计工作底稿。本章将从介绍审计证据开始，描述审计证据的分类、特征以及如何判断审计证据的证据力强弱。恰当地选择审计证据的收集方法，根据不同的审计目标获取不同审计程序的审计证据。最后，通过对审计工作底稿的介绍，可以更好地理解审计工作底稿的内容、形式和编制基础。

第一节　审计证据

进入审计实施阶段，注册会计师的主要工作就是收集和评价审计证据。注册会计师形成任何审计结论和意见都必须以合理的证据作为基础，否则审计报告就不可信赖。因此，审计证据是审计中的一个核心概念。各国发布的审计准则都强调审计证据对审计意见的重要性。美国注册会计师协会发布的《一般公认审计准则》中"外勤工作准则"第三条规定，审计人员应通过检查、观察、询问和函证等方法，获取充分、适当的审计证据，为被审计单位财务报表发表的审计意见提供合理基础。国际审计实务委员会发布的《国际审计准则第 500 号——审计证据》和 ISA501《审计证据——对特定项目的额外考虑》，对有关审计证据的工作要求进行了具体说明。为了规范我国注册会计师获取和评价、利用审计证据，保证审计证据的充分性和适当性，中国注册会计师协会颁布了《中国注册会计师审计准则第 1301 号——审计证据》。

一、审计证据的内涵

审计证据是审计理论中的一个核心概念。审计工作的过程主要就是审计证据的收集、整理和评价过程。审计证据是支持审计意见的客观基础，也是控制审计质量的重要工具。

审计证据，是指注册会计师为了得出审计结论、形成审计意见而使用的所有信息，包括财务报表依据的会计记录中含有的信息和其他信息。注册会计师应当测试会计记录，以获取审计证据。

会计记录中含有的信息本身并不足以提供充分的审计证据作为对财务报表发表审计意见的基础，注册会计师还应当获取用作审计证据的其他信息。其他信息是指注册会计师从被审计单位内部或者外部获取的除会计记录之外的可用作审计证据的信息。审计证据的所有信息包括构成财务报表基础的会计记录所包含的信息，即传统意义上的审计证据，及其他信息，即风险导向审计准则框架下审计证据的拓展内容。

不管是会计记录所含有的信息还是其他信息，共同构成了注册会计师根据审计总体目标提出审计意见，得出审计结论的充分、适当的审计证据，二者缺一不可。

（1）如果没有财务报表依据的会计记录中包含的信息，审计工作将无法进行（强调"错报"在哪里）。

（2）如果没有其他信息，可能无法识别重大错报风险（强调如何识别"错报"）。

（3）只有将财务报表依据的会计记录中包含的信息和其他信息两者结合在一起，才能将审计风险降至可接受的低水平，才能为注册会计师发表审计意见提供合理基础（强调合理保证审计目标对审计证据的要求）。

二、审计证据的类型

一般而言，注册会计师所获取的审计证据可以按其外形特征分为实物证据、书面证据、口头证据和环境证据四大类。

（一）实物证据

实物证据是指为确定某些实物资产的存在而通过现场观察或者盘点所取得的证据。例如，对于被审计单位的存货或者固定资产，注册会计师可以通过监盘的方式来获取其"存在"的审计证据；对于被审计单位所投资的股票数量，也可以通过监盘的方式获取相应的审计证据。

实物证据对于实物资产的"存在"的认定是非常有说服力的审计证据，但是，实物证据并不能完全证实实物资产的所有权。例如，对于被审计单位进行盘点的存货，可能包括委托代销的存货或者已经销售但还未发出的存货。另外，对于实物资产的存在状况有时难以通过盘点来加以判断。因此，注册会计师为获取实物资产所有权以及存在状况等审计证据，还需另行审计程序。

（二）书面证据

书面证据是指注册会计师获取的以书面文件形式存在的一类审计证据。书面证据包括在审计过程中所涉及的书面文件，例如会计记录、原始凭证、会议记录和文件、合同、协议、函件等。

在实际审计过程中，注册会计师需要获取大量书面证据，因此，书面证据是审计证据的组成部分，也称基本证据。从书面证据的来源角度进行分类，审计证据可以分为外部证据和内部证据两类。

1. 外部证据

外部证据是注册会计师获取的由被审计单位以外的机构或人士编制的书面证据，其一般具有较强的证明效力。外部证据包括以下几类。

（1）由被审计单位以外的机构或人士编制，并由其直接递交给注册会计师的外部证据，如应收账款函证回函、被审计单位律师与其他独立的专家关于被审计单位资产所有权和或有负债等的证明函件等。此类证据不仅由被审计单位以外的独立第三方提供，而且未经被审计单位有关人员之手，从而排除了伪造、更改凭证或业务记录的可能性，因此其证明力最强。

（2）由被审计单位以外的第三方编制，但由被审计单位转交给注册会计师的外部证据，如进货发票、银行对账单、订购单、合同等。由于此类外部证据经由被审计单位之手，因此注册会计师在取得审计证据时需保持职业怀疑，评价此类外部证据的真实性、可靠性，应考虑审计证据被修改或者伪造的可能性，如有迹象表明审计证据被修改或伪造，注册会计师应给予高度警觉。

（3）在审计过程中，注册会计师会根据相关审计事项，亲自编制分析表、计算表等。正常情况下，此类外部证据仍然比被审计单位提供的内部审计证据更有证明力。

2. 内部证据

内部证据是指由被审计单位内部机构或人员编制和提供的书面证据，包括被审计单位的会计记录、管理层的书面声明以及由被审计单位编制和提供的有关书面文件。

一般情况下，内部审计证据的可靠性弱于外部证据。但是，如果相关的内部审计证据在外部进行流转，则其会有较强的可靠性，如销货发票、付款支票等。当内部证据仅在被审计单位内部进行流转，其可靠性会因被审计单位内部控制的好坏而出现差异。如果内部证据经过了被审计单位不同部门的审核、签章，且所有凭据预先都有连续编号并按序号依次处理，则这些内部证据也具有较强的可靠性；相反，如果被审计单位的内部控制不健全，则注册会计师就不能过分地信赖该被审计单位的内部证据。

内部证据包括会计记录、被审计单位管理层书面声明及其他书面文件。

（1）会计记录。会计记录包括各种自制的原始凭证、记账凭证、账簿记录等。会计记录是注册会计师从被审计单位获取的一类非常重要的审计证据。注册会计师在审计财务报表时，往往需要追溯检查账簿和各类凭证。会计记录的可靠性主要取决于被审计单位内部控制的好坏，健全且完善的内部控制所提供的会计记录更具证明力。除各种会计凭证、会计账簿以外，被审计单位所编制的试算表和汇总表等也可以作为这一类审计证据。

（2）被审计单位管理层书面声明。管理层书面声明是指由被审计单位管理层在审计过程中所做出的各种重要陈述或者保证。被审计单位管理层书面声明是较低可靠性的内部证据。注册会计师获取的此类审计证据不能替代实施其他的审计程序来获取充分、适当的审计证据。

（3）其他书面文件。其他书面文件是指被审计单位提供的有助于注册会计师形成审计结论和意见的其他书面文件，如被审计单位管理层书面声明中所提及的董事会及股东大会会议记录、重要的计划、合同资料、关联方交易资料等。

（三）口头证据

口头证据是指注册会计师获取的由被审计单位内部和外部人员口头答复所形成的一类审计证据。在审计过程中，注册会计师在向被审计单位有关人员口头询问会计记录、存货存放地点、所采用的会计政策和方法等时，对这些问题的答复就构成了口头证据。一般情况下，口头证据不足以证明审计事项的真实性，但是，注册会计师可以通过口头证据挖掘出更多的线索。这有利于注册会计师执行审计程序，获取更可靠的审计证据。例如，注册会计师在对应收账款进行账龄分析后，可以询问负责应收账款的相关人员对收回逾期应收账款可能性的意见，如果其意见与注册会计师自行估计的坏账损失基本一致，则这一口头证据就可成为证实注册会计师有关坏账损失判断的重要证据。

在审计过程中，注册会计师应该把各种重要的口头证据做成记录，并注明是何人、何时、在何种情况下所做的口头陈述，必要时应获得被询问者的签名确认。相对而言，不同人员对同一问题所做出的口头陈述相同时，口头证据具有较高的可靠性。但在一般情况下，口头证据往往需要得到其他相应证据的支持。

（四）环境证据

环境证据也称状况证据，是指对被审计单位产生影响的各种环境事实。具体而言，它又包括以下几种。

1. 被审计单位的内部控制情况

如果被审计单位的内部控制比较健全，并且在日常经营活动中得到一贯执行，那么注册会计师获取的审计证据就会更具可依赖性。注册会计师最终出具的审计报告，提出的审计意见，一方面依赖于企业内部控制的完善程度，另一方面依赖于注册会计师对财务报表所实施的实质性程序。另外，注册会计师所获取的审计证据的数量会受到被审计单位内部控制健全程度的影响。内部控制越健全，注册会计师需要的审计证据就越少；否则，注册会计师必须实施更多的审计程序以获取更多的审计证据。

2. 被审计单位的人员素质

审计证据的质量还会受到被审计单位的人员的专业素质的影响。被审计单位的人员的专业素质越高，由其提供的审计证据发生差错的可能性就越小。因此，这也就给提供财务报表的财务人员的专业素质提出了一个更高的要求。

3. 各种管理条件和管理水平

被审计单位自身的管理水平和管理条件在一定程度上影响着注册会计师所获取的审计证

据的可靠性。虽然环境证据不是基本证据，但是可以帮助注册会计师了解被审计单位所处的环境，是注册会计师进行判断所必须掌握的资料。

上述各种证据可用来实现各种不同的审计目标，但是从对每一具体账户及其相关的认定层面来说，注册会计师应选择能以最低成本实现全部审计目标的证据，力求做到证据的收集既有效又经济。证据种类与具体审计目标的关系如表 5-1 所示。

表 5-1 审计证据种类与有关认定的关系

证据种类	认定								
	财务报表层次	存在或发生	完整性	所有权	计价与分摊	截止	准确性	披露	分类
实物证据		√	√		√	√			
书面证据	√	√	√	√	√	√	√	√	√
口头证据	√	√	√	√		√		√	√
环境证据	√								

三、审计证据的特征

《中国注册会计师审计准则第 1301 号——审计证据》第六条指出，注册会计师应当获取充分、适当的审计证据，以得出合理的审计结论，作为形成审计意见的基础。以上"充分"和"适当"正是审计证据两大特征。注册会计师应当保持职业怀疑的态度，运用职业判断，评价审计证据的充分性和适当性。

（一）审计证据的充分性

审计证据的充分性是对审计证据数量的衡量，主要与注册会计师确定的样本量有关。足够数量的审计证据是客观、公正地发表审计意见的基础，但并不意味着审计证据的数量越多越好。注册会计师在进行审计过程中要兼顾效益和效率。通常情况下，注册会计师需要把足够数量的审计证据降到最低限度。不同审计项目的审计证据数量需要根据具体审计项目的目标以及具体情况进行确定。

注册会计师在获取审计证据时会受到成本、时间以及空间的限制。在某些情况下，注册会计师可根据具体情况实施替代的审计程序以获取充分、适当的审计证据。只有通过不同渠道和方法所获取的审计证据，才能作为发表审计意见的基础。

除此之外，根据《中国注册会计师审计准则第 1301 号——审计证据》，注册会计师需要获取的审计证据的数量受重大错报风险的影响。被审计单位的重大错报风险越大，注册会计师就需要获取更多的审计证据。当审计证据的质量较高时，注册会计师需要获取的审计证据的数量可能会相对较少。

◇ 案例5-1

京东方科技集团股份有限公司（以下简称"京东方"）于1997年6月在深圳证券交易所（以下简称"深交所"）上市，主营系统集成与软件开发、电子商务、显示设备、精密电子零件等。2003年2月，上年度净利润只有0.83亿元人民币的京东方以3.8亿美元的价格杠杆收购了韩国现代电子（HYNIX）的TFT-LCD业务，这是当时我国金额最大的一宗高科技产业海外收购案。之后，京东方2003年年报显示，收购当年主营业务收入比上年增加133.7%，净利润更是猛增386.72%，达到403亿元。2005年，财政部对京东方进行了会计信息质量检查，发现京东方存在粉饰业绩的问题。普华永道会计师事务所（以下简称"普华永道"）2004年对京东方2003年年报出具的审计意见认为，京东方的会计报表符合国家相关规定。但财政部调查之后认为，普华永道在京东方和黄山旅游两家上市公司提供审计服务时，存在审计程序不到位、收集审计证据不充分的问题，发表了不恰当的审计意见。同时，财政部责令普华永道针对所查出的问题进行整改。可见，只有充分、适当的审计证据才能作为发表审计意见的基础。

（二）审计证据的适当性

审计证据的适当性是对审计证据质量的衡量，即审计证据在支持审计意见方面具有相关性和可靠性。审计证据的相关性和可靠性是审计证据的核心内容，只有相关且可靠的审计证据才是高质量的。

充分性和适当性是审计证据两个重要特征，两者缺一不可：只有充分且适当的审计证据才是有证明力的。审计证据越适当，注册会计师需要获取的审计证据的数量越少；审计证据的质量与审计证据数量呈反向变化，审计证据质量越高，需要的审计证据数可能越少。但如果审计证据的质量存在缺陷，注册会计师仅靠获取更多的审计证据可能无法弥补审计证据质量上的缺陷。

1. 审计证据的相关性

审计证据的相关性，是指作为审计证据的信息与所实施的审计程序和所考虑的相关认定之间存在逻辑关系。审计证据的相关性可能受到控制测试和细节测试方向的影响。例如，注册会计师在已获取授权审批的项目中抽样进行测试，则不能发现控制偏差。因为所定义的总体中不包含已支付但尚未授权的项目。注册会计师在实施审计的过程中，如果想测试销售收入的发生或完整性的认定结果是否正确，那么其获取的审计证据应与细节测试的方向有关。注册会计师以销售收入明细账为起点追查至发运单和销售发票等凭证，也就是以逆查的方式，获取的审计证据与"发生"认定相关；如果以发运单为起点追查至销售发票和销售收入明细账，也就是以顺查的方式，获取的是与销售收入"完整性"有关的审计证据。注册会计师在确定审计证据的相关性时，应当考虑如下几个方面。

（1）特定的审计程序可能只为某些认定提供相关的审计证据，而与其他认定无关。

（2）有关某一特定认定（如存货的存在认定）的审计证据，不能替代与其他认定相关的审计证据。

（3）不同来源或不同性质的审计证据可能与同一认定相关。针对同一项认定可以从不同来源获取审计证据或获取不同性质的审计证据。

2. 审计证据的可靠性

审计证据的可靠性受到审计证据的来源、及时性和客观程度的影响，并取决于获取审计证据所处的具体环境。不同来源的审计证据的可靠程度通常可用下述标准来判断。

（1）无论是以纸质、电子或其他介质形式存在的文件记录形式的审计证据，可靠性高于口头证据。

（2）注册会计师获取的源自于被审计单位以外独立第三方的审计证据，可靠性高于内部审计证据；获得的独立第三方确认的审计证据，可靠性高于未被独立第三方确认的审计证据。

（3）注册会计师通过相应程序自行获取的审计证据，可靠性高于由被审计单位提供的审计证据。

（4）被审计单位内部控制较好时所提供的内部证据，比被审计单位内部控制薄弱时所提供的内部证据更可靠。

（5）不同来源或不同性质的审计证据相互佐证时，审计证据比较可靠；反之，在通过某一来源所获取的证据与通过其他来源所获取的证据不一致或者不同性质的证据相互矛盾时，注册会计师应考虑实施进一步审计程序。

（6）越及时的证据越可靠。

（7）客观证据比主观证据可靠。

注册会计师在获取审计证据时，对相关文件记录的可靠性应该持有职业怀疑的态度，需要考虑如下几个方面。

（1）审计工作通常不涉及鉴定文件记录的真伪，注册会计师也不是鉴定文件记录真伪的专家，但应当考虑用作审计证据的信息的可靠性，并考虑与这些信息生成和维护相关的内部控制的有效性。

（2）如果在审计过程中识别出的情况使其认为文件记录可能是伪造的，或文件记录中的某些条款已发生变动，注册会计师应当做出进一步调查，包括直接向第三方询证，或考虑利用专家的工作以评价文件记录的真伪。

注册会计师拟利用被审计单位生成的信息时应考虑如下几个方面。

（1）注册会计师为获取可靠的审计证据，实施审计程序时使用的被审计单位生成的信息需要足够完整和准确。

（2）如果针对被审计单位生成信息的完整性和准确性获取审计证据是所实施审计程序本身不可分割的组成部分，则可以与对这些信息实施的审计程序同时进行。

（3）在某些情况下，注册会计师可能打算将被审计单位生成的信息用于其他审计目的。在这种情况下，获取的审计证据的适当性受到该信息对于审计目的而言是否足够精确和详细的影响。

注册会计师所获得审计证据，由于来源或者性质的不同，可能会出现审计证据存在矛盾的情况。此时，注册会计师应当考虑如下几个方面。

（1）如果针对某项认定从不同来源获取的审计证据或获取的不同性质的审计证据能够相互佐证，则与该项认定相关的审计证据具有更强的说服力。

（2）如果从不同来源获取的审计证据或获取的不同性质的审计证据不一致，表明某项审计证据可能不可靠，注册会计师应当追加必要的审计程序。

注册会计师获取审计证据时，还要考虑成本效益原则。在获取充分、适当的审计证据的前提下，实现成本最小化是会计师事务所增强竞争能力和获利能力的途径之一。因此，获取充分、适当的审计证据与控制成本需要注册会计师恰当遵循成本效益原则。但需要注意的是，对于重要的审计项目，注册会计师不应以审计成本的高低或获取审计证据的难易程度作为减少必要审计程序的理由。

（1）注册会计师可以考虑获取审计证据的成本与所获取信息的有用性之间的关系，但不应以获取审计证据的困难和成本为由减少不可替代的审计程序。

（2）在保证获取充分、适当的审计证据的前提下，控制审计成本也是会计师事务所增强竞争能力和获利能力的途径之一。

此外，需要明确的是，审计证据与法律证据并不完全等同，二者在取证与鉴定方面均存在差别。注册会计师收集审计证据，并根据所取得的证据做出职业判断。在审计过程中，注册会计师需要根据审计目标和职业判断确定哪些可作为审计证据以及如何取得适当的审计证据。法律证据是由诉讼双方提供，裁决者不需要参与审计证据的收集，并且所起诉的内容必须是以最可靠的证据来证实的。

第二节　审计证据的收集方法及审计抽样

一、审计证据的收集方法

按照《中国注册会计师审计准则第 1301 号——审计证据》的要求，注册会计师在审计过程中可以采用检查记录或文件、检查有形资产、观察、询问、函证、重新计算、重新执行和分析程序等审计程序（或称审计方法）获取审计证据。

（一）检查记录或文件

检查记录或文件是指注册会计师对被审计单位内部或外部生成的，以纸质、电子或其他介质形式存在的记录或文件进行审查，或对资产进行实物审查。注册会计师在审查记录或文件时，应注意其是否真实、合法，具体如下。

（1）审查原始凭证时，应注意其有无涂改或伪造现象；记载的经济业务是否合理合法是否有业务负责人的签字等。

（2）审查会计账簿时，应注意是否符合企业会计准则和相关会计制度的规定，包括审阅被审计单位据以入账的原始凭证是否整齐完备、账簿有关内容与原始凭证的记载是否一致、会计分录的编制或账户的运用是否恰当、货币收支的金额有无不正常现象、成本核算是否符合国家有关财务会计制度的规定等。

（3）审查财务报表时，应注意财务报表的编制是否符合企业会计准则和相关会计制度的规定；财务报表的附注是否对应予揭示的重大问题做了充分的披露。

检查记录或者文件可以提供可靠程度不同的审计证据，审计证据的可靠性取决于记录或文件的性质和来源，而在检查内部记录或文件时，其可靠性则取决于生成该记录或文件的内部控制的有效性。将检查用作控制测试的一个例子，是检查记录以获取关于授权的审计证据。

某些文件是表明一项资产存在的直接审计证据（如构成金融工具的股票或债券），但检查此类文件并不一定能提供有关所有权或计价的审计证据。此外，注册会计师通过检查已执行的合同可以获得与被审计单位运用会计政策（如收入确认）相关的审计证据。

检查的方法可以分为追查和核证。追查也称为顺查，即按照会计业务处理的先后顺序，从原始凭证到记账凭证再到分类账依次检查相应的会计记录是否正确，以最终确定这笔交易和事项是否已被正确地反映在财务报表上。追查主要被用来测试"遗漏的业务"，针对的是"完整性"的认定。核证也称逆查，按照会计处理相反的顺序，即从分类账开始，检查与其相应的记账凭证，并一直核实到所附原始凭证，以最终确定这笔交易和事项是否依次进行的一种审查方法。核证主要是用来测试"不真实的业务"，针对的是"存在"或者"发生"的认定。

（二）检查有形资产

检查有形资产也称监盘，是指注册会计师对资产实物，如存货、现金和有价证券等进行审查。该项检查一般应由被审计单位进行，注册会计师只进行现场监督；对于贵重的物资，注册会计师还可抽查复点。检查有形资产的目的是为有形资产存在性提供可靠的实物证据。检查有形资产一般采用监督盘点的方法。这种方法可以确定被审计单位实物形态的资产是否真实存在、是否与账面数量相符，查明有无短缺、毁损、盗窃等问题存在。

检查有形资产的方法不一定能够为权利和义务、计价认定提供可靠的审计证据。一般说来，检查有形资产是确定资产数量和规格的一种客观手段，有时也是评价资产状况和质量的一种有用方法。但是，对于核实现有资产是否归属于被审计单位，检查有形资产的方法却不能提供充分的证据。同时，在很多情况下，检查有形资产的方法也不能确定被审计单位对资产的估价是否适当。

（三）观察

观察是指注册会计师观察相关人员正在从事的活动或实施的程序。例如，注册会计师对被审计单位人员执行的存货盘点或控制活动进行观察。观察可以提供执行有关过程或程序的审计证据，但观察提供的审计证据仅限于观察发生的时点。在相关人员已知被观察的情况下，被观察人员的行为可能因被观察而受到影响，这也会使观察提供的审计证据受到限制。

（四）询问

询问是指注册会计师以书面或口头方式，向被审计单位内部或外部的知情人员获取财务信息和非财务信息，并对答复进行评价的过程。作为其他审计程序的补充，询问被广泛应用于整个审计过程中。

知情人员对询问的答复可能为注册会计师提供尚未获悉的信息或佐证证据，也可能提供与已获悉信息存在重大差异的信息。例如，关于被审计单位管理层凌驾于控制之上的可能性的信息。在某些情况下，对询问的答复为注册会计师修改审计程序或实施追加的审计程序提供了基础。尽管对通过询问获取的审计证据予以佐证通常特别重要，但在询问管理层意图时，获取的支持管理层意图的信息可能是有限的。在这种情况下，了解管理层过去所声称的意图的实现情况、选择某项特别措施时声称的原因以及实施某项具体措施的能力，可以为佐证通过询问获取的证据提供相关信息。针对某些事项，注册会计师可能认为有必要向管理层和治理层（如适用）获取书面声明，以证实对口头询问的答复。

询问本身不足以发现认定层次存在的重大错报，也不足以测试内部控制运行的有效性，因此，注册会计师还应当实施其他审计程序，以获取充分、适当的审计证据。

（五）函证

函证是指注册会计师为了获取影响财务报表或相关披露认定项目的信息，根据直接来自第三方对有关信息和现存状况的声明，获取和评价审计证据的过程。书面答复可以采用纸质、电子或其他介质等形式。当针对的是与特定账户余额及其项目相关的认定时，函证常常是相关的程序。但是，函证不必仅仅局限于账户余额。例如，注册会计师可能要求对被审计单位与第三方之间的协议和交易条款进行函证；注册会计师可能在询证函中询问协议是否做过修改，如果修改过，则注册会计师会要求被询证者提供相关的详细信息。此外，函证程序还可以用于获取不存在某些情况的审计证据，如不存在可能影响被审计单位收入确认的"背后协议"。

（六）重新计算

重新计算是指注册会计师以人工方式或使用计算机辅助审计技术，对记录或文件中的数据的准确性进行核对。

注册会计师在进行审计时，往往需要对被审计单位的凭证、账簿和报表中的数字进行计算，以验证其是否正确。注册会计师的计算并不一定按照被审计单位原来的计算形式和顺序进行。在计算过程中，注册会计师不仅要注意计算结果是否正确，而且还要对某些其他可能的差错（如计算结果的过账和转账有误等）予以关注。

一般而言，计算不仅包括对被审计单位的凭证、账簿和报表中有关数字的验算，而且还包括对会计资料中有关项目的加总或其他运算。其中，加总又分为横向加总（即横向数字的加总）和纵向加总（即纵向数字的加总）。在财务报表审计中，注册会计师往往需要运用大量的加总技术来获取必要的审计证据。

（七）重新执行

重新执行是指注册会计师以人工方式或使用计算机辅助审计技术，重新独立地执行作为被审计单位内部控制组成部分的程序或控制。例如，注册会计师利用被审计单位的银行存款日记账和银行对账单，重新编制银行存款余额调节表，并与被审计单位编制的银行存款余额调节表进行比较。

（八）分析程序

分析程序是指注册会计师通过研究不同财务数据之间及财务数据与非财务数据之间的内在关系，对财务信息做出评价。分析程序还包括调查识别出的、与其他相关信息不一致或与预期数据严重偏离的波动和关系。例如，注册会计师可以对被审计单位的财务报表和其他会计资料中的重要比率及其变动趋势进行分析，以发现其异常变动项目。对于异常变动项目注册会计师应重新考虑其所采用的审计方法是否合适，必要时应追加适当的审计程序，以获取相应的审计证据。一般而言，在整个审计过程中，注册会计师都将运用分析程序。分析程序常用的方法有比较分析法、比率分析法和趋势分析法。

比较分析法是通过某一财务报表项目与其既定标准的比较，以获取审计证据的一种技术方法。它包括本期实际数与计划数的比较、预算数或注册会计师计算结果之间的比较、本期实际数与同业标准之间的比较等。比率分析法是通过对财务报表中的某一项同其相关的另一项目相比所得的值进行分析，以获取审计证据的一种技术方法。趋势分析法是通过对连续若干期某一财务报表项目的变动金额及其百分比的计算，分析该项目的增减变动方向和幅度，以获取有关审计证据的一种技术方法。

二、审计程序与审计证据、认定的关系

在审计过程中，注册会计师将使用相应的审计程序来获取所需要的各类审计证据，证实被审计单位管理层对财务报表的认定。审计程序同审计证据并不是一一对应的关系。通常，一种审计程序可产生多种审计证据，而若注册会计师要获得某类证据，则其可选用多种审计程序，但在特定情形下执行某程序的方式也可能会影响到与某证据有关认定的项数。例如，注册会计师在运用监盘来查证实物资产时，若监盘是随意性的，那么可能只是为了获得这些资产"存在"的证据。若监盘是比较全面的，那么还可能发现资产损坏或过时等情况。这样，监盘获得的实物证据就还与"完整性"和"计价和分摊"认定相关。

三、审计抽样方法

注册会计师在获取充分、适当证据时，需要选取项目进行测试。选取方法包括三种：一是对某总体包含的全部项目进行测试（比如对资本公积项目）；二是对选出的特定项目进行测试，但不推断总体；三是审计抽样，以样本结果推断总体结论。在现实社会经济生活中，企业规模的扩大和经营复杂程度的不断上升，使注册会计师对每一笔交易进行的检查变得既不可行，也没有必要。为了在合理的时间内以合理的成本完成审计工作，审计抽样应运而生。审计抽样旨在帮助注册会计师确定实施审计程序的范围，以获取充分、适当的审计证据，得出合理的结论，作为形成审计意见的基础。

（一）审计抽样的含义

审计抽样是指注册会计师对具有审计相关性的总体中低于百分之百的项目实施审计程序，

使所有抽样单元都有被选取的机会，为注册会计师针对整个总体得出结论提供合理基础。审计抽样能够使注册会计师获取和评价有关所选取项目某一特征的审计证据，以形成或有助于形成有关总体的结论。总体，是指注册会计师从中选取样本并期望据此得出结论的整个数据集合。抽样单元，是指构成总体的个体项目。

抽样是一个适用性较广的概念，不仅注册会计师执行审计工作时使用抽样，意见调查、市场分析或科学研究都可能用到抽样。但是审计抽样不同于其他行业的抽样，例如，审计抽样可能为某账户余额的准确性提供进一步佐证证据，注册会计师通常只需要评价该账户余额是否存在重大错报，而不需要确定其初始金额。这些初始金额在审计抽样开始之前已由被审计单位记录并汇总完毕。而在运用抽样方法进行意见调查、市场分析或科学研究时，类似的初始数据在抽样开始之前通常并未得到累积、编制或汇总。

（二）审计抽样的特征

审计抽样应当同时具备三个基本特征：对具有审计相关性的总体中低于百分之百的项目实施审计程序；所有抽样单元都有被选取的机会；可以根据样本项目的测试结果推断出有关抽样总体的结论。

审计抽样时，注册会计师应确定适合于特定审计目标的总体，并从中选取低于百分之百的项目实施审计程序。在某些情况下，注册会计师可能决定测试某类交易或账户余额中的每一个项目，即针对总体进行百分之百的测试，这就是通常所说的全查，而不是审计抽样。审计抽样时，所有抽样单元都应有被选取成为样本的机会，注册会计师不能存有偏向，不能只挑选具备某一特征的项目（例如，金额大或账龄长的应收账款）进行测试。如果只选取特定项目实施审计程序，那么，注册会计师只能针对这些特定项目得出结论，而不能根据特定项目的测试结果推断总体的特征，因此，其不是审计抽样。

审计抽样时，注册会计师的目的并不是评价样本，而是对整个总体得出结论。如果注册会计师从某类交易或账户余额中选取低于百分之百的项目实施审计程序，却不准备据此推断总体的特征（例如，注册会计师挑选几笔交易，追查其在被审计单位会计系统中的运行轨迹，以获取对被审计单位内部控制的总体了解，而不是评价该类交易的整体特征），则这就不是审计抽样。值得注意的是，只有当从抽样总体中选取的样本具有代表性时，注册会计师才能根据样本项目的测试结果推断出有关总体的结论。此外，代表性通常只与错报的发生率而非错报的特定性质相关。比如，异常情况导致的样本错报就不具有代表性。

（三）审计抽样的适用性

审计抽样并非在所有审计程序中都可使用，注册会计师拟实施的审计程序将对运用审计抽样产生重要影响。在风险评估程序、控制测试和实质性程序中，有些审计程序可以使用审计抽样，有些审计程序则不宜使用审计抽样。

风险评估程序通常不涉及审计抽样。如果注册会计师在了解控制的设计和确定控制是否得到执行的同时计划和实施控制测试，则可能涉及审计抽样，但此时审计抽样仅适用于控制测试。

当控制的运行留下轨迹时，注册会计师可以考虑使用审计抽样实施控制测试。对于未留下运行轨迹的控制，注册会计师通常实施询问、观察等审计程序，以获取有关控制运行有效性的审计证据，此时不宜使用审计抽样。此外，在被审计单位采用信息技术处理各类交易及其他信息时，注册会计师通常只需要测试信息技术一般控制，并从各类交易中选取一笔或几笔交易进行测试，就能获取有关信息技术应用控制运行有效性的审计证据，此时不需使用审计抽样。

实质性程序包括对各类交易、账户余额和披露的细节测试，以及实质性分析程序。在实施细节测试时，注册会计师可以使用审计抽样获取审计证据，以验证有关财务报表金额的一项或多项认定（如应收账款的存在），或对某些金额做出独立估计（如陈旧存货的价值）。如果注册会计师将某类交易或账户余额的重大错报风险评估为可接受的低水平，也可不实施细节测试，此时不需使用审计抽样。实施实质性分析程序时，若注册会计师的目的不是根据样本项目的测试结果推断有关总体的结论，则此时不宜使用审计抽样。

（四）统计抽样和非统计抽样

所有的审计抽样都需要注册会计师运用职业判断，计划并实施抽样程序，评价样本结果。审计抽样时，注册会计师既可以使用统计抽样方法，也可以使用非统计抽样方法。

1. 统计抽样

统计抽样，是指同时具备下列特征的抽样方法：随机选取样本项目；运用概率论评价样本结果，包括计量抽样风险。如果注册会计师严格按照随机原则选取样本，却没有对样本结果进行统计评估，或者基于非随机选样进行统计评估，则不能认为注册会计师使用了统计抽样。

统计抽样有助于注册会计师高效地设计样本，计量所获取证据的充分性，以及定量评价样本结果。但统计抽样又可能发生额外的成本。首先，统计抽样需要特殊的专业技能，因此使用统计抽样需要增加额外的支出对注册会计师进行培训。其次，统计抽样要求单个样本项目符合统计要求，这些也可能需要支出额外的费用。使用审计抽样软件能够适当降低统计抽样的成本。按审计抽样所了解的总体特征的不同，审计抽样可分为属性抽样和变量抽样。

（1）属性抽样

属性抽样是一种用来对总体中某一事件发生率得出结论的统计抽样方法。属性抽样在审计中最常见的用途是测试某一设定控制的偏差率，以支持注册会计师评估的控制风险水平。无论交易的规模如何，针对某类交易的设定控制预期将以同样的方式运行。因此，在属性抽样中，设定控制的每一次发生或偏离都被赋予同样的权重，而不管交易的金额大小。

（2）变量抽样

变量抽样是一种用来对总体金额得出结论的统计抽样方法。变量抽样通常要回答下列问题：金额是多少？或账户是否存在重大错报？变量抽样在审计中的主要用途是进行细节测试，以确定记录金额是否合理。

一般而言，属性抽样得出的结论与总体发生率有关，而变量抽样得出的结论与总体的金额有关。但有一个例外，即变量抽样中的货币单元抽样，却运用属性抽样的原理得出以金额表示的结论。属性抽样和变量抽样的主要区别如表 5-2 所示。

表 5-2 属性抽样和变量抽样

抽样技术	测试种类	目标
属性抽样	控制测试	估计总体既定控制的偏差率（次数）
变量抽样	细节测试	估计总体总金额或者总体中的错误金额

2. 非统计抽样

不同时具备统计抽样两个基本特征的抽样方法为非统计抽样。统计抽样能够客观地计量抽样风险，并通过调整样本规模精确地控制风险，这是与非统计抽样最重要的区别。不允许计量抽样风险的抽样方法都是非统计抽样，即便注册会计师按照随机原则选取样本项目，或使用统计抽样的表格确定样本规模，如果没有对样本结果进行统计评估，仍然是非统计抽样。注册会计师使用非统计抽样时，也必须考虑抽样风险并将其降至可接受水平，但无法精确地测定抽样风险。

注册会计师在统计抽样与非统计抽样之间进行选择时，主要考虑成本效益。不管是统计抽样，还是非统计抽样，均适用于属性抽样和变量抽样。两种方法都要求注册会计师在设计、选取和评价样本时运用职业判断。如果设计适当，非统计抽样也能提供与统计抽样方法同样有效的结果。另外，对选取的样本项目实施的审计程序通常与使用的抽样方法无关。

（五）抽样风险和非抽样风险

在获取审计证据时，注册会计师应当运用职业判断，评估重大错报风险，并设计进一步审计程序，以将审计风险降至可接受的低水平。在使用审计抽样时，审计风险既可能受到抽样风险的影响，又可能受到非抽样风险的影响。抽样风险和非抽样风险通过影响重大错报风险的评估和检查风险的确定来影响审计风险。

1. 抽样风险

抽样风险，是指注册会计师根据样本得出的结论，可能不同于如果对整个总体实施与样本相同的审计程序得出的结论的风险。抽样风险是由抽样引起的，与样本规模和抽样方法相关。

（1）控制测试中的抽样风险。

控制测试中的抽样风险包括信赖过度风险和信赖不足风险。信赖过度风险是指推断的控制有效性高于其实际有效性的风险。也可以说，信赖过度风险是尽管样本结果支持注册会计师计划信赖内部控制的程度，但实际偏差率不支持该信赖程度的风险。信赖过度风险与审计的效果有关。如果注册会计师评估的控制有效性高于其实际有效性，从而导致评估的重大错报风险水平偏低，注册会计师可能不适当地减少从实质性程序中获取的证据，因此审计的有效性下降。对注册会计师而言，信赖过度风险更容易导致注册会计师发表不恰当的审计意见，因而更应予以关注。

相反，信赖不足风险是指推断的控制有效性低于其实际有效性的风险。也可以说，信赖不足风险是尽管样本结果不支持注册会计师计划信赖内部控制的程度，但实际偏差率支持该信赖程度的风险。信赖不足风险与审计的效率有关。当注册会计师评估的控制有效性低于其实际有效性时，评估的重大错报风险水平高于实际水平，注册会计师可能会增加不必要的实质性程序。在这种情况下，审计效率可能降低。

（2）细节测试中的抽样风险。

在实施细节测试时，注册会计师也要关注两类抽样风险：误受风险和误拒风险。误受风险是指注册会计师推断某一重大错报不存在而实际上存在的风险。例如，账面金额实际上存在重大错报而注册会计师认为其不存在重大错报，这时，注册会计师通常会停止对该账面金额继续进行测试，并根据样本结果得出账面金额无重大错报的结论。与信赖过度风险类似，误受风险影响审计效果，容易导致注册会计师发表不恰当的审计意见，因此注册会计师更应予以关注。

误拒风险是指注册会计师推断某一重大错报存在而实际上不存在的风险。与信赖不足风险类似，误拒风险影响审计效率。例如，账面金额不存在重大错报而注册会计师认为其存在重大错报，这时，注册会计师会扩大细节测试的范围并考虑获取其他审计证据，最终注册会计师会得出恰当的结论。在这种情况下，审计效率可能降低。

无论在控制测试中，还是在细节测试中，抽样风险都可以分为两种类型：一类是影响审计效果的抽样风险，包括控制测试中的信赖过度风险和细节测试中的误受风险；另一类是影响审计效率的抽样风险，包括控制测试中的信赖不足风险和细节测试中的误拒风险。相较于影响审计效率的抽样风险，注册会计师更应关注影响审计效果的抽样风险。

只要使用了审计抽样，抽样风险总会存在。抽样风险与样本规模呈反方向变动：样本规模越小，抽样风险越大；样本规模越大，抽样风险越小。无论是控制测试，还是细节测试，注册会计师都可以通过扩大样本规模降低抽样风险。如果注册会计师对总体中的所有项目都实施检查，就不存在抽样风险，此时审计风险完全由非抽样风险产生。

2. 非抽样风险

非抽样风险，是指注册会计师由于任何与抽样风险无关的原因而得出错误结论的风险。注册会计师即使对某类交易或账户余额的所有项目实施审计程序，也可能不能发现重大错报或控制失效。在审计过程中，可能导致非抽样风险的原因主要包括下列情况。

（1）注册会计师选择了不适合于实现特定目标的审计程序。例如，注册会计师依赖应收账款函证来揭露未入账的应收账款。

（2）注册会计师选择的总体不适合于测试目标。例如，注册会计师在测试销售收入完整性认定时将主营业务收入日记账界定为总体。

（3）注册会计师未能适当地定义误差（包括控制偏差或错报），导致注册会计师未能发现样本中存在的偏差或错报。例如，注册会计师在测试现金支付授权控制的有效性时，未将签字人未得到适当授权的情况界定为控制偏差。

（4）注册会计师未能适当地评价审计发现的情况。例如，注册会计师错误解读审计证据可能导致没有发现误差。注册会计师对所发现误差的重要性的判断有误，从而忽略了影响十分大的误差，可能导致注册会计师得出不恰当的结论。

非抽样风险是由人为因素造成的，虽然难以量化非抽样风险，但通过采取适当的质量控制政策和程序，对审计工作进行适当的指导、监督和复核，仔细设计审计程序以及对审计实务的适当改进，注册会计师可以将非抽样风险降至可接受的水平。

（六）审计抽样在控制测试中的应用

在控制测试中运用的抽样技术，一般是指属性抽样审计方法。所谓属性，是指审计对象总体的质量特征，即被审计业务或被审计内部控制是否遵循了既定的标准及其存在的误差水平。总体的质量特征通常为反映遵循制度规定或要求的相应水平。

在控制测试中，审计抽样过程可以分为样本设计、选取样本和评价样本结果三个阶段。在控制测试中，注册会计师通常需要考虑下列问题。①测试目标和相关认定是什么？②如何定义偏差？③如何定义总体？总体是否完整？从中选取样本的总体与根据样本结果推断特征的总体是否相同？④如何从总体中抽样？包括确定抽样计划、抽样单元和抽样方法。⑤样本规模是多少？⑥如何评价并解释抽样结果？

1. 样本设计阶段

（1）确定测试目标。

注册会计师实施控制测试的目标是提供关于控制运行有效性的审计证据，以支持计划的重大错报风险评估水平。因此，控制测试主要关注：①控制在所审计期间的相关时点是如何运行的；②控制是否得到一贯执行；③控制由谁或以何种方式执行。

注册会计师只有在针对某项认定详细了解控制目标和内部控制政策与程序之后，才能确定从哪些方面获取关于控制是否有效运行的审计证据。

（2）定义总体。

总体，是指注册会计师从中选取样本并期望据此得出结论的整个数据集合。注册会计师在界定总体时，应当确保总体的适当性和完整性。

（3）定义抽样单元。

注册会计师定义抽样单元应与审计测试目标相适应。抽样单元通常是能够提供控制运行证据的一份文件资料、一个记录或其中一行，每个抽样单元构成了总体中的一个项目。在控制测试中，注册会计师应根据被测试的控制定义抽样单元。

（4）定义偏差构成条件。

注册会计师应根据对内部控制的了解，确定哪些特征能够显示被测试控制的运行情况，然后据此定义偏差构成条件。在控制测试中，偏差是指偏离对设定控制的预期执行。在评估控制运行的有效性时，注册会计师应当考虑其认为必要的所有环节。例如，设定的控制要求每笔支付都应附有发票、收据、验收报告和订购单等证明文件，且均盖上"已付"戳记。注册会计师认为盖上"已付"戳记的发票和验收报告足以显示控制的适当运行。在这种情况下，偏差可能被定义为缺乏盖有"已付"戳记的发票和验收报告等证明文件的款项支付。

（5）定义测试期间。

注册会计师通常在期中实施控制测试。由于期中测试获取的证据只与控制截至期中测试时点的运行有关，因此注册会计师需要确定如何获取关于剩余期间的证据。注册会计师可以有两种做法：①将测试扩展至在剩余期间发生的交易，以获取额外的证据；②不将测试扩展至在剩余期间发生的交易。

注册会计师应当获取与控制在剩余期间发生的所有与重大变化的性质和程度有关的证据，包括其人员的变化。如果发生了重大变化，则注册会计师应修正其对内部控制的了解，并考虑对变化后的控制进行测试。或者，注册会计师也可以考虑对剩余期间实施实质性分析程序或细节测试。

2. 选取样本阶段

（1）确定抽样方法。

抽样时，只有从抽样总体中选出具有代表性的样本项目，注册会计师才能根据样本的测试结果推断有关总体的结论。因此，不管使用统计抽样，还是使用非统计抽样，在选取样本项目时，注册会计师都应当使总体中的每个抽样单元有被选取的机会。在统计抽样中，注册会计师有必要使用适当的随机选样方法，例如，简单随机选样或系统随机选样。在非统计抽样中，注册会计师通常使用近似于随机选样的方法，如随意选样。计算机辅助审计技术可以提高抽样的效率。抽样的基本方法包括简单随机选样、系统选样、随意选样和整群选样。

（2）确定样本规模。

样本规模是指从总体中选取样本项目的数量。在审计抽样中，如果样本规模过小，就不能反映出审计对象总体的特征，注册会计师就无法获取充分的审计证据，其审计结论的可靠性就会大打折扣，甚至可能得出错误的审计结论。因此，注册会计师应当确定足够的样本规模，以将抽样风险降至可接受的低水平。相反，如果样本规模过大，则会增加审计工作量，造成不必要的时间和人力上的浪费，加大审计成本，降低审计效率，就会失去审计抽样的意义。在控制测试中，影响样本规模的因素如下。

① 可接受的信赖过度风险。控制测试中的抽样风险包括信赖过度风险和信赖不足风险，其中，信赖过度风险与审计效果有关，信赖不足风险则与审计效率有关。信赖过度风险更容易导致注册会计师发表不恰当的审计意见，因此，在实施控制测试时，注册会计师主要关注信赖过度风险。

可接受的信赖过度风险与样本规模成反向变动。注册会计师愿意接受的信赖过度风险越低，样本规模通常越大。反之，注册会计师愿意接受的信赖过度风险越高，样本规模越小。由于控制测试是控制是否有效运行的主要证据来源，因此，可接受的信赖过度风险应确定在相对较低的水平上。通常，相对较低的水平在数量上是指 5%～10%的信赖过度风险。注册会计师一般将信赖过度风险确定为 10%，特别重要的测试则可以将信赖过度风险确定为 5%。在实务中，注册会计师通常对所有控制测试确定一个统一的可接受的信赖过度风险水平，然后对每一测试根据计划的重大错报风险评估水平和控制有效性分别确定其可容忍偏差率。

② 可容忍偏差率。在控制测试中，可容忍偏差率是指注册会计师设定的偏离规定的内部

控制的比率，注册会计师试图对总体中的实际偏差率不超过该比率获取适当水平的保证。换言之，可容忍偏差率是注册会计师能够接受的最大偏差数量，如果偏差超过这一数量，则注册会计师会减少或取消对内部控制的信赖。

可容忍偏差率与样本规模反向变动。在确定可容忍偏差率时，注册会计师应考虑计划评估的控制有效性。计划评估的控制有效性越低，注册会计师确定的可容忍偏差率通常越高，所需的样本规模就越小。一个很高的可容忍偏差率通常意味着，控制的运行不会大大降低相关实质性程序的程度。在这种情况下，由于注册会计师预期控制运行的有效性很低，特定的控制测试可能不需进行。反之，如果注册会计师在评估认定层次重大错报风险时预期控制的运行是有效的，注册会计师必须实施控制测试。换言之，注册会计师在风险评估时越依赖控制运行的有效性，确定的可容忍偏差率越低，进行控制测试的范围越大，因而样本规模扩大。在实务中，注册会计师通常认为，当偏差率为3%～7%时，控制有效性的估计水平较高；可容忍偏差率最高为20%，偏差率超过20%时，由于估计控制运行无效，所以注册会计师不需进行控制测试。当估计控制运行有效时，如果注册会计师确定的可容忍偏差率较高，就被认为不恰当。表5-3列示了可容忍偏差率与计划评估的控制有效性之间的关系。

表 5-3 可容忍偏差率和计划评估的控制有效性之间的关系

计划评估的控制有效性	可容忍偏差率（近似值，%）
高	3～7
中	6～12
低	11～20
最低	不进行控制测试

③ 预计总体偏差率。对于控制测试，注册会计师在考虑总体特征时，需要根据对相关控制的了解或对总体少量项目的检查来评估预期偏差率。预计总体偏差率与样本规模成同向变动。在既定的可容忍偏差率下，预计总体偏差率不应超过可容忍偏差率，如果预期总体偏差率过高，则意味着控制有效性很低，注册会计师通常会决定不实施控制测试，而实施更多的实质性程序。

④ 总体规模。除非总体非常小，一般而言，总体规模对样本规模的影响几乎为零。注册会计师通常将抽样单元超过2 000个的总体视为大规模总体。对大规模总体而言，总体的实际容量对样本规模几乎没有影响。对小规模总体而言，审计抽样比其他选择测试项目的方法的效率低。

⑤ 其他因素。控制运行的相关期间越长（年或季度），需要测试的样本越多，因为注册会计师需要针对整个拟信赖期间控制的有效性获取证据。控制程序越复杂，测试的样本越多。样本规模还取决于所测试的控制的类型，通常对人工控制实施的测试要多过自动化控制，因为人工控制更容易发生错误和偶然的失败，而针对计算机系统的信息技术一般控制只要有效发挥作用，曾经测试过的自动化控制一般都能保持可靠运行。在确定被审计单位自动控制的测试范围时，如果其运行的信息技术一般控制有效，注册会计师测试一次应用程序控制便可能足以获得对控制有效运行的较高的保证水平。如果所测试的控制包含人工监督和参与（如偏差报告、分析、评估、数据输入、信息匹配等），则通常比自动控制需要测试更多的样本。

表5-4列示了控制测试中影响样本规模的主要因素，并分别说明了这些影响因素在控制测试中的表现形式。

表 5-4 控制测试中影响样本规模的因素

影响因素	与样本规模的关系
可接受的信赖过度风险	反向变动
可容忍偏差率	反向变动

影响因素	与样本规模的关系
预计总体偏差率	同向变动
总体规模	影响很小

（3）针对运行效率较低的内部控制的考虑。某些重要的内部控制并不经常运行，例如银行存款余额调节表的编制可能是按月执行，针对年末结账流程的内部控制则是一年执行一次。注册会计师可以根据表5-5确定所需的样本规模。一般情况下，样本规模接近表5-5中样本数量区间的下限是适当的。如果控制发生变化，或曾经发现控制缺陷，则样本规模更可能接近甚至超过表5-5中样本数量区间的上限。如果拟测试的控制是针对相关认定的唯一控制，则注册会计师往往可能需要测试比表5-5所列更多的样本。

表 5-5 测试运行频率较低的内部控制的有效性

控制运行频率和总体规模	测试的样本数量
1次/季度（4）	2
1次/月度（12）	2～5
1次/半月（24）	3～8
1次/周（52）	5～15

（4）确定样本量。实施控制测试时，注册会计师可能使用统计抽样，也可能使用非统计抽样。在非统计抽样中，注册会计师可以只对影响样本规模的因素进行定性的估计，并运用职业判断确定样本规模。使用统计抽样方法时，注册会计师必须对影响样本规模的因素进行量化，并利用根据统计公式开发的专门的计算机程序或专门的样本量表来确定样本规模。表5-6提供了在控制测试中确定的可接受信赖过度风险为10%时所使用的样本量。如果注册会计师需要其他信赖过度风险水平的抽样规模，必须使用统计抽样参考资料中的其他表格或计算机程序。

注册会计师根据可接受的信赖过度风险选择相应的抽样规模，然后在预计总体偏差率栏找到适当的比率。接下来，注册会计师确定与可容忍偏差率对应的列。可容忍偏差率所在列与预计总体偏差率所在行的交点就是所需的样本规模。例如，注册会计师在对销售循环的内部控制制度进行控制测试时，确定的可信赖程度为95%，预期总体误差为3%，可容忍误差为6%，在表5-6中查得样本数量为195。

表 5-6 95%的可信赖程度下控制测试样本量表

预期总体误差/%	可容忍误差率										
	2%	3%	4%	5%	6%	7%	8%	9%	10%	15%	20%
0.00	149（0）	99（0）	74（0）	59（0）	49（0）	42（0）	36（0）	32（0）	29（0）	19（0）	14（0）
0.25	236（1）	157（1）	117（0）	93（1）	78（1）	66（1）	58（1）	51（1）	46（1）	30（1）	22（1）
0.50	*	157（1）	117（0）	93（1）	78（1）	66（1）	58（1）	51（1）	46（1）	30（1）	22（1）
0.75	*	208（1）	117（0）	93（1）	78（1）	66（1）	58（1）	51（1）	46（1）	30（1）	22（1）
1.00	*	*	156（1）	93（1）	78（1）	66（1）	58（1）	51（1）	46（1）	30（1）	22（1）
1.25	*	*	156（1）	124（2）	78（1）	66（1）	58（1）	51（1）	46（1）	30（1）	22（1）
1.50	*	*	192（3）	124（2）	103（2）	88（2）	77（2）	51（1）	46（1）	30（1）	22（1）
1.75	*	*	227（4）	153（3）	103（2）	88（2）	77（2）	51（1）	46（1）	30（1）	22（1）
2.00	*	*	*	181（4）	127（3）	88（2）	77（2）	68（2）	46（1）	30（1）	22（1）
2.25	*	*	*	208（5）	127（3）	88（2）	77（2）	68（2）	61（2）	30（1）	22（1）
2.50	*	*	*	150（4）	109（3）	77（2）	68（2）	61（2）	30（1）	22（1）

预期总体误差/%	可容忍误差率										
	2%	3%	4%	5%	6%	7%	8%	9%	10%	15%	20%
2.75	*	*	*	*	173（5）	109（3）	95（3）	68（2）	61（2）	30（1）	22（1）
3.00	*	*	*	*	195（6）	129（4）	95（3）	84（3）	61（2）	30（1）	22（1）
3.25	*	*	*	*	*	148（5）	112（4）	84（3）	61（2）	30（1）	22（1）
3.50	*	*	*	*	*	167（6）	112（4）	84（3）	76（3）	30（1）	22（1）
3.75	*	*	*	*	*	185（7）	129（5）	100（4）	76（3）	40（2）	22（1）
4.00	*	*	*	*	*	146（6）	100（4）	89（4）	40（2）	22（1）	
5.00	*	*	*	*	*	*	158（8）	116（6）	40（2）	30（2）	
6.00	*	*	*	*	*	*	*	179（11）	50（3）	30（2）	
7.00	*	*	*	*	*	*	*	*	68（5）	37（3）	

*表示样本规模太大，在大多数情况下不符合成本效益原则。

3. 选取样本并实施审计程序

使用统计抽样或者非统计抽样时，注册会计师可以根据具体情况选择适当的方法选取样本，针对样本项目实施适当的审计程序，以发现并记录样本中存在的控制偏差。

4. 评价样本结果阶段

在完成对样本的测试并汇总控制偏差之后，注册会计师应当评价样本结果，对总体得出结论，即样本结果是否支持计划评估的控制有效性，从而支持计划的重大错报风险评估水平。在此过程中，无论使用统计抽样，还是使用非统计抽样方法，注册会计师都需要运用职业判断。

第三节　审计工作底稿

一、审计工作底稿概述

（一）审计工作底稿的定义

审计工作底稿是审计证据的载体，是指注册会计师对其执行的审计工作所做的完整记录。

审计工作底稿的内容是注册会计师形成审计结论、发表审计意见的直接依据。为了规范我国注册会计师审计工作底稿的编制、复核、使用及保管等工作，中国注册会计师协会起草了《中国注册会计师审计准则第 1131 号——审计工作底稿》，经财政部批准于 2007 年 1 月 1 日予以实施。

（二）审计工作底稿的作用

审计工作底稿是注册会计师在审计业务中普遍使用的专业工具之一。编制或取得审计工作底稿是注册会计师最主要的审计工作之一。审计工作底稿的主要作用表现在以下几个方面。

（1）审计工作底稿是联结整个审计工作的纽带。审计小组一般由多人组成，项目小组内要进行合理地分工，不同的审计程序、不同的会计账项的审计往往由不同人员执行。最终会计师需借助于审计工作底稿，把不同人员的审计工作有机地联结起来，对被审计单位的财务报表发表审计意见。

（2）审计工作底稿提供充分、适当的记录，作为审计报告的基础，是注册会计师形成审计结论、发表审计意见的直接依据。审计结论和审计意见是根据注册会计师获取的各种审计证据，以及注册会计师一系列的专业判断形成的。而注册会计师所收集到的审计证据和所做出的专业判断，都完整地记载于审计工作底稿中。

（3）审计工作底稿是明确注册会计师的审计责任、评价或考核注册会计师专业能力与工作业绩的依据。注册会计师依照规定实施了必要的审计程序，方可解脱或减轻其审计责任。注册会计师专业能力的大小、工作业绩的好坏，主要体现在对审计程序的选择、执行和有关的专业判断上，而注册会计师是否实施了必要的审计程序、审计程序的选择是否合理、专业判断是否准确，都必须通过审计工作底稿来体现和衡量。

（4）审计工作底稿提供证据，证明注册会计师按照规定执行了审计工作，为审计质量控制与质量检查提供了可能。会计师事务所进行审计质量控制，主要是指导和监督注册会计师选择实施审计程序，编制审计工作底稿，并对审计工作底稿进行严格复核。注册会计师协会或其他有关单位依法进行审计质量检查，也主要是对审计工作底稿的检查。因此，没有审计工作底稿，审计质量的控制与检查就无法落到实处。

（5）审计工作底稿对未来的审计业务具有参考、备查作用。审计业务有一定的连续性，同被审计单位前后年度的审计业务具有众多联系或共同点。因此，当年度的审计工作底稿对以后年度审计业务具有很大的参考或备查作用。

（三）审计工作底稿的存在形式

审计工作底稿可以以纸质、电子或其他介质形式存在。审计工作底稿通常包括永久性工作底稿和当期工作底稿。

永久性工作底稿主要是指审计项目管理、被审计单位背景资料和法律事项资料一类的工作底稿，如审计业务约定书原件、董事会成员名单、公司章程、会议记录等。

当期工作底稿主要是指与沟通和报告相关的工作底稿，如审计报告和经审计的财务报表、管理建议书等；审计完成阶段的工作底稿，如管理层声明书原件、核对表、重大事项概要、错报汇总、被审计单位财务报表和试算平衡表等；审计计划阶段工作底稿，如总体审计策略、具体审计计划等；特定项目审计程序表，如持续经营、关联方；进一步审计程序的工作底稿，如进一步程序表、控制测试工作底稿、实质性分析程序和细节测试工作底稿等。

审计工作底稿通常不包括已被取代的审计工作底稿的草稿或财务报表的草稿、反映不全面或初步思考的记录、存在印刷错误或其他错误而作废的文本以及重复的文件记录等。

二、审计工作底稿的要素

通常，审计工作底稿包括下列全部或部分要素。

（1）审计工作底稿的标题。

（2）审计过程记录。

（3）审计结论。

（4）审计标识及其说明。

（5）索引号及编号。

（6）编制者姓名及编制日期。

（7）复核者姓名及复核日期。

（8）其他应说明事项。

（一）审计工作底稿的标题

每张审计工作底稿应当包括被审计单位的名称、审计项目的名称以及资产负债表日或底稿覆盖的会计期间（如果与交易相关）。

（二）记录审计过程

在记录审计过程时，应当特别注意以下几个重点方面。

1. 具体项目或事项的识别特征

在记录实施审计程序的性质、时间安排和范围时，注册会计师应当记录测试的具体项目或事项的识别特征。记录具体项目或事项的识别特征可以实现多种目的，例如，既能反映项目组履行职责的情况，也便于对例外事项或不符事项进行调查，以及对测试的项目或事项进行复核。

识别特征是指被测试的项目或事项表现出的特征或标志。识别特征因审计程序的性质和测试的项目或事项不同而不同。对某一个具体项目或事项而言，其识别特征通常具有唯一性。这种特性可以使其他人员根据识别特征在总体中识别该项目或事项并重新执行该测试。为帮助理解，以下列举部分审计程序中所测试的样本的识别特征。

例如，在对被审计单位生成的订购单进行细节测试时，注册会计师可以以订购单的日期和其唯一编号作为测试订购单的识别特征。

对于需要选取或复核既定总体内一定金额以上的所有项目的审计程序，注册会计师可以记录实施程序的范围并指明该总体。例如，银行存款日记账中一定金额以上的所有会计分录。

对于需要系统化抽样的审计程序，注册会计师可能会通过记录样本的来源、抽样的起点及抽样间隔来识别已选取的样本。例如，若被审计单位对发运单顺序编号，测试的发运单的识别特征可以是对 4 月 1 日至 9 月 30 日的发运记录，从第 12345 号发运单开始每隔 125 号系统抽取发运单。

对于需要询问被审计单位中特定人员的审计程序，注册会计师可能会以询问的时间、被询问人的姓名及职位作为识别特征。

对于观察程序，注册会计师可以以观察的对象或观察过程、相关被观察人员及其各自的责任、观察的地点和时间作为识别特征。

2. 重大事项及相关重大职业判断

注册会计师应当根据具体情况判断某一事项是否属于重大事项。重大事项通常包括如下。

（1）引起特别风险的事项。

（2）实施审计程序的结果，该结果表明财务信息可能存在重大错报，或需要修正以前对重大错报风险的评估和对这些风险拟采取的应对措施。

（3）导致注册会计师难以实施必要审计程序的情形。

（4）导致出具非标准审计报告的事项。

注册会计师应当记录与管理层、治理层和其他人员对重大事项的讨论，包括所讨论的重大事项的性质以及讨论的时间、地点和参加人员。

有关重大事项的记录可能分散在审计工作底稿的不同部分。将这些分散在审计工作底稿中的有关重大事项的记录汇总在重大事项概要中，不仅可以帮助注册会计师集中考虑重大事项对审计工作的影响，还便于审计汇总的复核人员全面、快速地了解重大事项，从而提高复核工作的效率。对于大型、复杂的审计项目，重大事项概要的作用尤为重要。因此，注册会计师编制重大事项概要有利于有效地复核和检查审计工作底稿并评价重大事项的影响。

重大事项概要包括审计过程中识别的重大事项及其如何得到解决，或对其他支持性审计工作底稿的交叉索引。

注册会计师在执行审计工作和评价审计结果时运用职业判断的程度，是决定记录重大事项的审计工作底稿的格式、内容和范围的一项重要因素。注册会计师在审计工作底稿中对重大职业判断进行记录，能够解释注册会计师得出的结论并提高职业判断的水平。这些记录对审计工作底稿的复核人员非常有帮助，同样也有助于执行以后期间审计人员查阅具有持续重要性的事项（如根据实际结果对以前做出的会计估计进行复核）。

当涉及重大事项和重大职业判断时，注册会计师需要编制与运用职业判断相关的审计工作底稿。具体如下。

（1）如果审计准则要求注册会计师"应当考虑"某些信息或因素，并且这种考虑在特定业务情况下是重要的，记录注册会计师得出结论的理由。

（2）记录注册会计师对某些方面主观判断的合理性（如某些重大会计估计的合理性）得出结论的基础。

（3）如果注册会计师针对审计过程中识别出的导致其对某些文件记录的真实性产生怀疑的情况实施了进一步调查（如适当利用专家的工作或实施函证程序），记录注册会计师对这些文件记录真实性得出结论的基础。

3．针对重大事项如何处理不一致的情况

如果识别出的信息与针对某重大事项得出的最终结论不一致，则注册会计师应当记录如何处理不一致的情况。

上述情况包括但不限于注册会计师针对该信息执行的审计程序、项目组成员对某事项的职业判断不同而向专业技术部门的咨询情况，以及项目组成员和被咨询人员不同意见（如项目组与专业技术部门的不同意见）的解决情况。

记录如何处理识别出的信息与针对重大事项得出的结论不一致的情况是非常必要的。这有助于注册会计师关注这些不一致，并对此执行必要的审计程序，以恰当地解决这些不一致。但是，对如何解决这些不一致的记录并不意味着注册会计师需要保留不正确的或被取代的审计工作底稿。如果某些信息初步显示与针对某重大事项得出的最终结论不一致，则注册会计师发现这些信息是错误的或不完整的，并且初步显示的不一致可以通过获取正确或完整的信息得到满意的解决，则注册会计师无须保留这些错误的或不完整的信息。此外，对于职业判断的差异，若初步的判断意见是基于不完整的资料或数据，则注册会计师也无须保留这些初步的判断意见。

（三）审计结论

审计结论，还应包括审计程序识别出的例外情况和重大事项如何得到解决的结论。注册会计师恰当地记录审计结论非常重要。注册会计师需要根据所实施的审计程序及获取的审计证据得出结论，并以此作为对财务报表发表审计意见的基础。在记录审计结论时需注意在审计工作底稿中记录的审计程序和审计证据是否足以支持所得出的审计结论。

（四）审计标识及其说明

审计标识被用于与已实施审计程序相关的底稿。每张底稿都应包含对已实施程序的性质和范围所做出的解释，以支持每一个标识的含义。审计工作底稿中可使用各种审计标识，但应说明其含义，并保持前后一致。

（五）索引号及编号

通常，审计工作底稿需要注明索引号及顺序编号，相关审计工作底稿之间需要保持清晰的勾稽关系。为了汇总及便于交叉索引和复核，每个事务所都会制定特定的审计工作底稿归档流程。每张表或记录都有一个索引号，例如，A1、D6 等，以说明其在审计工作底稿中的放置位置。工作底稿中包含的信息通常需要与其他相关工作底稿中的相关信息进行交叉索引，例如，现金盘点表与列示所有现金余额的导引表进行交叉索引。注册会计师在利用计算机编制工作底稿时，可以采用电子索引和链接。随着审计工作的推进，链接表还可自动更新。例如，审计调整表可以链接到试算平衡表，当新的调整分录编制完后，计算机会自动更新试算平衡表，为相关调整分录插入索引号。同样，评估的固有风险或控制风险可以与针对特定风险领域设计的相关审计程序进行交叉索引。

在实务中，注册会计师可以按照所记录的审计工作的内容层次进行编号。例如，固定资产汇总表的编号为C1，按类别列示的固定资产明细表的编号为C1-1，房屋建筑物的编号为C1-1-1，机器设备的编号为C1-1-2，运输工具的编号为C1-1-3，其他设备的编号为C1-1-4。相互引用时，需要在审计工作底稿中交叉注明索引号。

（六）编制人员和复核人员及执行日期

为了明确责任，在各自完成与特定工作底稿相关的任务之后，编制者和复核者都应在工作底稿上签名并注明编制日期和复核日期。在记录已实施审计程序的性质、时间安排和范围时，注册会计师应当记录如下内容。

（1）测试的具体项目或事项的识别特征。

（2）审计工作的执行人员及完成审计工作的日期。

（3）审计工作的复核人员及复核的日期和范围。

在需要项目质量控制复核的情况下，还需要注明项目质量控制复核人员及复核的日期。通常，每一张审计工作底稿上需注明执行审计工作的人员和复核人员、完成该项审计工作的日期以及完成复核的日期。

在实务中，如果若干页的审计工作底稿记录同一性质的具体审计程序或事项，并且编制在同一个索引号中，则此时可以仅在审计工作底稿的第一页上记录审计工作的执行人员和复核人员并注明日期。例如，应收账款函证核对表的索引号为L3-1-1/21，相对应的询证函回函共有20份，每一份应收账款询证函回函索引号以L3-1-2/21、L3-1-3/21……L3-1-21/21表示，对于这种情况，就可以仅在应收账款函证核对表上记录审计工作的执行人员和复核人员并注明日期。

三、审计工作底稿的归档

《质量控制准则第5101号——会计师事务所对执行财务报表审计和审阅、其他鉴证和相关服务业务实施的质量控制》和《中国注册会计师审计准则第1131号——审计工作底稿》对审计工作底稿的归档做出了具体规定，涉及归档工作的性质和期限、审计工作底稿的保管期限等方面。

（一）审计工作底稿归档工作的性质

在出具审计报告前，注册会计师应完成所有必要的审计程序，取得充分、适当的审计证据并做出适当的审计结论。由此，在审计报告日后，将审计工作底稿归整为最终审计档案是项事务性的工作，不涉及实施的新审计程序或得出的新结论。

注册会计师在归档期间对审计工作底稿做出的事务性的变动主要包括如下。

（1）删除或废弃被取代的审计工作底稿。

（2）对审计工作底稿进行分类、整理和交叉索引。

（3）对审计档案归整工作的完成核对表签字认可。

（4）记录在审计报告日前获取的、与项目组相关成员讨论并达成一致意见的审计证据。

（二）审计档案的结构

对每项具体审计业务，注册会计师应当将审计工作底稿归整为审计档案。以下是典型的审计档案结构。

1. 沟通和报告相关工作底稿

（1）审计报告和经审计的财务报表。

（2）与主审注册会计师的沟通和报告。

（3）与治理层的沟通和报告。

（4）与管理层的沟通和报告。

（5）管理建议书。

2. 审计完成阶段工作底稿

（1）审计工作完成情况核对表。

（2）管理层声明书原件。

（3）重大事项概要。

（4）错报汇总表。

（5）被审计单位财务报表和试算平衡表。

（6）有关列报的工作底稿（如现金流量表、关联方和关联交易的披露等）。

（7）财务报表所属期间的董事会会议纪要。

（8）总结会会议纪要。

3. 审计计划阶段工作底稿

（1）总体审计策略和具体审计计划。

（2）对内部审计职能的评价。

（3）对外部专家的评价。

（4）对服务机构的评价。

（5）被审计单位提交资料清单。

（6）主审注册会计师的指示。

（7）前期审计报告和经审计的财务报表。

（8）预备会会议纪要。

4. 特定项目审计程序表

（1）舞弊。

（2）持续经营。

（3）对法律法规的考虑。

（4）关联方。

5. 进一步审计程序工作底稿

（1）有关控制测试工作底稿。

（2）有关实质性程序工作底稿（包括实质性分析程序和细节测试）。

（三）审计工作底稿归档的期限

《质量控制准则第 5101 号——会计师事务所对执行财务报表审计和审阅、其他鉴证和相关服务业务实施的质量控制》要求会计师事务所制定有关及时完成最终业务档案归整工作的政策和程序。审计工作底稿的归档期限为审计报告日后 60 天内。如果注册会计师未能完成审计业务，审计工作底稿的归档期限为审计业务中止后的 60 天内。

如果针对客户的同一财务信息执行不同的委托业务，出具两个或多个不同的报告，会计师事务所应当将其视为不同的业务，根据会计师事务所内部制定的政策和程序，在规定的归档期限内分别将审计工作底稿归整为最终审计档案。

（四）审计工作底稿归档后的变动

在完成最终审计档案的归整工作后，注册会计师不应在规定的保存期限届满前删除或废弃任何性质的审计工作底稿。

1. 需要变动审计工作底稿的情形

注册会计师发现有必要修改现有审计工作底稿或增加新的审计工作底稿的情形主要有以下两种。

（1）注册会计师已实施了必要的审计程序，取得了充分、适当的审计证据并得出了恰当的审计结论，但审计工作底稿的记录不够充分。

（2）审计报告日后，发现例外情况要求注册会计师实施新的或追加审计程序，或导致注册会计师得出新的结论。例外情况主要是指审计报告日后发现与已审计财务信息相关，且在审计报告已经存在的事实。该事实如果被注册会计师在审计报告日前获知，可能影响审计报告。例如，注册会计师在审计报告日后才获知法院在审计报告日前已对被审计单位的诉讼、索赔事项做出最终判决结果。例外情况可能在审计报告日后发现，也可能在财务报表报出日后发现，注册会计师应当按照《中国注册会计师审计准则第 1332 号——期后事项》有关"财务报表报出后发现的事实"的相关规定，对例外事项实施新的或追加的审计程序。

2. 修改现有审计工作底稿的情形

在完成最终审计档案的归整工作后，如果发现有必要修改现有审计工作底稿或增加新的审计工作底稿，无论修改或增加的性质如何，注册会计师均应当记录下列事项。

（1）修改或增加审计工作底稿的理由。

（2）修改或增加审计工作底稿的时间和人员，以及复核的时间和人员。

（五）审计工作底稿的保存期限

会计师事务所应自审计报告日起，对审计工作底稿至少保存 10 年。如果注册会计师未能完成审计业务，会计师事务所应当自审计业务中止日起，对审计工作底稿至少保存 10 年。

在完成最终审计档案的归整工作后，注册会计师不应在规定的保存期届满前删除或废弃任何性质的审计工作底稿。

 ## 课后训练

一、思考题

1. 如何判断审计证据的可靠性？
2. 属性抽样与变量抽样有什么区别，在审计过程中如何运用？
3. 什么是审计证据？审计证据的来源有哪些？
4. 审计证据如何分类？基本的分类是什么？
5. 如何评价审计证据的充分性？如何评价审计证据的可靠性？
6. 审计证据种类与具体审计目标的关系如何？
7. 审计证据的获取方法有哪些？
8. 为什么审计抽样逐渐被广泛使用？
9. 抽样风险和非抽样风险是如何影响审计工作的？

10. 如何理解可信赖程度与抽样风险？二者关系如何？

二、分析题

审计人员 A 在 B 公司审计货币资金项目时，发现 B 公司在总部和分店均设有出纳部门。为保证库存现金监盘的顺利进行，A 在监盘前一天通知 B 公司的会计主管人员，让其做好监盘准备。考虑到出纳日常的工作安排，A 对总部和分店库存现金的监盘时间分别定在上午 10 点和下午 4 点。出纳把已办妥现金收付手续的交易登入现金日记账，结出现金日记账余额。然后，审计人员 A 当场盘点现金，在与现金日记账核对后填写"库存现金盘点表"，并签字后形成审计工作底稿。

请问：审计人员在审计过程中存在什么问题？

第六章
终结审计与审计报告

 学习目标

- 掌握各种特殊项目的审计程序
- 了解管理层声明书和法律声明书
- 明确出具各种审计意见的条件与要求
- 掌握审计报告的基本内容与基本类型

 关键词

期后事项　审计意见　书面声明　审计报告

引导案例

渝汰白公司的"否定意见"审计报告

1998年上半年，注册会计师在对渝汰白公司1997年财务报表进行审计时，对其持续经营能力产生疑虑，由此出具了我国历史上第一份否定意见的审计报告。这是我国民间审计的一次"质的飞跃"。

重庆渝汰白公司在固定资产交付使用后仍然将应付利息资本化，严重违背了会计准则的相关规定。注册会计师根据职业判断，确定重庆渝汰白公司的会计事项影响了其对财务报表整体的理解，最终出具了我国历史上第一份否定意见的审计报告。

第一节　终结审计

一、终结审计概述

终结审计阶段是审计的最后一个阶段。注册会计师在按照业务循环完成财务报表项目的审计测试和特殊项目审计后，于终结审计阶段汇总审计测试结果，进行更具综合性的审计工作，评价审计过程中的重大发现、错报，考虑持续经营能力、或有事项审计、期后事项及获取管理层书面声明等。基于此，评价审计结果，与被审计单位沟通，确定出具审计报告，终结审计工作。

（一）评价审计中的重大发现

在终结审计阶段，项目合伙人和审计项目组考虑的重大发现和事项如下。

（1）期中复核中的重大发现及其对审计方法的影响。

（2）涉及会计政策的选择、运用和一贯性的重大事项，包括相关披露。

（3）就识别出的重大风险，对审计策略和计划的审计程序所做的重大修正。

（4）在与管理层和其他人员讨论重大发现和事项时得到的信息。

（5）与注册会计师的最终审计结论相矛盾或不一致的信息。

注册会计师在对审计程序进行评价时，应对以下事项进行揭露。

（1）基于审计目标，考虑是否需要对重要性进行修订。

（2）对审计计划程序的重大修改，包括对重大错报风险评估结果的重要调整。

（3）值得关注的内部控制缺陷和其他缺陷。

（4）财务报表本身存在的重大缺陷。

（5）审计项目组内部成员之间，或者项目组与项目质量控制复核人或外部咨询专家之间，就重大会计和审计事项存在的意见分歧。

（6）审计程序实施过程中遇到的重大困难。

（7）审计项目组向内部或者外部咨询的事项。

（8）与管理层或者其他人员就重大发现以及与注册会计师出具的审计报告结论相矛盾的信息进行讨论。

（二）评价审计过程中发现的错报

1. 错报的沟通和更正

注册会计师在发现错报时，需要及时与适当管理层进行沟通，以使适当管理层能够对这些错报进行评价并采取相应的措施，如果存在异议可告知注册会计师。适当管理层是指有责任、有权限对错报进行评价并采取必要行动的管理人员。

在一些情况下，注册会计师向管理层通报的错报可能会受到法律法规的限制。法律法规可能规定注册会计师严禁向管理层通报某些事项，以避免对有关权力机关对怀疑的违法行为展开的调查产生不利影响。因此，注册会计师在发现错报时可以考虑征询法律意见。管理层更正所有错报，包括注册会计师向其通报的错报，能在一定程度上保持会计账簿和会计记录的准确性，降低由于非重大且尚未更正的错报的累积影响超过重要性水平导致财务报表出现重大错报风险。

《中国注册会计师审计准则第 1501 号——对财务报表形成审计意见和出具审计报告》要求注册会计师评价被审计单位的财务报表是否在所有重大方面均按照适用的财务报告基础进行编制。注册会计师需要考虑被审计单位的会计实务的质量，而注册会计师对管理层不更正错报的理由的解读，最终可能会影响其对被审计单位会计实务质量的考量。

2. 评价未更正错报的影响

未更正错报，是指注册会计师在审计过程中累积的且被审计单位未予更正的错报。注册会计师在确定重要性时，通常以被审计单位财务结果的估计为依据，因为此时可能尚不知道实际的财务结果。因此，在评价未更正错报的影响之前，注册会计师可能有必要依据实际的财务结果对重要性进行修改。注册会计师如果在审计过程中获知了某项信息，而若该信息可能导致注册会计师确定与原来不同的财务报表整体重要性或者特定类别交易、账户余额或披露的一个或多个重要性水平，则注册会计师应当修改之前不确定的重要性。因此，注册会计师在评价未更正错报的影响之前，可能已经对重要性或重要性水平（如适用）进行了重大修改。但是，如果注册会计师对重要性或重要性水平（如适用）进行的重新评价导致需要确定较低的金额，则注册会计师应重新考虑实际执行的重要性和进一步审计程序的性质、时间安排和范围的适当性，以获取充分、适当的审计证据，作为发表审计意见的基础。

在某些情况下，即使某些错报低于财务报表整体的重要性，但注册会计师在将与这些错报相关的某些情况，单独或连同在审计过程中累积的其他错报一并考虑时，也可能将这些错报评价为重大错报。下列情况也可能影响注册会计师对错报的评价。

（1）错报对遵守监管要求的影响程度。

（2）错报对遵守债务合同或其他合同条款的影响程度。

（3）错报与会计政策的不正确选择或运用相关，这些会计政策的不正确选择或运用对当期财务报表不产生重大影响，但可能对未来期间财务报表产生重大影响。

（4）错报掩盖收益的变化或其他趋势的程度（尤其是在结合宏观经济背景和行业状况进行考虑时）。

（5）错报对用于评价被审计单位财务状况、经营成果或现金流量的有关比率的影响程度。

（6）错报对财务报表中列报的分部信息的影响程度。例如，错报事项对某一分部或对被审计单位的经营或盈利能力有重大影响的其他组成部分的重要程度。

（7）错报对增加管理层薪酬的影响程度。例如，管理层通过达到有关奖金或其他激励政策规定的要求以增加薪酬。

（8）相对于注册会计师所了解的以前向财务报表使用者传达的信息（如盈利预测），错报是重大的。

（9）错报对涉及特定机构或人员的项目的相关程度。

（10）错报涉及对某些信息的遗漏，尽管适用的财务报告编制基础未对这些信息做出明确规定，但是注册会计师根据职业判断认为这些信息对财务报表使用者了解被审计单位的财务营成果或现金流量是重要的。

（11）错报对其他信息的影响程度，这些信息与已审计财务报表一同披露，并被合理预期可能影响财务报表使用者做出的经济决策。

（三）复核审计工作底稿和财务报表

1. 对财务报表总体合理性进行总体复核

在审计结束或临近结束时，注册会计师对财务报表进行总体复核时需要运用分析程序，以确定经审计调整后的财务报表整体是否与对被审计单位的了解一致，是否具有合理性。

在运用分析程序进行总体复核时，如果识别出以前未识别的重大错报风险，注册会计师应当重新考虑对全部或部分各类别的交易、账户余额、披露评估的风险是否恰当，并在此基础上重新评价之前计划的审计程序是否充分，是否有必要追加审计程序。

2. 复核审计工作底稿

《质量控制准则第 5101 号——会计师事务所对执行财务报表审计和审阅、其他鉴证和相关服务业务实施的质量控制》对会计师事务所业务复核与项目质量控制复核的质量控制制度做出了规定。《中国注册会计师审计准则第 1121 号——对财务报表审计实施的质量控制》对注册会计师执行财务报表审计的复核与审计项目质量控制复核的质量控制程序做出了规定。执行复核是确保注册会计师执业质量的重要手段之一。会计师事务所需要按照《质量控制准则第 5101 号——会计师事务所对执行财务报表审计和审阅、其他鉴证和相关服务业务实施的质量控制》和《中国注册会计师审计准则第 1121 号——对财务报表审计实施的质量控制》的相关规定，结合事务所自身组织架构特点和质量控制体系建设需要，规范相关的质量控制制度和程序，对审计项目复核的级次以及人员、时间、范围和工作底稿记录等做出规定。

（1）项目组内部复核。

① 复核人员。

《质量控制准则第 5101 号——会计师事务所对执行财务报表审计和审阅、其他鉴证和相关服务业务实施的质量控制》规定，会计师事务所在安排复核工作时，应当安排项目组内经验较多的人员复核经验较少的人员的工作。

② 复核范围。

所有的审计工作底稿至少要经过一级复核。执行复核时，复核人员需要考虑的事项包括：审计工作是否已按照职业准则和适用的法律法规的规定执行；重大事项是否已提请进一步考虑；对相关事项是否已进行适当咨询，由此形成的结论是否已得到记录和执行；是否需要修改已执行审计工作的性质、时间安排和范围；已执行的审计工作是否支持形成的结论，并已得到适当记录；已获取的审计证据是否充分、适当；审计程序的目标是否已实现。

③ 复核时间。

项目复核贯穿审计全过程，随着审计工作的开展，复核人员在审计计划阶段、执行阶段和完成阶段及时复核相应的工作底稿。

④ 项目合伙人复核。

项目合伙人应当对会计师事务所分派的每项审计业务的总体质量负责；项目合伙人应当对项目组按照会计师事务所复核政策和程序实施的复核负责。

《注册会计师审计准则第 1121 号——对财务报表审计实施的质量控制》应用指南指出，项目合伙人在审计过程的适当阶段及时实施复核，有助于重大事项在审计报告日之前得到及时、满意的解决。项目合伙人复核的内容包括：对关键领域所做出的判断、特别风险以及项目合伙人认为重要的其他领域。项目合伙人无须复核所有审计工作底稿。《中国注册会计师审计准则第 1131 号——审计工作底稿》要求项目合伙人记录复核的范围和时间。在审计报告日或审计报告日之前，项目合伙人应当通过复核审计工作底稿与项目组讨论，确信已获取充分、适当的审计证据，支持得出的结论和拟出具的审计报告。

（2）项目质量控制复核。

会计师事务所应当规范相关制度和程序，应对特定业务（包括所有上市实体财务报表审计）实施项目质量控制复核，以客观评价项目组做出的重大判断以及在编制报告时得出的结论。会计师事务所应当规范相关制度和程序，以明确项目质量控制复核的性质、时间安排和范围。这些政策和程序应当要求，只有完成项目质量控制复核，才可以签署业务报告。

① 质量控制复核人员。

质量控制复核人员应具备履行职责需要的技术资格，包括必要的经验和权限；在不损害其客观性的前提下，项目质量控制复核人员能够提供业务咨询的程度。会计师事务所在确定质量控制复核人员的资格要求时，需要充分考虑质量控制复核工作的重要性和复杂性，安排经验丰富的注册会计师担任项目质量控制复核人员。

② 质量控制复核范围。

《中国注册会计师审计准则第 1121 号——对财务报表审计实施的质量控制》规定，项目质量控制复核人员应当客观地评价项目组做出的重大判断以及在编制审计报告时得出的结论。评价工作应当涉及下列内容：与项目合伙人讨论重大事项；复核财务报表和拟出具的审计报告；复核选取的与项目组做出的重大判断和得出的结论相关的审计工作底稿；评价在编制审计报告时得出的结论，并考虑拟出具审计报告的恰当性。

③ 质量控制复核时间。

按照《中国注册会计师审计准则第 1501 号——对财务报表形成审计意见和出具审计报告》的规定，审计报告的日期不得早于注册会计师获取充分、适当的审计证据，并在此基础上对财务报表形成审计意见的日期。对于上市实体财务报表审计业务或符合标准需要实施项目质量控制复核的其他业务，这种复核有助于注册会计师确定是否已获取充分、适当的审计证据。项目质量控制复核人员在业务过程中的适当阶段及时实施项目质量控制复核，有助于重大事项在审计报告日之前得到迅速、满意的解决。注册会计师要考虑在审计过程与项目质量复核人员积极协调配合，使其能够及时实施质量控制复核，而非在出具审计报告前才实施复核。

二、考虑持续经营假设

（一）持续经营假设

在激烈竞争的市场经济环境中，很多企业由于缺乏风险意识，在经营中潜伏着严重的财务危机，就会使这些企业面临持续经营问题，并有可能使得为这些企业提供审计的注册会计师遭遇诉讼而陷入困境。因此，注册会计师在审计过程中如何考虑被审计单位的持续经营问题，以提高自身的风险意识及风险防范能力，就显得十分重要。

在编制审计计划，实施审计程序及评价审计结果时，注册会计师应当保持应有的职业谨慎，合理运用专业判断，充分关注可能导致对被审计单位持续经营能力产生重大疑虑的事项或情况。

（二）持续经营能力的审计程序

注册会计师对持续经营能力进行审计所要达到的审计目标一般包括两方面：一是确定被审计单位是否具备持续经营能力；二是根据被审计单位是否具备持续经营能力的情况，确定是否对财务报表项目的分类及计价基础进行调整。持续经营能力的审计程序一般包括如下内容。

1. 关注可能导致对被审计单位持续经营能力产生重大疑虑的事项或情况

注册会计师应当充分关注被审计单位在财务、经营等方面存在的可能导致对其持续经营能力产生重大疑虑的事项或情况，包括财务方面和经营方面导致的重大疑虑。被审计单位除财务、经营方面外，还可能在以下方面存在可能导致注册会计师对其持续经营能力产生疑虑的事项或情况：严重违反有关法律，法规或政策；异常原因导致停工、停产；有关法律、法规或政策的变化可能造成重大不利影响；投资者未履行协议、合同、章程规定的义务，并有可能造成重大不利影响；因自然灾害、战争等不可抗力因素遭受严重损失等。

2. 提请管理层对持续经营能力做出书面评价

当被审计单位存在可能导致对其持续经营能力产生重大疑虑的事项或情况时，注册会计师应当提请管理层对持续经营能力做出书面评价。注册会计师应当充分关注管理层做出评价、依据和拟采取改善措施，以考虑管理层对持续经营能力的评价是否适当。

3. 审阅管理层拟采取的改善措施

注册会计师应当审阅管理层拟采取的改善措施，并考虑对持续经营能力的影响。

4. 判断管理层拟采取的改善措施是否可行

注册会计师应当判断管理层拟采取的改善措施的可行性。

（三）持续经营能力对审计报告的影响

注册会计师应当在实施必要的审计程序后，根据已发现的可能导致对被审计单位持续经营能力产生重大疑虑的事项或情况，考虑其对被审计单位持续经营能力的影响，据以确定对审计报告的影响。

三、或有事项审计

（一）或有事项的含义

或有事项，是指过去的交易或者事项形成的，其结果须由某些未来事件的发生或不发生才能决定的不确定事项。

（二）针对或有事项完整性的审计程序

（1）了解被审计单位与识别或有事项有关的内部控制。

（2）审阅截至审计工作完成日被审计单位历次董事会纪要和股东大会会议记录。

（3）向往来银行函证，或检查借款协议和往来函件，以查找有关票据贴现、背书、应收账款抵借、票据背书和担保。

（4）检查与税务征管机构之间的往来函件和税收结算报告，以确定是否存在税务争议。

（5）向被审计单位的法律顾问和律师进行函证，分析在审计期间发生的法律费用，以确定是否存在未决诉讼、索赔等事项。

（6）获取管理层书面声明，声明其已按照规定，对全部或有事项做了恰当反映。

四、期后事项

（一）期后事项的含义和种类

期后事项是指资产负债表日至审计报告日发生的，以及审计报告日至财务报表公布日发生的对会计报表产生影响的事项。其中，审计报告日是指注册会计师完成审计工作的日期；财务报表公布日指被审计单位对外披露已审计财务报表的日期。

由于期后事项很可能会影响被审计单位会计报表的金额，也可能会改变注册会计师对被审计单位会计报表公允性的意见，所以注册会计师必须对期后事项予以充分关注。影响被审计单位会计报表公允性的期后事项有两类：一是能为资产负债表日已存在情况提供补充证据的事项；二是虽不影响会计报表金额，但可能影响对会计报表正确理解的事项。

◆ 案例6-1

巴克瑞斯建筑公司于1961年申请发行一批可转换信用债券。该事项由毕马威会计公司（以下简称"毕马威"）进行审计。1962年，巴克瑞斯建筑公司破产倒闭，债券购买者控告毕马威存在过失。法院在调查中发现，巴克瑞斯建筑公司的一些会计处理方法不当，流动比率被严重高估，负责检查期后事项的审计经理缺乏客户所在行业的专业知识，也缺乏对审计业务进行监督的经验，未按审计工作方案规定的程序对期后事项进行充分的审查。1968年，法院裁定注册会计师未尽应有的职业谨慎，应赔偿原告的经济损失。此案例推动了美国注册会计师协会发布第47号审计程序公告"期后事项"，以及审计职业界对重要性概念的研究。

---

1. 能为资产负债表日已存在情况提供补充证据的事项

这类事项既能为被审计单位资产负债表日账户余额提供信息，也能为注册会计师核实这些余额提供补充证据。如果这类期后事项的金额重大，则注册会计师应提请被审计单位对年度会计报表及相关账户的余额进行调整。常见的这类事项有：资产负债表日被审计单位认为可以收回的大额应收款项，因资产负债表日后债务人破产而无法收回；被审计单位由于某种原因被起诉，法院于资产负债表日后判决被审计单位赔偿损失；资产负债表日后不久有大批产成品经验收不合格等。

2. 虽不影响会计报表金额，但可能影响对会计报表正确理解的事项

这类事项因不影响会计报表金额，所以不需要调整被审计单位的本期会计报表。但由于可能影响会计报表使用人对被审计单位会计报表的正确理解，因此需要在会计报表附注中予以披露。这类在资产负债表日后发生的，需要在会计报表上披露而非调整的事项主要有：被审计单位发合并、清算等重大事件；发行债券或权益性证券、应付债券提前兑付；所持有的作为短期投资的有价证券的市价严重下跌；由于法律限制或政府禁止导致某种产品无法销售而造成的存货市价下跌；因自然灾害而遭受的大笔损失等。

（二）期后事项的审计程序

对期后事项进行审计所要达到的审计目标是确定期后事项的存在、类型、重要性以及处理是否恰当。因此，在审计报告日之前，注册会计师应当实施必要的审计程序，获取充分、适当的审计证据，以确认期后事项是否发生。如果期后事项确已发生，则注册会计师应当在实施必要的审计程序后，确定期后事项的类型及对会计报表的影响程度，以提请被审计单位予以调整或披露。注册会计师对被审计单位期后事项的审计，可以归结为以下两类基本程序。

1. 结合对会计报表项目实施的实质性测试程序所进行的审计

结合对会计报表实施的实质性测试程序对期后事项进行审计，是会计报表项目审计的一部分，也是进行期后事项审计的一种有效程序。

2. 专为发现所审计会计期间必须弄清的事项另行实施的审计程序

这类审计是专门为获取那些必须并入所审计会计期间的账户余额、发生额或在会计报表附注说明的事项的有关资料而进行的审计，其具体内容如下。

（1）向被审计单位管理层及有关人员询问。

（2）审阅被审计单位资产负债表日后编制的内部报表及其他相关管理报告。

注册会计师审阅的重点是关注其编制基础与所审计期间会计报表是否一致，生产经营结果是否发生重大变化等。

（3）审阅被审计单位资产负债表日后编制的会计记录。

注册会计师应重点检查资产负债表日后的日记账和明细账，从而确定所有与所审计会计期间相关业务的存在及内容。

（4）审阅被审计单位资产负债表日后的有关会议记录。

对资产负债表日后的股东大会，以及董事会和管理层的会议记录，注册会计师应重点检查其中影响所审计期间会计报表的重大期后事项。

（5）取得被审计单位管理层和其律师的声明书。

（6）了解被审计单位管理层确认期后事项的程序。

（三）期后事项对审计报告的影响

1. 资产负债表日至审计报告日发生的期后事项的处理

对于已发现的对会计报表产生重大影响的期后事项，注册会计师应当根据其类型分别做出以下处理：对能为资产负债表日已存在情况提供补充证据的事项，应提请被审计单位调整会计报表；对虽不影响会计报表金额，但可能影响对会计报表正确理解的事项，应提请被审计单位在会计报表有关附注中进行适当披露。如果被审计单位不接受调整或披露建议，注册会计师应当出具保留意见或否定意见的审计报告。

2. 审计报告日至会计报表公布日发生的期后事项的处理

一般来说，注册会计师对期后事项审计时，其应负责任的日期应以审计外勤工作结束日为限。注册会计师没有责任实施审计程序或进行专门询问，以发现审计报告日至会计报表公布日发生的期后事项，但应对其已知悉的期后事项予以关注，并实施相应的审计程序。被审计单位管理层有责任及时向注册会计师告知可能影响会计报表的期后事项。因此，如果注册会计师在审计报告日至会计报表公布日之间获知可能影响会计报表的期后事项，应当及时与被审计单位管理层讨论。必要时，注册会计师还应追加适当的审计程序，以确定期后事项的类型及其对会计报表和审计报告的影响程度。

3. 会计报表公布日后发生的期后事项的处理

如果注册会计师发现公布的已审计会计报表存在重大错报，应当及时采取一定的措施消除可能造成的不良影响，减轻审计责任。一般来说，在会计报表公布日后，注册会计师没有义务对已审计会计报表进行进一步的询问。但如果知悉审计报告日已存在的可能导致修正审计报告的事实，注册会计师应当与被审计单位讨论如何处理，并考虑是否需要修改已审计的会计报表。

如果被审计单位管理层同意修改财务报表，注册会计师应当实施必要的审计程序，审阅管理层采取的措施能否确保所有财务报表使用人了解这一情况，并对修改后的财务报表重新出具审计报告。注册会计师应当在重新出具的审计报告中增加说明段，说明被审计单位修改会计报表的原因以及修正前的审计报告，并提请管理层在会计报表附注中说明修改会计报表的原因。新出具的审计报告日期不应早于管理层签署修改后的财务报表的日期。如果被审计单位管理层没有采取必要的措施以确保所有财务报表使用人了解这一情况，并拒绝按照注册会计师的建议修改会计报表，则注册会计师应当向律师征求意见，采取必要措施以避免财务报表使用人继续依赖原审计报告，并将采取的措施告知管理层。必要时，注册会计师应当告知监管机构。

期后事项分段示意图如图 6-1 所示。

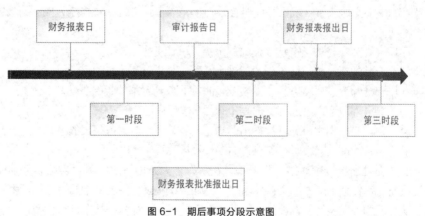

图 6-1　期后事项分段示意图

五、书面声明

注册会计师在执行会计报表审计业务时，在出具审计报告前，应当向被审计单位索取适当的管理层声明，以明确会计责任与审计责任。管理层声明是指被审计单位管理层向注册会计师提供的与会计报表相关的陈述。管理层声明包括书面声明和口头声明，而书面声明通常比口头声明更可靠。注册会计师获取的管理层书面声明通常包括：①管理层直接提供的声明书；②审计人员为正确理解管理层声明所提供的且经管理层确认的函件；③管理层的相关会议记录；④管理层签署的会计报表。

管理层声明书的声明内容应根据审计约定事项的具体情况、会计报表编制基础等确定，通常包括：①已按会计准则的要求编制会计报表，会计报表的真实性、合法性和完整性由被审计单位的管理层负责；②财务会计资料已全部提供给注册会计师审查；③股东大会及董事会的会议记录已全部提供审计人员查阅；④被审计期间的所有交易事项均已入账；⑤关联方交易的有关资料已提交注册会计师审查；⑥期后事项和或有损失均已向注册会计师提供，重大的期后事项和或有损失均已在会计报表中进行相应的调整或披露；⑦对注册会计师在审计过程中提出的所有重大调整事项已进行调整；⑧无违法、违纪、舞弊现象；⑨无蓄意歪曲或粉饰会计报表各项目的金额或分类的情况；⑩无重大的不确定事项；⑪其他需进行声明的事项。需要指出的是，被审计单位管理层声明书是一种非独立来源的书面说明。因此，不能将其视为十分可靠的证据，也不应以其替代能够预期获取的其他审计证据。

注册会计师如果对影响会计报表的重大事项无法实施必要的审计程序，获取充分、适当的审计证据，那么即使取得管理层声明，仍应视为审计范围受到严重限制，并出具保留意见或无法表示意见的审计报告。同样，如果被审计单位管理层拒绝就对会计报表具有重大影响的事项提供必要的书面声明，或拒绝就重要的口头声明予以书面确认，则注册会计师也应将其视为审计范围受到严重限制，并出具保留意见或无法表示意见的审计报告。

第二节 审计报告范式与案例

一、审计报告概述

（一）审计报告的含义

审计报告是指注册会计师根据审计准则的规定，在执行审计工作的基础上，对财务报表发表审计意见的书面文件。审计报告是注册会计师在完成审计工作后向委托人提交的最终产品，具有以下特征。

（1）注册会计师应当按照审计准则的规定执行审计工作。

（2）注册会计师在实施审计工作的基础上才能出具审计报告。

（3）注册会计师通过对财务报表发表意见履行业务约定书约定的责任。

（4）注册会计师应当以书面形式出具审计报告。

注册会计师应当根据由审计证据得出的结论，清楚表达对财务报表的意见。注册会计师在审计报告上签名并盖章，就表明对其出具的审计报告负责。

审计报告是注册会计师对财务报表是否在所有重大方面按照财务报告编制基础编制并实现公允反映发表审计意见的书面文件，因此，注册会计师应当将已审计的财务报表附于审计报告之后，以便于财务报表使用者正确理解和使用审计报告，并防止被审计单位替换、更改已审计的财务报表。

（二）审计报告的作用

注册会计师签发的审计报告，主要具有鉴证、保护和证明三方面的作用。

1. 鉴证作用

注册会计师签发的审计报告，不同于政府审计和内部审计的审计报告。注册会计师以超然独立的第三者身份，对被审计单位财务报表的合法性、公允性发表意见。这种意见，具有鉴证作用，得到了政府、投资者和其他利益相关者的普遍认可。政府有关部门判断财务报表是否合规公允，主要依据注册会计师的审计报告；企业的投资者，主要依据注册会计师的审计报告来判断被投资企业的财务报表是否公允地反映了财务状况和经营成果,以进行投资决策等。

2. 保护作用

注册会计师通过审计,可以对被审计单位财务报表出具不同类型审计意见的审计报告,以提高或降低财务报表使用者对财务报表的信赖程度,能够在一定程度上对被审计单位的债权人和股东以及其他利害关系人的利益起到保护作用。例如,投资者为了减少投资风险,在进行投资之前,需要查阅被投资企业的财务报表和注册会计师的审计报告,了解被投资企业的经营情况和财务状况。

3. 证明作用

审计报告是对注册会计师审计任务完成情况及其结果所做的总结,它可以表明审计工作的质量并明确注册会计师的审计责任。因此,审计报告可以对审计工作质量和注册会计师的审计责任起证明作用。例如,是否以审计工作底稿为依据发表审计意见、发表的审计意见是否与被审计单位的实际情况相一致、审计工作的质量是否符合要求。

注册会计师应当就财务报表是否在所有重大方面按照适用的财务报告编制基础编制并实现公允反映形成审计意见。为了形成审计意见,针对财务报表整体是否不存在由于舞弊或错误导致的重大错报,注册会计师应当得出结论,确定是否已就此获取合理保证。

(三)审计意见的类型

注册会计师的目标是在评价根据审计证据得出的结论的基础上,对财务报表形成审计意见,并通过书面报告的形式清楚地表达审计意见。

如果认为财务报表在所有重大方面按照适用的财务报告编制基础编制并实现公允反映,注册会计师应当发表无保留意见。无保留意见,是指当注册会计师认为财务报表在所有重大方面按照适用的财务报告编制基础编制并实现公允反映时发表的审计意见。

当存在下列情形之一时,注册会计师应当在审计报告中发表非无保留意见。

1. 根据获取的审计证据,得出财务报表整体存在重大错报的结论

为了形成审计意见,针对财务报表整体是否不存在由于舞弊或错误导致的重大错报,注册会计师应当得出结论,确定是否已就此获取合理保证。在得出结论时,注册会计师需要评价未更正错报对财务报表的影响。

错报是指某一财务报表项目的金额、分类、列报或披露与按照适用的财务报告编制基础应当列示的金额、分类、列报或披露之间存在的差异。财务报表的重大错报可能源于以下三个方面。

(1)选择的会计政策的恰当性。

在选择的会计政策的恰当性方面,当出现下列情形时,财务报表可能存在重大错报:①选择的会计政策与适用的财务报告编制基础不一致;②财务报表(包括相关附注)没有按照公允列报的方式反映交易和事项。财务报告编制基础通常包括对会计处理、披露和会计政策变更的要求。如果被审计单位变更了重大会计政策,且没有遵守这些要求,则财务报表可能存在重大错报。

(2)对所选择的会计政策的运用。

在对所选择的会计政策的运用方面,当出现下列情形时,财务报表可能存在重大错报:①管理层没有按照适用的财务报告编制基础的要求一贯运用所选择的会计政策,包括管理层未在不同会计期间或对相似的交易和事项一贯运用所选择的会计政策(运用的一致性);②不当运用所选择的会计政策(如运用中的无意错误)。

（3）财务报表披露的恰当性或充分性。

在财务报表披露的恰当性或充分性方面，当出现下列情形时，财务报表可能存在重大错报：①财务报表没有包括适用的财务报告编制基础要求的所有披露；②财务报表的披露没有按照适用的财务报告编制基础列报；③财务报表没有做出必要的披露。

2. 无法获取充分、适当的审计证据，不能得出财务报表整体不存在重大错报的结论

如果注册会计师能够通过实施替代程序获取充分、适当的审计证据，则无法实施特定的程序并不构成对审计范围的限制。下列情形可能导致注册会计师无法获取充分、适当的审计证据（也称为审计范围受到限制）。

（1）超出被审计单位控制的情形。

（2）与注册会计师工作的性质或时间安排相关的情形：①被审计单位需要使用权益法对联营企业进行核算，使注册会计师无法获取有关联营企业财务信息的充分、适当的审计证据以评价被审计单位是否恰当运用了权益法；②注册会计师接受审计委托的时间安排，使注册会计师无法实施存货监盘；③注册会计师确定仅实施实质性程序是不充分的，但被审计单位的控制是无效的。

（3）管理层施加限制的情形。管理层对审计范围施加的限制致使注册会计师无法获取充分、适当的审计证据的情形。管理层施加的限制可能对审计产生其他影响，如注册会计师对舞弊风险的评估和对业务保持的考虑。

（四）确定非无保留意见的类型

注册会计师确定恰当的非无保留意见类型，取决于下列事项：①导致非无保留意见的事项的性质，是财务报表存在重大错报，还是在无法获取充分、适当的审计证据的情况下，财务报表可能存在重大错报；②注册会计师就导致非无保留意见的事项对财务报表产生或可能产生影响的广泛性做出的判断。

广泛性是描述错报影响的术语，用以说明错报对财务报表的影响，或者由于无法获取充分、适当的审计证据而未发现的错报（如存在）对财务报表可能产生的影响。根据注册会计师的判断，对财务报表的影响具有广泛性的情形包括：①不限于对财务报表的特定要素、账户或项目产生影响；②虽然仅对财务报表的特定要素、账户或项目产生影响，但这些要素、账户或项目是或可能是财务报表的主要组成部分；③当与披露相关时，产生的影响对财务报表使用者理解财务报表至关重要。

表 6-1 展示了导致发表非无保留意见的事项的性质和这些事项对财务报表产生或可能产生影响的广泛性做出的判断，以及注册会计师的判断对审计意见类型的影响。

表 6-1　　　　　　　　　　　　　　审计意见类型

导致发表非无保留意见事项的性质	这些事项对财务报表产生或可能产生影响的广泛性	
	重大但不具有广泛性	重大且具有广泛性
财务报表存在重大错报	保留意见	否定意见
无法获取充分、适当的审计证据	保留意见	无法表示意见

1. 保留意见

（1）在获取充分、适当的审计证据后，注册会计师认为错报单独或汇总起来对财务报表影响重大，但不具有广泛性。

注册会计师在获取充分、适当的审计证据后，只有当认为财务报表就整体而言是公允的，但还存在对财务报表产生重大影响的错报时，才能发表保留意见。如果注册会计师认为错报对财务报表产生的影响极为严重且具有广泛性，则应发表否定意见。因此，保留意见被视为注册会计师在不能发表无保留意见的情况下的最不严厉的审计意见。

（2）注册会计师无法获取充分、适当的审计证据以作为形成审计意见的基础，但认为未发现的错报（如存在）对财务报表可能产生的影响重大，但不具有广泛性。

注册会计师因审计范围受到限制而发表保留意见还是无法表示意见，取决于无法获取的审计证据对形成审计意见的重要性。注册会计师在判断重要性时，应当考虑有关事项潜在影响的性质和范围以及在财务报表中的重要程度。只有当未发现的错报（如存在）对财务报表可能产生的影响重大但不具有广泛性时，注册会计师才能发表保留意见。

2. 否定意见

在获取充分、适当的审计证据后，如果认为错报单独或汇总起来对财务报表的影响重大且具有广泛性，注册会计师应当发表否定意见。

3. 发表无法表示意见

如果无法获取充分、适当的审计证据以作为形成审计意见的基础，但认为未发现的错报（如存在）对财务报表可能产生的影响重大且具有广泛性，注册会计师应当发表无法表示意见。在极其特殊的情况下，可能存在多个不确定事项。即使注册会计师对每个单独的不确定事项获取了充分、适当的审计证据，但由于不确定事项之间可能存在相互影响，以及可能对财务报表产生累积影响，注册会计师不可能对财务报表形成审计意见。在这种情况下，注册会计师应当发表无法表示意见。

在确定非无保留意见的类型时，注册会计师还需注意以下两点。

（1）如果注意到管理层对审计范围施加了限制，且认为这些限制可能导致对财务报表发表保留意见或无法表示意见，注册会计师应当要求管理层消除这些限制。如果管理层拒绝消除限制，除非治理层全部成员参与管理被审计单位，则注册会计师应当就此事项与治理层沟通，并确定能否实施替代程序，以获取充分、适当的审计证据。如果无法获取充分、适当的审计证据，注册会计师应当通过下列方式确定其影响。

① 如果未发现的错报（如存在）可能对财务报表产生的影响重大，但不具有广泛性，应当发表保留意见。

② 如果未发现的错报（如存在）可能对财务报表产生的影响重大且具有广泛性，以至于发表保留意见不足以反映情况的严重性，则注册会计师应当在可行时解除业务约定（除非法律法规禁止）。当然，注册会计师应当在解除业务约定前，与治理层沟通在审计过程中发现的、将会导致发表非无保留意见的所有错报事项；如果在出具审计报告之前解除业务约定被禁止或不可行，应当发表无法表示意见。

（2）如果认为有必要对财务报表整体发表否定意见或无法表示意见，注册会计师不应在同一审计报告中对按照相同财务报告编制基础编制的单一财务报表或者财务报表特定要素、账户或项目发表无保留意见。当然，注册会计师因对经营成果、现金流量发表无法表示意见，而对财务状况发表无保留意见，这种情况可能是被允许的。因为在这种情况下，注册会计师并没有对财务报表整体发表无法表示意见。判断非无保留意见的依据如表 6-2 所示。

表 6-2 　　　　　　　　　　　　　　判断非无保留意见的依据

意见类型	判断意见类型的依据
保留意见	（1）在获取充分、适当的审计证据后，注册会计师认为错报单独或汇总起来对财务报表影响重大，但不具有广泛性 （2）注册会计师无法获取充分、适当的审计证据以作为形成审计意见的基础，但认为发现的错报对财务报表可能产生的影响重大，但不具有广泛性

意见类型	判断意见类型的依据
否定意见	在获取充分、适当的审计证据后，注册会计师认为错报单独或者汇总起来对财务报表影响重大且具有广泛性
无法表示意见	无法获取充分、适当的审计证据以作为形成审计意见的基础，但认为未发现的错报对财务报表可能产生的影响重大且具有广泛性

总之，注册会计师应当按照《中国注册会计师审计准则第 1502 号——在审计报告中发表非无保留意见》的规定，注册会计师应在下列情况下，在审计报告中发表非无保留意见：①根据获取的审计证据，得出财务报表整体存在重大错报的结论；②无法获取充分、适当的审计证据，不能得出财务报表整体不存在重大错报的结论。

如果财务报表没有实现公允反映，注册会计师应当就该事项与管理层讨论，并根据适用的财务报告编制基础的规定和该事项得到解决的情况，决定是否有必要按照《中国注册会计师审计准则第 1502 号——在审计报告中发表非无保留意见》的规定在审计报告中发表非无保留意见。

二、审计报告的基本格式与内容

（一）审计报告的要素

无保留意见审计报告应当包括下列要素：①标题；②收件人；③审计意见；④形成审计意见的基础；⑤管理层对财务报表的责任；⑥注册会计师对财务报表审计的责任；⑦按照相关法律法规的要求报告的事项（如适用）；⑧注册会计师的签名和盖章；⑨会计师事务所的名称、地址和盖章；⑩报告日期。

在适用的情况下，注册会计师还应当按照《中国注册会计师审计准则第 1324 号——持续经营》《中国注册会计师审计准则第 1504 号——在审计报告中沟通关键审计事项》《中国注册会计师审计准则第 1521 号——注册会计师对其他信息的责任》的相关规定，在审计报告中对与持续经营相关的重大不确定性、关键审计事项、被审计单位年度报告中包含的除财务报表和审计报告之外的其他信息进行报告。

（1）标题：审计报告应当具有标题，统一规范为"审计报告"。

（2）收件人：审计报告的收件人是指注册会计师按照业务约定书的要求致送审计报告的对象，一般是指审计业务的委托人。审计报告应当按照审计业务的约定载明收件人的全称。

（3）审计意见：审计意见部分由两部分构成。第一部分指出已审计财务报表，应当包括下列方面：被审计单位的名称；说明财务报表已经审计；指出构成整套财务报表的每一财务报表的名称；提及财务报表附注；指明构成整套财务报表的每一财务报表的日期或涵盖的期间。

第二部分应当说明注册会计师发表的审计意见。如果注册会计师对财务报表发表无保留意见，则除非法律法规另有规定，审计意见应当使用"我们认为，财务报表在所有重大方面按照适用的财务报告编制基础编制，公允反映了……"的措辞。

（4）形成审计意见的基础：审计报告应当包含标题为"形成审计意见的基础"的部分。该部分提供关于审计意见的重要背景，应当紧接在审计意见部分之后，并包括下列方面。

① 说明注册会计师按照审计准则的规定执行了审计工作。

② 提及审计报告中用于描述审计准则规定的注册会计师责任的部分。

③ 声明注册会计师按照与审计相关的职业道德要求对被审计单位保持了独立性，并履行

了职业道德方面的其他责任。

④ 说明注册会计师是否相信获取的审计证据是充分、适当的，为发表审计意见提供了基础。

（5）管理层对财务报表的责任：审计报告应当包含标题为"管理层对财务报表的责任"的部分，其中应当说明管理层在以下方面负有责任。

① 按照适用的财务报告编制基础编制财务报表，使其实现公允反映，并设计、执行和维护必要的内部控制，以使财务报表不存在由于舞弊或错误导致的重大错报。

② 评估被审计单位的持续经营能力和使用持续经营假设是否适当，并披露与持续经营相关的事项。对管理层评估责任的说明应当包括描述在何种情况下使用持续经营假设是适当的。

（6）注册会计师对财务报表审计的责任：审计报告应当包含标题为"注册会计师对财务报表审计的责任"的部分，其中应当包含说明注册会计师的目标是对财务报表整体是否不存在由于舞弊或错误导致的重大错报获取合理保证，并出具包含审计意见的审计报告；说明合理保证是高水平的保证，但按照审计准则执行的审计并不能保证一定会发现；说明错报可能由于舞弊或错误导致。在说明错报可能由于舞弊或错误导致时，注册会计师应当从下列两种做法中选取一种。

① 描述如果合理预期错报单独或汇总起来可能影响财务报表使用者依据财务报表做出的经济决策，则通常认为错报是重大的。

② 根据适用的财务报告编制基础，提供关于重要性的定义或描述。

（7）按照相关法律法规的要求报告的事项：除审计准则规定的注册会计师对财务报表出具审计报告的责任外，相关法律法规可能对注册会计师设定了其他报告责任。例如，注册会计师在财务报表审计中注意到某些事项，可能被要求对这些事项予以报告。此外，注册会计师可能被要求实施额外规定的程序并予以报告，或对特定事项发表意见。

在某些情况下，相关法律法规可能要求或允许注册会计师将对这些其他责任的报告作为对财务报表出具的审计报告的一部分。在另外一些情况下，相关法律法规可能要求或允许注册会计师在单独出具的报告中进行报告。

（8）注册会计师的签名和盖章：审计报告应当由项目合伙人和另一名负责该项目的注册会计师签名和盖章。在审计报告中指明项目合伙人有助于进一步增强对审计报告使用者的透明度，有利于增强项目合伙人的个人责任感。因此，对上市实体整套通用目的财务报表出具的审计报告应当注明项目合伙人。

（9）会计师事务所的名称、地址和盖章：审计报告应当载明会计师事务所的名称和地址，并加盖会计师事务所公章。根据《中华人民共和国注册会计师法》的规定，注册会计师承办业务，由其所在的会计师事务所统一受理并与委托人签订委托合同。因此，审计报告除了应由注册会计师签名和盖章外，还应载明会计师事务所的名称和地址，并加盖会计师事务所公章。注册会计师在审计报告中载明会计师事务所地址时，标明会计师事务所所在的城市即可。在实务中，审计报告通常载于会计师事务所统一印刷的、标有该所详细通讯地址的信笺上，因此，无须在审计报告中注明详细地址。

（10）报告日期：审计报告应当注明报告日期。审计报告日不应早于注册会计师获取充分、适当的审计证据（包括管理层认可对财务报表的责任且已批准财务报表的证据），并在此基础上对财务报表形成审计意见的日期。在确定审计报告日时，注册会计师应当确信已获取下列两方面的审计证据。

① 构成整套财务报表的所有报表（包括相关附注）已编制完成。

② 被审计单位的董事会、管理层或类似机构已经认可其对财务报表负责。

审计报告的日期向审计报告使用者表明，注册会计师已考虑其知悉的、截至审计报告日发生的事项和交易的影响。注册会计师对审计报告日后发生的事项和交易的责任，在《中国注册会计师审计准则第 1332 号——期后事项》中做出了规定。审计报告的日期非常重要。注册会计师对不同时段的财务报表日后事项有着不同的责任，而审计报告的日期是划分时段的关键时点。由于审计意见是针对财务报表发表的，并且编制财务报表是管理层的责任，所以，只有在注册会计师获取证据证明构成整套财务报表的所有报表（包括相关附注）已经编制完成，并且管理层已认可其对财务报表的责任的情况下，注册会计师才能得出已经获取充分、适当的审计证据的结论。

在实务中，注册会计师在正式签署审计报告前，通常把审计报告草稿以及管理层已按审计调整建议修改后的财务报表提交给管理层。如果管理层批准并签署已按审计调整建议修改后的财务报表，注册会计师即可签署审计报告。注册会计师签署审计报告的日期通常与管理层签署已审计财务报表的日期为同一天，或晚于管理层签署已审计财务报表的日期。

在审计实务中，可能发现被审计单位根据法律法规的要求或出于自愿选择，将适用的财务报告编制基础没有要求的补充信息与已审计财务报表一同列报。这种补充信息通常在补充报表中或作为额外的附注进行列示。注册会计师应当评价被审计单位是否清楚地将这些补充信息与已审计财务报表予以区分。如果被审计单位未能清楚区分，则注册会计师应当要求管理层改变未审计补充信息的列报方式。如果管理层拒绝改变，则注册会计师应当在审计报告中说明补充信息未审计。

如果适用的财务报告编制基础没有要求的补充信息且列报方式使其不能清楚地与已审计财务报表予以区分，则这些补充信息应当涵盖在审计意见中。

（二）无保留意见审计报告举例

案例6-2　无保留意见审计报告

审计报告

ABC股份有限公司全体股东：

一、对财务报表出具的审计报告

（一）审计意见

我们审计了ABC股份有限公司（以下简称"ABC公司"）财务报表，包括2018年12月31日的资产负债表和2018年度的利润表、现金流量表、股东权益变动表以及相关财务报表附注。

我们认为，后附的财务报表在所有重大方面按照企业会计准则的规定编制，公允反映了ABC公司2018年12月31日的财务状况以及2018年度的经营成果和现金流量。

（二）形成审计意见的基础

我们按照中国注册会计师审计准则的规定执行了审计工作。审计报告的"注册会计师对财务报表审计的责任"部分进一步阐述了我们在这些准则下的责任。按照中国注册会计师职业道德守则，我们独立于ABC公司，并履行了职业道德方面的其他责任。

我们相信，我们获取的审计证据是充分、适当的，为发表审计意见提供了基础。

（三）关键审计事项

关键审计事项是根据我们的职业判断，认为对本期财务报表审计最为重要的事项。

这些事项是在对财务报表整体进行审计并形成意见的背景下进行处理的，我们不对这些事项提供单独的意见。

（四）管理层和治理层对财务报表的责任

管理层负责按照企业会计准则的规定编制财务报表，使其实现公允反映，并设计、执行和维护必要的内部控制，以使财务报表不存在由于舞弊或错误导致的重大错报。

在编制财务报表时，管理层负责评估ABC公司的持续经营能力，披露与持续经营相关的事项（如适用），并运用持续经营假设，除非计划清算ABC公司、停止营运或别无其他现实的选择。治理层负责监督ABC公司的财务报告过程。

（五）注册会计师对财务报表审计的责任

我们的目标是对财务报表整体是否不存在由于舞弊或错误导致的重大错报获取合理保证，并出具包含审计意见的审计报告。合理保证是高水平的保证，但并不能保证按照审计准则执行的审计在某一重大错报存在时总能发现。错报可能由于舞弊或错误导致，如果合理预期错报单独或汇总起来可能影响财务报表使用者依据财务报表做出的经济决策，则通常认为错报是重大的。

在按照审计准则执行审计的过程中，我们运用了职业判断，保持了职业怀疑。我们同时执行以下工作：

（1）识别和评估由于舞弊或错误导致的财务报表重大错报风险；对这些风险有针对性地设计和实施审计程序；获取充分、适当的审计证据，作为发表审计意见的基础。由于舞弊可能涉及串通、伪造、故意遗漏、虚假陈述或凌驾于内部控制之上，未能发现由于舞弊导致的重大错报的风险高于未能发现由于错误导致的重大错报的风险。

（2）了解与审计相关的内部控制，以设计恰当的审计程序，但目的并非对内部控制的有效性发表意见。

（3）评价管理层选用会计政策的恰当性和做出会计估计及相关披露的合理性。

（4）对管理层使用持续经营假设的恰当性得出结论。同时，根据获取的审计证据，就可能导致对ABC公司持续经营能力产生重大疑虑的事项或情况是否存在重大不确定性得出结论。如果我们得出结论认为存在重大不确定性，审计准则要求我们在审计报告中提请报表使用者注意财务报表中的相关披露；如果披露不充分，我们应当发表非无保留意见。我们的结论基于审计报告日可获得的信息，然而，未来的事项或情况可能导致ABC公司不能持续经营。

（5）评价财务报表的总体列报、结构和内容（包括披露），并评价财务报表是否公允反映相关交易和事项。

我们与治理层就计划的审计范围、时间安排和重大审计发现（包括我们在审计中识别的值得关注的内部控制缺陷）等事项进行沟通。

我们还就遵守关于独立性的相关职业道德要求向治理层提供声明，并就可能被合理认为影响我们独立性的所有关系和其他事项，以及相关的防范措施（如适用）与治理层进行沟通。

从与治理层沟通的事项中，我们确定哪些事项对本期财务报表审计最为重要，因而构成关键审计事项。我们在审计报告中描述这些事项，除非法律法规禁止公开披露这些事项，或在极其罕见的情形下，如果合理预期在审计报告中沟通某事项造成的负面后果超过在公众利益方面产生的益处，我们确定不应在审计报告中沟通该事项。

二、按照相关法律法规的要求报告的事项

……

×××会计师事务所（特殊普通合伙）

（盖章）

中国注册会计师：×××（项目合伙人）

（签名并盖章）

中国注册会计师：××（签名并盖章）

中国·哈尔滨市　　　　　　　　　　2019年2月8日

（三）非无保留意见的审计报告的格式和内容

1. 导致非无保留意见的事项段

（1）审计报告格式和内容的一致性。

如果对财务报表发表非无保留意见，除在审计报告中包含《中国注册会计师审计准则第1501号——对财务报表形成审计意见和出具审计报告》规定的审计报告要素外，注册会计师还应当直接在审计意见段之后增加一个部分，并使用恰当的标题，如"形成保留意见的基础""形成否定意见的基础"或"形成无法表示意见的基础"，说明导致发表非无保留意见的事项。审计报告格式和内容的一致性有助于提高使用者的理解和识别存在的异常情况。因此，尽管不可能统一非无保留意见的措辞和对导致非无保留意见的事项的说明，但仍有必要保持审计报告格式和内容的一致性。

（2）量化财务影响。

如果财务报表中存在与具体金额相关的重大错报，则注册会计师应当在导致非无保留意见的事项段中说明并量化该错报的财务影响。如果无法量化财务影响，则注册会计师应当在审计报告中形成保留或否定或无法表示意见的基础部分说明这一情况。

（3）存在与叙述性披露相关的重大错报。

如果财务报表中存在与叙述性披露相关的重大错报，则注册会计师应当在形成非无保留意见的基础部分解释该错报错在何处。

（4）存在与应披露而未披露信息相关的重大错报。

如果财务报表中存在与应披露而未披露信息相关的重大错报，则注册会计师应当：①与治理层讨论未披露信息的情况；②在形成非无保留意见的基础部分描述未披露信息的性质；③如果可行并且已针对未披露信息获取了充分、适当的审计证据，在形成非无保留意见的基础部分包含对未披露信息的披露，除非法律法规禁止。

（5）无法获取充分、适当的审计证据。

如果因无法获取充分、适当的审计证据而导致发表非无保留意见，注册会计师应当在形成非无保留意见的基础部分说明无法获取审计证据的原因。

（6）披露其他事项。

即使发表了否定意见或无法表示意见，注册会计师也应当在形成非无保留意见的基础部分说明注意到的、将导致发表非无保留意见的所有其他事项及其影响。

2. 审计意见段

（1）标题。

在发表非无保留意见时，注册会计师应当对审计意见段使用恰当的标题，如"保留意见""否定意见"或"无法表示意见"。审计意见段的标题能够使财务报表使用者清楚注册会计师发表了非无保留意见，并能够表明非无保留意见的类型。

（2）发表保留意见。

当财务报表存在重大错报而发表保留意见时，注册会计师应当根据适用的财务报告编制基础在审计意见段中说明："注册会计师认为，除了形成保留意见的基础部分所述事项产生的影响外，财务报表在所有重大方面按照适用的财务报告编制基础编制，并实现公允反映"。当无法获取充分、适当的审计证据而导致发表保留意见时，注册会计师应当在审计意见段中使用"除……可能产生的影响外"等措辞。当注册会计师发表保留意见时，在审计意见段中使用"由于上述解释"或"受……影响"等措辞是不恰当的，因为这些措辞不够清晰或没有足够的说服力。

（3）发表否定意见。

当发表否定意见时，注册会计师应当根据适用的财务报告编制基础在审计意见段中说明："注册会计师认为，由于形成否定意见的基础部分所述事项的重要性，财务报表没有在所有重大方面按照适用的财务报告编制基础编制，未能实现公允反映。"

（4）发表无法表示意见。

当无法获取充分、适当的审计证据而发表无法表示意见时，注册会计师应当在审计意见段中说明：由于形成无法表示意见的基础部分所述事项的重要性，注册会计师无法获取充分、适当的审计证据以为发表审计意见提供基础，因此，注册会计师不对这些财务报表发表审计意见。

（5）非无保留意见对审计报告要素内容的修改。

当发表保留意见或否定意见时，注册会计师应当修改形成无保留意见的基础部分的描述，并说明："注册会计师相信，注册会计师已获取的审计证据是充分、适当的，为发表非无保留意见提供了基础。"当由于无法获取充分、适当的审计证据而发表无法表示意见时，注册会计师应当修改审计报告的意见段，并说明："注册会计师接受委托审计财务报表；注册会计师不对后附的财务报表发表审计意见；由于形成无法表示意见的基础部分所述事项的重要性，注册会计师无法获取充分、适当的审计证据以作为对财务报表发表审计意见的基础。"当注册会计师对财务报表发表无法表示意见时，注册会计师应当修改无保留意见审计报告中形成审计意见的基础部分，不应提及审计报告中用于描述注册会计师责任的部分，也不应说明注册会计师是否已获取充分、适当的审计证据以作为形成审计意见的基础。当注册会计师对财务报表发表无法表示意见时，注册会计师应当修改无保留意见审计报告中注册会计师对财务报表审计的责任部分，使之仅包含下列内容：①注册会计师的责任是按照中国注册会计师审计准则的规定，对被审计单位财务报表执行审计工作，以出具审计报告；②但由于形成无法表示意见的基础部分所述的事项，注册会计师无法获取充分、适当的审计证据以作为发表审计意见的基础；③声明注册会计师在独立性和职业道德方面的其他责任。

（四）非无保留意见的审计报告举例

 案例6-3　非无保留意见的审计报告

审计报告

ABC股份有限公司全体股东：

一、对财务报表出具的审计报告

（一）保留意见

我们审计了ABC股份有限公司（以下简称"ABC公司"）的财务报表，包括2018年12月31日的资产负债表和2018年度的利润表、现金流量表、股东权益变动表以及相关财务报表附注。

我们认为，除"形成保留意见的基础"部分所述事项产生的影响外，后附的财务报表在所有重大方面按照企业会计准则的规定编制，公允反映了ABC公司2018年12月31日的财务状况以及2018年度的经营成果和现金流量。

（二）形成保留意见的基础

ABC公司2018年12月31日资产负债表中存货的列示金额为×元。管理层根据成本对存货进行计量，而没有根据成本与可变现净值孰低的原则进行计量，这不符合企业会计准则的规定。ABC公司的会计记录显示，如果管理层以成本与可变现净值孰低来计量存货，存货列示金额将减少×元。相应地，资产减值损失将增加×元，所得税、净利润和股东权益将分别减少×元、×元和×元。

我们按照中国注册会计师审计准则的规定执行了审计工作。审计报告的"注册会计师对财务报表审计的责任"部分进一步阐述了我们在这些准则下的责任。按照中国注册会计师职业道德守则，我们独立于ABC公司，并履行了职业道德方面的其他责任。我们相信，我们获取的审计证据是充分、适当的，为发表保留意见提供了基础。

（三）关键审计事项

关键审计事项是根据我们的职业判断，认为对本期财务报表审计最为重要的事项。这些事项提供单独的意见。除"形成保留意见的基础"部分所述事项外，我们确定下列事项是需要在审计报告中沟通的关键审计事项。

（四）管理层和治理层对财务报表的责任

管理层负责按照企业会计准则的规定编制财务报表，使其实现公允反映，并设计、执行和维护必要的内部控制，以使财务报表不存在由于舞弊或错误导致的重大错报。

在编制财务报表时，管理层负责评估ABC公司的持续经营能力，披露与持续经营相关的事项（如适用），并运用持续经营假设，除非计划清算ABC公司、停止营运或别无其他现实的选择。治理层负责监督ABC公司的财务报告过程。

（五）注册会计师对财务报表审计的责任

我们的责任是在实施审计工作的基础上对财务报表发表审计意见。除"导致保留意见的事项"所述事项外，我们按照中国注册会计师审计准则的规定执行了审计工作。以对财务报表是否不存在重大错报获取合理保证。

审计工作涉及实施审计程序，以获取有关财务报表金额和披露的审计证据。选择的审计程序取决于注册会计师的判断，包括对由于舞弊或错误导致的财务报表重大错报风险的评估。在进行风险评估时，我们考虑与财务报表编制相关的内部控制，以设计恰当的审计程序，但目的并非对内部控制的有效性发表意见。审计工作还包括评价管理层选用会计政策的恰当性和做出会计估计的合理性，以及评价财务报表的总体列报。

我们相信，我们获取的审计证据是充分的、适当的，为发表审计意见提供了基础。

二、按照相关法律法规的要求报告的事项

……

×××会计师事务所（特殊普通合伙）

（盖章）

中国注册会计师：×××（项目合伙人）

（签名并盖章）

中国注册会计师：××（签名并盖章）

中国·哈尔滨市　　　　　　　　2019年2月8日

一、思考题

1. 什么是审计工作底稿？为什么要编制审计工作底稿？

2. 什么是审计报告？它有什么作用？

3. 简述审计报告的类型。

4. 简述审计报告的编制程序。

5. 出具无保留意见审计报告需要满足什么条件？

6. 注册会计师在什么情况下会出具保留意见的审计报告？

7. 在什么情况下注册会计师应出具带强调事项段的审计报告？

8. 哪些报告属于非无保留意见审计报告？哪些报告属于非标准审计报告？

9. 在被审计单位的财务报表按照适用的财务报告编制基础列报时，审计报告有哪些格式上的要求？

10. 注册会计师对期后事项承担哪些责任？

二、分析题

某公司主要经营牛、猪养殖业务。审计人员对该公司20×7年年度报表进行审计，于20×8年3月15日结束外勤工作，预计3月25日签发审计报告，然而3月18日，新闻报出国内发现"口蹄疫"。该公司存货中除养殖鱼及牧草不受影响外，牛、猪及相关肉类皆在"口蹄疫"侵袭之列，经计算，相关金额为1 400万美元，占总资产的40%，属于重大事项。

请问："口蹄疫"事件对该公司是期后事项还是或有损失？如何在审计报告中表达该事项？

第七章
注册会计师审计

 学习目标

- 理解循环审计的合理性
- 熟悉循环审计的业务流程、主要凭证、内部控制及其测试、主要账户的实质性测试

 关键词

循环审计　内部控制及其测试　实质性测试

📋 **引导案例**

审计揭秘上市公司利润断崖式下滑的隐情

P公司是一家位于某省会城市的机械制造企业，体量庞大，主要生产电机等产品。2012年到2015年，P公司的收入逐年减少，但2012年到2014年利润变化不大，2015年却陡崖式下滑。注册会计师对比了P公司2012年至2015年的财务报表数据，发现2015年营业成本占营业收入的比例明显增加，从80%上升到99%，变化幅度惊人。P公司的销售费用也有些不正常。这家公司销售费用主要是产品运费和销售人员的差旅费，在2015年产品减少的情况下，公司销售费用不降反增。另外，2015年计提存货跌价准备将近1亿元，比以往年度多了几倍。经分析，P公司营业成本和销售费用都很可能存在水分。但鉴于生产制造企业的营业成本核算比较复杂，特别是P公司每个月的主营业务成本是按照不同类型产品采用加权平均法核算，核查起来相对困难，注册会计师决定先从销售费用突破，对照销售费用的明细账，挑选金额比较大的凭证进行抽查。在查到第5笔时，就有了发现：2014年8月的一笔180万元的销售费用，原始凭证中的发票是2013年6月开具的。P公司单单这一个操作，就能虚增公司2013年利润180万元。为查明类似的情况，注册会计师集中对销售费用涉及的凭证进行排查。经过两天忙碌工作，注册会计师统计出P公司2014年销售费用中含有大量2013年的发票，而2015年的销售费用中又含有大量2013年和2014年的发票。通过跨期入账销售费用，P公司多计2013年营业利润3 200万元，多计2014年营业利润2 100万元，少计2015年营业利润5 300万元。2015年财务报表中销售费用1.8亿元，其中30%都是以前年度的。2013年和2014年，P公司每月在确认营业收入时，并没有完全结转营业成本，而是违规滞留在产品和库存商品科目挂账，共计2亿余元。2015年，P公司分月将挂账未转出的成本作为2015年产品的成本结转。到2015年底，对于仍未转出的成本，P公司通过计提存货减值准备的方式进行了核销。注册会计师对财务数据逐月进行了核对，重新计算真实的利润数据，最终得出结论：P公司2013年和2014年共计多计利

润2.6亿元，而2015年少计利润2.6亿元。由于P公司财务数据虚假，其母公司S公司2013年和2014年的利润同样也虚增了2.6亿元。

第一节 销售与收款循环审计

一、销售与收款业务的特点

（一）涉及的主要凭证和会计记录

在内部控制比较健全的企业，典型的销售与收款循环所涉及的主要凭证和会计记录有以下几种。

1. 客户订购单

客户订购单即客户提出的书面购货要求。企业可以通过销售人员或其他途径，如采用电话、信函和向现有的及潜在的客户发送订购单等方式接受订货，取得客户订购单。

2. 销售单

销售单是列示客户所订商品的名称、规格、数量以及其他与客户订购单有关信息的凭证，被作为销售方内部处理客户订购单的依据。

3. 发运凭证（出库单或者提货单）

发运凭证即在发运货物时编制的，用于反映发出商品的规格、数量和其他有关内容的凭据。发运凭证的一联寄送给客户，其余联（一联或数联）由企业保留。这种凭证可作为向客户开具账单的依据。

4. 销售发票

销售发票是一种用来表明已销售商品的规格、数量、价格、销售金额、运费和保险费、开票日期、付款条件等内容的凭证。销售发票的一联寄送给客户，其余联由企业保留。销售发票也是在会计账簿中登记销售交易的基本凭证。

5. 商品价目表

商品价目表是列示已经授权批准的、可供销售的各种商品的价格清单。

6. 贷项通知单

贷项通知单是一种用来表示由于销售退回或经批准的折让而引起的应收销货款减少的凭证。这种凭证的格式通常与销售发票的格式相同，只不过它不是用来证明应收账款的增加，而是用来证明应收账款的减少。

7. 应收账款账龄分析表

公司按月编制的反映月末尚未收回的应收账款数额和账龄。

8. 应收账款明细账

应收账款明细账是用来记录每个客户各项赊销、还款、销售退回及折让的明细账。各应收账款明细账的余额合计数应与应收账款总账的余额相等。

9. 主营业务收入明细账

主营业务收入明细账是一种用来记录销售交易的明细账。它通常记载和反映不同类别产品或劳务的销售总额。

10. 折扣与折让明细账

折扣与折让明细账是一种用来核算企业销售商品时，按销售合同规定为了及早收回货款而给予客户的销售折扣和因商品品种、质量等原因而给予客户的销售折让情况的明细账。当然，企业也可以不设置折扣与折让明细账，而将该类业务记录于主营业务收入明细账。

11．汇款通知书

汇款通知书是一种与销售发票一起寄给客户，由客户在付款时再寄回销售单位的凭证。这种凭证注明客户的姓名、销售发票号码、销售单位开户银行账号以及金额等内容。如果客户没有将汇款通知书随同货款一并寄回，一般应由收受邮件的人员在开拆邮件时再代编一份汇款通知书。采用汇款通知书能使现金立即存入银行，可以改善资产保管的控制。

12．库存现金日记账和银行存款日记账

库存现金日记账和银行存款日记账是用来记录应收账款的收回或现销收入以及其他各种现金、银行存款收入和支出的日记账。

13．坏账审批表

坏账审批表是一种用来批准将某些应收款项注销为坏账的，仅在企业内部使用的凭证。

14．客户月末对账单

客户月末对账单是一种按月定期寄送给客户的用于购销双方定期核对账目的凭证。客户月末对账单上应注明应收账款的月初余额、本月各项销售交易的金额、本月已收到的货款、各贷项通知单的数额以及月末余额等内容。

15．转账凭证

转账凭证是指记录转账业务的记账凭证。它是根据有关转账业务（即不涉及现金、银行存款收付的各项业务）的原始凭证编制的。

16．收款凭证

收款凭证是指用来记录现金和银行存款收入业务的记账凭证。

（二）涉及的主要业务活动

企业的销售与收款循环涉及的主要业务活动包括销售业务、收款业务、销售调整业务等内容，相关流程如图7-1所示。注册会计师了解企业在销售与收款循环中的典型活动，有利于对该业务循环审计工作的开展。

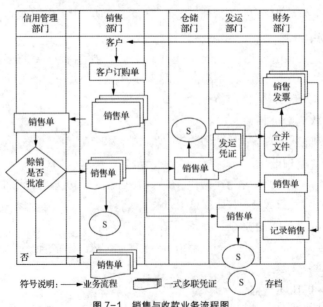

图7-1　销售与收款业务流程图

1. 接受客户订购单

客户提出订货要求是整个销售与收款循环的起点。客户的订购单只有在符合企业管理层的授权标准时，才能被接受。管理层一般都列出了已批准销售的客户名单，销售单管理部门在决定是否同意接受某客户的订单时，应追查该客户是否被列入这张名单。如果该客户未被列入，则通常需要由销售单管理部门的主管来决定是否同意销售。

很多企业在批准了客户订购单之后，下一步就应编制一式多联的销售单。销售单是证明管理层有关销售交易的"发生"认定的凭据之一，也是此笔销售的交易轨迹的起点之一。此外，由于客户订购单也是来自外部的引发销售交易的文件之一，有时也能为有关销售交易的"发生"认定提供补充证据。

2. 批准赊销信用

信用管理部门的职员在收到销售单管理部门的销售单后，应将销售单与该客户已被授权的赊销信用额度以及至今尚欠的账款余额加以比较。企业应对每个新客户进行信用调查，包括获取信用评审机构对客户信用等级的评定报告。无论批准赊销与否，都要求被授权的信用管理部门人员在销售单上签署意见，然后再将已签署意见的销售单送回销售单管理部门。

设计信用批准控制的目的是降低坏账风险，因此，这些控制与应收账款账面余额的"计价和分摊"认定有关。

3. 按销售单供货

企业管理层通常要求商品仓库只有在收到经过批准的销售单时才能供货，设立这项控制程序的目的是为了防止仓库在未经授权的情况下擅自发货。因此，已批准销售单的一联通常应送达仓库，作为仓库按销售单供货和发货给装运部门的授权依据。

4. 按销售单装运货物

将按经批准的销售单供货与按销售单装运货物职责相分离，有助于避免负责装运货物的职员在未经授权的情况下装运产品。此外，装运部门员工在装运之前，还必须进行独立验证，以确定从仓库提取的商品都附有经批准的销售单，并且，所提取商品的内容与销售单一致。

5. 向客户开具账单

开具账单包括编制和向客户寄送事先连续编号的销售发票。这项功能主要针对下列认定。

（1）是否对所有装运的货物都开具了账单（即"完整性"认定）。

（2）是否只对实际装运的货物才开具账单，有无重复开具账单或虚构交易（即"发生"认定）。

（3）是否按已授权批准的商品价目表所列价格计价开具账单（即"准确性"认定）。

为了降低开具账单过程中出现遗漏、重复、错误计价或其他差错的风险，企业应设立以下的控制程序。

（1）开具账单部门职员在编制每张销售发票之前，独立检查是否存在装运凭证和相应的经批准的销售单。

（2）依据已授权批准的商品价目表编制销售发票。

（3）独立检查销售发票计价和计算的正确性。

（4）将装运凭证上的商品总数与相对应的销售发票上的商品总数进行比较。

6. 记录销售

记录销售的控制程序包括以下内容。

（1）只依据附有有效装运凭证和销售单的销售发票记录销售，这些装运凭证和销售单应能证明销售交易的发生及其发生的日期。

（2）控制所有事先连续编号的销售发票。

（3）独立检查已处理销售发票上的销售金额同会计记录金额的一致性。

（4）记录销售的职责应与处理销售交易的其他功能相分离。

（5）对记录过程中所涉及的有关记录的接触予以限制，以减少未经授权批准记录发生。

（6）定期独立检查应收账款的明细账与总账的一致性。

（7）定期向客户寄送对账单，并要求客户将任何例外情况直接向指定的未执行或记录销售交易的会计主管报告。

以上这些控制与"发生""完整性""准确性"以及"计价和分摊"认定有关。

7. 办理和记录现金、银行存款收入

这项功能涉及的是有关货款收回和现金、银行存款增加以及应收账款减少的活动。在办理和记录现金、银行存款收入时，企业最应关心的是货币资金失窃的可能性。货币资金失窃可能发生在货币资金收入登记入账之前或登记入账之后。处理货币资金收入时，企业最重要的是要保证全部货币资金都必须如数、及时地计入库存现金、银行存款日记账或应收账款明细账，并如数、及时地将现金存入银行。在这方面，汇款通知单起着很重要的作用。

8. 办理和记录销售退回、销售折扣与折让

如果客户对商品不满意，则销售企业一般都会同意接受退货，或给予一定的销售折让。如果客户提前支付货款，则销售企业可能会给予一定的销售折扣。发生此类事项时，必须经授权批准并应确保办理此事有关的部门和职员各司其职，分别控制实物流和会计处理。在这方面，严格使用贷项通知单无疑会起到关键的作用。

9. 注销坏账

不管赊销部门的工作如何主动，客户因宣告破产、死亡等原因而不支付货款的事仍时有发生。销售企业若认为某项货款再也无法收回，就必须注销这笔货款。对这些坏账，正确的处理方法应该是获取货款无法收回的确凿证据，经适当审批后及时做出会计调整。

10. 提取坏账准备

坏账准备提取的数额必须能够抵补企业以后无法收回的销货款。

二、销售与收款循环的内部控制和控制测试

在对被审计单位销售与收款交易实施控制测试时，注册会计师应注意以下几点。

（1）注册会计师应把测试重点放在被审计单位是否设计了由人工执行或计算机系统运行的更高水平的调节和比对控制，是否生成例外报告，管理层是否及时调查并采取管理措施，而不是全部只测试员工执行数据输入的预防性控制。

（2）注册会计师应当询问管理层用于监控销售与收款交易的关键业绩指标。

（3）注册会计师应当考虑通过执行分析程序和截止测试，可以对应收账款的存在、准确性和计价等认定获取多大程度的保证。如果能够获得充分保证，则意味着不需要执行大量的控制测试。

（4）如果情况允许并且希望将固有风险和控制风险的组合即重大错报风险评估为低，则注册会计师需要对被审计单位重要的控制，尤其是对易出现高舞弊风险的现金收款和存储的控制的有效运行进行测试。因为这些控制大多采取人工控制。注册会计师主要的审计程序可能包括观察控制的执行，检查每日现金汇总表上是否有执行比对控制的员工的签名，询问针对不一致的情况所采取的措施。

（5）如果注册会计师计划信赖的内部控制是由计算机执行的，那注册会计师就需要就下列事项获取审计证据。

① 相关一般控制的设计和运行的有效性。

② 认定层次控制的特定应用，如收款折扣的计算。

③ 采用人工控制的后续措施，如将打印输出的现金收入日记账与对应的由银行盖章的存款记录进行比对，以及根据银行存款对账单按月调节现金收入日记账。

（6）在控制风险被评估为低时，注册会计师需要考虑评估的控制要素的所有方面和控制测试的结果，以便能够得出这样的结论：控制能够实施有效的管理，并发现、纠正重大错误和舞弊。

如果将固有风险和控制风险评估为中或高，注册会计师可能仅仅需要在对控制活动的处理情况进行询问时记录对控制活动的了解，并检查已实施控制的相关证据。

（7）如果在期中实施了控制测试，注册会计师应当在年末审计时选择项目测试控制在剩余期间的运行情况，以保证控制在整个会计期间持续运行有效。

（8）控制测试所使用的审计程序的类型主要包括询问、观察、检查、重新执行和穿行测试等，注册会计师应当根据特定控制的性质选择所需实施审计程序的类型。

（一）销售交易的内部控制与控制测试

销售交易的控制目标、关键内部控制和测试如表 7-1 所示。

表 7-1　　　　　　　　　　销售交易的控制目标、关键内部控制和测试一览表

内部控制目标	关键内部控制	常用的控制测试	常用的交易实质性程序
登记入账的销售交易确系已经发货给真实的客户（发生）	（1）销售交易是以经过审核的发运凭证以及经过批准的客户订购单为依据登记入账的 （2）在发货前，客户的赊购已经被授权批准 （3）每月向客户寄送对账单，对客户提出的意见做专门追查	（1）检查销售发票副联是否附有发运凭证（或提货单）及销售单（或客户订购单） （2）检查客户的赊购是否授权批准 （3）询问是否寄发对账单，并检查客户回函档案	（1）复核主营业务收入总账、明细账以及应收账款明细账中的大额或异常项目 （2）追查主营业务收入明细账中的分录至销售单、销售发票副联及发运凭证 （3）将发运凭证与存货永续记录中的发运记录进行核对
所有销售交易均已登记入账（完整性）	（1）发运凭证（或提货单）均经事先编号并已经登记入账 （2）销售发票均经事先编号，并已登记入账	（1）检查发运凭证连续编号的完整性 （2）检查销售发票连续编号的完整性	将发运凭证与相关的销售发票和主营业务收入明细账中的分录进行核对
登记入账的销售数量确系已发货的数量，已正确开具账单并登记入账（计价和分摊）	（1）销售价格、付款条件、运费和销售折扣的确定已经适当的授权批准 （2）由独立的人员对销售发票的编制作内部核查	（1）检查销售发票是否经适当的授权批准 （2）检查有关凭证的内部核查标记	（1）复算销售发票上的数据 （2）追查主营业务收入明细账中的分录至销售发票 （3）追查销售发票上的详细信息至发运凭证、经批准的商品价目表和客户订购单
销售交易的分类恰当（分类）	（1）采用适当的会计科目表 （2）内部复核和检查	（1）检查会计科目表是否恰当 （2）检查有关凭证上内部复核和核查的标记	检查证明销售交易分类正确的原始证据
销售交易的记录及时（截止）	（1）采用尽量能在销售发生时开具收款账单和登记入账的控制方法 （2）每月末由独立人员对销售部门的销售记录、发运部门的发运记录和财务部门的销售交易入账情况作内部核查	（1）检查尚未开具收款账单的发货和尚未登记入账的销售交易 （2）检查有关凭证上内部核查的标记	比较核对销售交易登记入账的日期与发运凭证的日期

内部控制目标	关键内部控制	常用的控制测试	常用的交易实质性程序
销售交易已经正确的计入明细账，并经正确的汇总（准确性、计价和分摊）	（1）每月定期给客户寄送对账单 （2）由独立人员对应收账款明细账做出内部核查 （3）将应收账款明细账余额合计数与其总账余额进行比较	（1）观察对账单是否已经寄出 （2）检查内部核查标记 （3）检查将应收账款明细账余额合计数与其总账余额进行比较的标记	将主营业务收入明细账加总，追查其至总账的过账

销售交易的内部控制要点包括以下内容。

1. 适当的职责分离

销售与收款业务相关职责适当分离的基本要求通常包括以下内容。

（1）单位应当将办理销售、发货、收款三项业务的部门（或岗位）分别设立。

（2）单位在销售合同订立前，应当指定专门人员就销售价格、信用政策、发货及收款方式等具体事项与客户进行谈判。谈判人员至少应有两人以上，并与订立合同的人员相分离。

（3）编制销售发票通知单的人员与开具销售发票的人员应相互分离。

（4）销售人员应当避免接触销售现款。

（5）单位应收票据的取得和贴现必须经由保管票据以外的主管人员的书面批准。

2. 恰当的授权审批

对于授权审批问题，注册会计师应当关注以下四个关键点上的审批程序。

（1）在销售发生之前，赊销已经正确审批。

（2）非经正当审批，不得发出货物。

（3）销售价格、销售条件、运费、折扣等必须经过审批。

（4）审批人应当根据销售与收款授权批准制度的规定，在授权范围内进行审批，不得超越审批权限。

对于超过企业既定销售政策和信用政策规定范围的特殊销售交易，企业应当进行集体决策。前两项控制的目的在于防止企业因向虚构的或者无力支付货款的客户发货而蒙受损失。价格审批控制的目的在于保证销售交易按照企业定价政策规定的价格开票收款。对授权审批范围设定权限的目的在于防止因审批人决策失误而造成严重损失。

3. 充分的凭证和记录

只有具备充分的记录手续，才有可能实现其他各项控制目标。例如，企业在收到客户订货单后，就立即编制一份预先编号的一式多联的销售单，分别用于批准赊销、审批发货、记录发货数量以及向客户开具账单和销售发票等。在这种制度下，只要定期清点销售单和销售发票，漏开账单的情形几乎就不太会发生。

4. 凭证的预先编号

对凭证预先进行编号，旨在防止销售以后忘记向客户开具账单或登记入账，也可防止重复开具账单或重复记账。当然，如果对凭证的编号不进行清点，预先编号就会失去其控制意义。由收款员对每笔销售开具账单后，将发运凭证按顺序归档，而由另一位职员定期检查全部凭证的编号，并调查凭证缺号的原因，就是实施这项控制的一种方法。

5. 按月寄出对账单

由不负责现金出纳和销售及应收账款记账的人员按月向客户寄发对账单，能促使客户在发现应付账款余额不正确后及时反馈有关信息。为了使这项控制更加有效，企业最好将账户余额中出现的所有核对不符的账项，指定一位不掌管货币资金也不记录主营业务收入和应收账款账目的主管人员处理，然后由独立人员按月编制对账情况汇总报告并交管理层审阅。

6. 内部核查程序

内部审计人员或其他人员检查销售交易的处理和纪录，是实现内部控制目标所不可缺少的一项控制措施。具体的内部核查程序如表 7-2 所示。

表 7-2 销售交易的内部核查程序

内部控制目标	内部核查程序举例
登记入账的销售交易是真实的	检查登记入账的销售交易所附的佐证凭证，例如发运凭证等
销售交易均经适当审批	了解客户的信用情况，确定是否符合企业的赊销政策
所有销售交易均已登记入账	检查发运凭证的连续性，并将其与主营业务收入明细账核对
登记入账的销售交易金额准确	检查会计记录中的数据以验证其正确性
登记入账的销售交易分类恰当	比较核对登记入账的销售交易原始凭证和会计科目表
销售交易的记录及时	检查开票员所保管的未开票发运凭证，确定是否存在未在恰当期间及时开票的发运凭证

（二）收款交易的内部控制控制测试

收款交易的内部控制要点主要包括以下内容。

（1）企业应按照《现金管理暂行条例》《支付结算办法》等规定，及时办理销售收款业务。

（2）企业应将销售收入及时入账，不得账外设账，不得擅自坐支现金。销售人员应当避免接触销售现款。

（3）企业应当建立应收账款账龄分析制度和逾期应收账款催收制度；销售部门应当负责应收账款的催收；财会部门应当督促销售部门加紧催收；对催收无效的逾期应收账款可通过法律程序予以解决。

（4）企业应当按客户设置应收账款台账，及时登记每一客户应收账款余额增减变动情况和信用额度使用情况。对长期往来客户应当建立起完善的客户资料，并对客户资料实行动态管理，及时更新。

（5）企业对于可能成为坏账的应收账款应当报告有关决策机构，由其进行审查，确定是否确认为坏账。对于发生的各项坏账，企业应查明原因，明确责任，并在履行规定的审批程序后做出会计处理。

（6）对于注销的坏账，企业应当进行备查登记，做到账销案存。已注销的坏账又收回时应当及时入账，防止形成账外款。

（7）企业应收票据的取得和贴现必须经由保管票据以外的主管人员的书面批准。应有专人保管应收票据，对于即将到期的应收票据，应及时向付款人提示付款。已贴现票据应在备查簿中登记，以便日后追踪管理，并应制定逾期票据的冲销管理程序和逾期票据追踪监控制度。

（8）企业应当定期与往来客户通过函证等方式核对应收账款、应收票据、预收款项等往来款项。如有不符，应查明原因，及时处理。

收款交易的控制目标、关键内部控制和测试如表 7-3 所示。

表 7-3　　　　　　　　收款交易的控制目标、关键内部控制和测试一览表

内部控制目标	关键内部控制	常用控制测试	常用实质性程序
登记入账的现金收入确实为企业已经实际收到的现金（存在或发生）	（1）现金折扣必须经过适当的审批手续 （2）定期盘点现金与账面余额	（1）观察 （2）检查是否定期盘点，检查盘点记录 （3）检查现金折扣是否经过恰当的审批	（1）盘点库存现金，如与账面数额存在差异，分析差异原因 （2）检查现金收入的日记账、总账和应收账款明细账的大额项目与异常项
收到的现金收入已全部登记入账（完整性）	（1）现金出纳与现金记账的职务分离 （2）每日及时记录现金收入 （3）定期盘点现金并与账面金额核对 （4）定期向客户寄送对账单 （5）现金收入记录的内部复核	（1）观察 （2）检查是否存在未入账的现金收入 （3）检查是否定期盘点，检查盘点记录 （4）检查是否向客户寄送对账单，了解是否定期实行 （5）检查复核标记	（1）现金收入的截止测试 （2）盘点库存现金，如与账面数额存在差异，分析差异原因 （3）抽查客户对账单并与账面金额核对
每月核对实际收到的现金和登记入账和现金是否相符（计价与分摊）	（1）定期取得银行对账单 （2）编制银行存款余额调节表 （3）定期与客户对账	（1）检查银行对账单 （2）检查银行存款余额调节表	检查调节表中未达账项的真实性以及资产负债日后的进账情况
现金收入在资产负债表中披露正确（列报）	现金日记账和总账的登记职责分离	观察	

三、销售与收款交易的实质性程序

（一）销售与收款交易的实质性分析程序

通常，注册会计师在对交易和余额实施细节测试前实施实质性分析程序，符合成本效益原则。销售与收款交易和相关余额的实质性分析程序如下。

（1）识别需要运用实质性分析程序的账户余额和交易。通常需要运用分析程序的是销售交易、收款交易、营业收入项目和应收账款项目。

（2）确定期望值（主要针对营业额、毛利率和应收账款等的预期）。

（3）确定可接受的差异额（首先应当确定管理层使用的关键业绩指标，并考虑这些指标的适当性和监督过程）。

（4）识别需要进一步调查的差异并调查异常数据关系，具体包括如下内容。

① 观察月度销售记录趋势，与往年或预算比较，任何异常波动都必须与管理层讨论。

② 将销售毛利率与以前年度和预算相比较。

③ 计算应收账款周转率，并与以前年度相比较（未预期的差异可能由很多因素引起，包括未记录销售、虚构销售记录或截止问题）。

④ 检查异常销售，对临近年末的异常销售记录更应当加以注意。

（5）调查重大差异并做出判断。

（6）评价分析程序结果。

（二）销售交易的细节测试

1. 登记入账的销售交易是真实的

对这一目标，注册会计师一般关心三类错误的可能性：一是未曾发货却已将销售交易登记

入账；二是销售交易重复入账；三是向虚构的客户发货，并作为销售交易登记入账。前两类错误可能是有意的，也可能是无意的，而第三类错误肯定是有意的。不难想象，将不真实的销售登记入账的情况虽然极少，但其后果却很严重，因为这会导致高估资产和收入。

（1）针对未曾发货却已将销售交易登记入账这类错误的可能性，注册会计师可以从主营业务收入明细账中抽取若干笔分录，追查有无发运凭证及其他佐证，借以查明有无事实上没有发货却已登记入账的销售交易。如果注册会计师对发运凭证等的真实性也有怀疑，就可能有必要再进一步追查存货的永续盘存记录，测试存货余额有无减少。

（2）针对销售交易重复入账这类错误的可能性，注册会计师可以通过检查企业的销售交易记录清单以确定是否存在重号、缺号。

（3）针对向虚构的客户发货并作为销售交易登记入账这类错误发生的可能性，注册会计师应当检查主营业务收入明细账中与销售分录相应的销货单，以确定销售是否履行赊销批准手续和发货审批手续。

检查上述三类高估销售错误的可能性的另一种有效办法是追查应收账款明细账中贷方发生额的记录。如果应收账款最终得以收回或者由于合理的原因收到退货，则记录入账的销售交易一开始通常是真实的。如果贷方发生额是注销坏账，或者直到审计时所欠货款仍未收回，就必须详细追查相应的发运凭证和客户订货单等，因为这些迹象都说明可能存在虚构的销售交易。

2. 已发生的销售交易均已登记入账

如果内部控制不健全，比如被审计单位没有执行由发运凭证追查至主营业务收入明细账这一独立内部核查程序，就有必要实施交易实质性程序。

从发货部门的档案中选取部分发运凭证，并追查至有关的销售发票副本和主营业务收入明细账，是测试未开票的发货的一种有效程序。为使这一程序成为一项有意义的测试，注册会计师必须能够确信全部发运凭证均已归档，这一点可以通过检查凭证的编号顺序来查明。

由原始凭证追查至明细账与从明细账追查至原始凭证是有区别的：前者用来测试遗漏的交易（"完整性"目标），后者用来测试不真实的交易（"发生"目标）。

设计发生目标和完整性目标的审计程序时，确定追查凭证的起点即测试的方向很重要。在测试其他目标时，方向一般无关紧要。例如，测试交易业务计价的准确性时，可以由销售发票追查发运凭证，也可以反向追查。

3. 登记入账的销售交易均经正确计价

销售交易计价的准确性包括：按订货数量发货，按发货数量准确地开具账单以及将账单上的数额准确地计入会计账簿。对这三个方面，每次审计中一般都要实施实质性程序，以确保其准确无误。

通常的做法是，以主营业务收入明细账中的会计分录为起点，将所选择的交易业务的合计数与应收账款明细账和销售发票存根进行比较核对。销售发票存根上所列的单价，通常还要与经过批准的商品价目表进行比较核对，其金额小计和合计数也要进行复算。发票中列出的商品的规格、数量和客户代号等，则应与发运凭证进行比较核对。另外，往往还要审核客户订货单和销售单中的同类数据。

4. 登记入账的销售交易分类恰当

销售分类恰当的测试一般可与计价准确性测试一并进行，注册会计师可以通过审核原始凭证确定具体交易业务的类别是否恰当，并以此与账簿的实际记录做比较。

5. 销售交易的记录及时

在执行计价准确性实质性测试程序的同时，一般要将所选取的提货单或其他发运凭证的日期与相应的销售发票存根、主营业务收入明细账和应收账款明细账上的日期进行比较。如果有重大差异，就可能存在销售截止期限上的错误。

6. 销售交易已经正确地计入明细账并经正确汇总

应收账款明细账的记录若不正确，将影响被审计单位收回应收账款的能力，因此，将全部赊销业务正确地计入应收账款明细账极为重要。同理，为保证财务报表准确，主营业务收入明细账必须正确地加总并过入总账。在多数审计中，通常都要加总主营业务收入明细账数，并将加总数和一些具体内容分别追查至主营业务收入总账和应收账款明细账或现金、银行存款日记账等测试方法，以检查在销货过程中是否存在有意或无意的错报问题。

四、营业收入的实质性程序

（一）营业收入的审计目标

营业收入的审计目标通常包括下列内容。

（1）利润表中记录的营业收入已发生，且与被审计单位有关。（发生）

（2）所有应当记录的营业收入均已记录。（完整性）

（3）与营业收入有关的金额及其他数据已恰当记录。（准确性）

（4）营业收入已记录于正确的会计期间。（截止）

（5）营业收入已记录于恰当的账户。（分类）

（6）营业收入已按照企业会计准则的规定在财务报表中做出恰当的列报。（列报）

（二）主营业务收入的实质性程序

（1）取得或编制主营业务收入明细表，复核加计是否正确，并与总账数和明细账合计数核对是否相符。结合其他业务收入科目与报表数核对是否相符。检查以非记账本位币结算的主营业务收入的折算汇率及折算是否正确。

（2）查明主营业务收入的确认条件、方法是否符合企业会计准则，前后期是否一致。关注周期性、偶然性的收入是否符合既定的收入确认原则、方法。

（3）必要时实施实质性分析程序，针对已识别需要运用分析程序的有关项目，并基于对被审计单位及其环境的了解，通过进行以下比较，同时考虑有关数据间关系的影响，以建立有关数据的期望值。

① 将本期的主营业务收入与上期的主营业务收入、销售预算或预测数等进行比较，分析主营业务收入及其构成的变动是否异常，并分析异常变动的原因。

② 计算本期重要产品的毛利率，与上期或预算或预测数据比较，检查是否存在异常，各期之间是否存在重大波动，查明原因。

③ 比较本期各月各类主营业务收入的波动情况，分析其变动趋势是否正常，是否符合被审计单位季节性、周期性的经营规律，查明异常现象和重大波动的原因。

④ 将本期重要产品的毛利率与同行业企业进行对比分析，检查是否存在异常。

⑤ 根据增值税发票申报表或普通发票，估算全年收入，与实际收入金额比较。

（4）获取产品价格目录，抽查售价是否符合价格政策，并注意销售给关联方或关系密切的重要客户的产品价格是否合理，有无以低价或高价结算的方法相互之间转移利润的现象。

（5）抽取本期一定数量的销售发运凭证，审查存货出库日期、品名、数量等是否与销售发票、销售合同、记账凭证等一致。

（6）抽取本期一定数量的记账凭证，审查入账日期、品名、数量、单价、金额等是否与销售发票、发运凭证、销售合同等一致。

（7）结合对应收账款实施的函证程序，选择主要客户函证本期销售额。

（8）结合出口销售审查，应当将销售记录与出口报关单、货运提单、销售发票等出口销售单据进行核对，必要时向海关函证。

（9）实施销售的截止测试。

① 选取资产负债表日前后若干天一定金额以上的发运凭证，与应收账款和收入明细账进行核对。同时，从应收账款和收入明细账选取在资产负债表日前后若干一定金额以上的凭证，与发运凭证核对，以确定销售是否存在跨期现象。

② 复核资产负债表日前后销售和发货水平，确定业务活动水平是否异常，并考虑是否有必要追加截止测试程序。

③ 取得资产负债表日后所有的销售退回记录，检查是否存在提前确认收入的情况。

④ 结合对资产负债表日应收账款的函证程序，检查有无未取得对方认可的大额销售。

⑤ 调整重大跨期销售。

注册会计师在实施销售的截止测试时，应把握的要点如表7-4所示。

表 7-4　　　　　　　　　　　实施销售的截止测试时的要点

截止测试的目的——会计记录归属期是否正确	
截止测试的三个关键日期，检查三个日期是否归属于同一适当会计期间	（1）发票开具日期或者收款日期
	（2）记账日期
	（3）发货日期（服务业则是提供劳务的日期）
截止测试的三条审查线路	线路1：以账簿记录为起点，防止多计主营业务收入
	线路2：以销售发票为起点，防止少计主营业务收入。具体做法是抽取在资产负债表日前后使用的若干张发票存根，追查至发运凭证和账簿记录，查明有无漏记收入现象
	线路3：以发运凭证为起点，防止少计主营业务收入

◇ 案例7-1　销售收入审计案例

（一）案例线索

注册会计师李文对A公司20××年度的销售收入进行分析性复核时，发现本年度的销售收入比上年明显减少，李文觉得A公司的销售收入的真实性值得怀疑。于是，李文抽查了9月、12月相关的会计凭证，发现其原始凭证中有销货发票的记账联，而记账凭证中反映的是"应付账款"，共计120万元。针对这种情况，李文询问了有关的当事人，并向应付账款的对方企业函证，结果发现A公司是将企业正常的销售收入反映在"应付账款"中，作为其他企业的暂存款处理。

李文对此业务展开如下审计处理。

（1）扩大抽查原始凭证的比例，检查其他月份是否存在将正常销售收入反映在"应付账款"中的事项。

（2）提请被审计单位做相应的会计调整，并调整会计报表相关的数额。

（3）如果被审计单位拒绝接受调整，则把查证金额与重要性水平相比，选择相应的审计报告的类型。

（二）案例分析

注册会计师在审计销售收入时，要关注被审计单位是否少计或多计销售收入。

一般情况下，企业少计销售收入的途径有下列情形。

（1）将正常的销售收入反映在"应付账款"中，作为其他企业的暂存款处理，将记账联单独存放，造成当期收入减少，达到少缴税的目的。此案例A公司就是如此。

（2）对已实现的销售收入不确认或延期确认。

（3）以"应收账款"或"银行存款"账户与"库存商品"相对应，直接抵减"库存商品"或"产成品"，从而少计收入。

（4）虚增销售退回，即销售退回仅用红字借记"应收账款"、贷记"产品销售收入""应交税费——应交增值税（销项税额）"，记账凭证后面没有红联销售发票、销售退回单、商品验收单等原始凭证等。

有下列情形会导致企业多计销售收入。

（1）把没有实现的销售提前确认销售收入。

（2）虚构销售业务，等次年作退货处理，虚构收入等。

（3）母子公司或关联企业之间在年底互开发票，虚构收入等。

注册会计师一般要实施顺查或逆查的方法查证这些事项，并提请被审计单位予以纠正，否则，发表保留意见或否定意见的审计报告。

五、应收账款的实质性程序

应收账款指企业因销售商品、提供劳务而形成的债权，即由于企业销售商品、提供劳务等原因，应向购货客户或接受劳务的客户收取的款项或代垫的运杂费，是企业的债权性资产。

（一）应收账款审计目标

（1）资产负债表中记录的应收账款是存在的。（存在）

（2）所有应当记录的应收账款均已记录。（完整性）

（3）记录的应收账款由被审计单位拥有或控制。（权利和义务）

（4）确定应收账款是否可收回，坏账准备的计提方法和比例是否恰当，计提是否充分。确定应收账款及其坏账准备期末余额是否正确。（计价和分摊）

（5）应收账款已按照企业会计准则的规定在财务报表中做出恰当列报。（列报）

（二）应收账款的实质性程序

1. 取得或编制应收账款明细表

（1）取得或编制应收账款明细表，复核加计是否正确，并与总账数和明细账合计数核对是否相符。结合坏账准备科目与报表数核对是否相符。应当注意，应收账款报表数反映企业因销售商品、提供劳务等应向购货单位收取的各种款项，减去已计提的相应的坏账准备后的净额。

（2）检查非记账本位币应收账款的折算汇率及折算是否正确。注册会计师应检查被审计单位外币应收账款的增减变动是否采用交易发生日的即期汇率将外币金额折算为记账本位币金额，或者采用按照系统合理的方法确定的、与交易发生日即期汇率近似的汇率折算，选择采用汇率的方法前后各期是否一致。期末外币应收账款余额是否采用期末即期汇率折合为记账本位币金额。折算差额的会计处理是否正确。

（3）分析有贷方余额的项目。查明原因，必要时，建议做重分类调整。

（4）结合其他应收款、预收款项等往来项目的明细余额，调查有无同一客户多处挂账、异常余额或与销售无关的其他款项（如代销账户、关联方账户或员工账户）。如有，应做出记录，必要时提出调整建议。

2. 检查涉及应收账款的相关财务指标

（1）复核应收账款借方累计发生额与主营业务收入是否配比，并将当期应收账款借方发生额占销售收入净额的百分比与管理层考核指标比较，如存在差异应查明原因。

（2）计算应收账款周转率、应收账款周转天数等指标，并与被审计单位以前年度指标、同行业同期相关指标对比分析，检查是否存在重大异常。

3. 分析应收账款账龄

（1）获取或编制应收账款账龄分析表，了解应收账款的可收回性。

（2）测试应收账款账龄分析表计算的准确性，并将应收账款账龄分析表中的合计数与应收账款总分类账余额相比较，并调查重大调节项目。

（3）检查原始凭证，测试账龄核算的准确性。

4. 向债务人函证应收账款

函证是应收账款的一个非常重要的程序。函证应收账款的目的在于证明应收账款余额的真实性、正确性，防止或发现被审计单位在销售业务中发生错误和舞弊。注册会计师应考虑被审计单位经营环境、内部控制有效性、应收账款账户的性质，回函的可能性等多重因素，确定应收账款函证的范围、对象、方式和时间。应收账款函证的基本要点如表 7-5 所示。

表 7-5   应收账款函证的要点

函证的范围和对象（除特殊情况，否则，应当函证）	函证数量的多少、范围的影响因素	应收账款在全部资产中的重要性
		被审计单位内部控制的强弱
		以前期间的函证结果
	一般情况下函证对象	应收账款在全部资产中的重要性
		被审计单位内部控制的强弱
		以前期间的函证结果
		大额或账龄较长的项目
		与债务人发生纠纷的项目
		关联方项目
		主要客户项目
		交易频繁但期末余额较小甚至为零的项目
		非正常的项目
函证方式	积极的函证方式	也可将两种方式结合使用
	消极的函证方式	
函证时间	发函的最佳时间应是与资产负债表日接近的时间，在资产负债表日后适当时间内实施函证	
函证控制	注册会计师应当对确定需要确认或填列的信息、选择适当的被询证者、设计询证函以及发出和跟进（包括收回）询证函保持控制	
不符事项处理	收回的询证函若有差异，注册会计师要进行分析，查找原因	
函证结果的总结和评价	注册会计师应重新考虑：对内部控制的原有评价是否适当；控制测试的结果是否适当；分析程序的结果是否适当；相关的风险评价是否适当等	
	如果函证结果表明没有审计差异，合理地推论，全部应收账款总体是正确的	
	如果函证结果表明存在审计差异，注册会计师则应当估算应收账款总额中可能出现的累计差错是多少，估算未被选中进行函证的应收账款的累计差错是多少。为取得对应收账款累计差错更加准确的估计，也可以进一步扩大函证范围	

5. 确定已收回的应收账款金额

请被审计单位协助，在应收账款明细表上标出至审计时已收回的应收账款金额，对已收回金额较大的款项进行常规检查，如核对收款凭证、银行对账单、销货发票等，并审计凭证发生日期的合理性，分析收款时间是否与合同相关要素一致。

6. 对未函证应收账款实施替代审计程序

通常，注册会计师不可能对所有应收账款进行函证，因此，对未函证应收账款，注册会计师应抽查有关原始凭证，如销售合同、销售订购单、销售发票副本、发运凭证及回款单据等，以验证与其相关的应收账款的真实性。

7. 检查坏账的确认和处理

首先，注册会计师应检查有无债务人破产或者死亡的，以及破产或以遗产清偿后仍无法收回的，或者债务人长期未履行清偿义务的应收账款。其次，注册会计师应检查被审计单位坏账的处理是否经授权批准，有关会计处理是否正确。

8. 抽查有无不属于结算业务的债权

不属于结算业务的债权，不应在应收账款中进行核算。因此，注册会计师应抽查应收账款明细账，并追查有关原始凭证，查证被审计单位有无不属于结算业务的债权。如有，应建议被审计单位进行适当调整。

9. 检查贴现、质押或出售

检查银行存款和银行借款等询证函的回函、会议纪要、借款协议和其他文件，确定应收账款是否已被质押或出售，应收账款贴现业务是否满足金融资产转移终止确认条件，其会计处理是否正确。

10. 对应收账款实施关联方及其交易审计程序

标明应收关联方[包括持股5%以上(含5%)股东]的款项，实施关联方及其交易审计程序，并注明合并报表时应予抵销的金额。对关联企业、有密切关系的主要客户的交易事项进行专门核查。

◆ 案例7-2 应收账款审计案例

（一）案例线索

注册会计师李文负责审计甲公司应收账款，审计中发现A公司欠款2 000万元，其经济内容为货款，账龄已超过2年。由于A公司是甲公司的投资方（A公司投资为4 000万元），李文认为需要加倍关注。为此，李文实施了以下审计程序。

（1）向A公司发出询证函。

（2）查阅甲公司和A公司签章确认的购货合同、经甲公司管理当局批准的发货凭证和A公司的收货验收证明等。

（3）评价A公司偿付货款的能力。

（二）案例分析

（1）在确认这项2 000万元的应收账款时，由于A公司是投资方，所以首先李文要确认A公司所欠甲公司的款项是否为正常商业信用。如果A公司确实与甲公司有货款往来关系，则李文下一步需要对应收账款项目的存在性和所有权归属予以确认，设计函证程序或替代性审计程序确认其存在性，如查验有无对方出具的具有法律效力的书面文件或对方的收货验收证明、运输部门出具的合法运输凭证或近期的双方对账记录等。最后，李文还要通过观察近期还款情况和了解对方现金流量及财务状况，确认其可收回性。即使李文确认了A公司与甲公司之间的往来款项属于正常结算债权债务关系，也要注意甲公司是否在财务报表附注中适当披露此关联业务。

（2）李文如果不能取得被审计单位提供的A公司正常偿付货款的有效文件，则应根据职业判断，考虑甲公司与A公司之间是否已有抽走投资资金的默契。审计人员应根据其具体情况和数额的大小，选择发表适当的审计意见。

六、坏账准备的实质性程序

（1）取得或编制坏账准备明细表，复核加计是否正确，与坏账准备总账数、明细账合计数核对是否相符。

（2）将应收账款坏账准备本期计提数与资产减值损失相应明细项目的发生额核对是否相符。

（3）检查应收账款坏账准备计提和核销的批准程序，取得书面报告等证明文件，评价坏账准备所依据的资料、假设及方法。

企业应根据所持应收账款的实际可收回情况，合理计提坏账准备，不得多提或少提，否则应视为滥用会计估计，按照重大会计差错更正的方法进行会计处理。

对于单项金额重大的应收账款，企业应当单独进行减值测试，如有客观证据证明其已发生减值，应当计提坏账准备。对于单项金额不重大的应收账款，企业可以单独进行减值测试，或包括在具有类似信用风险特征的应收账款组合中进行减值测试。此外，单独测试未发生减值的应收账款，应当包括在具有类似信用风险特征的应收账款组合中再进行减值测试。

采用账龄分析法时，收到债务单位当期偿还的部分债务后，对于剩余的应收账款，企业不应改变其账龄，仍应按原账龄加上本期应增加的账龄确定。在存在多笔应收账款且各笔应收账款账龄不同的情况下，当收到债务单位当期偿还的部分债务时，企业应当逐笔认定收到的是哪一笔应收账款。如果确实无法认定，则企业应按照先发生先收回的原则确定，剩余应收账款的账龄按上述同一原则确定。

（4）实际发生坏账损失的，检查转销依据是否符合有关规定，会计处理是否正确。对于被审计单位在被审期间内发生的坏账损失，注册会计师应检查其原因是否清楚，是否符合有关规定，有无授权批准，有无已做坏账处理后又重新收回的应收账款，相应的会计处理是否正确。

（5）已经确认并转销的坏账重新收回的，检查其会计处理是否正确。

（6）检查函证结果。对债务人回函中反映的例外事项及存在争议的余额，注册会计师应查明原因并做记录。必要时，注册会计师应建议被审计单位考虑是否存在坏账可能以及是否需要做相应的调整。

（7）实施分析程序。注册会计师通过计算坏账准备余额占应收账款余额的比例并和以前期间的相关比例比较，评价应收账款坏账准备计提的合理性。

（8）注册会计师应确定应收账款坏账准备的披露是否恰当。企业应当在财务报表附注中清晰地说明坏账的确认标准、坏账准备的计提方法和计提比例。

第二节 采购与付款循环审计

采购是企业生产经营的起点，既是企业的"实物流"的重要组成部分，又与"资金流"密切关联。众所周知，采购物资的质量和价格、供应商的选择、采购合同的订立、物资的运输、验收等供应链状况，在很大程度上决定了企业的生存与可持续发展。

一、采购与付款循环的特点

（一）涉及的主要凭证和会计记录

采购与付款交易通常要经过请购、订货、验收程序。典型的采购与付款循环所涉及的主要凭证和会计记录有以下几种。

1. 请购单

请购单是由产品制造、资产使用等部门的有关人员填写，送交采购部门，申请购买商品、劳务或其他资产的书面凭证。

2. 订购单

订购单是由采购部门填写，向另一企业购买订购单上所指定的商品、劳务或其他资产的书面凭证。

3. 验收单

验收单是收到商品、资产时所编制的凭证，列示从供应商处收到的商品、资产的种类和数量等内容。

4. 卖方发票

卖方发票是供应商开具的，交给买方以载明发运的货物或提供的劳务、应付款金额和付款条件等事项的凭证。

5. 付款凭单

付款凭单是采购方企业的应付凭单部门编制的，载明已收到的商品、资产或接受的劳务、应付款金额和付款日期的凭证。付款凭单是采购方企业内部记录和支付负债的授权证明文件。

6. 转账凭证

转账凭证是指记录转账交易的记账凭证。它是根据有关转账交易（即不涉及库存现金、银行存款收付的各项交易）的原始凭证编制的。

7. 付款凭证

付款凭证包括现金付款凭证和银行存款付款凭证，是指用来记录库存现金和银行存款支出交易的记账凭证。

8. 应付账款明细账

应付账款是指企业因购买商品、接受劳务而形成的债务。

9. 库存现金日记账和银行存款日记账

库存现金日记账与银行存款日记账应做到借贷发生额及余额核对相符。

10. 供应商对账单（回忆销售与收款循环的对账单）

供应商对账单是由供应商按月编制的，标明期初余额、本期购买、本期支付给供应商的款项和期末余额的凭证。供应商对账单是供应商对有关交易的陈述，如果不考虑买卖双方在收发货物上可能存在的时间差等因素，其期末余额通常应与采购方相应的应付账款期末余额一致。

（二）涉及的主要业务活动

采购与付款循环从请购单开出，经过订货、签订合同、验收、确认债务、付款等环节。采购与付款循环业务活动流程如图 7-2 所示。

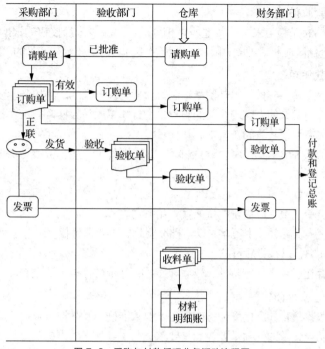

图 7-2　采购与付款循环业务活动流程图

1. 请购商品和劳务

仓库负责对需要购买的已列入存货清单的项目填写请购单，其他部门也可以对所需要购买的未列入存货清单的项目编制请购单。由于企业内不少部门都可以填列请购单，可能不便事先编号，因此，为加强控制，每张请购单必须经过对这类支出预算负责的主管人员签字批准。请购单是证明有关采购交易的"发生"认定的凭据之一，也是采购交易轨迹的起点。

2. 编制订购单

采购部门在收到请购单后，只能对经过批准的请购单发出订购单。对每张订购单，采购部门应确定最佳的供应来源。对一些大额、重要的采购项目，应采取竞价方式来确定供应商，以保证供货的质量、及时性和成本的低廉。

采购部门应在订购单上正确填写所需要的商品品名、数量、价格、厂商名称和地址等，预先予以顺序编号并经过被授权的采购人员签名。采购部门应将正联送交供应商，将副联则送至企业内部的验收部门、应付凭单部门和编制请购单的部门。随后，采购部门应独立检查订购单的处理，以确定是否确实收到商品并正确入账。这项检查与采购交易的"完整性"认定有关。

3. 验收商品

有效的订购单代表企业已授权验收部门接受供应商发运来的商品。验收部门首先应比较所收商品与订购单上的要求是否相符，如商品的品名、摘要、数量、到货时间等，然后再盘点商品并检查商品有无损坏。

验收后，验收部门应对已收货的每张订购单编制一式多联、预先按顺序编号的验收单，作为验收和检验商品的依据。验收人员将商品送交仓库或其他请购部门时，应取得经过签字的收据，或要求仓库或其他请购部门的验收员在验收单的副联上签收，以确立他们对所采购的资产应负的保管责任。验收入员还应将其中的一联验收单送交应付凭单部门。

验收单是支持资产或费用以及与采购有关的负债的"存在或发生"认定的重要凭证。定期独立检查验收单的顺序以确定每笔采购交易都已编制凭单，则与采购交易的"完整性"认定有关。

4. 储存已验收的商品

将已验收商品的保管与采购的其他职责相分离，可减少未经授权的采购和盗用商品的风险。存放商品的仓储区应相对独立，限制无关人员接近。这些控制与商品的"存在"认定有关。

5. 编制付款凭单

记录采购交易之前，应付凭单部门应编制付款凭单。这项功能的控制主要包括下列内容。

（1）确定供应商发票的内容与相关的验收单、订购单的一致性。

（2）确定供应商发票计算的正确性。

（3）编制有预先编号的付款凭单，并附上支持性凭证（如订购单、验收单和供应商发票等）。

（4）独立检查付款凭单计算的正确性。

（5）在付款凭单上填入应借记的资产或费用账户名称。

（6）由被授权人员在凭单上签字，以示批准照此凭单要求付款。所有未付凭单的副联应保存在未付凭单档案中，以待日后付款。

这些控制与存在、发生、完整性、权利和义务、计价和分摊等认定有关。

6. 确认与记录负债

正确确认已验收货物和已接受劳务的债务，要求准确、及时地记录负债。

应付账款确认与记录的一项重要控制是要求记录现金支出的人员不得经手现金、有价证券和其他资产。

7. 付款

通常是由应付凭单部门负责确定未付凭单在到期日付款。企业有多种款项结算方式，以支票结算方式为例，编制和签署支票的有关控制包括以下内容。

（1）独立检查已签发的支票的总额与所处理的付款凭单的总额的一致性。

（2）应由被授权的财务部门的人员负责签署支票。

（3）被授权签署支票的人员应确定每张支票都附有一张已经适当批准的未付款凭单，并确定支票收款人姓名和金额与凭单内容的一致。

（4）支票一经签署，相关人员就应以在支票凭单和支持性凭证上用加盖印戳或打洞等方式将其注销：以免重复付款。

（5）支票签署人不应签发无记名甚至空白的支票。

（6）支票应预先连续编号，保证支出支票存根的完整性和作废支票处理的恰当性。

（7）应确保只有被授权的人员才能接近未经使用的空白支票。

8. 记录现金、银行存款支出

以记录银行存款支出为例，有关控制包括以下内容。

（1）会计主管应独立检查计入银行存款日记账和应付账款明细账的金额的一致性，以及与支票汇总记录的一致性。

（2）通过定期比较银行存款日记账记录的日期与支票副本的日期，独立检查入账的及时性。

（3）独立编制银行存款余额调节表。

二、采购与付款循环的内部控制和控制测试

（一）采购与付款业务的主要风险

采购与付款业务的主要风险存在于下列方面。

（1）采购计划安排不合理，市场变化趋势预测不准确，造成库存短缺或积压，可能导致企业生产停滞或资源浪费。

（2）供应商选择不当，采购方式不合理，招投标或定价机制不科学，授权审批不规范，可能导致采购物资质次价高，出现舞弊或遭受欺诈。

（3）采购验收不规范，付款审核不严，可能导致采购物资、资金损失或信用受损。

采购与付款业务不相容职责至少包括：请购与审批；询价与确定供应商；采购合同的订立与审批；采购与验收；采购、验收与相关会计记录；付款审批与付款执行。

（二）采购交易的控制目标、内部控制和测试

采购交易的控制目标、内部控制和测试如表 7-6 所示。

表 7-6　　　　　　　　　　采购交易的控制目标、内部控制和测试一览表

内部控制目标	关键内部控制	常用的控制测试	常用的交易实质性程序
所记录的采购都确已收到商品或已接受劳务（存在）	（1）请购单、订购单、验收单和卖方发票一应俱全，并附在付款凭单后 （2）采购经适当管理层批准 （3）注销凭证以防止重复使用 （4）对卖方发票、验收单、订购单和请购单作内部核查	（1）查验付款凭单后是否附有完整的相关单据 （2）检查批准采购的标记 （3）检查注销凭证的标记 （4）检查内部核查的标记	（1）复核采购明细账、总账及应付账款明细账，注意是否有大额或不正常的金额 （2）检查卖方发票、验收单、订购单和请购单的合理性和真实性 （3）追查存货的采购至存货永续盘存记录 （4）检查取得的固定资产
已发生的采购交易均已记录（完整性）	（1）订购单均经事先连续编号并将已完成的采购登记入账 （2）验收单均经事先连续编号并已登记入账 （3）应付凭单均经事先连续编号并已登记入账	（1）检查订购单连续编号的完整性 （2）检查验收单连续编号的完整性 （3）检查应付凭单连续编号的完整性	（1）从验收单追查至采购明细账 （2）从卖方发票追查至采购明细账
所记录的采购交易估价正确（准确性、计价和分摊）	（1）对计算准确性进行内部核查 （2）采购价格和折扣的授权批准	（1）检查内部核查的标记 （2）检查批准采购价格和折扣的标记	（1）将采购明细账中记录的交易同卖方发票、验收单和其他证明文件比较 （2）复算包括折扣和运费在内的卖方发票填写金额的准确性
采购交易的分类正确（分类）	（1）采用适当的会计科目表 （2）分类的内部核查	（1）检查工作手册和会计科目表 （2）检查有关凭证上内部核查的标记	参照卖方发票，比较会计科目表上的分类
采购交易按正确的日记记录（截止）	（1）要求收到商品或接受劳务后及时记录采购交易 （2）内部核查	（1）检查工作手册并观察有无未记录的卖方发票存在 （2）检查内部核查的标记	将验收单和卖方发票上的日期与采购明细账中的日期进行比较
采购交易被正确计入应付账款和存货等明细账中，并正确汇总（准确性、计价和分摊）	应付账款明细账内容的内部核查	检查内部核查的标记	通过加计采购明细账、追查过入采购总账和应付账款、存货明细账的数额是否正确，用于测试过账和汇总的正确性

（三）采购业务内部控制要点

（1）采购业务应当集中，避免多头采购或分散采购。企业应对办理采购业务的人员定期进行岗位轮换。对于重要和技术性较强的采购业务，企业应当组织相关专家进行论证，实行集体决策和审批。企业除小额零星物资或服务外，不得安排同一机构办理采购业务全过程。

（2）企业应建立采购申请制度，依据购买物资或接受劳务的类型，确定归口管理部门，授予相应的请购权，明确相关部门或人员的职责权限及相应的请购和审批程序。对于超预算和预算外采购项目，企业应先履行预算调整程序，由具备相应审批权限的部门或人员审批后，再行办理请购手续。

（3）企业应建立科学的供应商评估和准入制度，确定合格供应商清单；建立供应商管理信息系统；可委托具有相应资质的中介机构对供应商进行资信调查。

（4）企业应根据市场情况和采购计划合理选择采购方式：大宗采购应当采用招标方式，合理确定招投标的范围、标准、实施程序和评标规则；一般物资或劳务等的采购可以采用询价或定向采购的方式并签订合同协议。小额零星物资或劳务等的采购可以采用直接购买等方式。

（5）企业应建立采购物资定价机制，合理确定采购价格。

对于大宗采购等，企业应当采用招投标方式确定采购价格；对于其他商品或劳务的采购，企业应当根据市场行情制定最高采购限价，并对最高采购限价适时调整。

（6）企业应拟订采购合同。

（7）企业应当建立严格的采购验收制度，出具验收证明，涉及大宗和新、特物资采购的，还应进行专业测试。

（8）企业应当加强物资采购供应过程的管理，做好采购业务各环节的记录。

（四）付款业务内部控制要点

（1）企业应当加强采购付款的管理，应严格审核采购预算、合同、相关单据凭证、审批程序等相关内容，审核无误后按照合同规定及时办理付款。企业在付款过程中，应当严格审查采购发票的真实性、合法性和有效性。发现虚假发票时，企业应查明原因，及时报告处理。企业应当重视采购付款的过程控制和跟踪管理，发现异常情况的，应当拒绝付款，避免出现资金损失和信用受损。企业应当合理选择付款方式，并严格遵循合同规定，防范付款方式不当带来的法律风险，保证资金安全。

（2）企业应当加强预付账款和定金的管理。

（3）企业应当加强对购买、验收、付款业务的会计系统控制，确保会计记录、采购记录与仓储记录核对一致。企业应当指定专人通过函证等方式，定期与供应商核对应付账款、应付票据、预付账款等往来款项。

（4）企业应当建立退货管理制度。

（五）固定资产内部控制要点

（1）企业应加强各类固定资产的管理，重视固定资产维护和更新改造，不断提升固定资产的使用效能，积极促进固定资产处于良好运行状态。

（2）企业应当制定固定资产目录，对每项固定资产进行编号，按照单项资产建立固定资产卡片。企业应当严格执行固定资产日常维修和大修理计划，定期对固定资产进行维护保养，切实消除安全隐患。企业应当强化对生产线等关键设备运转的监控，严格操作流程，实行岗前培训和岗位许可制度，确保设备安全运转。

（3）根据发展战略，企业应充分利用国家有关自主创新政策，加大技改投入，不断促进固定资产技术升级，淘汰落后设备，切实做到保持本企业固定资产技术的先进性和企业发展的可持续性。

（4）企业应严格执行固定资产投保政策，对应投保的固定资产项目按规定程序进行审批，及时办理投保手续。

（5）企业应当规范固定资产抵押管理，确定固定资产抵押程序和审批权限等。将固定资产用作抵押的，应由相关部门提出申请，经企业授权部门或人员批准后，由资产管理部门办理抵押手续。企业应加强对接收的抵押资产的管理，编制专门的资产目录，合理评估抵押资产的价值。

（6）企业应当建立固定资产清查制度，至少每年进行全面清查。

企业的固定资产内部控制措施如表 7-7 所示。

表 7-7　　　　　　　　　　　　　固定资产内部控制措施

关键控制点	主要风险	控制措施
取得	（1）新增固定资产验收程序不规范——导致资产质量不符要求，进而影响资产运行 （2）固定资产投保制度不健全——导致应投保资产未投保、索赔不力，不能有效防范资产损失风险	（1）建立严格的固定资产交付使用验收制度 （2）重视和加强固定资产的投保工作
资产登记造册	固定资产登记内容不完整——导致资产流失、资产信息失真、账实不符	（1）编制适合本企业的固定资产目录，有利于企业了解固定资产使用情况的全貌 （2）按照单项资产建立固定资产卡片，便于固定资产的有效识别，定期或不定期复核
运行维护	固定资产操作不当、失修或维护过剩，造成资产使用效率低下、产品残次率高，发生生产事故或资源浪费	（1）将资产日常维护流程体制化、程序化、标准化 （2）建立固定资产运行管理档案 （3）审核施工单位资质和资信，建立管理档案，修理项目应分类，由施工单位出具交工验收报告，重大项目应专项审计 （4）对操作人员进行充分的岗前培训
升级改造	固定资产更新改造不够，造成企业产品线老化、缺乏市场竞争力	（1）定期对固定资产技术先进性评估，提出技改方案，进行预算可行性分析 （2）对技改方案实施过程适时监控、加强管理，有条件企业建立技改专项资金并定期或不定期审计
资产清查	固定资产丢失、毁损等造成账实不符或资产贬值严重	（1）定期进行清查，明确资产权属，编制清查方案 （2）编制清查报告 （3）盘盈（盘亏）：分析原因，追究责任，妥善处理报告审核通过后及时调整固定资产账面价值
抵押质押	固定资产抵押制度不完善，导致抵押资产价值低估和资产流失	（1）加强抵押、质押管理，明晰抵押、质押流程，规定抵押、质押的程序和审批权限 （2）对抵押资产的价值进行评估，应编制专门的抵押资产目录
处置	固定资产处置方式不合理，造企业经济损失	建立健全固定资产处置的相关制度，确定固定资产处置的范围、标准、程序和审批权限。 （1）对使用期满、正常报废的固定资产 （2）对使用期限未满、非正常报废的固定资产 （3）对拟出售或投资转出及非货币交换的固定资产 （4）对出租的固定资产由相关管理部门提出出租或出借的申请

三、应付账款的实质性程序

（一）应付账款审计目标

（1）资产负债表中记录的应付账款是存在的。（存在）

（2）所有应当记录的应付账款均已记录。（完整性）

（3）资产负债表中记录的应付账款是被审计单位应当履行的现实义务。（权利和义务）

（4）应付账款以恰当的金额包括在财务报表中，与之相关的计价或分摊已恰当记录。（计价和分摊）

（5）应付账款已按照企业会计准则的规定在财务报表中做出恰当的列报。（列报）

（二）应付账款实质性程序

注册会计师可实施如下应付账款实质性程序。

1. 获取或编制应付账款明细表

（1）复核加计是否正确，并与报表数、总账数和明细账合计数核对是否相符。

（2）检查非记账本位币应付账款的折算汇率及折算是否正确。

（3）分析出现借方余额的项目，查明原因。必要时，注册会计师可建议被审计单位进行重分类调整。

（4）结合预付账款、其他应付款等往来项目的明细余额，调查有无同挂的项目、异常余额或与购货无关的其他款项（如关联方账户或雇员账户），如有，应做出记录。必要时，注册会计师可建议被审计单位进行调整。

2. 选择对应付账款执行实质性分析程序

（1）将期末应付账款余额与期初余额进行比较，分析波动原因。

（2）分析长期挂账的应付账款，要求被审计单位做出解释，判断被审计单位是否缺乏偿债能力或利用应付账款隐瞒利润，并注意其是否可能无须支付。对确实无须支付的应付账款的会计处理是否正确，依据是否充分。关注账龄超过3年的大额应付账款在资产负债表日后是否偿付，检查偿付记录、单据及披露情况。

（3）计算应付账款与存货的比率，应付账款与流动负债的比率，并与以前年度相关比率对比分析，评价应付账款整体的合理性。

（4）分析存货和营业成本等项目的增减变动，判断应付账款增减变动的合理性。

3. 函证应付账款

一般情况下，注册会计师并非必须函证应付账款。这是因为函证不能保证查出未记录的应付账款，况且注册会计师能够取得采购发票等外部凭证来证实应付账款的余额。但如果控制风险较高，某应付账款明细账户金额较大，则注册会计师应考虑进行应付账款的函证。

进行函证时，注册会计师应选择较大金额的债权人，以及那些在资产负债表日金额不大、甚至为零，但为被审计单位重要供应商的债权人，作为函证对象。函证最好采用积极函证方式，并具体说明应付金额。

如果存在未回函的重大项目，注册会计师应采用替代审计程序。比如，注册会计师可以检查决算日后应付账款明细账及库存现金和银行存款日记账，核实企业是否已支付相关账款，同时检查该笔债务的相关凭证资料，核实应付账款的真实性。

4. 检查应付账款是否计入了正确的会计期间，以及企业是否存在未入账的应付账款

（1）检查债务形成的相关原始凭证，如供应商发票、验收报告或入库单等，查找有无未及时入账的应付账款，确认应付账款期末余额的完整性。

（2）检查资产负债表日后应付账款明细账贷方发生额的相应凭证，关注其购货发票的日期，确认其入账时间是否合理。

（3）获取被审计单位与其供应商之间的对账单，并将对账单和被审计单位财务记录之间的差异进行调节，查找有无未入账的应付账款，确定应付账款金额的准确性。

（4）针对资产负债表日后付款项目，检查银行对账单及有关付款凭证，询问被审计单位内部或外部的知情人员，查找有无未及时入账的应付账款。

（5）结合存货监盘程序，检查被审计单位在资产负债日前后的存货入库资料（验收报告或入库单），检查是否有大额货到单未到的情况，确认相关负债是否计入了正确的会计期间。

如果注册会计师通过这些审计程序发现某些未入账的应付账款，应将有关情况详细记入审计工作底稿，并根据其重要性确定是否需建议被审计单位进行相应的调整。

5. 已偿付的应付账款

针对已偿付的应付账款，追查至银行对账单、银行付款单据和其他原始凭证，检查其是否在资产负债表日前真实偿付。

6. 异常或大额交易及重大调整事项

针对异常或大额交易及重大调整事项（如大额的购货折扣或退回，会计处理异常的交易，未经授权的交易，或缺乏支持性凭证的交易等），注册会计师检查相关原始凭证和会计记录，以分析交易的真实性、合理性。

7. 被审计单位与债权人进行债务重组

被审计单位与债权人进行债务重组的，注册会计师应检查不同债务重组方式下的会计处理是否正确。

8. 标明应付关联方的

标明应付关联方[包括持5%以上（含5%）表决权股份的股东]的款项，执行关联方及其交易审计程序，并注明合并报表时应予抵销的金额。

9. 应付账款是否已按照企业会计准则的规定在财务报表中做出恰当披露

一般来说，"应付账款"项目应根据"应付账款"和"预付账款"科目所属明细科目的期末贷方余额的合计数填列。

如果被审计单位为上市公司，则其应在其财务报表附注中说明有无欠持有5%以上（含5%）表决权股份的股东单位账款，说明账龄超过3年的大额应付账款未偿还的原因，并在期后事项中反映资产负债表日后是否偿还。

◇ 案例7-3 应付账款审计案例

（一）案例背景

案例一：注册会计师张刚在审计甲公司2000年度会计报表将近结束时，甲公司财务主管提出不必通过抽查2001年付款凭证来证实2000年度的会计记录，其理由如下：2000年度的有些发票因收到太迟，不能计入12月的付款记账凭证，公司已经全部用转账分录入账，年后由公司内部审计人员进行了抽查；公司愿意提供无漏记负债业务的说明书。

案例二：注册会计师吴生审计新兴公司"应付账款"时发现，该公司因财务状况不佳，无法支付已有3年账龄的欠A公司的货款10万元（增值税税额不计，下同），经与债权人协商，并达成如下债务重组协议：债权人同意以新兴公司生产的产品总成本6万元用于抵偿上述债务。双方已在本年度履行了债务重组协议，但新兴公司未按规定进行账务处理。

案例三：注册会计师李文在审计H公司"应付账款"时，发现该公司存在3年以上账龄的应付账款——A公司600万元。李文虽然查阅了原始凭证并询问了有关业务人员，但未能取得充分审计证据可以证明此款项的业务性质，无法判定负债的存在性。

（二）案例分析

通过对案例一的分析，我们可以看出以下几个问题：注册会计师张刚在执行抽查未入账债务程序时是否可以因客户已利用转账分录将2000年迟收发票入账的事实而改变原定的审计程序？是否因客户愿意提供无漏记债务说明书而受影响？可否因内部审计人员的工作而取消或减少审计程序？

（1）委托人对迟收账单以转账方式入账，简化了注册会计师对未入账债务的抽查，也减少了进一步调整的可能性，但这并不影响注册会计师抽查2001年度付款记账凭证。

（2）客户提供的无漏记债务说明书不能作为正当审计程序，仅提供给注册会计师额外的保证，作为内部证据，其证明力较弱，故无法减轻注册会计师应抽查的责任。

（3）如果注册会计师已查明内部审计人员具有专业胜任能力和合理的独立性，并且已抽查了未入账的债务，在和内部审计人员讨论其程序的性质、时间、范围并审阅其工作底稿后，注册会计师可减少本身拟进行的未入账债务抽查工作，绝不能取消抽查工作。

（4）注册会计师审查未入账债务，还可以通过如下途径：①未归档的购货发票；②客户以前年度未曾核定的所得税结算申报表；③与客户商讨；④客户管理当局的声明书；⑤与上年账户余额相比较；⑥期后对期内相关付款的审核；⑦现有契约、合同、议事录、律师的账单和信件往来；⑧主要供货商的信件往来；⑨抽查截止日期的有关账户，如存货、固定资产等。

案例二涉及债务重组问题。根据《企业会计准则第12号——债务重组》的规定，债务人的会计处理是：以非现金资产清偿某项债务的，债务人应将重组债务的账面价值与转让的非现金资产的公允价值之间的差额作为债务重组收益，计入当期损益；转让的非现金资产的公允价值与其账面价值之间的差额作为资产转让损益，计入当期损益。为此，注册会计师的审计处理如下。

（1）将审验情况提请被审计单位按照规定进行补充会计处理，并对会计报表相关项目的数额进行调整。

（2）应将审验情况和被审计单位的处理调整情况，详细记录在审计工作底稿中。

（3）如果被审计单位拒绝调整，审计人员应考虑出具保留意见的审计报告。

根据注册会计师审计准则的要求，为确认被审计单位负债项目的存在，审计人员必须取得充分的审计证据。

对案例三发现的审计问题，注册会计师除查明经济业务性质，获取对方确认性的询证回函外，必要时应补充替代审计程序（追索原始凭证及经办人员的事项说明、通过函证取得对方相应的证明等）。如通过上述这些程序仍无法获取充分的审计证据，则审计人员应考虑出具保留意见的审计报告。

我们还应注意到，与资产类项目审计比较，注册会计师在审计负债类项目时，侧重阻止企业低估负债的问题，低估负债经常伴随着低估成本费用，达到高估利润的目的。负债类的低估往往是藏匿凭证，不会留下确凿的证据，增加审计难度。因此，注册会计师在审计负债类项目时，应设计一些特殊程序来查找未入账的负债情况。

四、固定资产的实质性程序

（一）固定资产的审计目标

（1）资产负债表中记录的固定资产是存在的。（存在）

（2）所有应记录的固定资产均已记录。（完整性）

（3）记录的固定资产由被审计单位拥有或控制。（权利和义务）

（4）固定资产以恰当的金额包括在财务报表中，与之相关的计价或分摊已恰当记录。（计价和分摊）

（5）固定资产已按照企业会计准则的规定在财务报表中做出恰当列报。（列报）

（二）固定资产账面余额的实质性程序

（1）注册会计师应获取或编制固定资产和累计折旧分类汇总表，检查固定资产的分类是否正确并与总账数和明细账合计数核对是否相符，结合累计折旧、减值准备科目与报表数核对是否相符。

（2）注册会计师对固定资产实施实质性分析程序，包括：①分类计算本期计提折旧额与固定资产原值的比率，并与上期比较；②计算固定资产修理及维护费用占固定资产原值的比例，并进行本期各月、本期与以前各期的比较。

（3）实地检查重要固定资产（如为首次接受审计，应适当扩大检查范围），确定其是否存在，关注是否存在已报废但仍未核销的固定资产。

注册会计师实地检查的重点是本期新增加的重要固定资产，有时观察范围也会扩展到以前期间增加的重要固定资产。实施实地检查审计程序时，注册会计师可以以固定资产明细分类账为起点，进行实地追查，以证明会计记录中所列固定资产确实存在，并了解其目前的使用状况。注册会计师也应考虑以实地为起点，追查至固定资产明细分类账，以获取实际存在的固定资产均已入账的证据。

（4）检查固定资产的所有权或控制权。

（5）检查本期固定资产的增加。

（6）检查本期固定资产的减少。审计固定资产减少的主要目的就在于查明业已减少的固定资产是否已做适当的会计处理。

（7）检查固定资产的后续支出，确定固定资产有关的后续支出是否满足资产确认条件。如不满足，注册会计师应确定该支出是否在该后续支出发生时计入当期损益。

（8）对应计入固定资产的借款费用，应根据企业会计准则的规定，结合长期借款、应付债券或长期应付款的审计，检查借款费用（借款利息、折溢价摊销、汇兑差额、辅助费用）资本化的计算方法和资本化金额，以及会计处理是否正确。

（9）检查固定资产的抵押、担保情况。

（三）固定资产累计折旧的实质性程序

（1）注册会计师应获取或编制累计折旧分类汇总表，复核加计是否正确，并与总账数和明细账合计数核对是否相符。

（2）注册会计师应检查被审计单位制定的折旧政策和方法是否符合相关会计准则的规定，确定其所采用的折旧方法能否在固定资产预计使用寿命内合理分摊其成本，前后期是否一致，预计使用寿命和预计净残值是否合理。

（3）注册会计师应复核本期折旧费用的计提和分配。

（4）注册会计师应将"累计折旧"账户贷方的本期计提折旧额与相应的成本费用中的折旧费用明细账户的借方相比较，以查明所计提折旧金额是否已全部摊入本期产品成本费用。若存在差异，则注册会计师应追查原因，并考虑是否应建议被审计单位进行适当调整。

（5）注册会计师应检查累计折旧的减少是否合理、会计处理是否正确。

（6）注册会计师应确定累计折旧的披露是否恰当。

（四）固定资产减值准备的实质性审计程序

（1）注册会计师应获取或编制固定资产减值准备明细表，复核加计是否正确，并与总账数和明细账合计数核对是否相符。

（2）注册会计师应检查被审计单位计提固定资产减值准备的依据是否充分，会计处理是否正确。

（3）注册会计师应获取闲置固定资产的清单，并观察其实际状况，识别是否存在减值迹象。

（4）注册会计师应检查资产组的认定是否恰当，计提固定资产减值准备的依据是否充分，会计处理是否正确。

（5）注册会计师应计算本期末固定资产减值准备占期末固定资产原值的比率，并与期初该比率比较，分析固定资产的质量状况。

（6）注册会计师应检查被审计单位处置固定资产时原计提的减值准备是否同时结转，会计处理是否正确。

（7）注册会计师应检查是否存在转回固定资产减值准备的情况。按照企业会计准则的规定，固定资产减值损失一经确认，在以后会计期间不得转回。

（8）注册会计师应确定固定资产减值准备的披露是否恰当。

第三节　生产与存货循环审计

一、生产与存货循环的特点

生产循环反映的是企业将购入的材料经过加工最后形成半产品、产成品的过程。生产循环所涉及的内容主要是存货的管理和生产成本的计算等。与存货循环相关联的有购货与付款循环（反映为存货的采购），以及销售与收款循环（反映为存货的销售）。生产循环的内部控制包括存货的内部控制与成本会计核算的内部控制两部分。

（一）涉及的主要凭证和会计记录

（1）生产指令又称"生产任务通知单"或"生产通知单"，是企业下达制造产品等生产任务的书面文件，用于通知供应部门组织材料发放、生产车间组织产品制造、会计部门组织成本计算。

（2）领发料凭证是企业为控制材料发出所采用的各种凭证，如材料发出汇总表、领料单、限额领料单、领料登记簿、退料单等。

（3）产量和工时记录是登记工人或生产班组在出勤时间内完成产品数量、质量和生产这些产品所耗费工时数量的原始记录。产量和工时记录的内容与格式是多种多样的，在不同的生产企业中，甚至在同一企业的不同生产车间中，由于生产类型不同而采用不同格式的产量和工时记录。常见的产量和工时记录主要有工作通知单、工序进程单、工作班产量报告、产量通知单、产量明细表、废品通知单等。

　　（4）工薪汇总表及工薪费用分配表。

　　（5）材料费用分配表。

　　（6）制造费用分配汇总表。

　　（7）成本计算单。

　　（8）存货明细账。

（二）涉及的主要业务活动

　　以制造业为例，生产与存货循环所涉及的主要业务活动包括：计划和安排生产、发出原材料、生产产品、核算产品成本、储存产成品、发出产成品等。上述业务活动通常涉及以下部门：生产计划部门、仓库部门、生产部门、人事部门、销售部门、会计部门等。

1．计划和安排生产

　　生产计划部门的职责是根据客户订单或者对销售预测和产品需求的分析来决定生产授权。如果生产计划部门决定授权生产，即签发预先顺序编号的生产通知单，则该部门通常应将发出的所有生产通知单编号并加以记录控制。此外，生产计划部门还需要编制一份材料需求报告，列示所需要的材料和零件及其库存。

2．发出原材料

　　仓库部门的责任是根据从生产部门收到的领料单发出原材料。领料单上必须列示所需的材料数量和种类，以及领料部门的名称。领料单可以一料一单，也可以多料一单，通常需一式三联。仓库发料后，仓库部门将领料单中的一联连同材料交给领料部门，一联留在仓库登记材料明细账，一联交会计部门进行材料收发核算和成本核算。

3．生产产品

　　生产部门在收到生产通知单及领取原材料后，便将生产任务分解到每一个生产工人，并将所领取的原材料交给生产工人，据以执行生产任务。生产工人在完成生产任务后，将完成的产品交生产部门查点，然后转交检验员验收并办理入库手续，或是将所完成的产品移交下一个部门，进行进一步加工。

4．核算产品成本

　　为了正确核算并有效控制产品成本，企业必须建立健全成本会计制度，将生产控制和成本核算有机结合在一起。一方面，生产过程中的各种记录、生产通知单、领料单、计工单、入库单等文件资料都要汇集到会计部门，由会计部门对其进行检查和核对，了解和控制生产过程中存货的实物流转。另一方面，会计部门要设置相应的会计账户，会同有关部门对生产过程中的成本进行核算和控制。

5．储存产成品

　　产成品入库，须由仓库部门先行点验和检查，然后签收。签收后，将实际入库数量通知会计部门。据此，仓库部门确立了本身应承担的责任，并对验收部门的工作进行验证。除此之外，仓库部门还应根据产成品的品质特征分类存放，并填制标签。

6．发出产成品

　　产成品的发出须由独立的发运部门进行。装运产成品时，发运部门必须持有经有关部门核准的发运通知单，并据此编制出库单。出库单一般为一式四联，一联交仓库部门；一联由发运部门留存；一联送交顾客；一联作为给顾客开发票的依据。

二、生产与存货交易的内部控制与控制测试

（一）生产循环关键控制点与控制测试

生产循环的控制目标、内部控制和测试如表 7-8 所示。

表 7-8　　　　　　　　　生产循环的控制目标、内部控制和测试一览表

主要业务活动	关键控制点	可能的错报	控制测试
计划和控制生产	由生产计划和控制部门批准生产单	生产可能过剩	询问有关批准生产单的程序
发出原材料	按已批准生产单和签字的发料单发出原材料	未经授权领用原材料	审查发料单，并将其与生产单比较
发出生产产品	使用计工单记录完成生产单耗用的直接人工小时	直接人工小时可能未记入生产单	观察计工单的使用和计时程序
转移已完工产品到产成品库	产成品仓库人员收到产品是在最后一张转移单上签字	产成品人员可能声称未从生产部门收到产品	审查最后一张转移单上的授权签名
储存产成品	仓库加锁并限制只有经授权的人才能接近；使用签字的转移单控制生产部门之间产品的转移	存货可能从仓库中被盗；在产品可能在生产过程中被盗	观察保安程序；审查转移单
确定和记录制造成本	管理当局批准制造费用分配率和标准成本，及时报告和调节差异；将编制分录所使用的资料与每日生产活动报告的资料相调节；将编制分录所用的资料与已完工生产报告资料相调节	可能使用不适当的制造费用率和标准成本；可能未记录制造成本分配给在产品；可能未结转已完工产品的成本到产成品	审查成本确定
保持存货余额的正确性	定期独立盘点存货并将其与账面数量比较	账面存货数量可能与实际数量不一致	观察定期存货盘点和审查账务处理

（二）存货的内部控制与控制测试

关于存货的内部控制，本处需要进行以下两个方面的说明。

一方面，如前所述，由于生产与存货循环和其他业务循环的内在联系，生产与存货循环中某些审计测试，特别是对存货的审计测试，与其他相关业务循环的审计测试同时进行将更为有效。

另一方面，尽管不同的企业对其存货可能采取不同的内部控制，但从根本上说，均可概括为存货的数量和计价两个关键因素的控制。

存货的控制目标、内部控制和测试如表 7-9 所示。

表 7-9　　　　　　　　　存货的控制目标、内部控制和测试一览表

内部控制目标	常见错弊	关键控制程序	内部控制测试
真实性（列在资产负债表中的存货实际存在）	虚假存货	职责分离（存货的采购、保管与记录等职能实行分离）	观察并确认相关职责是否进行了适当分离

内部控制目标	常见错弊	关键控制程序	内部控制测试
真实性（列在资产负债表中的存货实际存在）	虚假存货	凭证与记录控制（存货入库要取得经审核的、事先连续编号的验收单）	观察存货的入库程序。检查验收单编号的连续性
		凭证与记录控制（存货的发出只能依据经授权审批、事先连续编号的领料凭证进行）	观察存货的发出程序。检查领料凭证的编号连续性
		凭证与记录控制（只能依据经审批、事先连续编号的领料凭证记录原材料的减少）	检查有关记账凭证是否附有合规的领料凭证
		存货定期盘点	存货的监盘
	存货在生产过程中或仓库中被盗	使用由经手人签字的转移单控制生产部门间存货的转移；对存货实物及记录实施限制接近措施	审查转移单；观察存货的保护措施；观察存货和记录的接触及相应的批准程序
		存货定期盘点	存货的监盘
		关键控制程序	常见的内部控制测试
		凭证和记录控制（验收单、应付凭单和领发料凭证事先连续编号）	检查有关凭证编号的连续性
		存货定期盘点	存货的监盘
		存货验收入库或发出的当日，将验收单、领发料凭证等单证送交会计部门处理	检查有关尚未处理的凭证，查明原因
		定期盘点存货	询问和观察存货盘点程序
		原材料根据经审核的供应方发票入账；半成品、产成品根据经审批的成本计算入账	检查有关凭证上的审批标志、已记账凭证
		妥善保管存货，定期盘点。对价值发生贬损的存货计提存货跌价准备	观察易损存货的保管措施。检查存货跌价损失准备的计提方法
		由独立人员定期核对永续盘存记录与存货明细分类账	检查内部核查标志
		由独立人员定期核对存货明细账合计数与总账	检查内部核查标志

三、生产与存货循环的实质性程序

　　不同来源的存货在计价和分摊方面的性质是不同的。结合存货容易被盗、变质、毁损等不同于其他财务报表项目的特性，生产与存货交易的重大错报风险通常是影响存货存在、完整性、权利和义务、计价和分摊等认定的存货的高估风险。

（一）实质性分析程序

（1）根据对被审计单位的经营活动、供应商的发展历程、贸易条件、行业惯例和行业现状的了解，确定营业收入、营业成本、毛利以及存货周转和费用支出项目的期望值。

（2）根据本期存货余额组成、存货采购、生产水平与以前期间和预算的比较，定义营业收入、营业成本和存货可接受的重大差异额。

（3）比较存货余额与预期周转率。

（4）计算实际数和预计数之间的差异，并同管理层使用的关键业绩指标进行比较。

（5）通过询问管理层和员工，调查实质性分析程序得出的重大差异额是否表明存在重大错报风险，是否需要设计恰当的细节测试程序以识别和应对重大错报风险。

（6）形成结论，即分析程序是否能够提供充分、适当的审计证据，或需要对交易和余额实施细节测试以获取进一步的审计证据。

实施分析程序的目的在于获取支持相关审计目标的证据。因此，注册会计师在具体实施上述分析程序时还应当注意以下几个方面。

① 使用计算机辅助审计方法下载被审计单位存货主文档和总分类账户以便计算财务指标和经营指标，并将计算结果与期望值进行比较。

② 按区域分析被审计单位各月存货变动情况，并考虑存货变动情况是否与季节性变动和经济因素变动一致。

③ 对周转缓慢或者长时间没有周转（如超过半年）以及出现负余额的存货项目单独摘录并列表。

④ 由于可能隐含着重要的潜在趋势，注册会计师应当注意不要过分依赖计算的平均值。

（二）细节测试

（1）注册会计师应从被审计单位存货业务流程层面的主要交易流中选取样本，检查其支持性证据，例如从存货采购、完工产品的转移、销售和销售退回记录中选取样本，并采用如下程序：①检查支持性的供应商文件、生产成本分配表、完工产品报告、销售和销售退回文件；②从供应商文件、生产成本分配表、完工产品报告、销售和销售退回文件中选取一个样本，追踪至存货总分类账户的相关分录；③重新计算样本所涉及的金额，检查交易经授权批准而发生的证据。

（2）对期末前后发生的诸如采购、销售退回、销售、产品存货转移等主要交易流，实施截止测试。

注册会计师应确认本期末存货收发记录的最后一个顺序号码，并详细检查随后的记录，以检测在本会计期间的存货收发记录中是否存在更大的顺序号码，或因存货收发交易被漏记或错记入下一会计期间而在本期遗漏的顺序号码。

存货余额的细节测试内容很多，比如，观察被审计单位存货的实地盘存；通过询问确定现有存货是否存在寄存情形等。

四、存货监盘的实质性程序

存货监盘主要针对的是存货的存在认定、完整性认定以及权利和义务的认定。

（一）存货监盘计划

注册会计师应当根据存货的特点、盘存制度、存货内部控制的有效性以及被审计单位管理层制定的存货盘点程序，编制存货监盘计划，对存货监盘做出合理安排。

存货监盘计划的主要内容如表 7-10 所示。

表 7-10　　　　　　　　　　　　　　　存货监盘计划的主要内容

存货监盘的目标、范围及时间安排	存货监盘的目标包括：获取被审计单位资产负债表日有关存货数量和状况以及有关管理层存货盘点程序可靠性的审计证据，检查存货的数量是否真实完整，是否归属被审计单位，存货有无毁损、陈旧、过时、残次和短缺等状况
	存货监盘的范围：监盘范围的大小取决于存货的内容、性质以及与存货相关的内部控制的完善程度和重大错报风险的评估结果
	存货监盘的时间：包括实地察看盘点现场的时间、观察存货盘点的时间和对已盘点存货实施检查的时间等，应当与被审计单位实施存货盘点的时间相协调
存货监盘的要点及关注事项	盘点期间的存货移动
	存货的状况
	存货的截止确认
	存货的各个存放地点及金额
参加存货监盘人员的分工	注册会计师应当根据被审计单位参加存货盘点人员分工、分组情况及存货监盘工作量的大小和人员素质情况，确定参加存货监盘的人员组成以及各成员的职责和具体的分工情况，并加强督导

（二）存货监盘程序

1. 评价管理层用于记录、控制存货盘点结果的指令和程序

（1）适当的控制活动的运用（如收集已用、未用盘点表，实施盘点和复盘程序）。

（2）准确认定在产品的完工程度和流动缓慢、过时或毁损的存货项目，以及第三方拥有的存货。

（3）在适用的情况下用于估计存货数量的方法。

（4）对存货在不同存放地点之间的移动以及截止日前后期间出入库的控制。

2. 观察管理层制订的盘点程序的执行情况

注册会计师在对期末存货进行截止测试时，通常应当关注如下情况。

（1）所有在截止日以前入库的存货项目是否均已包括在盘点范围内，并已反映在截止日以前的会计记录中。相反，任何在截止日期以后入库的存货项目是否均未包括在盘点范围内，也未反映在截止日以前的会计记录中。（采购入库）

（2）所有在截止日以前装运出库的存货项目是否均未包括在盘点范围内，且未包括在截止日的存货账面余额中。任何在截止日期以后装运出库的存货项目是否均已包括在盘点范围内，并已包括在截止日的存货账面余额中。（销售出库）

（3）所有已确认为销售但尚未装运出库的商品是否均未包括在盘点范围内，且未包括在截止日的存货账面余额中。所有已记录为购货但尚未入库的存货是否均已包括在盘点范围内，并

已反映在会计记录中。（销售未出库）

（4）在途存货和被审计单位直接向顾客发运的存货是否均已得到了适当的会计处理。（采购未入库）

注册会计师通常可观察存货的验收入库地点和装运出库地点以执行截止测试。在存货入库和装运过程中采用连续编号的凭证时，注册会计师应当关注截止日期前的最后编号。

3．检查存货

在存货监盘过程中检查存货时，注册会计师应当把所有过时、毁损或陈旧存货的详细情况记录下来。

4．执行抽盘

注册会计师应尽可能避免让被审计单位事先了解将抽盘的存货项目。在对存货盘点结果进行测试时，注册会计师可以从存货盘点记录中选取项目追查至存货实物，以及从存货实物中选取项目追查至盘点记录，以获取有关盘点记录准确性和完整性的审计证据。

5．存货监盘结束时的工作

（1）注册会计师再次观察盘点现场，以确定所有应纳入盘点范围的存货是否均已盘点。

（2）注册会计师取得并检查已填用、作废及未使用盘点表单的号码记录，确定其是否连续编号，查明已发放的表单是否均已收回，并与存货盘点的汇总记录进行核对。

（3）如果存货盘点日不是资产负债表日，则注册会计师应当实施适当的审计程序，确定盘点日与资产负债表日之间存货的变动是否已得到恰当的记录。

（三）存货计价测试

监盘程序主要是对存货的结存数量予以确认。为验证财务报表上存货余额的真实性，还必须对存货的计价进行审计，即确定存货实物数量和永续盘存记录中的数量是否经过正确地计价和汇总。存货计价测试主要是注册会计师针对被审计单位所使用的存货单位成本是否正确所做的测试。

1．样本的选择

计价审计的样本应从已经盘点过存货数量、单价和总金额已经计入存货汇总表的结存存货中选择。选择样本时，注册会计师应着重选择结存余额较大且价格变化比较频繁的项目，同时考虑所选样本的代表性。抽样方法一般采用分层抽样法，抽样规模应足以推断总体的情况。

2．计价方法的确认

注册会计师除应了解掌握被审计单位的存货计价方法外，还应对这种计价方法的合理性与一贯性予以关注，没有足够理由，计价方法在同一会计年度内不得变动。

3．计价测试

注册会计师首先应对存货价格的组成内容予以审核，然后按照所了解的计价方法对所选择的存货样本进行计价测试。测试时，注册会计师应尽量排除被审计单位已有计算程序和结果的影响，进行独立测试。测试结果出来后，注册会计师应将该测试结果与被审计单位账面记录对比，编制对比分析表，分析形成差异的原因。如果差异过大，注册会计师应扩大测试范围，并根据审计结果考虑是否应提出审计调整建议。

在存货计价审计中，由于被审计单位期末存货采用成本与可变现净值孰低的方法计价，所以注册会计师应充分关注企业对存货可变现净值的确定及存货跌价准备的计提。

案例7-4 存货审计案例

A注册会计师接受委托，对常年客户甲公司的2016年度财务报表进行审计。甲公司为水泥生产企业，存货主要有水泥、煤炭和沙石，其中少量水泥存放于外地公用仓库，另有乙公司部分钢材存放于甲公司的仓库。甲公司于2016年12月29日至12月31日盘点存货。以下是A注册会计师撰写的存货监盘计划的部分内容。

存货监盘计划

一、存货监盘的目标

检查甲公司2016年12月31日的存货数量是否真实、完整。

二、存货监盘范围

2015年12月31日的所有存货，包括水泥、煤炭、沙石和钢材。

三、监盘时间

存货的观察与检查时间均为2016年12月31日。

四、存货监盘的主要程序

（1）与管理层讨论存货监盘计划。

（2）观察甲公司盘点人员是否按照盘点计划盘点。

（3）检查相关凭证以证实盘点截止日前所有已确认为销售但尚未装运出库的存货均已纳入盘点范围。

（4）基于甲公司存货的特殊性，运用工程估测、几何计算等技术，并依赖详细的存货记录执行了抽盘程序。

（5）在甲公司存货盘点结束前，取得并检查已填用盘点表单的号码记录，并与存货盘点的汇总记录进行核对。

（6）对于存放在外地公用仓库的水泥，主要实施检查货运文件，出库记录等替代程序。

要求：

（1）指出存货监盘计划中目标、范围和时间存在的错误，并简要说明理由。

（2）请判断存货监盘计划中列示的主要程序是否恰当，若不恰当，请予以修改。

【案例分析】

针对要求（1）：

① 目标错误。存货监盘的目标不恰当，监盘目标应为获取有关存货数量和状况的审计证据。

② 范围错误。乙公司钢材的所有权不属于甲公司，不应纳入监盘范围。

③ 时间错误。存货的观察与检查时间应与被审计单位盘点时间相协调，应为12月29日至12月31日。

针对要求（2）：

① 程序（1）不恰当。

修改为：复核或与管理层讨论存货盘点计划。

② 程序（2）恰当。

③ 程序（3）不恰当。

修改为：检查相关凭证以证实盘点截止日前所有已确认为销售，但尚未装运出库的存货均未纳入盘点范围。

④ 程序（4）恰当。

⑤ 程序（5）不恰当。

修改为：在被审计单位存货盘点结束前，注册会计师应当取得并检查已填用、作废及未使用盘点表单的号码记录，确定其是否连续编号，查明已发放的表单是否均已收回，并与存货盘点的汇总记录进行核对。

⑥ 程序（6）不恰当。

修改为：对于存放在外地公用仓库的水泥，注册会计师应实施函证或利用其他注册会计师工作等替代程序。

第四节 投资与筹资循环审计

一、投资与筹资循环的特点

（一）涉及的主要凭证与会计记录

1. 投资活动的凭证和会计记录

① 股票投资凭证；②债券投资凭证；③股票证书；④股利收取凭证；⑤长期股权投资协议；⑥投资总分类账；⑦投资明细分类账。

2. 筹资活动的凭证和会计记录

① 公司债券；②股本凭证；③债券契约；④股东名册；⑤公司债券存根簿；⑥承销或包销协议；⑦借款合同或协议。

（二）投资与筹资循环所涉及的主要业务活动

1. 投资所涉及的主要业务活动

与投资有关的业务活动应当包括下列内容，具体流程如图 7-3 所示。

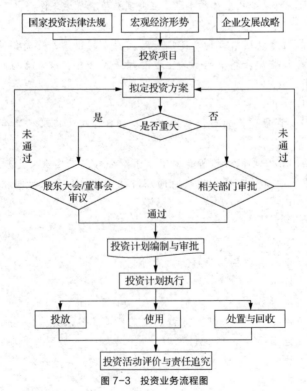

图 7-3 投资业务流程图

（1）投资交易的发生。

由管理层对所有投资交易进行授权。交易的数量越多，授权程序必须越正式。

（2）有价证券的收取和保存。

企业所收到的凭证和有价证券应当保存在其经纪人处或由企业的银行保存在保管箱里。

对以凭证方式保存的设置物理性职能分离。注册会计师应当对该凭证不真实或由管理层使用计算机和文字处理方法伪造的风险保持警惕。如果注册会计师怀疑被审计单位存在上述情况，则应当从被投资企业获取询证函以确定投资企业是否真正投资。

（3）投资收益的取得。

企业收到股利和利息支票时应当予以记录并追查至银行存款单。

股利收据应当在投资账户中记录，包括股利的金额和日期：宣告日期、最后行权日和支付日期。这应由高级员工定期复核，以确保所收取和记录的股利收入的完整性。

利息收入一般应当与债务性投资合同和支付安排一致。高级员工应当类似地确保所收到的利息计算正确且已存入。注册会计师应当考虑确保利息在财务期间内截止和分摊的正确性。

（4）监控程序。

管理层的定期复核应当包括：①定期检查持有股票凭证或有价证券的月度报表，并与投资账户余额相比较；②检查所有的购买和销售交易；③检查经纪人的买入和卖出公告；④将所收到的现金或所付出的支票与相关买入、卖出交易和收益的收据的授权信息相核对；⑤针对实际业绩定期制定关键业绩指标并监控，以发现不佳的业绩或回报。

2. 筹资所涉及的主要业务活动

筹资所涉及的主要业务活动如图 7-4 所示。

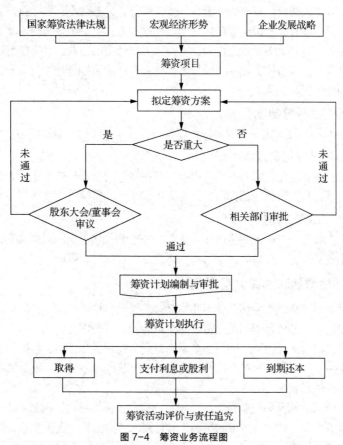

图 7-4 筹资业务流程图

（1）审批授权。

企业通过借款筹集资金需经管理层的审批，其中债券的发行每次均要由董事会授权。企业发行股票必须依据有关法规或企业章程的规定，报经企业最高权力机构（如董事会）及国家有关管理部门批准。

（2）签订合同或协议。

（3）取得资金。

（4）计算利息或股利。

（5）偿还本息或发放股利。

银行借款或发行债券应按有关合同或协议的规定偿还本息，融入的股本根据股东大会的决定发放股利。

二、投资活动的内部控制与控制测试

（一）投资活动的内部控制

一般来讲，投资内部控制的主要内容包括下列几个方面。

1. 合理的职责分工

合法的投资业务，应在业务的授权、业务的执行、业务的会计记录以及投资资产的保管等方面都有明确的分工，不得由一人同时负责上述任何两项工作。

2. 健全的资产保管制度

企业对投资资产（指股票和债券资产）一般有两种保管方式。一种是由独立的专门机构保管，如企业在拥有较大的投资资产的情况下，委托银行、证券公司、信托投资公司等机构进行保管投资资产。另一种方式是由企业自行保管。在这种方式下，企业必须建立严格的联合控制制度，即至少要由两名以上人员共同控制，不得一人单独接触证券。对于任何证券的存入或取出，企业的经办人员都要将债券名称、数量、价值及存取的日期等详细记录于证券登记簿内，并由所有在场的经手人员签名。

3. 详尽的会计核算制度

会计核算制度是对会计核算过程中的各项具体会计工作的操作原则和方法做出的规定。

4. 严格的记名登记制度

除无记名证券外，企业在购入股票或债券时应在购入的当日尽快登记于企业名下，切忌登记于经办人员名下，防止冒名转移并借其他名义牟取私利的舞弊行为发生。

5. 完善的定期盘点制度

企业所拥有的投资资产，应由内部审计人员或不参与投资业务的其他人员进行定期盘点，检查是否确为企业所拥有，并将盘点记录与账簿记录相互核对，以确认账实的一致性。

（二）评估投资活动的重大错报风险

注册会计师应当考虑重大错报风险对投资活动的影响，并对被审计单位可能发生的特定风险保持警惕。与投资交易和余额相关的特定固有风险包括下列内容。

（1）管理层错误表述投资业务或衍生金融工具业务的偏见和动机，包括为了满足预算、提高绩效奖金、提高财务报表上的报告收益、确保从银行获得额外资金、吸引潜在投资购买者或影响股价以误导投资者。

（2）所取得资产的性质和复杂程度可能导致确认和计量的错误，例如不正确的会计分配。尽管多数被审计单位可能只拥有少量的投资，并且买入和卖出的业务不频繁，但交易的非经常性可能导致做出会计处理时出现错误。如果会计人员没有意识到不同类型投资计量或计价的复杂性，则管理层通常不能轻易发现这些错误。

（3）所持有投资的公允价值可能难以计量。

（4）管理层凌驾于控制之上，可能导致投资交易未经授权。

（5）如果对有价证券的控制不充分，权益性有价证券的舞弊和盗窃风险可能很高，从而影响投资的存在性。

（6）关于资产的所有权以及相关权利与义务的审计证据可能难以获得。获取的权益可能很复杂，例如在企业集团中包含有跨国公司的情形以及公司处理大量衍生金融工具交易的情形。

（7）如果每年发生的交易数量有限，并且会计人员不能确定在相关的购置或处置业务以及损益的调整中的分配时，固定资产交易的记录可能会发生错误。

注册会计师应当通过实施询问、检查文件记录或观察控制程序的执行情况等程序获取确证的信息，以支持对重大错报风险的评估。

（三）投资活动控制测试

1．检查控制执行留下的轨迹

注册会计师应抽取投资业务的会计记录和原始凭证，确定各项控制程序运行情况。

2．审阅内部盘点报告

注册会计师应审阅内部审计人员或其他授权人员对投资资产进行定期盘点的报告。注册会计师应审阅其盘点方法是否恰当、盘点结果与会计记录相核对情况以及出现差异的处理是否合规。如果注册会计师未在各期盘点报告中发现账实之间存在差异（或差异不大），则说明被审计单位对投资资产的内部控制得到了有效执行。

3．分析企业投资业务管理报告

对于企业的长期投资，注册会计师应对照有关投资方面的文件和凭证，分析企业的投资业务管理报告。在做出长期投资决策之前，企业最高管理阶层（如董事会）需要对投资进行可行性研究和论证，并形成一定的纪要。投资业务一经执行，又会形成一系列的投资凭证或文件，如证券投资的各类证券，联营投资中的投资协议、合同及章程等。负责投资业务的财务经理须定期向企业最高管理层报告有关投资业务的开展情况（包括投资业务内容和投资收益实现情况及未来发展预测），即提交投资业务管理报告书，供最高管理层决策和控制。注册会计师应认真分析这些投资业务管理报告的具体内容，并对照前述的文件和凭证资料，从而判断企业长期投资的管理情况。

投资内部控制与控制测试如表 7-11 所示。

表 7-11 　　　　　　　　　　　投资内部控制与控制测试一览表

内部控制目标	关键内部控制	内部控制测试
记录的投资交易均系真实发生的交易（存在或发生）	投资经过授权审批	索取投资授权批准文件，检查审批手续是否齐全
投资交易均已记录（完整性）	（1）投资管理员根据交易流水单，对每笔投资交易记录进行核对、存档，并在交易结束后一个工作日将交易凭证交投资记账员 （2）投资记账员编制转账凭证，并附相关单据，提交会计主管复核 （3）复核无误后进行账务处理 （4）每周末，投资管理员与投资记账员就投资类别、资金统计进行核对，并编制核对表，分别由投资管理经理、财务经理复核并签字 （5）如有差异，将立即调查 （6）对所投资的有价证券或金融资产定期盘点，并与账面记录相核对 （7）定期与被投资单位或交易对方核对账目	（1）询问投资业务的职责分工情况及内部对账情况 （2）检查被审计单位是否定期与交易对方或被投资方核对账目

内部控制目标	关键内部控制	内部控制测试
投资交易均以恰当的金额记录恰当的期间	（1）定期与被投资单位或交易对方核对账目 （2）会计主管复核	（1）检查被审计单位是否定期与债权人核对账目 （2）检查会计主管复核印记
投资交易均已记录恰当的账户	（1）使用会计科目核算说明 （2）会计主管复核	（1）询问会计科目表的使用情况 （2）检查会计主管复核印记

三、筹资活动的内部控制与控制测试

（一）筹资活动的内部控制

企业对筹资活动的内部控制主要包括下列内容。

（1）应付债券的发行要有正式的授权程序，每次均要由董事会授权。

（2）申请发行债券时，企业应履行审批手续，向有关机关递交相关文件。

（3）应付债券的发行，要有受托管理人来行使保护发行人和持有人合法权益的权利。

（4）每种债券发行都必须签订债券契约。

（5）债券的承销或包销必须签订有关协议。

（6）记录应付债券业务的会计人员不得参与债券发行。

（7）如果企业保存债券持有人的明细分类账，应同总分类账核对相符，若这些记录由外部机构保存，则需定期与外部机构核对。

（8）未发行的债权必须由专人负责。

（9）债券的回购要有正式的授权程序。

（二）评估筹资活动的重大错报风险

在实施审计程序之前，注册会计师应当评估权益、借款、利息、股利交易和余额在报表层次和认定层次上的重大错报风险。注册会计师应当通过询问、检查文件记录、观察控制程序等方法获得确切的信息以支持对重大错报风险的评估，识别重大错报的风险，并设计适当的审计程序以发现和纠正剩余重大错报风险。

（三）筹资活动的控制测试

如果注册会计师主要实施了实质性程序，则需要对控制活动进行记录，以识别可能产生的重大错报风险，以确保实施的实质性程序能够恰当应对所识别的重大错报风险。

筹资内部控制与控制测试如表 7-12 所示。

表 7-12 筹资内部控制与控制测试一览表

内部控制目标	关键内部控制	内部控制测试
借款和所有者权益账面余额在资产负债表日确实存在，借款利息费用和已支付的股利是由被审计期间真实事项引起的（存在或发生）	（1）借款或发行股票经过授权审批 （2）签订借款合同或协议、债券契约、承销或包销协议等相关法律性文件	（1）索取借款或发行股票的授权批准文件，检查权限是否恰当，手续是否齐全 （2）索取借款合同或协议、债券契约、承销或包销协议
借款和所有者权益的增减变动及其利息和股利已登记入账（完整性）	（1）筹资业务的会计记录、授权和执行等方面明确职责分工 （2）借款合同或协议由专人保管。如企业保存了债券持有人的明细资料，应将其与总分类账进行核对。如果由外部机构保存，则企业需定期同外部机构核对	（1）观察并描述其职责分工 （2）了解债券持有人明细资料的保管制度，检查被审计单位是否将其与总账或外部机构核对

内部控制目标	关键内部控制	内部控制测试
借款均为被审计单位承担的债务，所有者权益代表所有者的法定求偿权（权利与义务）	——	——
借款和所有者权益的期末余额正确（计价和分摊）	（1）建立严密完善的账簿体系和记录制度 （2）核算方法符合会计准则和会计制度的规定	抽查筹资业务的会计记录，从明细账抽取部分会计记录，按原始凭证到明细账、总账顺序核对有关数据和情况，判断其会计处理过程是否合规、完整
借款和所有者权益在资产负债表上披露正确（列报）	（1）筹资业务明细账与总账的登记职务分离 （2）筹资披露符合会计准则和会计制度的要求	观察职务是否分离

四、投资与筹资循环的实质性程序

（一）长期股权投资的实质性程序

1. 审计目标

长期股权投资的审计目标包括下列内容。

（1）资产负债表中记录的长期股权投资是存在的。（存在）

（2）所有应当记录的长期股权投资均已记录。（完整性）

（3）记录的长期股权投资由被审计单位拥有或控制。（权利和义务）

（4）长期股权投资以恰当的金额包括在财务报表中，与之相关的计价或分摊已恰当记录。（计价和分摊）

（5）长期股权投资已按照企业会计准则的规定在财务报表中做出恰当列报。（列报）

2. 实质性程序

注册会计师应实施的实质性程序如下。

（1）根据有关合同和文件，确认股权投资的股权比例和持有时间，检查股权投资核算方法是否正确。

（2）对于重大的投资，向被投资单位函证被审计单位的投资额、持股比例及被投资单位发放股利等情况。

（3）对于应采用权益法核算的长期股权投资，获取被投资单位已经注册会计师审计的年度财务报表，如果未经注册会计师审计，则应考虑对被投资单位的财务报表实施适当的审计或审阅程序。

（4）对于采用成本法核算的长期股权投资，检查股利分配的原始凭证及分配决议等资料，确定会计处理是否正确。对被审计单位实施控制而采用成本法核算的长期股权投资，比照权益法编制变动明细表，以备合并报表使用。

（5）确定长期股权投资的增减变动的记录是否完整。

（6）期末对长期股权投资进行逐项检查，以确定长期股权投资是否已经发生减值。

（7）结合银行借款等的检查，了解长期股权投资是否存在质押、担保情况。如有上述情况，则应详细记录，并提请被审计单位进行充分披露。

（二）长期借款的实质性程序

1. 审计目标

长期借款的审计目标一般包括下列内容。

（1）资产负债表中记录的长期借款是否存在。（存在）

（2）所有应当记录的长期借款均已记录。（完整性）

（3）记录的长期借款是被审计单位应当履行的现时义务。（权利和义务）

（4）长期借款以恰当的金额包括在财务报表中，与之相关的计价或分摊已恰当记录。（计价和分摊）

（5）长期借款已按照企业会计准则的规定在财务报表中做出恰当列报。（列报）

2．实质性程序

长期借款同短期借款一样，都是企业向银行或其他金融机构借入的款项，因此，长期借款的实质性程序同短期借款的实质性程序较为相似。对于长期借款，注册会计师实施的实质性程序通常包括下列内容。

（1）对年度内增加的长期借款，应检查借款合同和授权批准，了解借款数额、借款条件、借款日期、还款期限、借款利率，并与相关会计记录相核对。

（2）向银行或其他债权人函证重大的长期借款。

（3）计算短期借款、长期借款在各个月份的平均余额，选取适用的利率匡算利息支出总额，并与财务费用的相关记录核对，判断被审计单位是否高估或低估利息支出，必要时进行适当调整。

（4）检查借款费用的会计处理是否正确。借款费用，指企业因借款而发生的利息及其他相关成本，包括折价或溢价的摊销、辅助费用以及因外币借款而发生的汇兑差额。按照《企业会计准则第17号——借款费用》的规定，企业发生的借款费用，可直接归属于符合资本化条件的资产的购建或生产的，应当予以资本化，计入相关资产成本。其他借款费用，应当在发生时根据其发生额确认费用，计入当期损益。

（5）检查企业抵押长期借款的抵押资产的所有权是否属于企业，其价值和实际状况是否与抵押契约中的规定相一致。

（6）检查长期借款是否已恰当列报。

长期借款在资产负债表上列示于长期负债类下。该项目应根据"长期借款"科目的期末余额扣减将于一年内到期的长期借款后的数额填列。该项扣除数应填列在流动负债类下的"一年内到期的非流动负债"项目单独反映。注册会计师应根据审计结果，确定被审计单位长期借款在资产负债表上的列示是否恰当，并注意长期借款的抵押和担保是否已在财务报表附注中做了充分的说明。

◈ 案例7-5　投资活动审计案例

甲会计师事务所于2010年2月11日接受X公司委托，对X公司2009年度财务报表进行审计。甲会计师事务所指派的注册会计师在审计过程中发现如下事项。

（1）实收资本与验资报告及营业执照不一致。

（2）被投资企业Y为海外公司，X公司占其股权份额的40%，累计确认投资收益900万元，其中本年度确认300万元。注册会计师无法获取Y企业的财务报表。

（3）X公司于2008年1月1日对Z公司进行股权投资，占其股权份额的70%，但X公司按照权益法对Z公司进行核算。

（4）X公司2009年度财务报表附注中披露的长期股权投资如表7-13所示。

表 7-13 　　　　　　　　　　　　　X公司 2009 年度长期股权投资

被投资单位	投资期限	初始金额（元）	股权比例	2009 年 12 月 31 日账面价值（元）
A公司	2005 年 8 月～2010 年 7 月	150 000 000	5%	150 000 000.00

要求：针对上述问题，分析注册会计师应如何处理。

【答案】

（1）追查原因，如果是合理的变更资本，则注册会计师应建议X公司变更合同、章程，重新验资和变更注册登记；如果是评估调账等不合理地变更资本，则注册会计师应建议调整。

（2）注册会计师应将"无法获取报表"企业的财务视同审计范围受到限制，结合确定的重要性水平，考虑是否发表保留或无法表示意见的审计报告。

（3）"X公司按照权益法对Z公司进行核算"属于重大会计差错。注册会计师应建议X公司按照重大会计差错采用追溯调整法进行调整。

（4）编制资产负债表时，"长期股权投资"项目应在扣除1年内到期长期股权投资后填列。但上述附注中列示的X公司对A公司长期股权投资在2010年7月到期，于2009年年末已属于1年内到期的长期股权投资。注册会计师应建议X公司调整，调整分录为：

借：一年内到期的非流动资产　　　　　　　　150 000 000
　　贷：长期股权投资　　　　　　　　　　　　　　　150 000 000

第五节　货币资金审计

一、货币资金审计概述

（一）审计的主要凭证和会计记录

货币资金审计涉及的凭证和会计记录主要有：现金盘点表；银行对账单；银行存款余额调节表；有关科目的记账凭证；有关会计账簿。

（二）货币资金内部控制

一个良好的货币资金内部控制应该达到以下几点。

1. 岗位分工及授权批准

（1）出纳人员不得兼任稽核、会计档案保管和收入、支出、费用、债权债务账目的登记工作。企业不得由一人办理货币资金业务的全过程。

（2）企业应当对货币资金业务建立严格的授权批准制度，明确审批人对货币资金业务的授权批准方式、权限、程序、责任和相关控制措施，规定经办人办理货币资金业务的职责范围和工作要求。

（3）企业应当按照申请—审批—复核—支付的程序办理货币资金支付业务。

（4）对于重要单位对于重要货币资金支付业务，应当实行集体决策和审批。

（5）严禁未经授权的机构或人员办理货币资金业务或直接接触货币资金。

2. 现金和银行存款的管理

（1）超过库存限额的现金应及时存入银行。

（2）不属于现金开支范围的业务应当通过银行办理转账结算。

（3）企业现金收入应当及时存入银行，不得用于直接支付企业自身的支出。因特殊情况需坐支现金的，应事先报经开户银行审查批准。企业借出款项必须执行严格的授权批准程序，严禁擅自挪用、借出货币资金。不得任意坐支收入。

（4）企业取得的货币资金收入必须及时入账，不得私设"小金库"，不得账外设账，严禁收款不入账。

（5）严格按照规定开立账户，办理存款、取款和结算。

（6）企业应当严格遵守银行结算纪律，不准签发没有资金保证的票据或远期支票，套取银行信用。不准签发、取得、转让没有真实交易和债权债务的票据，不得套取银行和他人资金。不准无理拒绝付款，任意占用他人资金。不准违反规定开立和使用银行账户。

（7）单位应当指定专人定期核对银行账户，每月至少核对一次，编制银行存款余额调节表，使银行存款账面余额与银行对账单调节相符。

（8）应当定期和不定期地进行现金盘点。

3. 票据及有关印章的管理

（1）企业应专设登记簿进行记录，防止空白票据的遗失和被盗用。

（2）财务专用章应由专人保管，个人名章必须由本人或其授权人员保管。严禁一人保管支付款项所需的全部印章。

4. 监督检查

（1）企业应当建立对货币资金业务的监督检查制度，明确监督检查机构或人员的职责权限，定期和不定期地进行检查。

（2）企业应执行货币资金监督检查。

（3）对监督检查过程中发现的货币资金内部控制中的薄弱环节，企业应当及时采取措施，加以纠正和完善。

二、库存现金审计

（一）审计目标

对于库存现金，注册会计师的审计目标一般包括下列内容。

（1）确定被审计单位资产负债表的货币资金项目中的库存现金在资产负债表日是否确实存在。（存在）

（2）确定被审计单位有所应当记录的现金收支业务是否均已记录完毕，有无遗漏。（完整性）

（3）确定记录的库存现金是否为被审计单位拥有或控制。（权利和义务）

（4）确定库存现金以恰当的金额包括在财务报表的货币资金项目中，与之相关的计价调整已恰当记录。（计价和分摊）

（5）确定库存现金是否已按照企业会计准则的规定在财务报表中做出恰当列报。（列报）

（二）控制测试

对于库存现金，注册会计师实施的控制测试包括下列内容。

（1）了解现金内部控制（通过流程图，了解不相容职务是否严格分离、是否定期盘点、核对）。

（2）抽取并检查收款凭证（与现金日记账的收入金额、与应收账款明细账、与销货发票核对）。

（3）抽取并检查付款凭证（检查付款的授权批准手续，并核对）。

（4）抽取一定期间的库存现金日记账与总账核对。

（5）检查外币现金的折算方法是否符合有关规定，是否与上年度一致。

（6）评价库存现金的内部控制。

（三）实质性程序

对于库存现金，注册会计师实施的实质性程序一般包括下列内容。

1. 监盘库存现金

监盘库存现金是证实资产负债表中所列现金是否存在的重要程序。

（1）盘点的范围：企业盘点库存现金，通常包括对已收到但未存入银行的现金、零用金、找换金等的盘点。盘点的范围一般包括企业各部门经管的现金。

（2）盘点的主体：盘点库存现金的时间和人员应视被审计单位的具体情况而定，但必须有出纳员和被审计单位会计主管人员参加，并由注册会计师进行监盘。

（3）盘点的方式：对库存现金的监盘实施突击性的检查。

（4）盘点的时间：对库存现金的监盘时间最好选择在上午上班前或下午下班时进行。

（5）监盘过程：在进行现金盘点前，应由出纳员将现金集中起来存入保险柜。必要时可加以封存，然后由出纳员把已办妥现金收付手续的收付款凭证登入库存现金日记账。如果被审计单位库存现金存放部门有两处或两处以上的，应同时进行盘点。

审阅库存现金日记账并同时与现金收付凭证相核对。一方面检查库存现金日记账的记录与凭证的内容和金额是否相符；另一方面了解凭证日期与库存现金日记账日期是否相符或接近。由出纳员根据库存现金日记账加计累计数额，结出现金结余额。

（6）盘点保险柜的现金实存数，同时由注册会计师编制"库存现金监盘表"，分币种、面值列示盘点金额。

将盘点金额与库存现金日记账余额进行核对，如有差异，应要求被审计单位查明原因，必要时应提请被审计单位做出调整，如无法查明原因，应要求被审计单位按管理权限批准后做出调整。

若有冲抵库存现金的借条、未提现支票、未作报销的原始凭证，应在"库存现金监盘表"中注明或做出必要的调整。

（7）在非资产负债表日（通常在资产负债表日后）进行盘点和监盘时，应调整至资产负债表日的金额。

资产负债表的实有数=盘点日的实有数-资产负债表日至盘点日收入数+…+支出数

2. 抽查大额库存现金收支

注册会计师应抽查大额现金收支的原始凭证内容是否齐全、原始凭证内容是否完整、有无授权批准、记账凭证与原始凭证是否相符、账务处理是否正确、是否记录于恰当的会计期间等项内容。

3. 检查现金收支的正确截止

被审计单位资产负债表的货币资金项目中的库存现金数额，应以结账日实有数额为准。因此，注册会计师必须验证现金收支的截止日期。通常，注册会计师可考虑对结账日前后一段时期内现金收支凭证进行审计，以确定是否存在跨期事项，是否应考虑提出调整建议。

案例7-6　库存现金审计案例

（一）案例资料

2014年1月25日，审计人员对甲公司2013年12月31日资产负债表进行审计，查得"货币资金"项目的库存现金余额为2 995元。2014年1月25日，现金日记账的余额是2 365元。2014年1月26日上午8时，审计人员对该公司的库存现金盘点结果如下。

（1）现金实有数1 850元。

（2）在保险柜中发现职工李东11月5日预借差旅费500元，已获领导批准。职工胡立借据一张，金额450元，未经批准，也未说明其用途。有已收款但未入账的凭证6张，金额435元。

（3）核对1月1日至25日的收付款凭证和现金日记账，核实1月1日至25日的现金收入数为7 130元，现金支出数为7 160元，正确无误。银行核定的公司库存限额为2 000元。

（二）审计步骤

第一步：根据以上资料，首先核实1月25日库存现金应有数。

因为职工胡立借据450元，未经批准，属于白条，不能用于抵充现金，所以1月25日库存现金应为1月25日库存现金实有数1 850元加胡立的借据450元，为2 300元。

未入账的收付款凭证都属于合法凭证，可以据以收付现金，只是没有入账。1月25日，现金日记账的余额是2 365元，加上未入账的现金收入435元，减去未入账的现金支出500元，得2 300元。由此可见，在1月25日，除白条抵库和应入账未入账的现金收支外，现金账实是相符的，即未发生现金溢缺。

第二步：核实2013年12月31日资产负债表中的库存现金是否真实、完整。

既然在2014年1月25日现金是账实相符，未发生现金溢缺，且核对1月1日至25日的收付款凭证和现金日记账，1月1日至25日的现金收入为7 130元，现金支出为7 160元，正确无误，那么，就可以根据这些资料倒推出2013年12月31日库存现金应有数。

计算过程如下：2 300+7 160-7 130=2 330（元）

由于2013年12月31日"货币资金"项目中的库存现金账面余额为2 995元，因此，甲公司的资产负债表中，2013年12月31日的现金余额是错误的，正确金额为2 330元。

（三）审计结论

（1）该公司2013年12月31日的库存现金账实不符，应进一步查明原因。

（2）督促被审单位将收支及时入账。例如，职工李东11月5日预借差旅费500元，虽经领导批准，属于合规的行为，但出纳人员未及时将借款登记入账，被审单位应编制如下会计分录：

借：其他应收款——李东　　　　　　　　　　　　　　500
　　贷：库存现金　　　　　　　　　　　　　　　　　　　　500

同时，出纳人员应及时催促李东报销有关单证，退回多余的款项。

（3）财务制度明令禁止白条抵库，审计人员应进一步调查胡立借款的真实性，并督促被审单位及时收回该笔款项。

（4）银行规定库存限额2 000元，公司留存超过限额330元，应及时送存银行。

三、银行存款审计

（一）审计目标

对于银行存款，注册会计师的审计目标一般包括以下内容。

（1）确定被审计单位所有资产负债表的货币资金项目中的银行存款在资产负债表日是否确实存在。（存在）

（2）确定被审计单位所有应当记录的银行存款收支业务是否均已记录完毕，有无遗漏。（完整性）

（3）确定记录的银行存款是否为被审计单位所拥有或控制。（权利和义务）

（4）确定记录的银行存款以恰当的金额包括在财务报表的货币资金项目中，与之有关的计价调整已恰当记录。（计价和分摊）

（5）确定银行存款是否已按照企业会计准则的规定在财务报表中做出恰当列报。（列报）

（二）控制测试

对于银行存款，注册会计师实施的控制测试包括以下内容。

（1）了解银行存款的内部控制。

（2）抽取并检查银行存款收款凭证。

（3）抽取并检查银行存款付款凭证。

（4）抽取一定期间的银行存款日记账与总账核对。

（5）抽取一定期间的银行存款调节表，查验其是否按月正确编制并经复核。

（6）检查外币银行存款的折算方法是否符合有关规定，是否与上年度一致。

（7）评价银行存款的内部控制。

（三）实质性程序

对于银行存款，注册会计师实施的实质性程序主要包括以下内容。

（1）获取或编制银行存款余额明细表，复核加计是否正确，并与总账数和日记账合计数核对是否相符。检查非记账本位币银行存款的折算汇率及折算金额是否正确。注册会计师测试银行存款余额的起点，是核对银行存款日记账与总账的余额是否相符。如果不相符，应查明原因，并考虑是否应建议做出审计调整。

（2）实施实质性分析程序。计算银行存款累计余额应收利息收入，分析比较被审计单位银行存款应收利息收入与实际利息收入的差异是否恰当，评估利息收入的合理性，检查是否存在高息资金拆借，确认银行存款余额是否存在，利息收入是否已经完整记录。

（3）检查银行存单。编制银行存单检查表，检查是否与账面记录金额一致，是否被质押或限制使用，存单是否为被审计单位所拥有。

（4）取得并检查银行存款余额调节表。检查银行存款余额调节表是证实资产负债表中所列银行存款是否存在的重要程序。银行存款余额调节表通常应由被审计单位根据不同的银行账户及货币种类分别编制，具体测试程序通常包括下列内容。

① 将被审计单位资产负债表日的银行存款余额对账单与银行询证函回函核对，确认是否一致，核对账面记录的存款金额是否与对账单记录一致。

② 获取资产负债表日的银行存款余额调节表，检查调节表中加计数是否正确，调节后银行存款日记账余额与银行对账单余额是否一致。

③ 检查调节事项的性质和范围是否合理。

④ 检查是否存在未入账的利息收入和利息支出。

⑤ 检查是否存在其他跨期收支事项，检查相应的原始交易单据或者银行收付款单据。

⑥ 当未经授权或授权不清支付货币资金的现象比较突出时，检查银行存款余额调节表中支付给异常的领款（包括没有载明收款人）、签字不全、收款地址不清、金额较大票据的调整事项，确认是否存在舞弊。

（5）函证银行存款余额，编制银行函证结果汇总表，检查银行回函。

① 向被审计单位在本期存过款的银行发函，包括零余额账户和在本期内注销的账户。

② 确定被审计单位账面余额与银行函证结果的差异，对不符事项做出适当处理。

（6）检查银行存款账户存款人是否为被审计单位，若存款人非被审计单位，应获取该账户户主和被审计单位的书面声明，确认资产负债表日是否需要提请被审计单位进行调整。

（7）关注是否存在质押、冻结等对变现有限制或存在境外的款项。如果存在，则注册会计师应确认这些限制或款项是否已提请被审计单位做必要的调整和披露。

（8）对不符合现金及现金等价物条件的银行存款在审计工作底稿中予以列明，以考虑对现金流量表的影响。

（9）抽查大额银行存款收支的原始凭证，检查原始凭证是否齐全、记账凭证与原始凭证是否相符、账务处理是否正确、是否记录于恰当的会计期间等项内容。检查是否存在非营业目的的大额货币资金转移，并核对相关账户的进账情况。如有与被审计单位生产经营无关的收支事项，应查明原因并做相应的记录。

（10）检查银行存款收支的截止是否正确。选取资产负债表日前后若干张、一定金额以上的凭证实施截止测试，关注业务内容及对应项目，如有跨期收支事项，应考虑是否应提请被审计单位进行调整。

（11）检查银行存款是否在财务报表中做出恰当列报。

 课后训练

一、思考题

1. 销售与收款循环的业务流程是什么？
2. 销售与收款循环中的不相容职务有哪些？
3. 审计销售业务的真实性与完整性有何不同？
4. 销售业务的截止测试要点是什么？
5. 如何理解应付凭单制度？
6. 采购业务的内部控制要点是什么？
7. 应付账款函证的要点是什么？
8. 如何进行固定资产减值准备的实质性程序？
9. 存货监盘要注意哪些问题？
10. 筹资与投资循环具有哪些特征？
11. 货币资金内部控制的要点是什么？
12. 检查银行对账单和银行存款余额调节表时应注意哪些方面？

二、分析题

某注册会计师和一位助理人员对某公司 2017 年 12 月 31 日会计报表进行审计。该公司用剩余现金购置了数量较大的长期投资有价证券，存放于当地某银行的保险箱，并规定只有公司总经理或财务部经理可以开启保险箱。由于 12 月 31 日公司的总经理和财务经理不能陪同去银行盘点有价证券，经约定，2018 年 1 月 11 日由助理审计人员和财务经理一同去银行盘点。

　　请问：（1）假定该助理人员以前未进行过有价证券盘点，则该注册会计师应要求其在盘点时执行哪些审计步骤？

　　（2）假定该助理人员盘点后得知，公司财务经理于 1 月 4 日曾开启保险箱，并声称，开启保险箱是为了查阅一份文件。请问，由于财务经理的上述行动，该注册会计师应增加哪些审计程序？

第八章
内部审计

学习目标

- 了解内部审计的发展趋势
- 掌握绩效审计、信息系统审计、舞弊审计的基本原理和方法

关键词

绩效审计　信息系统审计　舞弊审计

引导案例

新时代下内部审计将何去何从

随着互联网的深度发展，大数据时代悄然到来，与之携手而来的是云计算的飞速发展，区块链成为人们茶余饭后讨论的焦点，虚拟现实技术和AI人工智能更是逐渐成为人们生活工作的一部分。

（1）大数据时代的到来，连同数据处理技术的升级，意味着审计即将告别传统的抽样审计，而是利用大数据时代的数据红利，使之发挥数据存储能力，结合新时代下高速的数据处理技术对数据实施全面审计。

（2）云计算的应用与大数据的发展交相辉映，相辅相成。审计人员可以利用云计算的数据处理能力，对海量信息进行比较、分析、处理，快速地挖掘有价值的信息。

（3）区块链是新时代的一种颠覆性技术，随着区块链技术的不断应用，企业所有的信息都将被整合上传，并受多方监督。这就意味着信息质量将相对提升，数据更加真实、透明、安全和完整；信息不对称的壁垒被渐渐打破，财务会计和外部审计职能也随之弱化。内部审计人员也将告别传统的财务审计，转而将大数据与区块链相结合从而高效地开展审计及相关工作。

（4）虚拟现实可以告别传统的事后审计，通过现有数据或预估的数据构建模型，通过虚拟演绎，预估可能发生的情况，可以提前规避风险，帮助企业稳定发展。

（5）随着人工智能的不断发展，一些低附加值的工作都将被人工智能取代，审计职业也同样面临挑战。内部审计人员想要谋求职业的发展就必须提升自身价值，摒弃重复的初级劳动，转而利用新时代的技术提升内部审计人员的地位。

（6）数字经济已经成为我国新阶段发展的主要方向。对审计人员而言，提高自身数字修养，迎合国策发展可谓是刻不容缓。

一直以来内部审计在企业之中都处于相对弱势的地位，内部审计人员基于种种原因很

难发挥应有的职能。随着经济技术的不断发展，社会也在悄无声息地发生着巨大的变革。因此，内部审计人员更要主动出击，顺应社会的发展趋势，借助新的技术，不断转变自身职能，并逐步发展成为不可替代的内部审计新型人才。

综上，可以说，新时代的到来，对内部审计人员既是新的挑战更是新的机遇。那么，审计人员如何依托现有资源发挥自身价值就成为我们关注的重点。

第一节 绩效审计与案例

一、绩效审计的含义

根据我国《第 2202 号内部审计具体准则——绩效审计》，绩效审计（又称"3E 审计"），是指内部审计机构和内部审计人员对本组织经营管理活动的经济性、效率性、效果性进行的审查和评价。

经济性，是指组织经营管理过程中获得一定数量和质量的产品或者服务及其他成果时所耗费的资源最少。效率性，是指组织经营管理过程中投入资源与产出成果之间的对比关系。效果性，是指组织经营管理目标的实现程度。

二、绩效审计的一般原则

绩效审计的一般原则体现在以下三个方面。

1. 专业胜任能力

内部审计机构应当充分考虑实施绩效审计项目对内部审计人员专业胜任能力的需求，合理配置审计资源。

2. 区分管理层责任与内部审计机构的责任

组织各管理层根据授权承担相应的经营管理责任，对经营管理活动的经济性、效率性和效果性负责，内部审计机构开展绩效审计不能减轻或者替代管理层的责任。

3. 绩效审计对象的选择和确定

内部审计机构和内部审计人员根据实际需要选择和确定绩效审计对象，既可以针对组织的全部或者部分经营管理活动，也可以针对特定项目和业务。

三、绩效审计的内容

根据实际情况和需要，绩效审计可以同时对组织经营管理活动的经济性、效率性和效果性进行审查和评价，也可以只侧重某一方面进行审查和评价。绩效审计主要审查和评价下列内容。

（1）有关经营管理活动经济性、效率性和效果性的信息是否真实、可靠。

（2）相关经营管理活动的人、财、物、信息、技术等资源取得、配置和使用的合法性、合理性、恰当性和节约性。

（3）经营管理活动既定目标的适当性、相关性、可行性和实现程度，以及未能实现既定目标的情况及其原因。

（4）研发、财务、采购、生产、销售等主要业务活动的效率。

（5）计划、决策、指挥、控制及协调等主要管理活动的效率。

（6）经营管理活动预期的经济效益和社会效益等的实现情况。

（7）组织为评价、报告和监督特定业务或者项目的经济性、效率性和效果性所建立的内部控制及风险管理体系的健全性及其运行的有效性。

（8）其他有关事项。

四、绩效审计的方法

内部审计机构和内部审计人员应当依据重要性、审计风险和审计成本，选择与审计对象、审计目标及审计评价标准相适应的绩效审计方法，以获取相关、可靠和充分的审计证据。选择绩效审计方法时，除运用常规审计方法以外，还可以运用以下方法。

（1）数量分析法，即对经营管理活动相关数据进行计算分析，并运用抽样技术对抽样结果进行评价的方法。

（2）比较分析法，即通过分析、比较数据间关系、趋势或者比率获取审计证据的方法。

（3）因素分析法，即查找产生影响的因素，并分析各个因素的影响方向和影响程度的方法。

（4）本量利分析法，即分析一定期间内的成本、业务量和利润三者之间变量关系的方法。

（5）专题讨论会，即通过召集组织相关管理人员就经营管理活动特定项目或者业务的具体问题进行讨论的方法。

（6）标杆法，即对经营管理活动状况进行观察和检查，通过与组织内外部相同或者相似经营管理活动的最佳者进行比较的方法。

（7）调查法，即凭借一定的手段和方式（如访谈、问卷），对某种或者某几种现象、事实进行考察，通过对搜集到的各种资料进行分析处理，进而得出结论的方法。

（8）成本效益（效果）分析法，即通过分析成本和效益（效果）之间的关系，以每单位效益（效果）所消耗的成本来评价项目效益（效果）的方法。

（9）数据包络分析法，即以相对效率概念为基础，以线性规划为工具，应用数学规划模型计算比较决策单元之间的相对效率，从而对评价对象做出评价的方法。

（10）目标成果法，即根据实际产出成果评价被审计单位或者项目的目标是否实现，将产出成果与事先确定的目标和需求进行对比，确定目标实现程度的方法。

（11）公众评价法，即通过专家评估、公众问卷及抽样调查等方式，获取具有重要参考价值的证据信息，评价目标实现程度的方法。

五、绩效审计的评价标准

内部审计机构和内部审计人员应当选择适当的绩效审计评价标准。绩效审计评价标准应当具有可靠性、客观性和可比性。绩效审计评价标准的来源主要包括以下内容：有关法律法规、方针、政策、规章制度等的规定；国家部门、行业组织公布的行业指标；组织制定的目标、计划、预算、定额等；同类指标的历史数据和国际数据；同行业的实践标准、经验和做法。

内部审计机构和内部审计人员在确定绩效审计评价标准时，应当与组织管理层进行沟通，在双方认可的基础上确定绩效审计评价标准。

六、绩效审计报告

绩效审计报告应当反映绩效审计评价标准的选择、确定及沟通过程等重要信息，包括必要的局限性分析。绩效审计报告中的绩效评价应当根据审计目标和审计证据做出，可以分为总体评价和分项评价。当审计风险较大，难以做出总体评价时，审计人员可以只做分项评价。对于绩效审计报告中反映的合法、合规性问题，除进行相应的审计处理外，绩效审计报告还应当侧重从绩效的角度对问题进行定性，描述问题对绩效造成的影响、后果及严重程度。绩效审计报告应当注重从体制、机制、制度上分析问题产生的根源，兼顾短期目标和长期目标、个体利益和组织整体利益，提出切实可行的建议。

◆ 案例8-1 仓库管理审计案例

浙江龙海包装集团（以下简称"集团"）是浙江包装龙头企业，连续多年荣获浙江省行业最大企业、最佳经济效益工业企业、十佳经济效益企业等荣誉称号。2010年，集团实现销售收入15.6亿元，实现利税5 800万元。随着集团的发展壮大，存货资金占流动资金比重不断提升，仓库管理状况受到高管层越来越多的关注。仓库管理工作不仅仅是简单的货物收发、存放，而是涉及了更深层次的管理，仓库管理要利用科学的管理体系使物流更通畅，提高仓库的利用效率和存货的安全性。同时，仓库管理也需要跟上企业发展的步伐，满足集团发展的需要。为此，集团审计部积极参与仓库的管理审计，为科学管理仓库提出以下合理建议。

一、仓库管理审计程序的执行

为了能够全面地了解仓库管理各方面的情况以及发现当中存在的问题，审计部门对于存货管理、存货账龄、周转率、仓库管理流程等进行了审计，并对仓库管理人员进行了认真的走访和调查。

1. 存货盘点

审计部门有效利用仓库管理中现有的先进管理系统——仓库管理条码系统对仓库存货进行现场盘点。审计部门利用条码系统中的盘库功能，定点定库，通过库位选取、扫描库位和存货磅码单来识别、盘点存货，并对码单信息与实物数量的一致性进行确认，最终通过在计算机的条码仓库管理系统中查看实际盘点数、盘盈数、盘亏数，达到对存货数量进行统计、对存货存放位置进行确认的目的。

2. 存货账龄、周转率的检查分析

审计部门通过条码仓库管理系统，对存货入库时间进行查看，并按产品类别对存货账龄进行分类别统计，从而对存货账龄过大、周转率偏低的产品进行列示，以告知仓库管理人员该存货的风险性。存货越多，账龄越大，风险警示性越高。

3. 仓库管理流程的检查

审计部门通过前期穿行测试的摸底准备，寻找出重要的内部控制节点，将其作为监控点，重点查看不相容岗位相关管理操作的合规性。审计部门以流程管理中权限的审核批准为线，检查审计过程的完整性、合规性。点线结合，贯穿整个仓库管理的始终。

4. 仓库管理人员配置情况的调查

审计部门通过观察仓库管理人员流动情况、工作态度、工作习惯，对工作的认识情况来了解仓库管理情况，听取来自于基层的声音。同时，在集团人力资源部的协助和配合下，审计部门对仓库的岗位设置、人员编制、技能要求、职责划分做了一个比较系统的测评。

二、提出合理化的改进意见

（1）从存货盘点来看，条码仓库管理系统作为先进的现代仓库管理系统也出现了水土不服的症状，作为一个计算机机械系统，它无法识别设定程序之外的操作。当存货存放位置未能按实际库位存放时，该存货即便在对的仓库不对的库位，也会导致存货盘亏现象的出现。对于盘亏又无实际确切位置的存货，条码仓库管理系统导致这类存货难以定位查找。定点定库无法实现，存货数量和位置就无法确切地掌握，这样会导致物流发货等各方面的延误。

（2）通过对存货估值与公司总的流动资产的比值来检查存货所占流动资金的比例，审计人员发现存货占流动资产比例偏高，原因是没有客户的库存累积，需要销售部门和仓库协调沟通，努力降低无客户的库存。对于存货盘点过程中反映出来的存货盘亏的原因进行分析后，审计人员提出了定点定库新方式的建议，重点控制源头，对于生产出来的待入库产品按客户或规格进行分类，设立待入库区，再由待入库区内的存货存放空间来选择合适的库位入库，以解决存货盘亏等的根本原因。同时，审计人员对仓库卫生问题提出了建议，要求仓库管理人员保持仓库的安全、卫生、整洁，每天在上班前和下班后进行整理和检查。从存货账龄、周转率的检查来看，发现往往周转率偏低的存货，账龄往往是偏大的，这就占用了大量的库存闲置资金，闲置资金越大，企业的流动性就越差，从而给企业经营带来潜在的风险。

审计人员通过账龄和周转率的分析来对超期存货提出了处理意见：超期存货需要及早处理，以节省仓库有效利用空间，处理方式为按原来惯用方式，即将超期存货作为废料处理或作为造粒的原料。审计人员对以后存货账龄提出了要求，要求定期清查存货账龄，对账龄较长的存货及时处理，避免损失，努力降低存货账龄，提高存货周转率。

（3）通过仓库管理流程中关键节点的检查，发现了领料员未经仓库管理人员批准，擅自领用的现象。该现象有违仓库管理基本操作程序，同时给仓库管理带来困难，一是无法实现账实相符，使仓库账面数和实际数不相符；二是使仓库管理处于失控状态，存在冒领、偷盗等可能，原材料、存货的安全无法得到保障。

针对仓库管理中内部控制制度的缺陷，审计部门提出了两点建议：一是在仓库管理岗位职责中明确每个人的责任；二是仓库管理审批流程要完整，确保流程的可执行性和可控性。领用物料要严格按照规定程序，切记不可贪图方便省略相关重要环节，领用必须凭领料单，经过仓库管理人员的核对、批准，确保存货的安全、完整。

（4）通过对仓库管理人员的了解，提出要加强对仓库管理人员的培训管理，建议集团人力资源部关注该子公司仓库管理人事，建立健全留人机制。建议该子公司通过绩效考核来辅助岗位职责和管理流程的实施，激励仓库管理人员，努力培养仓库管理人员积极认真负责的工作态度，良好的工作习惯，并适时听取仓库管理人员的意见，鼓励大家将工作中遇到的问题分享出来，作为今后工作的参考。

以上仓库日常管理中存在的种种纰漏，经常会在仓库部门晨会、生产部门例会上进行讨论，但从未经过系统全面的分析，更未通过文字报告形式呈现。这次审计部以《取证单》《访谈录》等形式与仓库管理部门沟通改进意见并记录过程，对于问题的解决将起到指导性的作用。

三、审计后续跟踪监测

在提出合理化的改进意见后，审计部侧重被审计单位对合理化意见的采纳情况和具体的实施改善情况的跟踪监测。

从实施情况来看，被审计单位基本上采纳了审计部的审计意见。

（1）对存货盘点中出现的存货盘盈盘亏情况积极联系财务和销售部门，进行了相应处理，并对仓库卫生管理等做出了岗位职责的安排，定期定点负责人员打扫卫生，保持了仓库的清洁、卫生。

（2）对账龄超期的存货进行了及时的处理，节省了存货资金和仓库空间，并制定出计划，定期与相关部门沟通处理存货账龄问题，确保日后工作的责任落实和工作保障。

（3）对于岗位职责中的内控节点的控制，有效做到了不相容岗位相分离，岗位管理职责明确落实到位。

（4）对管理流程上存在的授权批准不完善、存货风险较大的问题，也进行了妥善处理，已将审批流程贯穿整个管理流程，同时通过不间断的实践进行改善，确保了存货安全。

（5）将绩效考核作为激励的手段，确保岗位职责和管理流程的落实。通过同岗不同薪，检查激励有奖励，有奖有罚的措施，大大提高了仓库管理人员工作的积极性和主动性。从审计初衷来看，审计目标初步达到，提高了仓库管理内部发展的积极性，保持了仓库的整洁、安全。货物的有效收发、存放得到保证，一定程度上提高了仓库有效空间的利用，并为以后仓库管理指明了方向。

第二节 信息系统审计与案例

一、信息系统审计的概述

计算机信息系统（Computer Information System，CIS），是指以计算机为手段，对各项原始数据进行加工处理、存储、分析和检查等，从而产生能满足人们特定需要的一个信息系统。

计算机信息系统与手工信息系统最主要的区别在于信息加工处理的手段不同。计算机信息系统的组成要件包括下列项目。

（1）硬件，即计算机的实体装置或设备。

（2）软件，即计算机程序。

（3）网络系统，即连接计算机设备，以相互传送资讯的软硬件设备。

（4）文件，即计算机作业流程中相关的输入、处理、输出、操作、控制等的总称。

（5）人员，即信息处理系统中，负责管理、编程、操作、控制等的相关人员。

（6）资料，即被输入、存储、处理、输出等的各种相关资料。

（7）控制程序，即确保活动记录的正确与安全，以及避免或发现错误、异常的各种程序。

（一）计算机信息系统对会计的影响

1. 会计组织结构发生变化

在手工系统中，从原始凭证的取得，记账凭证的编制，到会计账簿的登记和会计报表的编制等均由会计人员分工负责完成。采用计算机信息系统后，所有会计凭证输入计算机后，其后的核算过程和报表生成工作绝大部分由计算机信息系统自动完成。

2. 会计核算形式发生变化

计算机处理信息时，不必遵循手工操作方式下的那些会计核算形式，如"科目汇总表""凭单日记账"等核算形式。会计人员可在对所收集的原始数据和凭证进行审核和编码后，将相关信息输入计算机，由其按会计信息系统程序集中处理，输出各种报表或其他资料。

3. 信息在存储介质、存取方式上发生变化

手工操作时，会计信息都是以纸质如凭证、账簿等为存储介质，人们只要翻开证账表即可取得信息。应用计算机后，会计信息有相当的一部分是存储在磁盘、硬盘、磁带、光盘等介质

上，人们需要时即可用屏幕显示或打印机打印出来。

4. 计算机信息系统的内部控制发生变化

（1）内部控制的内容发生了变化。由于计算机信息系统中会计账务处理的集中化，使手工系统中会计部门内部行之有效的分工控制失去了存在的基础，会计部门传统的内部牵制制度也自然而然地消失了。在运行计算机信息系统的企业中，会出现一个新的职能部门——信息系统管理部门。在该部门和其他职能部门之间，以及在该部门内部，分工控制仍然不失为一种简便易行而又行之有效的控制。

（2）内部控制的方法发生了变化。由于计算机信息系统在减少了因工作人员水平低、过度疲劳或心不在焉而造成的纯计算错误风险的同时，又增加了由于输入数据错误、计算机程序错误或计算机设备故障而造成的各种错误或舞弊的风险。因而，传统预防、发现和纠正手工系统中容易出现的差错、舞弊行为的内部控制方法不适用了，必须针对计算机信息系统差错、舞弊风险的特点，加强对计算机硬件、程序、操作等方面的控制。

（3）部分内部控制程序化。由于计算机有很强的逻辑处理功能，因而在系统设计时，完全可以利用计算机信息系统高速度和自动化的特点，将相当一部分内部控制方法写进计算机程序，由计算机自动完成，即内部控制程序化。例如，在手工系统中，为了保证计算结果的准确性，一般采用人工复核的方法，而在计算机信息系统中，核算和复核都可以通过程序由计算机自动完成。程序化控制不仅使控制的可靠性大大提高，而且使控制成本大大降低，便于在计算机信息系统采用。

5. 数据处理错弊风险发生变化

计算机信息系统具有一贯性、预先规定性和综合性的特点，因而在手工系统中因工作人员的无能、疲劳和粗心大意，或因分工过细、处理环节过多、过程控制繁杂等而产生的纯属无意的错误，在计算机信息系统中不会再出现。

但是，计算机的准确性是建立在输入数据正确、计算机程序正确和设备正常运转的基础上的，如果上述三者中任何一个方面出了差错，就会造成处理结果的错误，这就产生了出现错弊的新风险。

（二）计算机信息系统环境对审计的影响

1. 对审计线索的影响

手工系统下，制作凭证、登账及报表编制，每一步的审计线索都很清楚。但在计算机信息系统环境下，全部由计算机系统按一定的程序指令完成，手工系统下的审计线索在这里已消失了。

2. 对审计内容的影响

计算机信息系统环境下，会计信息处理和内部控制的变革使审计的内容和侧重点有较大变化。比如，由于程序化处理的一致性，像手工系统中的疏忽大意、笔误而引起的计算或过账错误已大大减少，但如果发生程序错误或被非法篡改，则错误将一直错下去，直到被发现，其后果不堪设想。因此，对计算机程序控制的测试，以证实其处理的合法性、正确性、完整性及系统的安全可靠性是审计的重点和前提。除了对已使用的计算机信息系统进行审计以外，审计人员还应注意在信息系统开发阶段的事前、事中审计。数据和程序存储介质的易损性要求审计人员必须注意其有无必要的保护措施及复制留存或复原控制。审计的重点多放在异常业务的处理及系统变化的测试上，而不在于对相同业务取大样本进行测试上。

3. 对审计技术的影响

在手工系统下，可采用顺查、逆查、审阅、分析、比较等方法。但在计算机信息系统环境下,仅采用这些方法难以实现审计目的。计算机信息系统的特点决定了审计技术应当相应改变,手工审计技术仍是有效和必要的,但是,计算机辅助审计技术效率则更高,有些情况下,甚至是必不可少的审计技术。

4. 对审计方法的影响

计算机信息系统环境对会计的影响,特别是内部控制的变化,使审计方法也产生了较大的变化。对会计资料所进行的实质性测试过程中,因为大量的信息都是以机器可读形式存储于一定的介质上,所以对这些数据文件的测试方法与手工截然不同。

5. 对审计人员的影响

审计人员面临着更新知识的需要,他们不仅要具有丰富的会计、财务、审计知识和技能,要熟悉审计的政策、法令依据以及其他审计依据,而且应能掌握一定的计算机科学知识及其应用技术,还要掌握一定的现代信息处理和管理技术。

(三)信息系统审计的含义与特点

信息系统审计,是指内部审计机构和内部审计人员对组织的信息系统及其相关的信息技术内部控制和流程所进行的审查与评价活动。信息系统审计的特点如下。

1. 绕过计算机审计

绕过计算机审计是指撇开计算机内数据处理的具体过程,通过对输入数据和输出结果的审查、分析和比较,实现对系统的审计。

绕过计算机审计的具体做法是:从已经由计算机处理的经济业务中,抽取一部分作为样本,采用与手工系统审计相似的方法,由原始数据独立地依照顺序算出最终的数据处理结果,并与系统的输出结果相比较。

绕过计算机审计,必须具备一定的条件,那就是计算机信息系统必须留有足够的、肉眼可见的审计线索,尤其是全部输入数据必须有原始凭证作为依据。

2. 通过计算机审计

通过计算机审计并不像绕过计算机审计那样,将计算机处理过程视为"黑箱",只检查系统的输入、输出内容,对其具体的数据处理过程置之不顾,而是采用各种方法,深入计算机及计算机信息系统程序内部,并利用计算机对其内部的具体数据处理过程直接进行审查,追查数据输入计算机后在计算机内的处理过程。

3. 计算机辅助审计技术

计算机辅助审计技术是以计算机为工具,对审计对象进行数据文件检查、统计抽样、计算比较、数据处理测试的一种技术。

二、信息系统审计的一般原则

(一)区分责任

组织中信息技术管理人员的责任是进行信息系统的开发、运行和维护,以及与信息技术相关的内部控制的设计、执行和监控。信息系统审计人员的责任是实施信息系统审计工作并出具审计报告。

(二)信息系统审计的目的

信息系统审计的目的是通过实施信息系统审计工作,对组织是否实现信息技术管理目标进行审查和评价,并基于评价意见提出管理建议,协助组织信息技术管理人员有效地履行职责。

组织的信息技术管理目标包括以下内容：保证组织的信息技术战略充分反映组织的战略目标；提高组织所依赖的信息系统的可靠性、稳定性、安全性及数据处理的完整性和准确性；提高信息系统运行的效果与效率，合理保证信息系统的运行符合法律法规以及相关监管要求。

（三）风险导向审计的运用

内部审计人员应当采用以风险为基础的审计方法进行信息系统审计。风险评估应当贯穿于信息系统审计的全过程。

信息系统管理的核心是风险控制。数据被篡改、毁坏、盗取对组织的打击是致命的，因此，企业必须对信息系统的设计、执行进行严格的控制。信息系统审计应当评估信息系统面临的风险，评价控制的设计与运行是否能够有效地防止风险。

（四）信息系统审计的实施方式

信息系统审计可以作为独立的审计项目组织实施，也可以作为综合性内部审计项目的组成部分。

当信息系统审计作为综合性内部审计项目的一部分时，信息系统审计人员应当及时与其他相关内部审计人员沟通信息系统审计中的发现，并考虑依据审计结果调整其他相关审计的范围、时间及性质。

三、信息系统审计计划

内部审计人员在实施信息系统审计前，需要确定审计目标并初步评估审计风险，估算完成信息系统审计或者专项审计所需的资源（包括考虑是否利用外部专家的服务），确定重点审计领域及审计活动的优先次序，明确审计组成员的职责，编制信息系统审计方案。

内部审计人员在编写系统审计方案时，应当考虑下列因素。

（1）高度依赖信息技术、信息系统的关键业务流程及相关的组织战略目标。

（2）信息技术管理的组织架构。

（3）信息系统框架和信息系统的长期发展规划及近期发展计划。

（4）信息系统及其支持的业务流程的变更情况。

（5）信息系统的复杂程度。

（6）以前年度信息系统内、外部审计所发现的问题及后续审计情况。

（7）其他影响信息系统的因素。

当信息系统审计作为综合性内部审计项目的一部分时，内部审计人员在审计计划阶段还应当考虑项目审计目标及要求。

四、信息技术风险评估

（一）总体要求

信息技术风险，是指组织在信息处理和信息技术运用过程中产生的、可能影响组织目标实现的各种不确定因素，包括组织层面的信息技术风险、一般性控制层面的信息技术风险以及业务流程层面的信息技术风险等。

内部审计人员在进行信息系统审计时，应当识别组织所面临的与信息技术相关的内、外部风险，并采用适当的风险评估技术与方法，分析和评价其发生的可能性及影响程度，为确定审计目标、范围和方法提供依据。

（二）不同层面的信息技术风险关注的内容

内部审计人员在识别和评估组织层面、一般性控制层面的信息技术风险时，需要关注下列内容。

（1）业务关注度，即组织的信息技术战略与组织整体发展战略规划的契合度以及信息技术（包括硬件及软件环境）对业务和用户需求的支持度。

（2）信息资产的重要性。

（3）对信息技术的依赖程度。

（4）对信息技术部门人员的依赖程度。

（5）对外部信息技术服务的依赖程度。

（6）信息系统及其运行环境的安全性、可靠性。

（7）信息技术变更。

（8）法律规范环境。

（9）其他。

业务流程层面的信息技术风险受行业背景、业务流程的复杂程度、上述组织层面及一般性控制层面的控制有效性等因素的影响而存在差异。一般而言，内部审计人员应当了解业务流程，并关注下列信息技术风险：数据输入；数据处理；数据输出。

（三）风险评估结果的运用

内部控制是指组织在经济活动中建立的一种相互制约的业务组织形式和职责分工制度。内部控制因加强经济管理的需要而产生，并随着经济的发展而完善。内部审计人员应当充分考虑风险评估的结果，以合理确定信息系统审计的内容及范围，并对组织的信息技术内部控制设计合理性和运行有效性进行测试。

五、信息系统审计的内容

（一）总体要求

信息系统审计主要是对组织层面信息技术控制、信息技术一般性控制及业务流程层面相关应用控制的审查和评价。

信息技术内部控制的各个层面均包括人工控制、自动控制和人工、自动相结合的控制形式，内部审计人员应当根据不同的控制形式采取恰当的审计程序。

信息系统审计除常规审计内容外，内部审计人员还可以根据组织当前面临的特殊风险或者需求设计专项审计，以满足审计战略，具体包括（但不限于）下列领域。

（1）信息系统开发实施项目的专项审计。

（2）信息系统安全专项审计。

（3）信息技术投资专项审计。

（4）业务连续性计划的专项审计。

（5）外包条件下的专项审计。

（6）法律、法规、行业规范要求的内部控制合规性专项审计。

（7）其他专项审计。

（二）信息技术审计的常规审计内容

1. 组织层面信息技术控制的审计内容

组织层面信息技术控制，是指董事会或者最高管理层对信息技术治理职能及内部控制的重要性的态度、认识和措施。内部审计人员应当考虑下列控制要素中与信息技术相关的内容。

（1）控制环境。内部审计人员应当关注组织的信息技术战略规划对业务战略规划的契合度、信息技术治理制度体系的建设、信息技术部门的组织结构和关系、信息技术治理相关职权与责任的分配、信息技术人力资源管理、对用户的信息技术教育和培训等方面。

（2）风险评估。内部审计人员应当关注组织的风险评估的总体架构中信息技术风险管理的框架、流程和执行情况、信息资产的分类以及信息资产所有者的职责等方面。

（3）信息与沟通。内部审计人员应当关注组织的信息系统架构及其对财务、业务流程的支持度、董事会或者最高管理层的信息沟通模式、信息技术政策、信息安全制度的传达与沟通等方面。

（4）内部监督。内部审计人员应当关注组织的监控管理报告系统、监控反馈、跟踪处理程序以及组织对信息技术内部控制的自我评估机制等方面。

2．信息技术一般性控制的审计内容

信息技术一般性控制是指与网络、操作系统、数据库、应用系统及其相关人员有关的信息技术政策和措施，以确保信息系统持续稳定的运行，支持应用控制的有效性。对信息技术一般性控制的审计应当考虑下列控制活动。

（1）信息安全管理。内部审计人员应当关注组织的信息安全管理政策，物理访问及针对网络、操作系统、数据库、应用系统的身份认证和逻辑访问管理机制，系统设置的职责分离控制等。

（2）系统变更管理。内部审计人员应当关注组织的应用系统及相关系统基础架构的变更、参数设置变更的授权与审批，变更测试，变更移植到生产环境的流程控制等。

（3）系统开发和采购管理。内部审计人员应当关注组织的应用系统及相关系统基础架构的开发和采购的授权审批，系统开发的方法论，开发环境、测试环境、生产环境严格分离情况，系统的测试、审核、移植到生产环境等环节。

（4）系统运行管理。内部审计人员应当关注组织的信息技术资产管理、系统容量管理、系统物理环境控制、系统和数据备份及恢复管理、问题管理和系统的日常运行管理等。

3．业务流程层面应用控制的审计内容

业务流程层面应用控制是指在业务流程层面为了合理保证应用系统准确、完整、及时完成业务数据的生成、记录、处理、报告等功能而设计、执行的信息技术控制。对业务流程层面应用控制的审计，内部审计人员应当考虑下列与数据输入、数据处理以及数据输出环节相关的控制活动。

（1）授权与批准。

（2）系统配置控制。

（3）异常情况报告和差错报告。

（4）接口/转换控制。

（5）一致性核对。

（6）职责分离。

（7）系统访问权限。

（8）系统计算。

（9）其他。

六、信息系统审计的方法

为了实现信息系统审计目标，内部审计人员可以利用的审计方法是多种多样的。具体而言，内部审计人员在进行信息系统审计时，可以单独或者综合运用下列审计方法获取相关、可靠和充分的审计证据，以评估信息系统内部控制的设计合理性和运行有效性。

（1）询问相关控制人员。

（2）观察特定控制的运用。

（3）审阅文件和报告及计算机文档或者日志。

（4）根据信息系统的特性进行穿行测试，追踪交易在信息系统中的处理过程。

（5）验证系统控制和计算逻辑。

（6）登录信息系统进行系统查询。

（7）利用计算机辅助审计工具和技术。

（8）利用其他专业机构的审计结果或者组织对信息技术内部控制的自我评估结果。

（9）其他能够实现审计目标的方法。

信息系统审计人员可以根据实际需要，利用计算机辅助审计工具和技术进行数据的验证、关键系统控制和计算的逻辑验证、审计样本选取等。内部审计人员在充分考虑安全的前提下，可以利用可靠的信息安全侦测工具进行渗透性测试等。

内部审计人员在对信息系统内部控制进行评估时，应当获取相关、可靠和充分的审计证据以支持审计结论完成审计目标，并应当充分考虑系统自动控制的控制效果的一致性及可靠性的特点，在选取样本时可以根据情况适当减少样本量，在系统未发生变更的情况下，可以考虑适当降低审计频率。

内部审计人员在审计过程中应当在风险评估的基础上，依据信息系统内部控制评估的结果重新评估审计风险，并根据剩余风险设计进一步的审计程序。

◇ 案例8-2 信息技术审计案例

审计人员正在对ABC集团公司的会计报表进行审阅，上年度各项内部控制设计合理并运行有效。审计人员对ABC集团公司本年度的内部控制进行了解，并评估重大错报风险。

ABC集团公司有20余家子公司。今年年初，为了满足集团公司对财务信息实时性、准确性、真实性的要求，推行企业信息化管理。ABC集团公司通过与ERP（Enterprise Resource Planning，企业资源计划）系统开发公司的协商，购进其最近开发的ERP系统并投入使用。由于采用ERP系统，财务核算人员由原来的163人减至61人。

审计人员在对采购与付款程序进行了解时，注意到供货单位的发票信息由会计部输入，并由计算机将其与其他信息（订购单等）相核对。在收到货物时，由验收部门将验收入库信息输入计算机系统，计算机会自动生成一份入库单，由仓库审核后自动更新存货记录。

计算机能够自动将订购单、验收单、入库单和供货单位的发票上的信息（供货单位、型号、规格、单价等）相比较并审批开出未付凭单。付款部门根据未付凭单打印出支票，计算机自动将该未付凭单标记，防止重复付款。

通过对采购人员的了解，一个职员透露，以前有一供货商对同一笔交易发来两张不同编号的发票，在月末存货监盘时ABC集团公司发现重复记录购货并追回了多付的货款，后来ABC集团公司加强了该系统的手工校验程序。

【请问】

（1）根据上述材料，假定不存在其他事项，请分别分析财务报表层次和认定层次是否存在重大错报风险，如存在认定层次的重大错报风险，请指出可能影响到哪些认定？

（2）请指出信息系统的组织层面控制、一般性控制或业务流程层面控制存在的缺陷，审计人员应对了解到的该缺陷实施的最有效的控制测试程序是什么？

（3）审计人员拟信赖上年审计所获取的有关采购与付款的内部控制，以减少本次控制测试的范围，审计人员的做法是否妥当？

【答案】

（1）由于启用新的信息系统，财务报表层次存在重大错报风险。采购与付款的内部控制缺陷将导致存货和应付账款的存在认定存在重大错报风险。

（2）ERP系统应先在某子公司试运行，成功运行后，再在集团内部进行全面推广，而ABC集团对ERP系统的运行属于信息系统的组织层面控制存在的缺陷，且系统运行存在缺陷没有修改程序。这些均属于信息系统的一般控制性存在的缺陷。

业务流程层面控制存在的缺陷在于审核开出未付凭单的程序设计不当，审计人员采用重新执行程序测试其内部控制，虚拟输入已付款发票的信息，检查是否能够开出未付凭单。

（3）由于内部控制本期已发生变化，不能减少本次控制测试的范围，审计人员应在本期重新测试其内部控制。

第三节　舞弊审计与案例

一、舞弊与动因

（一）舞弊的定义

国际内部审计师协会 1993 年发布的《内部审计实务标准》指出："舞弊包含一系列故意的不正当和非法欺骗行为，这种行为是由一个组织外部或内部的人来进行的。"美国注册会计师协会 2002 年发布的《审计准则公告》第 99 号对舞弊的表述为："舞弊是一种有意的行为，通常涉及故意掩盖事实。"我国《第 2204 号内部审计具体准则——对舞弊行为进行检查和报告》对舞弊的定义为："舞弊，是指组织内、外人员采用欺骗等违法违规手段，损害或者谋取组织利益，同时可能为个人带来不正当利益的行为。"

（二）舞弊的类别

以舞弊主体为标志区分，舞弊可分为雇员舞弊和管理层舞弊。

以利益目的为标志区分，舞弊可分为损害组织经济利益的舞弊和谋取组织经济利益的舞弊。

损害组织经济利益的舞弊，是指组织内、外人员为谋取自身利益，采用欺骗等违法违规手段使组织经济利益遭受损害的不正当行为。损害组织经济利益舞弊包括以下情形。

（1）收受贿赂或者回扣。

（2）将正常情况下可以使组织获利的交易事项转移给他人。

（3）贪污、挪用、盗窃组织资产。

（4）使组织为虚假的交易事项支付款项。

（5）故意隐瞒、错报交易事项。

（6）泄露组织的商业秘密。

（7）其他损害组织经济利益的舞弊行为。

谋取组织经济利益的舞弊，是指组织内部人员为使本组织获得不当经济利益而其自身也可能获得相关利益，采用欺骗等违法违规手段，损害国家和其他组织或者个人利益的不正当行为。谋取组织经济利益舞弊包括以下情形。

（1）支付贿赂或者回扣。

（2）出售不存在或者不真实的资产。

（3）故意错报交易事项、记录虚假的交易事项，使财务报表使用者误解而做出不适当的投融资决策。

（4）隐瞒或者删除应当对外披露的重要信息。

（5）从事违法违规的经营活动。

（6）偷逃税款。

（7）其他谋取组织经济利益的舞弊行为。

（三）发生舞弊的因素

影响舞弊的因素包括以下内容。

（1）动机（激励）与压力，即管理层或其他员工可能会由于激励或压力而有实施舞弊的动机。

（2）机会，即由于缺乏控制或控制失效或给舞弊以可乘之机。

（3）借口，即卷入舞弊的人能够合理化其舞弊行为，认为这与他们个人的道德意识是不相违背的，有些人的心态、品质或者道德观使得他们有意地、蓄意地进行欺诈行为。

二、对舞弊行为进行检查和报告的一般原则

1. 管理层责任

管理层责任在于建立、健全并有效实施内部控制，预防、发现及纠正舞弊行为，因此，应由组织管理层对舞弊行为的发生承担责任。

2. 审计责任

内部审计机构和内部审计人员的责任是保持应有的职业谨慎，在实施审计活动的过程中关注舞弊迹象及可能发生的舞弊行为，并对舞弊行为进行检查和报告。

一方面，内部审计机构和内部审计人员在检查和报告舞弊行为时，应当从下列方面保持应有的职业谨慎。

（1）具有识别、检查舞弊的基本知识和技能，在实施审计项目时警惕相关方面可能存在的舞弊风险。

（2）根据被审计事项的重要性、复杂性以及审计成本效益，合理关注和检查可能存在的舞弊行为。

（3）运用适当的审计职业判断，确定审计范围和审计程序，以检查、发现和报告舞弊行为。

（4）发现舞弊迹象时，应当及时向适当管理层报告，提出进一步检查的建议。

另一方面，舞弊可能经过精心粉饰，也可能由于管理层凌驾于控制之上而发生，同时，由于内部审计并非专为检查舞弊而进行，即使审计人员以应有的职业谨慎执行了必要的审计程序，也不能保证发现所有的舞弊行为。

需要特别提及的是，内部审计人员在检查和报告舞弊行为时，应当特别注意做好保密工作。

三、对舞弊行为进行检查和报告的基本工作流程

（一）评估舞弊发生的可能性

内部审计人员在审查和评价业务活动、内部控制和风险管理时，应当从以下方面对发生舞弊的可能性进行评估。

（1）组织目标的可行性。

（2）控制意识和态度的科学性。

（3）员工行为规范的合理性和有效性。

（4）业务活动授权审批制度的有效性。

（5）内部控制和风险管理机制的有效性。

（6）信息系统运行的有效性。

内部审计人员除考虑内部控制固有局限外，还应当考虑下列可能导致舞弊发生的情况。

（1）管理人员品质不佳。

（2）管理人员遭受异常压力。

（3）业务活动中存在异常交易或事项。

（4）组织内部个人利益、局部利益和整体利益存在较大冲突。

内部审计人员应当根据可能发生的舞弊行为的性质，向组织适当管理层报告，同时就需要实施的舞弊检查提出建议。

（二）舞弊的检查

舞弊的检查，是指实施必要的检查程序，以确定舞弊迹象所显示的舞弊行为是否已经发生。内部审计人员进行舞弊检查时，应当根据下列要求进行。

（1）评估舞弊涉及的范围及复杂程度，避免向可能涉及舞弊的人员提供信息或者被其所提供的信息误导。

（2）设计适当的舞弊检查程序，以确定舞弊者、舞弊程度、舞弊手段及舞弊原因。

（3）在舞弊检查过程中，与组织适当管理层、专业舞弊调查人员、法律顾问及其他专家保持必要的沟通。

（4）保持应有的职业谨慎，以避免损害相关组织或者人员的合法权益。

（三）舞弊的报告

舞弊的报告，是指内部审计人员以书面或者口头形式向组织适当管理层或者董事会报告舞弊检查情况及结果。

在舞弊检查过程中，出现下列情况时，内部审计人员应当及时向组织适当管理层报告以下事项。

（1）可以合理确信舞弊已经发生，并需要深入调查。

（2）舞弊行为已经导致对外披露的财务报表严重失实。

（3）发现犯罪线索，并获得了应当移送司法机关处理的证据。

内部审计人员完成必要的舞弊检查程序后，应当从舞弊行为的性质和金额两方面考虑其严重程度，并出具相应的审计报告。

审计报告的内容主要包括舞弊行为的性质、涉及人员、舞弊手段及原因、检查结论、处理意见、提出的建议及纠正措施。

案例8-3　舞弊审计案例

2012年11月的一天，某中外合资公司（以下简称公司）内审部的一个内审组长在与车间一个操作工饭后抽烟聊天时了解到，公司以柴油为燃料，通过燃烧驱动高压、高温蒸压机的"蒸压釜"，柴油用量自8月以来逐月增长，而"蒸压釜"的使用频率和时间却没有增加。

内审组长感到事情比较蹊跷，遂将此情况反映给了内审部领导。内审部领导再将情况上报公司总经理并得到授权，对"蒸压釜"油耗异常增加事项开展调查。据查，包括"蒸压釜"在内，该公司共有三台使用柴油的设备，柴油输出由一个总表统一进行计量，但是，另两台使用柴油的设备，分别单独装有输出表，那么，"蒸压釜"使用柴油的计算公式应该为：柴油总表输出-设备1输出表-设备2输出表。实际上，油料员也一直是依据这个计算方法给"蒸压釜"进行柴油领料的。调查时，内审人员根据"蒸压釜"使用柴油的计量方式，决定按以下顺序进行常规排查。

（1）对"蒸压釜"近一年的柴油使用量进行分析比对，结果发现，用量以每月30%左右的比例递增。据此测算，8月至11月，共计有190多吨柴油的出入量。

（2）对柴油储存的安全性进行检查，包括储存安全、挥发情况等，未见异常现象。

（3）对柴油输出管道进行检查，未见有渗油、泄漏等异常现象。

（4）对设备1、设备2的柴油输出表进行测量，油料实际输出与油表记录无差异。

（5）对柴油领用电子记录和领用纸质申请表进行比对，即油表数据和领料单对比，结果无差异。

（6）对柴油订购单、送货单、入库单进行查询、统计、分析，没有发现问题。

（7）咨询"蒸压釜"制造厂商，答复是该设备不会随使用年限而大幅增加燃料损耗。

那么，无端蒸发的那190吨柴油，到底去了哪儿呢？内审人员不得不另辟蹊径寻找原因，对油料计量工具进行跟踪测量。

第一个跟踪测量的目标是地磅。内审人员从油料仓库管理人员那儿了解得知，通常情况下，装载运送柴油的车辆大多都会有超载严重的现象，所以供应商基本都是凌晨送货到公司，由油库保安监督过磅，并投放至柴油储存罐内。上班后，保安再将过磅单、送货单交至仓库有关人员，由于使用柴油的三个设备都是24小时不间断对柴油进行消耗，柴油来了后在接下来的几个小时的消耗导致柴油罐的读数无法用于入库，仓库只能按照柴油过磅单进行入库。

了解柴油进货流程后，内审人员决定先对柴油过磅、交货等环节进行观察。曾经有些供应商会在车上的水箱里装满水，待过磅完后再把水放干，以此达到增加柴油重量的目的。因此，内审人员选择在隐秘处监视运油车，避免打草惊蛇。等待6小时后，大约在凌晨2点左右，内审人员看到柴油运输车缓缓驶上地磅，然后，司机打开车门下车，来到地磅显示器旁，再走进保安室办理有关送货手续，大约5分钟后，司机从保安室出来，将柴油运输车驾驶至油罐旁卸油，然后离开现场，内审人员没有发现疑点。

接下来的连续三天，内审人员均以该方式进行监视，柴油运输车也总是在重复着进场—过磅—办手续—卸油—离场的程序。

第四天，一个稍纵即逝的现象闪过内审人员的脑海：柴油运输车每次过磅，司机都会进保安室办理送货手续，每次都大约5分钟的时间，这没有问题。问题是，保安队长是上日班的，但每次有运输车送柴油来，即使半夜甚至凌晨，他都会不辞辛劳来到现场协助过磅，并和司机在地磅显示器旁有一段时间交集，而且他每次都提着一个文件夹大小的盒子来，这就有点奇怪了。

奇怪的现象引起了内审人员的警觉。他们与公司IT部协商，决定将安装在保安室对面、镜头对准生产车间的摄像头进行调整，使其对准保安室和地磅等计量工具进行监控。调整后，内审人员第一次调看摄像记录就有了意外发现：保安队长带来的文件夹大小的盒子上有一个插头，柴油运输车停在地磅上时，司机和保安队长一起将插头插进地磅电子显示器上。这个盒子是什么？插在地磅显示器上有什么用途？难道问题就在这个盒子上？

内审人员又与公司保卫部门联系，以工作为由使保安队长与盒子"人盒分离"，然后对盒子的用途进行研判，发现罪魁祸首就是这个盒子。原来盒子是个电子干扰发生器，柴油运输车过磅时，将其与地磅显示器连接，达到对显示读数干扰的目的，每次可使读数增大10吨左右。这就是说，公司每购进一车柴油，保安队长和司机就要联手套取10吨左右的油量。

现在问题又来了，每车多出来10吨左右的柴油款，公司是按规定划拨到了供应商的账号上，如果保安队长、司机要想得到这笔钱，还必须和供应商结成统一战线，否则，就只能是供应商不劳而获、一家得利了。在没有政府有关部门介入的情况下，公司是不能直接到供应商那儿调查取证的。

分析认为，司机和保安队长冒如此大的风险作弊，绝不会做这种费力不获利的事情，那么，这笔油款或者说套空的油数到底去了哪儿呢？公司保卫部门询问保安队长，其矢口否认作弊行为，坚决不承认电子干扰显示器读数这一基本事实。无奈，公司只好选择报警。

公安经侦部门介入侦察，得出了令人大吃一惊的结论：原来，这是一起由供应商、司机、保安人员三方联手作案的偷盗事件。供应商了解到公司柴油出入库和领用方面存有漏洞后，向保安队长许诺好处，买通保安队长。于是，保安队长在过磅时使用地磅干扰器干扰地磅数据，使油料读数和实物不符，从中牟利。经侦部门的侦察报告还指出：公司是这家供应商唯一的售货单位。仅2011年下半年，这家供应商共买入柴油2 300吨，卖出2 500多吨，其中有200吨的发票空缺，提供的发票是假发票。这个数目，和上述提到的190多吨无端蒸发的柴油基本吻合。

根据《中华人民共和国刑法》第二百七十一条，保安队长利用职务上的便利，以侵吞、盗窃、骗取或者以其他手段非法占有本公司、企业财物，且数额巨大，法院判处保安队长有期徒刑7年，并退回赃款20万元。供应商获利不明，判处不明。

回顾整个事件调查过程，此次调查可以获得成功的因素在于尝试、细心、不放过任何蛛丝马迹。内审工作应该坚持走出去、走下去，多走访、多了解、多巡查并结合相关的数据分析去发现、获取更多的信息和线索。这不但能对我们内审工作提供支持，还能提升自身在某方面的专业知识。

 课后训练

一、思考题

1. 什么是绩效审计？
2. 内部绩效审计主要涉及哪些内容？
3. 内部审计人员应该如何确定绩效审计评价标准？
4. 信息系统审计的特点是什么？

5. 信息系统审计的目的是什么？

6. 信息系统审计与传统报表审计的关系是什么？

7. 如何定义舞弊？发生舞弊的因素有哪些？

二、分析题

甲公司属商业企业。该公司中有部分员工因营销网络建设的需要在最近 8 年内被陆续派往全国各地的营销网点工作，但其劳动人事关系仍保留在甲公司本部。该公司对营销网点进行改制，甲公司派往各地的员工绝大部分陆续与甲公司解除劳动合同，离开了甲公司。2018 年年末，甲公司经营者李某经营 8 年后离任，上级单位内部审计部门按公司内部审计制度的要求对李某任期经济责任进行离任审计，在离任审计过程中发现其可能存在利用职工薪酬进行舞弊的行为，因此在离任审计的同时进行了舞弊专门审计。

请问： 内部审计人员在实施常规审计程序的基础上针对可能存在的舞弊行为应额外增加哪些审计程序？

第九章
国家审计

 学习目标

- 理解经济责任审计、财政审计和金融审计的定义、特点、对象、方法
- 了解经济责任审计、财政审计和金融审计的意义和作用
- 掌握经济责任审计、财政审计和金融审计的目标、计划与审计方案
- 理解经济责任审计、财政审计和金融审计的案例及审计工作原理

关键词

国家审计　经济责任审计　自然资源资产离任审计　金融审计　财政审计

引导案例

央视网消息（焦点访谈）：财政资金闲置是从中央到百姓都高度关注的问题。吴忠金积工业产业园区和毛纺织产业园原本要建光伏发电项目，为此中央拨了专项资金1.32亿元。距离资金到位已经三年多了，但项目迄今未能启动。

一是年末"突击花钱"催生了项目仓促上马。按规定，承建单位意科公司申请财政专项资金必须先立项。而这两个项目先把补贴申领到手了才去立项，论证项目不可行，中央专项资金自然就花不出去了。类似的情况在全国范围内还很普遍。

二是拨款单位的管理与地方政府利益得失有关。项目应于2013年6月底建成。主管单位吴忠市财政局直到应完工期限后的一年多（2014年9月29日）才正式发函给宁夏意科太阳能发电公司，要求制订实施方案。从管理体制上，2014年年底之前中央专项资金明确规定"打酱油的钱不能打醋"，管理死板，而且专项转移支付数量过多、过杂，分配链条长，地方政府整合资金的呼声很高。但地方政府有"三怕"：一怕失去专项支持不敢整合；二怕得罪专项主管部门而不敢整合；三怕考核两头堵。而部门"卡脖子"是因为"三不愿"：一不愿调整自己的利益，怕权力没了；二不愿调整自己的职能，怕位置没了；三不愿调整自己的部门，怕编制没了。

财政审计能够实现对财政收支情况的真实性、合法性和效益性进行审计监督，优化审计建议和提升财政资金解决民生问题的落实和执行效果。本案例中，审计部门如何解决"中梗阻"怪象？如何改革财政资金管理制度？

第一节 经济责任审计与案例

一、经济责任审计概述

（一）经济责任审计的概念和特征

经济责任审计中的"经济责任"是指当事人基于其特定职务而应履行、承担的与经济相关的职责、义务，而不是当事人对其与经济相关的职务行为应当承担的法律后果或经济后果（如经济上的赔偿、补偿）等。

经济责任审计是审计机关通过对党政领导干部和国有及国有控股企业领导人员所在地区、部门、单位财政财务收支及相关经济活动的审计，用于监督、评价和鉴证党政领导干部及企业领导人员经济责任履行情况的行为。经济责任审计是中国审计制度的特色与创新。经济责任审计并非国家审计的专利，其目的是促进被审计人履行应尽的经济责任，解除、兑现或追究其经济责任。审计对象具有特定性，是针对领导干部和领导人员的特定经济责任的审计。审计依据也具有特定性，即经济责任界定的标准和依据与常规审计不同。在实施经济责任审计时，审计机关应当把握其特有的规律，审计人员应当在传统审计方法的基础上不断探索适合经济责任审计需要的有效方法。同时，经济责任审计结果报告是经济责任审计结果的重要载体，与其他专项审计相比有着特殊的要求。

按照审计时间的不同，经济责任审计分为任期内经济责任审计、离任经济责任审计；按审计单位所在单位性质的不同，分为党政主要领导干部任期经济责任审计和国有企业领导人员任期经济责任审计。经济责任审计具有以下特点。

1. 审计对象的个人性

与常规审计不同，经济责任审计主要是针对领导干部个人，目的是为准确地评价领导干部的廉政情况，合理地界定其所负有的经济责任，最终形成书面审计报告和个人鉴定材料，为相关部门考察、考核任免干部提供合理、科学的参考依据。

2. 审计的综合性

审计的综合性包括审计内容的综合性和审计主体的综合性。经济责任审计是将财务收支审计对"事"的监督与直接对领导干部"人"的监督的有机结合。经济责任审计不仅要审计财政财务收支、国有资产保值增值、债权债务的增减变动情况，还包括对被审计人的重大经济决策、经济管理状况及其个人的遵纪守法、廉洁自律行为进行审计监督，审计内容比较广泛，而且涉及大量的其他审计内容，例如绩效审计、农业审计、环保审计、预算审计等。不仅如此，经济责任审计是审计机关与纪检、组织、监察、人事、国有资产监督部门共同组织和共同承担责任。经济责任审计首先要由干部管理部门（一般为组织部门或国有资产监督管理部门）书面委托审计机关进行，审计机关接受干部监督管理部门的委托后负责具体实施。在具体审计过程中，干部监督管理部门有义务协助和支持审计机关完成审计工作，审计机关应将经济责任审计结果告知有关部门，作为监督管理被审计领导干部的参考依据，同时由有关部门对需要追究审计领导干部责任的情况做出必要的处理，体现了审计主体的横向协作性。

3. 审计的专一性

相对于其他审计来说，经济责任审计仅在授权或委托范围内进行，即仅限于被审计人在履行经济责任过程中的决策管理情况，而非"德能勤绩廉"全面考核。同时，审计对象限于领导干部本人，而不涉及其他人员。

4. 审计的高风险性

目前，受制于审计权限、审计手段的局限性，如果没有相关部门的技术手段和强制措施的配合及支持，要准确评价领导干部个人廉洁自律情况非常困难，由此导致了审计评价的片面性，也提高了审计的风险性。

（二）经济责任审计的主体及管理机构

1. 经济责任审计的主体

实施经济责任审计监督的主体，包括审计机关和内部审计机构。

（1）各级组织部门和国有资产监督管理部门等干部管理部门任命和管理的党政领导干部和国有企业领导人员，由各级审计机关负责实施经济责任审计。但地方审计机关主要领导干部的经济责任审计，由同级党委与上一级审计机关协商后，由上一级审计机关组织实施；审计署审计长的经济责任审计，报请国务院批准后实施。

（2）部门、单位内部任命和管理的党政领导干部和国有企业领导人员，由部门、单位内部审计机构负责实施经济责任审计。

（3）领导干部的经济责任审计管辖权依照干部管理权限确定，当审计机关经济责任审计的管辖权与财务收支的管辖权发生冲突时，实施经济责任审计的，依照干部管理权限确定管辖权。这时，有经济责任审计管辖权的审计机关，可以自行组织实施审计，也可以统一组织下级审计机关组织实施审计，还可以授权下级审计机关实施审计。

2. 经济责任审计的管理机制

经济责任审计工作的管理机制（机构）是经济责任审计工作联席会议（经济责任审计工作领导小组）。经济责任审计工作联席会议是为了指导和管理全国或本地区经济责任审计工作，组织、实施经济责任审计项目，加强经济责任审计各相关部门的协调与配合，更好地开展经济责任审计工作而设立的。1999 年 10 月 29 日，中国共产党中央纪律检查委员会(简称"中纪委")、中央组织部（简称"中组部"）及中华人民共和国监察组（简称"监察部"）、人事部、审计署建立了中央五部委经济责任审计工作联席会议制度，由中纪委、中组部、监察部、人事部、审计署五部门组成，联席会议的牵头单位是中纪委和审计署，每年不定期召开经济责任审计工作联席会议；同时设立中央五部委经济责任审计工作联席会办公室，负责处理相关的日常工作，该办公室设在审计署。2004 年，中央五部委经济责任审计工作联席会议增加国务院国有资产监督管理委员会作为联席会议成员单位。目前，全部省、自治区、直辖市和绝大部分地区也建立了联席会议制度。2018 年，政府机构改革中坚持经济监督职能划归审计，联席办公室组成单位将面临新的调整。

（三）经济责任审计的对象和内容

1. 经济责任审计的对象

经济责任审计的对象是指应当接受审计机关经济责任审计的领导干部的范围，包括党政领导干部和国有企业以及国有控股企业领导人员两类。

2. 经济责任审计的内容

《党政主要领导干部和国有企业领导人员经济责任审计规定》将"守法、守纪、守规、尽责"作为审计重点，其中的"守法、守纪、守规"可以概括为"守法"。因此，在经济责任审计中，要以被审计领导干部履行经济责任时是否做到了"守法"和"尽责"为核心来确定审计内容。同时，要以被审计领导干部所在单位或者原任职单位财政收支、财务收支以及有关经济活动的真实、合法、效益为基础来确定审计内容。

（1）党政主要领导干部经济责任审计的主要内容。

以地方党委和政府主要领导干部经济责任审计为例，其内容包括：一是贯彻落实科学发展观，推动区域经济和社会科学发展情况；二是贯彻执行有关经济法律法规、党和国家有关经济工作的方针政策和决策部署情况；三是制订和执行重大经济决策情况；四是本地区财政收支的真实、合法和效益情况，国有资产的管理和使用情况；五是政府债务的举借、管理和使用情况；六是政府投资和以政府投资为主的重要投资项目的建设和管理情况；七是对直接分管部门预算执行和其他财政财务收支，以及有关经济活动的管理和监督情况；八是与领导干部履行经济责任有关的管理、决策等活动的经济效益、社会效益和环境效益；九是领导干部履行经济责任过程中遵守有关廉洁从政规定情况。

（2）国有及国有控股企业领导人员经济责任审计的主要内容。

国有企业领导人员经济责任审计的主要内容是：一是贯彻落实科学发展观，推动企业科学发展情况；二是贯彻执行有关经济法律法规、国家有关经济工作的方针政策和决策部署情况；三是制订和执行重大经济决策情况；四是企业财务收支的真实、合法和效益情况；五是有关内部控制制度的建立和执行情况；六是履行出资人经济管理和监督职责情况；七是与领导人员履行经济责任有关的管理、决策等活动的经济效益、社会效益和环境效益；八是领导人员履行经济责任过程中遵守有关廉洁从业规定情况。

二、经济责任审计的计划、委托与审前准备

（一）经济责任审计计划的确定

1. 经济责任审计计划的实施时间

根据《县级以下党政领导干部任期经济责任审计暂行规定》及其实施细则和《中央纪委、中央组织部、监察部、人事部、审计署关于将党政领导干部经济责任审计的范围扩大到地厅级的意见》的规定，党政领导干部任期届满，或者任期内办理调任、转任、轮岗、免职、辞职、退休等事项前，应当接受经济责任审计。遇有特殊情况，需要离任后审计、暂缓审计的，由组织人事部门、纪检监察机关提出意见，报请本级党委或人民政府批准后执行。根据《国有企业及国有控股企业领导人员任期经济责任审计暂行规定》第四条的规定，企业领导人员任职届满，或者任期内办理调任、免职、辞职、退休等事项前，以及在企业进行改制、改组、兼并、出售、拍卖、破产等国有资产重组的同时，应当进行经济责任审计。上述规定实际上确立了领导干部经济责任审计的先审计后离任的原则，但从目前的经济责任审计工作的实践和审计机关现有的审计力量来看，还很难完全达到上述要求，多数都在领导干部上任 3 年后有计划地进行经济责任审计。

2. 经济责任审计计划的确定

制定切实可行的经济责任审计计划是保障经济责任审计顺利进行和保证审计质量的基础和前提。经济责任审计计划的确定一般由经济责任审计工作管理机构（如经济责任审计工作领导小组）制定，或由经济责任审计工作的参加部门通过经济责任审计工作联席会议协商制定。

3. 经济责任审计计划的制定程序

根据经济责任审计的有关规定，经济责任审计计划的制定一般要按照以下程序进行。

（1）每年年底，由组织、纪检、人力资源和社会保障部、审计、国有资产监督管理等有关部门向联席会议提出下一年度经济责任审计项目初步意见。

（2）召开经济责任审计工作联席会议，由联席会议根据有关部门提出的下一年度经济责任审计项目的初步意见，在充分考虑审计机关的实际承担能力的基础上，根据本级党委政府的工作重点、干部监督管理、党风廉政建设等的需要，统一协调，拟定经济责任审计工作计划。

（3）经济责任审计工作计划经本级党委、政府（或经济责任审计工作领导小组）同意后，

以联席会议文件的形式加以确定，列入审计机关的审计工作计划。

（4）干部管理部门根据确定的审计工作计划，以书面形式委托审计机关实施经济责任审计。遇有特殊情况确需调增审计项目的，干部管理部门应与有关部门充分协商，并报经本级党委、政府（或经济责任审计工作领导小组）批准。

4. 经济责任审计的委托

经济责任审计计划确定后，一般由组织部门根据确定的审计计划以书面的形式委托审计机关实施经济责任审计。

5. 经济责任审计的组织与审计资源配置

审计机关接受经济责任审计委托后，应当按照委托要求将经济责任审计项目列入当年的审计工作计划，并按照委托要求有计划地组织实施经济责任审计。审计机关组织实施经济责任审计应按经济责任审计的具体审计要求和操作规则进行，合理配置审计资源，使有限的审计资源发挥更大的审计效用。

（二）经济责任审计的审前调查与审计实施方案的编制

1. 编制经济责任审计工作方案

审计机关在接受经济责任审计委托后，应当根据经济责任审计的具体要求编制审计工作方案，对审计的组织方式、分工、协作、汇总、处理等事项做出规定，提出要求。审计机关对该经济责任审计项目是否与财政财务收支审计、专项资金审计等相结合，在审计过程中如何利用审计机关、内部审计机构、社会审计组织的审计成果，以及是否利用内部审计和社会审计的力量等做出决策和安排。

2. 经济责任审计的审前调查

经济责任审计工作方案确定后，审计机关应根据经济责任审计业务操作规则的要求进行审前调查，了解被审计单位和被审计的领导干部的有关情况。审计机关在进行审前调查时，被审计的领导干部和其他有关人员、被审计的领导干部所在单位和其他有关单位有义务进行配合，如实提供有关情况。

3. 经济责任审计实施方案的编制

经济责任审计实施方案是在审前调查的基础上制定的。编制切实可行的审计实施方案是保证审计质量的关键，也是经济责任审计能够有效进行的基础和前提。审计机关在编制审计实施方案时，应当根据重要性和谨慎性原则，在评估审计风险的基础上，围绕审计目标确定审计的范围、内容、步骤和方法。审计实施方案的主要内容包括：①编制的依据；②被审计单位的名称和基本情况；③审计目标；④审计的范围、内容和重点；⑤审计要求；⑥审计组织；⑦审计方式；⑧延伸审计单位；⑨预定的审计工作起讫日期；⑩审计组组长、审计组成员及其分工；⑪编制的日期；⑫其他有关内容。

三、经济责任审计的实施及审计结果报告

（一）经济责任审计的通知

审计机关应当在实施经济责任审计3日前采取书面的方式通知被审计的领导干部和被审计领导干部所在单位。当前的实际做法是审计机关在实施经济责任审计3日前向被审计领导干部所在单位送达经济责任审计通知书，并将该通知书抄送被审计领导干部本人。

经济责任审计通知书的内容一般包括：受送达人名称；实施经济责任审计的法律依据；审计时间；审计期间；审计内容和审计范围；审计要求；其他必要的内容。

（二）经济责任审计的进点会

经济责任审计通知书送达被审计单位 3 日后，审计机关就可以根据审计实施方案的要求实施审计。由于经济责任审计是审计机关与纪检监察、组织人事、国有资产监督管理部门共同的工作，且被审计人是具有一定党政权力或企业管理权利的领导干部，在所在地区影响较大，因此，在审计实践中，一些地方的纪检、组织、国有资产监督管理等部门派人参加审计进点会，取得了较好的效果。

（三）被审计领导干部和单位做出审计承诺与提供审计资料

审计机关实施经济责任审计时，被审计领导干部及其所在单位，或其他有关单位应当提供与被审计领导干部履行经济责任有关的下列资料：一是财政收支、财务收支相关资料，包括预算或者财务收支计划、预算执行情况、决算、财务会计报告，运用电子计算机存储和处理的财政收支计划、预算执行情况和必要的电子计算机文档，在金融机构开立账户的情况，社会审计机构出具的审计报告及其他与财政收支或者财务收支有关的资料等；二是工作计划、工作总结、会议记录、会议纪要、经济合同、考核检查结果、业务档案等资料。需要注意的是，审计机关要求被审计对象提供的上述资料中包含被审计对象所任职单位或原任职单位时的会议记录，被审计对象不能以保密为理由拒绝提供上述资料，但审计机关和审计人员应当遵守有关保密规定；三是被审计领导干部履行经济责任情况的述职报告；四是其他有关资料。

（四）经济责任审计方法及评价要求

1. 经济责任审计的审计方法

审计人员在进行经济责任审计时除了运用常规的审计方法以外，还在常规审计方法的基础上有所拓展和创新，运用专业的审计技术和方法，形成经济责任审计实践中的特殊方法。

经济责任审计人员除运用常规的审计方法收集有关审计证据、调查了解有关情况外，还可以运用以下方法：①查阅党委、政府及有关部门与审计事项的文件、会议记录、纪要、函件、通知等相关资料，以掌握有关领导干部的相关资料；②分别对副职、中层领导、职工代表及相关人员进行个别谈话、询问，广泛听取对审计领导的评价和反映；③召开基层干部职工座谈会，倾听他们对被审计领导干部的评价，并了解有关情况；④对领导干部进行民主测评，就领导干部经济责任审计内容中的有关问题，以问卷调查的形式进行审计调查。

2. 经济责任审计评价的要求

依法评价、实事求是、客观公正是经济责任审计评价的基本原则，依法进行，不能超出规定的审计职权范围，更不能违反有关法律、法规和有关规定进行评价，否则，即属违法行为，审计机关应承担相应的法律责任。

（五）经济责任审计的责任界定

责任界定是审计机关针对被审计领导干部履行经济责任过程中存在的问题所应当承担责任的界定。若不存在问题，则不需要责任界定。根据《党政主要领导干部和国有企业领导人员经济责任审计规定》的规定，被审计领导干部在履行经济责任过程中存在问题应当承担的责任包括三种，即直接责任、主管责任和领导责任。

1. 直接责任

所谓直接责任，是指领导干部对履行经济责任过程中的下列行为应当承担的责任：①直接违反法律、法规、国家有关规定和单位内部管理规定的行为；②授意、指使、强令、纵容、包庇下属人员违反法律、法规、国家有关规定和单位内部管理规定的行为；③未经民主决策、相关会议讨论而直接决定、批准、组织实施重大经济事项，并造成重大经济损失浪费、国有资产（资金、资源）流失等严重后果的行为；④主持相关会议讨论或者以其他方式研究，但是在多数人不同意的情况下直接决定、批准、组织实施重大经济事项，由于决策不当或者决策失误造成重大经济损失浪费、国有资产（资金、资源）流失等严重后果的行为；⑤其他应当承担直接责任的行为。

2. 主管责任

所谓主管责任，是指领导干部对履行经济责任过程中的下列行为应当承担的责任：①除直接责任外，领导干部对其直接分管的工作不履行或者不正确履行经济责任的行为；②主持相关会议讨论或者以其他方式研究，并且在多数人同意的情况下决定、批准、组织实施重大经济事项，由于决策不当或者决策失误造成重大经济损失浪费、国有资产（资金、资源）流失等严重后果的行为。

3. 领导责任

所谓领导责任，是指除直接责任和主管责任外，领导干部对其不履行或者不正确履行经济责任的其他行为应当承担的责任。在日常审计过程中，能界定为直接责任的较少，主要是领导责任和主管责任。

（六）形成审计报告并送达

1. 审计报告征求意见

审计组在实施审计后所形成的审计报告是审计组就审计实施情况和审计结果向派出审计组的审计机关提出的书面报告。为了保证审计评价意见的客观性和公正性，保证被审计人和被审计单位的陈述权和申辩权，审计组的审计报告要同时征求被审计人和被审计单位的意见。书面征求意见时，审计组应当发出"审计报告征求意见书"，审计组的审计报告要注明"征求意见稿"字样。被审计领导干部及其所在单位应当自接到审计组的审计报告之日起 10 日内提出书面意见；10 日内未提出书面意见的，视同无异议。

2. 复核形成审计结果报告并送达

经济责任审计结果报告是审计机关在经济责任审计结束后向本级人民政府和委托部门报送和告知的评价和鉴定被审计领导干部履行经济责任情况的审计业务文书，体现了经济责任审计与财政财务收支审计的不同。形成的审计报告主送被审计领导干部及其所在单位或者原任职单位，必须送达的对象包括：本级政府行政首长和委托审计的组织部门，抄送联席会议有关成员单位。同时，根据工作需要送达的对象包括本级党委主要负责同志。

（七）经济责任审计查出问题的处理

1. 审计处理处罚

审计机关在经济责任审计中，对查出的被审计领导干部所在单位违反国家规定的财政财务收支行为，有权依法依规进行处理、处罚，并在法定职权范围内做出审计决定。同时，审计机关在经济责任审计中发现的应当由其他部门处理的问题，依法移交有关部门处理。审计机关在做出处理、处罚的审计决定后，所产生的法律效力和后果，按照相关法律、法规的规定执行。被审计单位对审计决定不服的，可以申请行政复议、提起行政诉讼或者提请政府裁决。

2. 督促整改

经济责任审计与其他审计的要求相同，审计机关应当促进审计意见和建议的落实，跟踪被审计单位的整改情况，督促被审计单位及时有效地落实有关处理处罚决定和审计建议，确保审计效果和审计作用的发挥。

3. 申诉和申请复核

自收到审计报告之日起 30 日内, 对审计机关出具的经济责任审计报告有关内容有异议的, 可以提出申诉。对审计组征求的审计意见有异议的, 应当向审计组反馈意见; 对审计决定不服的, 可以申请行政复议、提起行政诉讼或者提请政府裁决。审计机关应当根据申诉的内容, 对审计报告进行复查, 履行必要的复查程序, 并由审计机关在收到申诉之日起 30 日内做出复查决定。

申诉人对复查决定仍有异议的, 可以自收到复查决定之日起 30 日内向上一级审计机关申请复核。上一级审计机关收到复核通知后, 应当根据复核要求, 对做出复查决定的审计机关的复查行为和审计报告有关内容进行必要的复核, 并由上一级审计机关在收到复核申请之日起 60 日内做出复核决定。上一级审计机关的复核决定和审计署的复查决定为审计机关的最终决定。

(八) 经济责任审计结果的运用

1. 审计机关运用经济责任审计结果

审计机关运用经济责任审计结果主要指公布经济责任审计结果, 在公布时应当客观公正、实事求是的进行, 依法保守国家秘密和被审计单位及相关单位的商业秘密, 并充分考虑可能产生的社会影响。

2. 组织部门和国有资产监督管理部门运用经济责任审计结果

国有资产监督管理部门主要是将经济责任审计机制引入到对企业领导人员的考察与考核中, 运用审计手段对企业领导人员履行职责情况进行有效监督, 将经济责任审计结果作为考核、选拔、任用企业领导人员的重要参考依据。

3. 纪检监查机关运用审计结果

在查处案件中发挥审计的侦察兵作用, 对反映出来的不确定性经济问题和群众来信、来访问题, 则可由审计机关先进行审计, 摸清情况, 对反映出来的审计问题重点审查, 预先探测虚实, 提供情况和线索。纪检监查机关根据问题的严重程度和发现的线索再着手查处。把审计结果作为备案资料, 建立干部廉政档案, 纪检监察机关不仅能审计领导干部及所在单位的问题, 尚未触犯刑律的, 可以通报给予党纪政纪处分, 或分别采取调整职务、降级降职、免责、辞退等组织处理措施。同时, 对于触犯刑律的, 则移交司法机关进行惩处。

四、经济责任审计案例分析

◇ 案例9-1 经济责任审计案例

1. 审计背景

2013年6月, 河南省J市审计局受市委组织部的委托, 对该市Y局李某实施经济责任审计。

2. 审前调查

Y局有7个下属单位, 主要负责城市公园和道路的绿地建设及日常维护工作, 经费来源全部是财政拨款。近年来, 随着城市建设规模的不断扩大, 需要Y局各下属单位维护的绿地面积越来越大, 支配的资金越来越多。通过整理详细的项目资金支出分析表, 审计人员发现Y局各下属单位每年绿地维护资金的70%用于支付临时工工资, 长期聘用"4050"人员, 对很多长期工都通过现金发放工资, 且工资表领取人一栏全部是工头王某一人代签。

3. 审计发现

经过五次现场审计和实地调查，发现该单位实际只有5个工人，存在吃空饷的问题，且工头为挂名人员，帮忙弄虚作假。Y局各下属单位利用虚列临时工和"4050"人员工资，违规套取财政资金，私设"小金库"。经进一步审查，这些套取的财政资金，均被用于给本单位职工发放福利、补助和吃喝招待等。审计结束后，相关责任人被移送有关部门进一步处理，Y局受到通报批评。

4. 审计结论

李某负有直接领导责任。

【分析】本案例主要体现了经济责任审计的基本工作流程和要点。基于公共受托责任的观点，审计人员作为审计关系的主要参与人接受委托，依据"财政资金到哪里，审计就到哪里"的原则，增强审计监督全覆盖的职能。违规套现是审计工作中的常见现象，如何发现问题和如何提升管理，却有不同的表现与途径。领导责任具有不同的表现形式，领导干部的权力和职责需要有效地约束，但也不能混淆责任和非责任间的关系。审计机关从审计角度，应当进行严密的计划，确认审计组长，精心组织，保证任务的完成；提高审计质量，规避风险；建立受益人审计责任制度，实行责任追究制度；严格审计纪律，实行回避和保密制度。审计机关在审计时要注意：一是发现疑点要穷追不舍，要有一查到底的精神，绝不能由丝毫懈怠，否则重大的违规违纪问题就可能轻易从眼皮下溜走；二是亲身到现场调查，到一线了解实情，这次审计如果没有"五到现场"的精神，就不会把证据确定扎实；三是注意观察细节，对接触到的被审计单位人员，要观察他们的内部表情和肢体动作上的细微变化，判断其是否如实提供情况，这是提升审计职业判断的重要方法。

资料来源：江纹. 政府审计案例[M]. 北京：中国时代经济出版社，2013.

第二节　金融审计与案例

一、金融审计的基础理论

（一）金融审计的内涵

金融就是资金的融通。金融是货币流通和信用活动以及与之相联系的经济活动的总称。广义的金融泛指一切与信用货币的发行、保管、兑换、结算、融通有关的经济活动，甚至包括金银的买卖；狭义的金融专指信用货币的融通。金融的内容可概括为货币的发行与回笼，存款的吸收与付出，贷款的发放与回收，金银、外汇的买卖，有价证券的发行与转让，保险、信托、国内、国际的货币结算等。从事金融活动的机构主要有银行、信托投资公司、保险公司、证券公司、投资基金，还有信用合作社、财务公司、金融资产管理公司、邮政储蓄机构、金融租赁公司以及证券、金银、外汇交易所等。

金融审计是指审计机关对国家金融机构财务收支的真实性、合法性和效益性进行审计监督的一种经济监督活动。理论上，金融审计至少应当体现三个层次的监督：一是监管部门审计；二是金融机构审计；三是金融市场审计。三者共同形成对维护金融安全、防范金融风险，强化金融管理、打击金融领域的违法犯罪活动的有效支撑，是我国政府审计的主要组成部分，在国家金融监督体系中处于非常重要的地位。因此，金融审计的主要任务是依法加强对金融机构的审计监督，揭示金融机构资产、负债、损益的真实情况，揭露和纠正违规违法从事金融业务活动行为，促进金融机构加强管理、健全制度、依法合规经营、提高经济效益，为深化金融改革、稳定金融秩序、防范和化解金融风险、保障国民经济健康发展服务。

（二）金融审计的对象、目标和主要内容

1. 金融审计的对象

按照《审计法》的具体要求，金融审计是对中央银行的财务收支、银保监会等监管机关预算执行情况、国有和国有资本占控股或者主导地位的金融机构的资产、负债和损益进行的审计监督。本节根据金融机构的特性及目前审计的实际状况，重点介绍中央银行、国有商业银行、证券公司、保险公司审计。对金融监管机关的审计是国家预算执行审计的一部分，其审计的目标、内容和方法与商业银行及证券公司等金融企业审计有相似之处，故不再赘述。

2. 金融审计的目标

金融审计的总体目标，是通过对国有金融机构的财务收支以及资产、负债、损益的真实性、合法性、效益性的审计监督，以促进国有金融机构防范风险、提高效益、规范管理为目标，推进建立安全高效稳健的金融运行机制，促进金融监管机构依法履行职责。

按照金融审计的总体目标，结合金融企业的特点和市场运行环境，国有商业银行等金融企业审计的具体目标确定为以下八个方面。

（1）真实性，指金融企业各项业务所形成的、列示于资产负债表中的各项资产、负债、所有者权益以及有关表外科目在资产负债表日确实存在，列示于利润表的各项收入和支出在会计期间内确实发生。

（2）完整性，指金融企业发生的所有业务均已按规定计入有关账簿并列入财务会计报告。

（3）正确性，指金融企业各项业务均已正确的计入相关账户，业务交易金额和账户余额记录正确。

（4）所有权，指金融企业各项业务所形成的、列示于资产负债表中的各项资产确实为企业所有，各项负债确实为企业所欠。

（5）合法性，指金融企业各项业务活动符合法律法规的要求。

（6）计价，指金融企业各项业务所形成的各项资产、负债、所有者权益、收入和支出等要素均已按适当方法进行估价和计量，列入财务会计报告的金额正确。

（7）截止，指金融企业各项业务均按规定正确的记录于恰当的会计期间。

（8）分类与披露，指金融企业各项业务所形成的、列示于财务会计报告上的各要素均已被适当地加以分类，财务会计报告恰当反映了账户余额或发生额，披露了所有应该披露的信息。

3. 金融审计的主要内容

按照相关要求，并结合当前我国金融业发展的实际状况，金融审计的主要内容为以下五个方面。

（1）检查资产质量。

审计人员应核实金融企业资产质量的真实性，揭露掩盖不良资产的各种手法，评价资产质量，对新增的不良款项分析原因，明确责任，有针对性地提出改进意见。

（2）检查业务经营合规性。

审计人员应对各项业务流程进行内部控制调查和测试，评价信用评级、统一授信、贷款发放、责任追究等各项内部控制的健全性和有效性，注意发现管理漏洞和薄弱环节，并提出完善、改进和加强管理的具体建议；全面审核新发生业务的合规性，重点揭露有无违反业务操作程序、违规放贷、内外勾结诈骗金融企业资金等现象。对形成的不良资产，审计人员应查明原因，明

确责任；检查银行各类业务的风险性，重点揭示金融企业潜在财务风险，对各类业务的现实及潜在风险进行分析，从制度上和管理上提出防范和规避风险的建议。

（3）检查盈亏真实性。

审计人员应重点检查计息是否准确，呆账核销是否真实，有无人为调整盈亏；是否存在截留转移收入、挤占挪用资金、虚列支出以及私设"小金库"等问题；检查固定资产的真实性，核实以前年度账外购置固定资产的清理纠正情况。

（4）检查重大经营决策。

审计人员应审查重大经营决策的程序及结果，重点检查银行内部人员，尤其是主要领导有无违反程序或因决策失误造成重大损失浪费的问题。

（5）揭露重大违法违纪案件线索。

对被审计单位及个人严重违反《审计法》等财经法规，情节严重、性质恶劣的；对违规经营、严重渎职等造成重大损失或浪费的；对挪用、侵吞、私分国有资产，涉嫌贪污、受贿的；对以各种方式骗取金融企业资金的，应作为重点内容查深、查透、查实。通过落实责任人，及时移送司法机关，打击金融领域的违法犯罪活动，促进廉政建设。

4. 金融审计的项目载体与形式

金融审计的项目载体主要是预算执行审计、经济责任审计和政策跟踪审计。预算执行审计主要针对的是金融监管部门；金融机构以经济责任审计和政策跟踪审计为主，其中，金融机构的经济责任审计主要按专项贷款、负债业务、同业业务等类别进行组织审计，并在内容上突出贯彻落实国家财政经济政策的情况、公司治理和内部管理情况、重大决策制定和执行情况、合规经营情况、财务和资产负债损益情况、分公司或子公司或境外资产管控情况、个人廉洁从业情况以及八项规定遵守情况等。总之，以促进金融业持续健康发展、提高金融企业竞争力、防范和化解金融风险、提高金融系统运营水平、促进国家宏观政策落实水平为目标是金融审计任务的根本所在。

二、中央银行审计

在我国，中央银行特指中国人民银行。中央银行审计是指政府审计机关以国家的法律法规、制度为准绳，依据大量的会计和统计资料，运用审计原理和技术，对中央银行财务收支和相关经济活动的真实性、合法性和效益性进行检查、评价和鉴证。中央银行审计的审计重点将发展为对中国人民银行的费用分配等核算活动和执行货币政策等履行央行职能情况进行分析探讨；对中国人民银行财务收支行为、履行央行职能的经济效益和社会效益进行指标测评，提出提高效益的方法。

1. 中央银行的职责与业务

中央银行作为我国经济的重要调控机构，在国家金融体系中处于中心环节，也是信用制度的枢纽。中央银行是经济体系中最为重要的组成部分，是经济运行的轴心，在社会经济发展中发挥着不可替代的作用。

中央银行的职责主要有：发布和履行与其职责有关的命令和规章；依法制定和执行货币政策；发行人民币，管理人民币流通；监督管理银行间同业拆借市场和银行间债券市场；实施外汇管理，监督管理银行间外汇市场；监督管理黄金市场；持有、管理、经营国家外汇储备、黄金储备；经理国库；维护支付、清算系统的正常运行；指导、部署金融业反洗钱工作，负责反洗钱的资金监测；负责金融业的统计、调查、分析和预测；作为国家的中央银行，应从事有关的国际金融活动；履行国务院规定的其他职责。

中央银行的主要业务包括：为执行货币政策，要求银行业金融机构按照规定的比例缴存存款准备金；确定中央银行基准利率；为在中国人民银行开立账户的银行业金融机构办理再贴现；向商业银行提供贷款；在公开市场上买卖国债、其他政府债券和金融债券及外汇；依照法律、行政法规的规定管理国库；代理国务院财政部门向各金融机构组织发行、兑付国债和其他政府债券；组织或者协助组织银行业金融机构之间的清算系统，协调银行业金融机构相互之间的清算事项，提供清算服务；根据执行货币政策的需要，对商业银行发放不超过一年期的贷款；中国人民银行不得对政府财政透支，不得直接认购、包销国债和其他政府债券；不得向地方政府、各级政府部门提供贷款，不得向非银行金融机构以及其他单位和个人提供贷款，但国务院决定中国人民银行可以向特定非银行金融机构提供贷款的除外；不得向任何单位和个人提供担保。

2. 对中央银行审计的方法

审计署对中央银行财务收支进行审计监督，主要采取行业审计的方式对重要审计事项进行专项审计。实施审计时，以抽样审计为主，并运用计算机辅助审计技术。中央银行审计常用的基本方法包括基本审计方法和专门技术方法。

（1）基本审计方法。

从账户入手审计是中央银行审计取证的主要方法之一，是其他审计方法有效实施的前提。总结我国近年来的审计工作经验，账户入手审计方法是审计的基本方法。

账户入手审计，一般是指审计机关以中央银行的账户为起点，查证相应的会计科目，监督财政、财务收支真实性、合法性和效益性的审计活动。从账户入手审计，有利于查清被审计单位资金的来龙去脉，有利于全面、系统地审计监督。

（2）专门的技术方法。

专门的技术方法可分为内部控制测评、实质性测试、审计专项调查、计算机审计等取证方法。内部控制测评，是对中央银行的内部控制进行调查、测试和评价。它的基本步骤包括调查和描述中央银行内部控制、初步评价内部控制情况、内部控制测试、最终评价内部控制。实质性测试是对中央银行各项业务及其所影响的财务报告项目余额进行的详细检查和分析性复核。实质性测试中一般使用抽样审计方法。专项审计调查是指审计机关通过审计方法对与中央银行财务收支活动有关的特定事项进行的专门调查。计算机审计方法，是利用计算机技术对电算化会计核算系统进行检查。计算机审计方法又分为：绕过计算机审计、对计算机信息系统进行审计、计算机辅助审计技术、网络审计技术。

（3）中央银行审计的主要内容。

审计署对中央银行审计监督的内容有：一是审查在金融业务活动中发生的各项财务收支及结果的真实、合法和效益；二是审查中央银行每个会计年度是否将其收入减除该年度支出，按照国家核定的比例提取总准备金后的净利润全部上缴中央财政。具体表现如下。

① 中央银行财务收支情况的审计。中国人民银行实行独立的财务预算管理制度，其预算经国务院财政部门审核后，纳入中央预算，成为国家预算的重要组成部分。按照法律赋予的职责，审计署每年应当组织力量对中央银行预算执行情况进行审计。审计对象主要包括中国人民银行总行机关（包括国家外汇管理局）和一、二级分行及其支行。

② 内部管理与内部控制情况测评。审查中央银行内部控制和内部管理控制程序的健全性、相关性、制约性和有效性，以及各项内部控制执行情况。

③ 其他财务收支情况的审计。主要审查中国人民银行（包括国家外汇管理局）系统专项贷款、专项资金或基金的财务收支情况以及中央银行所属的事业单位的财务收支情况及所属的企业（包括挂靠的企业单位和企业化管理的事业单位），如中国印钞造币总公司和中国金币总公司的各项资产形成和运用，各项负债的形成和偿付以及由此产生的财务收支情况。

三、商业银行审计

（一）商业银行审计程序

1. 商业银行审计的目标

目前，我国的金融体系由四部分组成：一是中央银行，即中国人民银行；二是商业银行，是指从事吸收公众存款、发放贷款、办理结算业务的金融企业法人，包括国有银行、股份制银行、城市银行和农业合作商业银行等；三是政策性银行，如国家开发银行、中国进出口银行等；四是各类非银行金融机构，如保险公司、证券公司等，本节以介绍商业银行审计为主。

商业银行的审计目标，应以"维护安全、推动改革、促进发展"为工作总目标，揭示和防范金融风险，推动建立健全高效安全的商业银行体系和系统性风险防范机制。

2. 商业银行审计的具体目标

按照《审计法》及其实施细则的规定，审计机关对商业银行资产负债损益的真实性、合法性和效益性开展审计。

3. 商业银行审计的内容

商业银行审计应以商业银行主要的经营业务活动为主线，既包括存款、贷款、汇总等传统业务，也包括发展迅速的委托理财、资产托管、投资银行和表外业务，同时，还涵盖商业银行财务管理、信息系统管理、内部控制建设等事项。主要内容如下。

（1）宏观调控政策的贯彻情况。

（2）财务收支情况。

（3）内部控制情况。

（4）业务经营及风险情况。

（二）商业银行业务审计与案例

1. 储蓄业务审计

储蓄存款指商业银行吸收居民个人积蓄的货币资产、按不同期限设定价格并付利息的一种存款业务。储蓄存款基本上可分为活期储蓄存款和定期储蓄存款两种。活期储蓄存款可以随时支取，定期储蓄存款是以存单方式约定取款期限并计算利息。储蓄存款的凭证（如存折或借记卡）不能流通转让，也不能透支。

（1）审计目标和内容。

① 储蓄存款业务内部控制是否健全有效。

审计人员应检查储蓄存款业务中的空白凭证和印鉴管理情况，重点关注内部员工盗用空白凭证或印鉴诈取客户资金等问题；检查多级复核的真实性、完整性、有效性，重点关注内部员工空存实取、盗取银行或客户资金等问题。

② 储蓄存款会计核算是否真实、完整。

一是利用贷款虚增存款问题。审计人员应关注商业银行在期末不按规定根据进度发放贷款情况，是否提前将贷款资金转入存款户虚增存款，是否不签订借款合同虚放贷款以虚增存款等情况。

二是利用同业存放款项调整一般性存款问题。审计人员应关注商业银行同业存放款项科目在一般性存款科目间发生额及余额的变动情况、变动的关联情况，重点检查通过两科目的相互划转来调整一般性存款余额的问题。

三是将单位存款转为个人存款问题。审计人员应关注商业银行储蓄存款科目与对公存款科目发生额和余额的变化情况，重点检查为完成单项考核指标而人为调整两科目余额的问题。

③ 储蓄存款业务是否合法合规。

第一，高息揽储或变相高息揽储问题。审计人员应关注商业银行利息支出及相关业务费用支出情况，检查各类存款业务利息支出的实际利率符合国家相关规定的情况，重点检查其他费用科目在列支与存款有关的利息类支出方面的高息或变相高息吸收存款的问题。

第二，虚列储蓄存款利息支出套取费用问题。审计人员应关注储蓄存款利息提取与实际支付情况，检查利息支出的真实情况、已支出的利息与存款的对应情况，利息支出是否已支付至存款人等，重点检查员工或小团体通过虚列存款利息支出套取费用等问题。

第三，虚开储蓄存款账户及利用客户存款账户私设"小金库"问题。审计人员应检查长期"休眠户"激活程序的合规情况，依据的充分情况，银行持有客户存款账户相关印鉴的情况，存款账户印鉴留存的完整合规情况等，关注商业银行虚开储蓄账户或利用储蓄账户私设"小金库"等问题线索。

（2）审计程序和方法。

① 收集文件资料。

一是储蓄存款业务的管理文件和操作规程。如账户管理办法、综合柜员制管理办法以及应付利息计提清单和计提办法的文件等。

二是业务状况表、储蓄存款报表、重要空白凭证领用登记簿、开销户登记簿、大额取现登记簿，以及对应的信息系统电子数据。

三是收发文登记本，审计人员应核实其是否及时根据国家有关规定调整储蓄存款业务的管理办法和操作规程。

四是有关纪检监察、审计稽核等部门以及外部检查单位的检查结果报告和相关材料。

五是相关的会计记账凭证和原始凭证。

② 整理电子数据。

首先，会计核算和财务系统电子数据的下载和整理。审计人员应了解储蓄存款业务会计核算和财务系统的数据来源和结构，确保数据的完整性、真实性和可用性；重点关注储蓄存款科目总账、明细账，利息支出科目总、分户账等数据。

其次，储蓄存款数据的下载和整理。审计人员应下载相关数据，取得数据资料，重点了解数据库结构、字段含义、参数表等，并对数据进行整理，确保数据的完整性、真实性和可用性。

③ 内部控制测评。

一是储蓄存款业务的测评。a. 操作员管理方面。测评操作员管理的合规性，以及内部控制的完整性及有效性等，如有效控制风险的能力和情况等。b. 储蓄存款账户的开立和管理方面。储蓄账户开立的合规性，业务风险控制的有效性，重要空白凭证、业务印章管理的有效性，对于查询、冲账、补账、挂失、冻结、扣划等特殊业务交易处理及控制的合规有效性等。c. 储蓄存款账户的资金收付。所有存取款业务的合规性，储蓄存款业务系统与会计核算系统数据的一致性，从单位存款账户转入储蓄存款账户等敏感交易的合规性等。d. 事后监督管理。系统对前台手工录入的数据及逐笔监督复核记录的完整性和风险的可控性进行监督；事后监督银行对各经营网点的业务监督的有效性和可查性；事后监督银行对发现问题的检查记录和整改记录的完整性等。e. 储蓄存款利息计算。测试系统中计息程序的完善、正确及合规性；调整权限设定的合规性，控制的有效性以及会计核算的真实完整性等。

二是储蓄存款电子银行业务的测评。a. 电子银行业务开办流程等相关制度的完善情况，制度中的风险控制和控制有效性情况。b. 储户通过电子银行交易时密码和验证保护的严密性。c. 网上银行储户的基本信息和交易信息防范网上黑客和病毒攻击的情况，"防火墙"措施的安全保护情况，以及应对网上突发事件所必需的软、硬件保障能力等。d. 网上银行交易数据备份及时完整情况，异常资金交易的自动报警功能的完备情况等。

④ 审计取证。

首先，基础数据核对取证。在业务系统中取得储蓄存款业务的电子数据，包括开户情况、资金流水、利率、计息基数等；在会计核算系统中取得储蓄存款类相关数据，包括账户信息文件，各类储蓄存款科目总账、分户明细账、全年的交易流水账等。

一是将两类数据自身间进行核对，如会计核算系统中从流水账到总账逐级核对，与资产负债表上各类储蓄存款的数额核对等，确定各数据间逻辑关系的一致性，如有不同，则要查找原因。

二是将两类数据进行分析对比，核对两系统同类业务的数据一致性，如业务系统中的利息支付总额与会计核算系统中的利息支出总额的一致性，各类存款利息支出与账面数的一致性等，如有差异应进一步查找原因。同时，对两系统中的重大调整项目和未达款项应查明原因。

其次，业务数据审计取证。

一是将当年储蓄存款余额变化情况与以往年度余额变化情况进行对比，对当年储蓄存款各月的增减变动情况进行趋势分析，关注异常增减变动，查明原因并取证。

二是取得商业银行对储蓄存款的考核目标和奖惩办法，以及具体分配方法，将各分支机构考核目标和完成情况进行分析比对，对异常变化进行关注，将变化较大的分支机构作为延伸审计重点。

三是将业务数据中储蓄存款日均余额变化与会计核算系统中储蓄存款利息支出数据进行对比，观察其匹配情况。对于匹配异常的要查明原因，重点关注支付高息或隐瞒储蓄存款造成的利息支出超出正常范围、应付利息未提足或虚构存款造成利息支出低于正常范围等问题。

四是检索分析储蓄存款开户基本资料。检查实名制的执行情况。主要通过检索账户文件，查找户名多于 4 个字、无身份证号码或者身份证号码异常的账户，对筛选结果进行详细审查并取证。

五是分析储蓄账户中大额资金进出情况、重点关注公款私存或利用账户洗钱的问题并取证。

第一，在转账存入、现金取款的记录中检索单笔存取款超过一定金额（具体金额可根据实际情况、风险水平以及审计人员的职业判断来定）的记录。

第二，按账户将全年的发生额汇总后，审查超过一定金额及笔数（具体由审计人员根据银行的管理情况决定）的账户。对这些记录及账户进行检查，对资金来源可疑、频繁大额取现的情况重点审查，以排查"公款私存"或涉嫌洗钱的线索。

⑤ 储蓄存款业务审计方法。

储蓄存款业务审计方法涵盖询问、观察、计算、重新操作、检查、分析等诸多方面，具体操作方式与对公存款相同。但在运用外部调查的审计方法，对储蓄存款的相关线索进行资金追踪或延伸审计调查时，应充分考虑到储户情况或个人隐私。审计中，按照规定程序操作，对于资金进出可疑、确需追踪的，可通过交易对手的开户资料、银行对账单及凭证等相关情况了解资金的真正来源和最终去向，并严格控制相关情况的知悉范围。

2. 贷款业务审计

商业银行贷款是我国商业银行最主要的资产，其利息收入也是商业银行最主要经营收入。商业银行贷款按贷款期限的长短可划分为短期贷款、中期贷款和长期贷款；按贷款的保障程度可分为信用贷款、抵押贷款、质押贷款、保证贷款和贴现；按贷款用途可分为流动资金贷款和固定资产贷款；按贷款投向可分为工业贷款、农业贷款和商业贷款等；按贷款的风险程度，可将贷款分为正常贷款、逾期贷款、呆滞贷款和呆账贷款"四分类"，后三类贷款统称为不良贷款。而国际上普遍采用的分类是"五级"分类，即贷款分为正常、关注、次级、可疑和损失五大类。正常类贷款是指借款人能履行合同，有充分把握按时偿还本息。关注类贷款是指尽管借款人目前有能力偿还贷款本息，但存在一些可能对偿还产生不利影响的因素。次级类贷款是指借款人无法足额偿还本息，即使执行抵押或担保，也肯定造成一部分损失。损失类贷款是指在采取所有可能的措施和一切必要的法律程序之后，本息仍然无法收回或只能收回极少部分。

商业银行的贷款业务流程主要包括：信贷关系的建立与贷款申请，对借款人信用等级评估，贷款调查与项目评估，贷款初审与贷款审批、签订借款合同与贷款发放、贷后检查与贷款项目管理，贷款本息回收与贷款展期，不良贷款的监管与资产保全等。上述业务活动涉及的主要会计凭证与会计记录包括：贷款担保（抵押）文件，抵押品与质押品明细文件等信贷管理系统电子文件，各类贷款科目的总账、分户明细账及年末余额表、授权授信管理文件、审贷分离等内部控制和信贷管理文件，信贷工作台账，贷前调查报告，贷后检查报告和项目分析报告等信贷工作档案，商业银行的会计报表和会计账簿。了解和熟悉商业银行的贷款业务流程和涉及的主要会计凭证和会计记录，是审计人员进行贷款业务审计的前提和基础。

（1）常见问题。

银行贷款业务常见问题是：借新还旧粉饰财务报表，通过多次更换借据、借新还旧的形式，将不良贷款从形式上变成正常贷款并计算利息，隐瞒逾期贷款信息造成虚假还款还息现象；违反贷款操作规程、不开审贷会或超越授权额度等发放贷款；贷款信息不完全、不准确，对同一贷款户的贷款过于集中，或在贷款金额受到限制的情况下，对同一借款人采用分次形式发放贷款，或通过借款人的关联企业分户发放贷款；来自外部的欺诈行为，如借款人使用虚假资料，编造虚假贷款用途，编制虚假财务报表，以伪造的证券作为抵押品，以及对抵押品进行挪用或转换等骗取贷款；来自内部的欺诈行为，如银行内部人将借款人偿还的贷款本息有意记错账户，以截留和挪用借款人归还的本息，或侵吞抵押品、捏造虚假贷款等；贷款利息计算不符合规定，如不按规定计收罚息、用错利率，有的银行利用利息计算及表内、表外应收利息的记载来调节盈亏；以呆账准备金的计提与核销来调节利润。

◆ 案例9-2　银行业：违规放贷屡禁不止——《国家审计故事案例》

2006年，我国对中国农业银行的审计是对金融业的第一次公开审计。早在2004年，农业银行被查出违规发放贷款276亿余元，主要集中在汽车消费、土地储备、扶贫贴息等贷款方面。而在2006年，被查出的违规金额居高不下，达243亿余元，其中主要是办理了大量的虚假个人按揭贷款。2008年，中国农业银行总行及11家分支机构，又被查出违规放贷48亿元。2011年，中国农业银行总行及9家分行违规发放贷款100余亿元。除了中国农业银行，中国工商银行、光大银行、中国建设银行、交通银行、招商银行、中国进出口银行等银行均存在大量的违规发放贷款的行为。仅据《审计结果公告》的不完全数据统计，全国商业银行违规发放贷款总额高达上千亿元，不良贷款已经严重影响我国的金融安全。

（2）贷款业务审计方法。

① 检查。审计人员对商业银行纸质、电子或者其他介质形式存在的文件、资料进行审查，或者对有形资产进行审查。比如，调阅借款合同和借款借据，审查借款合同中注明的利率是否符合中国人民银行的规定，有无任意提高或降低贷款利率、自定利率或错用利率的问题。

② 观察。审计人员深入了解商业银行信贷申请、发放、贷款管理等各项制度的执行情况，延伸至借款人后，对借款人生产经营管理的状况、财产物资的保管和利用、内部控制制度的执行等进行直接观察，从中发现薄弱环节和存在的问题，借以收集书面资料以外的证据。

③ 询问。审计人员通过与部分机构负责人、部门负责人或重要岗位的责任人进行座谈，就他们各自负责的工作进行询问，寻找商业银行贷款业务经营管理中存在的弱点或问题。通过询问相关信贷政策、贷款业务操作程序等，审计人员可以对商业银行的贷款业务状况有基本的了解和评价。审计人员对商业银行信贷业务的异常变化向相关人员进行询问，让其做出书面或口头解释，有助于判断商业银行信贷业务中存在的缺陷和不足。

④ 外部调查。审计人员延伸调查借款人，了解借款人生产经营情况、信贷资金的使用情况、项目建设情况，以及第一、第二还款来源的变化情况等，延伸相关工商管理机关、税收征管机关或项目审批机关，了解借款人或关联方的工商登记情况、纳税情况或项目立项审批情况等。

⑤ 重新计算。审计人员以手工方式或者使用信息技术方式对商业银行有关数据计算的正确性进行核对。比如，利用计算机将贷款类科目从流水账到总账再到会计报表分层核对；将信贷管理系统的贷款金额（包括期初余额、本期发生额和期末余额）与会计报表金额进行核对，实现业务数据和会计数据的比对。

⑥ 重新操作。审计人员对有关业务程序或者控制活动独立进行重新操作验证。比如，审计人员在审查以物抵贷资产质量时，通过类比法检查与抵贷资产类似资产的市场价值，判断以物抵贷资产价值是否由具有合法资格的评估机构进行评估确定，有无低值高估的现象。

⑦ 分析。审计人员研究审计事项间的关联关系，发现线索后得出初步结论。一般采用比较分析、结构分析、抽样分析或趋势分析的方法，如通过计算各类贷款余额占比，分析贷款品种结构、贷款行业集中度、客户集中度等指标，评价其趋势，获取商业银行法人贷款电子数据，整理法人贷款台账、对公存款账户、分户账等审计所需数据，采用趋势分析法和结构分析法对数据进行分析整理，确定审计重点。

◆ 案例9-3 无偿使用——某政策性银行资产负债损益审计

Z市审计局在对F县农业发展银行（以下简称"F县农发行"）的审计过程中，通过对营业外收入票据和修缮费用的税务发票进行审计分析与判断，发现被审计单位存在严重的违反财经法纪问题。

该行与享受财政贷款贴息的国有企业达成协议，将款项用于该企业管理层合资开办的私营企业，并划拨财政贴息。F县农发行分管信贷的副行长、2名信贷业务员和1名财务科长，利用假名字在棉麻公司借款入股，成立新的棉麻公司。

审计组根据成本费用与销售收入的配比原则，计算出私营的花都公司两年内把将近300万元的费用转嫁到县棉麻公司，而县棉麻公司将应返还给轧花厂做财务费用贷方入账的财政贴息106.6万元截留，与公司销售利润和租赁收入一道化解花都公司的费用，导致国有棉麻公司两年共发生亏损177.65万元。

经审计核实，花都公司两年税前列支18个股东利润分红共310万元，其中，2002年人均8万元，2003年人均9.22万元。

花都公司违反内部控制制度，将贷款存入某商业银行，为商业银行提供高额贴水揽储，并委托贷款收取利息分红。审计组详细审查了花都公司的银行对账单，从银行对账单上找到2002年1月到2003年12月转出的大笔整数资金，然后又在元月，或三个月，或半年内转回相同或合计相同的大笔整数资金；再在工商银行账上找到这些大额资金去向，查明另外三张活期存折和7张三个月到半年的存款销户情况，追查到存单名字，最终查出另有42.38万元的存款贴水和存款利息，而这些收入被F县农发行经办人员与花都公司的几位管理者私分。

此外，该行24户宿舍全部是复式结构，每户的使用面积在200平方米左右，按照当时当地市场造价，每户房屋建筑成本应该在7万元左右。而资金来源主要是该行以修缮费的名义虚列支出套取的资金120万元，平均每户补贴5万元，水电安装、增容等10.87万元。经审计局领导同意，此案移送F县检察院查处。

四、非银行金融机构的审计

对非银行金融机构的审计主要指对国有全资及控股的保险业和证券业等非银行金融机构的审计。本书仅以人身保险公司业务为主，保险业审计主要包括承保业务审计、保全业务审计、理赔业务审计、保险资金运用审计、财务管理审计、信息系统审计等。人身保险公司审计应以"揭示风险，促进管理，规范市场，推动保险服务与创新"为目标，有效发挥审计的作用。"真实性、合法性、效益性"依然是审计工作的具体目标。人身保险公司审计的重点内容如下。

（一）保险业务合规性审计

1. 承保环节

审查各项承保业务的真实合规情况，重点关注以高手续费、高保险费返还和低费率等"两高一低"违规手段承揽业务问题；有无擅自降低保险费率，扩大承保责任，增加无赔款返还以及"暗折"等方式违规展业问题；有无以虚假发票套取费用、虚假代理等渠道违规支付保险代理手续费（佣金）等问题。注意揭示以虚假批单退保退费、虚假满期给付等方式套现，以及协助投保企业滥发奖金福利、逃税甚至转移资金等问题。

2. 理赔（给付）环节

审查各项理赔（给付）业务是否真实、合规，关注是否存在虚假理赔以及扩大赔款支出范围、在赔案中列支各类营业费用或超范围赔付等问题；注意发现保险公司与中介代理机构通过理赔费用包干等渠道搞假赔案及利益输送等问题。同时，关注追偿资产未纳入账内管理，违规自用等问题。

3. 保险资金运用环节

一是关注相关投资决策、资产配置、风险评估、绩效考核应急机制等业务流程及内控制度的健全性，是否制定并严格执行投资权限管理制度；二是关注保险资金运用的合规性和重大风险，保险资金运用是否符合有关监管要求，有无违反程序，超范围、超授权、超额度进行投资并造成重大风险的问题；三是关注保险存续资产的管理和处置是否合规，注意揭露保险投资资产的风险状况和潜在损失等问题。

（二）财务收支真实性审计

财务收支真实性审计主要揭示保险公司的保费收入和支出不实等财务风险问题。一是通过签发假保单、虚挂应收保费而后注销保单等渠道虚增保费收入问题；二是关注以"撕单""理单"等方式，隐瞒截留保费收入，私设"小金库"及账外经营问题；三是审查保险赔款支出真实情况，有无多列支出套取费用以及通过故意压赔而减少当期赔款支出等问题；四是关注佣金、经营费用等各项支出是否真实合规，重点查处以现金支付佣金、向非保险代理机构支付佣金等违规问题并注意追查资金去向；五是审查保险准备金提取的合规性，注意分析各项准备金提取方式变化给保险公司经营及偿付能力带来的影响，核实有无通过少提或多提准备金调节当期损益的情况。

（三）风险管理有效性审计

金融审计机关通过审查保险公司风险管理工作的健全和有效情况，深入揭示保险经营管理中存在的薄弱环节和突出问题。一是审查公司治理情况，检查"三会一层"运行机制的健全性和有效性。重点核查董事会确定的战略发展目标是否明确，激励和薪酬政策是否合规，信息披露机制是否健全及相关社会责任是否落实；检查重大经营活动决策程序是否合规。二是关注保险公司经营状况和可持续发展能力。重点分析偿付能力充足率、承保利润率、资产收益率等主要经营和财务指标，关注目前保险公司经营结构不合理，承保利润与投资利润不平衡等问题及带来的潜在风险。三是评价保险公司信息系统的安全性和可靠性。在全面了解信息系统及数据存储结构、处理流程的基础上，对该公司相关核心信息系统的科学性、可靠性、安全性进行测试，并针对信息系统管理工作中存在的风险隐患和功能缺失问题，提出相应的改进建议，促进保险公司的信息化建设。

（四）注意发现重大违法违规问题和经济案件线索

一是被审计单位通过编造虚假资料及内外勾结等渠道骗保骗赔的案件线索；二是保险公司通过中介代理等渠道，截留侵占保险资金，以及洗钱、商业贿赂等违法违纪问题；三是保险公司通过违规经营等严重渎职行为造成重大损失或浪费问题；四是社会不法分子通过夸大、假冒等欺骗手段投保并获赔的保险欺诈案件，以及私设营销网点，擅自从事保险活动牟利等非法经营案件。同时，审计机构还应关注因保险销售误导而引发的社会不稳定事件。

（五）综合经营审计

金融审计机关通过审查人身保险公司集团综合经营以及开展的交叉性金融业务，揭示系统性风险隐患，防范综合经营可能引发的跨行业、跨市场风险。一是集团内部资本重复投资使用的情况，防止整个集团杠杆率被无约束地放大，特别是重点关注合并资产负债表中高流动性金融资产与集团内对子公司投资的抵销事项；二是集团及其下属机构之间的业务联系和关联交易情况，是否存在金融集团各机构间人员、业务、资金和信息等不恰当地流动，是否存在因关联交易行为产生损害利益相关者的风险；三是跨平台业务，特别是一些创新业务开展情况，是否存在利用监管真空或监管力度差异，通过金融创新规避宏观调控和业务监管的情况，尤其注意交易结构、定价机制复杂的具有衍生品特征的有关金融服务与产品的风险特征、集团内投资银行业务、资产管理业务的相互渗透；四是集团层面对于各个业务与发展重点的战略规划，判断在集团子公司层面存在利益冲突的可能性，分析由金融控股公司内各机构向同一客户提供的所有服务与产品，是否倾向于某些重点业务的推广而牺牲客户利益。

◇ **案例9-4**

某保险公司以向保险代理机构支付手续费名义套取资金支付回扣给直接业务客户，因此，审计人员将审计的重点锁定在手续费环节。在对比数据时，审计人员发现以保险公司中介业务为基数的应付手续费比率远小于保险公司实际支付的手续费支出。差异难道是公司没有发现吗？审计小组在将直销业务与手续费需求量进行进一步对比后发现，相当数量的直销业务对应的保险单明细与手续费支出明细中所对应的保单明细业务有交叉，看似合理。当审计人员与公司负责人核对时，负责人坚称数据没有问题。但当审计人员说已经与信息技术人员确认核实时，负责人一时无言以对，并声称录入错误。审计人员发现，部分直销业务出现在手续费支出明细清单中。但审计人员也面临两个困难：一是公司一线人员的薪酬在分支机构核算，未由总公司掌握；二是计提比例规则较多，不同险种各不相同。因此，审计人员对某支公司进行解剖麻雀，抽取审计年度中该公司保险业务人员所有的绩效考核明细，分解业务人员奖励构成，将直销业务提成奖励对应的保单汇总出来，并且与前期获得的手续费支出明细中所对应的保单进行对比。为进一步理顺证据链，审计人员对某民营代理机构进行延伸审计，详查业务真实性和手续费收支情况。审计人员消除了对方的抵触情绪，梳理了相关手续费支出的凭证日期和金额，并调阅代理机构的账册凭证。审计人员很快发现了该代理机构的手续费收入无真实的代理内容，实际上只是为保险公司开票并收取开票费的行为。在对前期延伸审计时，通过业务人员的访谈中，他们承认了在支付开票费的前提下，套取现金用于投保客户营销的行为。经查涉及金额420万元。

本案例中，审计人员运用了得当的业务特点和流程切入点，并且采用了有效的分析和证据获取方法，克服了审计中的困难和技术障碍，通过合理的运用审计分组和延伸审计，获得了进一步的取证。该案例中，审计人员保持职业敏感性，找准审计重点，内查外调，具有经典性。

第三节 财政审计与案例

一、财政审计概述

（一）财政审计的概念

财政审计是指国家审计机关根据国家法律和行政法规的规定，对国家财政收支的真实性、合法性和效益性实施的审计监督。财政审计是国家审计的基本职责，是国家审计发挥作用的载体，引领着国家审计的发展方向。财政审计是审计工作的重要组成部分，是对财政收入分配和再分配所实施的监督活动，具有宏观性、政策性、整体性、建设性等特点。

财政审计的作用主要体现在维护财经秩序、加强财政收支管理、促进廉政建设与提高资金使用效益、促进财政管理改革、促进法制化建设等方面。

（二）财政审计的对象

财政审计的对象有两类。第一类是国家预算收支，以及与预算收支有关的各类经济活动。审计机关对本级各部门（含直属单位）、下级政府预算的执行情况和决算以及其他财政收支情况进行审计监督。同时，《预算法》指出，预算由预算收入和预算支出组成，包括一般公共预算、政府性基金预算、国有资本经营预算、社会保险基金预算。预算是财政的核心和基础，财政审计必须抓住"预算"这个龙头。第二类是国家重大政策措施和宏观调控部署的落实情况，主要指财政、发展改革部门和地方政府落实国家经济社会领域重大改革措施、国民经济社会发展规划、年度计划和工作任务的情况。

（三）财政审计的方法

财政审计方法是财政审计方式、手段和技术的总称，是由相互关联的审计方法共同构成的一个有机整体。它贯穿于整个审计过程。在审计过程中，比较常用的审计方法有：风险评估法、分析性复核法、审核稽查法、审计记录法和审计评价法。

1. 风险评估法

审计人员可以在风险评估过程中确定审计的重点问题和领域，据此实施有针对性的审计程序。具体可以归纳为四个步骤：一是确定可以接受的财政审计风险；二是通过对被审计单位的调查了解评估固有风险；三是通过对内部控制的测评评估控制风险；四是按照审计风险模型确定检查风险，并据此确定实质性测试的范围和重点。

2. 分析性复核法

此方法广泛地用于审计的各个阶段：在准备阶段，可以帮助审计人员加深对被审计单位基本情况的了解，有利于确定重点审计领域，从而编制有针对性的审计实施方案；在实施阶段，首先根据被审计单位的情况，初步确定重点审计领域和对象；其次根据各种不同来源的数据估计期望值；再次对搜集到的数据资料进行计算，并与估计值进行比较；然后在数据分析的基础上，确认调查的重大差异和意外波动发生在哪些领域或者环节；最后针对分析的结果，确定重点审计领域，对审计方案进行相应的调整。

3. 审计稽查法

审计稽查法是指审查会计资料和相关经济活动资料并获取审计证据时所采取的各种方式和技术，可以分为系统检查方法和审计技术方法两类。系统检查方法是审计人员根据被审计单位或者审计资料的系统组成或者构成情况，确定审查顺序和审查范围的方法，如顺查法、逆查法等顺序检查法及详查法、抽样调查法等范围检查法。审计技术方法是为了搜集审计证据而采取的具体措施和手段，可以分为手工审计和计算机审计方法。手工审计方法主要有检查、监盘、查询及函证等；计算机审计方法主要包括模拟数据技术、数据转换技术和程序检查技术等。

4. 审计记录法

审计记录法作为对整个财政审计实施阶段审计活动的描述，主要内容包括审计取证和工作底稿等。审计记录法有益于全面系统地反映审计的过程和结果，为审计人员形成审计结论和决定提供依据，为审计人员编写审计报告提供完整的资料，同时也有利于确定审计人员行为的恰当性和应负的责任范围。

5. 审计评价法

作为财政审计实施阶段的最后一个环节，审计评价法是形成审计报告的基础，审计人员对获取的审计证据进行整理、加工，并与相关标准进行比对，从而做出对财政收支活动真实性、合法性和效益性的判断，同时对所审事项提出意见。此方法主要包括目标评价法、成本效果法、经济计量法、决策分析法及分析性复核法等。

除上述介绍的方法之外，在审计中也要融入观察、询问、查询等多种方法。审计人员通过对比，发现被审计单位的做法与相关政策、法规不一致的地方，确定审计重点；通过询问被审计单位的相关人员，了解业务流程与办事方法，发现问题与内部控制中的漏洞，找到审计切入点；通过加强对审计中发现的线索进行分析研究，发掘更深层次的问题。

（四）财政审计的内容

财政审计与财政资金密切相关，可以说财政资金走到哪里，财政审计就跟到哪里，财政审计的内容也在适应财政制度和改革的过程中不断地得到充实和完善。根据《审计法》和其他有关法律法规，财政审计的主要内容包括：本级政府财政部门具体组织本级预算执行和决算情况；本级政府部门预算执行和决算情况；税务、海关等部门组织财政收入情况；下级政府预算执行和决算情况等。

案例9-5

审计机关对H镇开展财政审计，主要目的是通过对H镇财政收支、财务收支情况及相关经济活动的真实性、合法性进行审计，摸清其资产家底与负债情况，揭示该镇在财政收支、财务收支及国有资产管理中的问题，并通过对该镇重大经济决策、重大项目投资、重大资金使用的审计，按权责相称原则做出客观的审计评价。审计组在重点领域采用详查法，在非重点领域以分析性复核和抽查法等为主。H镇土地管理所因为主要负责镇内土地、土地出让收入资金管理等工作，涉及资金规模大，被列入重点审计范围。在利用计算机对大额支出筛选时，审计人员发现了一张20万元的大额支出转入H镇土地管理所下属工会。该凭证后只附了支票存根，注明用途为工会补贴。审计人员询问财务D有关此笔业务的真实开支范围，D对答如流。但在核对账务中，审计人员发现工会账面的一笔摘要上写着"某集贸市场分配投资收益"的收入。工会账面无对外投资又如何出现投资收益？财务D说是前任会计E经手的，可能弄错了。当审计人员将E用车接来时，E的回答是："该投资是原镇土地管理所的投资，已经在两镇合并时注销。"但审计人员不相信这一说法，理由是没有领导班子内部讨论程序的记录。如果核销，也不可能有投资收益。原来，该镇有三套账：一套账核算日常收支（审计的账簿），按月上报镇财政所并纳入财政收支；另两套账分别核算土地补偿费收支和耕地指标收支情况，不上报镇财政所、不纳入镇财政预算编报范围，也未纳入镇财政监管。E交代，这是在原有土地管理所所长的授意下完成的。经查，第二套账中，应收账款4 407万元，对外投资2 495万元，固定资产577万元。第三套账中，耕地指标累计收入14 741万元，耕地指标累计支出14 667万元，利息15万元，结余89万元转入H镇某实业公司账内。

二、本级财政预算执行和决算草案审计

（一）本级财政预算执行和决算草案审计的概念与工作重点

1. 财政部门具体组织本级预算执行情况的审计

围绕预算执行的真实性、完整性和科学性，以预算管理和资金分配为重点，掌握预算执行的总体情况，注重从体制、机制、制度上揭示财政管理、预算执行、资金分配等方面的突出问题，分析原因并提出建议，以提高财政政策实施效果、推进深化财政体制改革、推动预算的统一性和完整性、提高财政资金使用绩效和财务管理的规范性。

2. 财政部门编制决算草案审计

《预算法》规定，县级以上地方政府财政部门编制本级决算草案，经本级政府审计部门审计后，报本级政府审定，由本级政府提请本级人民代表大会常务委员会（简称"人大常委员"）审查和批准。审计过程中，要围绕决算草案的真实性、合法性、完整性和信息披露的适当性，审查决算草案的编制过程是否严格遵守相关规定及决算草案是否与总预算会计账相符，审查收支的列报是否真实、完整，审查数字调整是否规范、事项是否合规。

（二）本级财政预算执行和决算草案审计的目标和范围

1. 本级预算执行审计的目标

财政部门组织预算执行情况审计的主要目标是：总体把握政府预算执行情况和财政工作成效，揭示和反映预算执行和管理中存在的突出问题，提出规范管理、推动改革、制约权力、提高绩效等方面的意见和建议。具体目标如下：一是通过财政收入审计，揭示各级政府财政收入

反映不实、收入质量不高以及收入管理不规范等问题；二是通过对支出预算执行情况的审计，揭示预算分配中年初预留待分配指标过高、资金拨付不到位、预算调整不合规等问题；三是通过对转移支付预算执行情况审计，揭示转移支付结构不合理、资金指标下划不及时、专项资金分配不规范、资金使用效益未达标等问题。

2. 本级预算执行审计的时间范围

关于预算执行审计的时间范围可以有两种理解：一是指财政年度中某一阶段预算执行情况的时间范围；二是指人大常委员批准预算后至人大常委会审查年度财政决算之前的时间阶段。《审计法》关于各级政府向人大常委会报告预算执行情况审计工作做出了相关规定，其目的是加强人大对政府财政收支的审查监督，监督政府的年度财政活动是否符合预算确定的范围和方向。这种监督应该是对预算执行全过程及年度预算收支结果（或称决算草案）的监督，而不是对其中某一阶段及其结果的监督。从政府加强对财政收支管理的需要来看，也应该是对预算执行全过程及其结果的监督。从这个角度看，预算执行审计的时间范围应该是人大批准预算后至人大审查年度财政决算之前的时间阶段。在这时间阶段内，政府财政收支活动的所有内容，都属于预算执行审计的范围。

3. 本级预算执行审计的内容范围

《预算法》规定，各级政府预算由本级各部门（单位）的预算组成，包括下级政府上解的收入和上级政府返还或给予的补助。政府财政行为就是在人大常委会审查和批准预算后，根据同级人大常委会批准的本级预算，通过征税等手段组织预算资金，供本级各部门使用及向下级转移支付的过程。简单地说，就是预算资金从哪里来，到哪里去。这一过程可以直观地分为预算资金的筹集、预算资金的分配、预算资金的拨付、预算资金的管理使用四个环节，即预算分配情况审计、预算的编制批复与调整情况审计、财政支出预算执行情况审计、财政收入情况审计和财政管理情况审计。

财政决算草案审计是审计机关依法对本级财政部门编制的政府决算草案，在报政府批准前实施审计监督并发表审计意见的行为。财政决算审计主要以财政决算报表为基础，通过对政府财政决算报表各个项目的内容进行检查，评价政府决算草案的真实性和完整性，以及相关预算执行活动的合法性和效益性，并从整体上发表审计意见。财政决算草案审计的主要内容包括：一是审查决算草案编制过程的规范程度；二是审查决算草案编制内容的完整性和真实性；三是审查决算草案报表编纂口径的合规性；四是审查决算草案调整的及时性。

◇ 案例9-6

2017年6月20日，受国务院委托，审计署审计长胡泽君向十三届全国人大常委会第三次会议作了关于2017年度中央预算执行和其他财政收支的审计工作报告。报告基本内容如下。

从审计情况看，中央预算执行情况总体较好，财政保障能力进一步增强。审计查出问题整改成效较好，体制机制进一步健全。目前，上一年度审计查出的突出问题都得到了整改，推动制定完善规章制度2 000多项。

胡泽君表示，在中央决算草案和预算管理审计方面，重点审计了财政部具体组织中央预算执行和编制中央决算草案、发展改革委组织分配中央基建投资情况。从审计情况看，财政部、发展改革委深化财税体制改革，加强预算和计划管理，优化财政支出结构，优先保障基本民生和重点项目，预算管理水平和财政资金使用绩效有所提高。

但在这方面依然存在的主要问题有：（1）中央决算草案编制不够准确完整。包括：

少计中央一般公共预算收支20.13亿元；两个重大事项披露不充分；部分收支事项列示不细化。（2）预算分配管理存在薄弱环节。包括：预算安排与存量资金盘活统筹衔接不够；预算分配标准不够明确或执行不严格；部分预算安排和下达不够规范；国有资本经营预算范围不够完整；部门间对接还不够顺畅。此外，转移支付管理仍不够完善；部分财税领域改革有待深化。

胡泽君表示，在中央部门预算执行审计方面，重点审计了57个中央部门本级及所属365家单位，涉及财政拨款预算2 115.99亿元（占这些部门财政拨款预算总额的35.28%）。审计结果表明，2017年度部门预算管理不断加强，预算执行总体较好，财政资金使用绩效有所提高。

这方面，审计发现的主要问题有：预决算编报还不够准确；资金资产管理还不够规范；"三公"经费和会议费管理不严问题在一些部门依然存在；一些部门和单位依托管理职能或利用行业影响力违规收费。

在防范化解重大风险相关审计方面，重点关注了地方政府债务、金融运行和基本养老保险基金支付等风险及防范情况。

在扶贫政策落实和资金管理审计方面，审计机关组织重点审计了21个省的312个国定贫困县（含114个深度贫困县），抽查2 500多个乡镇、8 000多个行政村，走访2.9万多户家庭，涉及资金1 500多亿元。胡泽君表示，总的看，脱贫攻坚取得重大进展，贫困地区生产生活条件显著改善，贫困群众获得感明显增强。

但审计也发现了一些问题：一些地方扶贫工作还不够扎实，主要表现为形式主义、弄虚作假及违反中央八项规定精神；有的扶贫政策落实不够精准；一些地方涉农资金统筹整合试点推进不畅；部分扶贫资金和项目监管仍较粗放。

胡泽君表示，在各项审计工作中，共发现并移送重大问题线索300多起，涉及公职人员500多人，造成损失浪费340多亿元。其中，发现"微腐败"重大问题线索50多起，主要是侵占扶贫、涉农、社保、环保等民生资金，涉案人员多为基层公职人员。此外，涉众类金融乱象亟待整治，共发现非法集资、地下钱庄等重大问题线索40多起，主要是一些不法团伙通过快速增值、保本高息等虚假承诺宣传，或幕后操纵标的物市场行情，诱骗社会公众参与。此外，审计还发现，涉税违法问题不容忽视，国有企业管理中滥用职权违规操作等问题仍然存在。

三、部门预算执行审计

（一）部门预算执行审计

1. 部门预算执行审计的概念

部门预算执行审计是审计机关依照国家法律、法规等规定，对本级各部门（含直属单位）预算执行的真实、合法和效益情况进行的审计监督。部门预算执行审计的特点为：审计依据的法定性；审计主体的特定性；审计任务的长期性；审计内容的复杂性。

2. 部门预算执行审计的范围

部门预算执行审计的范围可以从被审计单位、被审计资金、审计内容、审计目标等方面加以说明，无论从哪个角度看，部门预算执行审计的范围都十分广泛，具体体现在以下几个方面。

（1）从被审计单位角度看，部门预算执行审计对象数量多、层次多，主要包括：一是各部门（含直属单位），即纳入各级财政预决算管理的国家机关、政党组织、社会团体、事业单位和企业组织；二是各部门（含直属单位）的所属单位。在财政预算管理中，一般将各部门（含直属单位）称为主管预算单位或一级预算单位、将各部门（含直属单位）的所属单位称为二级预算单位，将二级预算单位的厅属单位称为三级预算单位。各部门（含直属单位）往往在本地区、全国甚至国外有众多的二、三级预算单位。这些单位收支都是部门预算的组成部分，因而也属于部门预算执行审计的范围。

（2）从被审计资金来源角度看，既包括财政预算拨款，也包括非财政预算拨款。部门履行职责的主要资金来源是财政预算拨款，因而部门预算执行审计主要是监督财政预算拨款资金的管理、使用情况。除财政预算拨款外，一些部门及所属二、三级预算单位在履行职责、从事相关事业或经营活动中还取得一些预算外资金、事业收入、经营收入等，按照部门预算改革的要求，这些资金都应纳入部门预算管理，也是部门预算执行审计的范围。

（3）从部门预算执行环节看，部门预算执行过程包括向有关单位批复预算、拨付资金和单位使用资金等环节。审计机关应当对部门预算执行过程的各个环节进行审计监督，才能掌握部门预算执行的全貌，加强审计监督覆盖程度。

（4）从部门预算执行审计的目标看，包括对部门财政财务收支真实、合法和效益的监督。审计机关不仅要检查部门收支记录和财务报告，确保预算执行信息真实，而且要检查部门收支和相关经济活动符合法律、法规情况，促进依法理财，依法行政。同时，审计人员还要检查支出的经济性、效率性和效果性，促进相关部门提高财政资金使用效益。

3. 部门预算执行审计的内容

（1）部门预算管理情况。主要对部门管理及所属单位预算执行情况进行审查，审计的具体内容主要如下。

第一，部门预算管理体制。主要审查两个方面。一是部门与本级财政的预算管理关系，包括部门与本级财政部门、发展改革部门等的预算（项目）申报、审批程序、运行过程和要求，对有专门管理规定的预算项目要予以特别关注。二是部门与所属单位的预算管理关系，主要包括部门对所属单位预算管理职责划分、管理权限赋予、预算执行具体过程的管理和控制情况等。对部门预算管理体制的审查，主要是掌握部门预算管理总体情况，找出预算管理体制中存在的缺陷和薄弱环节，并可据此确定进一步审查的方向和重点。

第二，部门预算管理制度。主要审查三个方面内容。一是部门预算管理制度的健全性。主要审查部门对预算管理主要领域、主要环节、特定领域和特定要求等是否纳入制度规定之下，以及相关制度与部门预算管理实际要求相符合的情况。二是部门预算管理制度的合法性。主要审查部门制定的预算、财务管理制度与国家法律、法规等相符合的情况。三是部门预算管理制度执行的有效性。主要审查各项制度的实际执行情况和相关内部控制制度实施情况。对部门预算管理制度的审查，主要是进一步掌握部门预算管理总体情况，发现内部管理和控制的漏洞，揭露部门财务管理不到位、制度执行不严格等问题。

第三，部门银行账户管理情况。主要审查四个方面内容。一是银行账户开设程序。主要审查部门遵守国家规定程序在相关银行开户情况；实行国库集中收付改革的部门，按国库单一账户体系要求开设银行账户情况。二是银行账户数量，主要审查部门基本账户、其他账户数量，揭露部门随意开立银行账户、银行账户数量过多等问题。三是银行账户中收支的内容。主要审查部门各银行账户管理的具体收支内容，银行账户年初余额、年度收支情况、年末余额，掌握部门收支总体规模和结构。四是银行账户使用的管理情况。揭露部门出租、出借银行账户，违反有关资金专户存储管理规定等问题。

（2）部门分置、批复预算和收付资金情况。主要审查部门根据预算管理权限，分配、批复、调整预算和拨付资金情况。审计的具体内容如下。

一是部门分配预算情况。主要审查部门按照预算管理权限和所属单位职责、任务、机构、人员等，分配预算资金情况，确保分配结构合理，促进职责履行和各项事业发展；审查部门预算落实到具体单位和项目情况，促进预算分配细化；审查部门按规定将本级和所属单位的所有资金纳入部门预算管理情况，确保预算分配的完整性；审查部门违反《预算法》和其他有关规定，在部门预算中安排补助下级支出、非预算单位支出等不属于部门预算范围的事项，促进分配内容的正确性。

二是批复预算情况。主要审查批复本部门预算后 15 日内向所属单位批复预算情况，促进部门批复预算的及时性；审查部门根据财政部门批复本部门预算的科目和项目，如实向所属单位批复预算情况，揭露部门批复预算中随意调整预算科目和项目，调增、调减预算金额，擅自改变预算资金用途等问题。审查部门根据财政部门批复的本部门预算，足额向所属单位批复预算情况，反映部门批复预算不完整、预留预算资金等问题。

三是部门调整预算情况。主要审查部门追加、追减预算的依据和申请，分析调整预算占部门年度预算的比重与原因和因调整预算对资金管理、使用带来的影响，促进部门预算改革；审查部门遵守预算调整的程序和审批权限等规定的情况，揭露部门擅自调整预算等问题。

四是部门向所属单位拨付资金情况。在部门向所属单位拨款的情况下（已经实行国库集中支付的资金，按下述部门执行国库集中收付制度的要求进行审计），主要审查部门严格按照预算拨付资金情况，揭露无预算、超预算拨款，挤占、挪用预算资金等问题审查部门按照预算级次拨付资金情况，揭露超越预算级次或向非预算单位拨款等问题；审查部门按项目进度拨款情况，反映资金拨付不及时，滞拨、欠拨、截留、克扣应拨预算资金问题，以及因未按项目实际进度预拨大量预算资金，影响资金使用效益、项目建设进度和事业发展等问题。

（3）部门基本支出情况。根据部门预算制度的规定，部门预算支出划分为基本支出和项目支出两类。基本支出是为保障机构正常运转、完成日常工作任务而安排的预算支出，包括人员经费支出和日常公用经费支出两部分。基本支出实行定员定额管理。对部门基本支出审计的具体内容主要如下。

一是部门基本支出预算的真实性。主要审查部门按照定员标准，即根据国家按该部门性质、职能、业务范围和工作任务所下达的人员配置标准和实际资产量，申请基本支出预算资金情况，揭露多报人员、资产，虚报冒领预算资金等问题，确保基本支出预算的真实性。

二是部门基本支出执行预算情况。主要审查部门根据财政部门所确定的人员定额、资产费用定额和基本支出定额预算资金使用情况，揭露部门未严格执行基本支出预算，将挤占、挪用的专项资金用于基本支出或将基本支出预算资金用于非预算单位或其他非规定用途的开支等问题，反映基本支出定额不合理、不公平、不公开等问题。

三是部门基本支出执行国家规定标准情况。主要审查部门人员工资、津贴补贴、奖金、社会保障缴费、医疗费、住房公积金、交通费、差旅费、会议费等人员经费和日常公用经费执行国家规定标准情况，揭露擅自扩大支出范围、提高开支标准以及超范围和超标准使用资金等问题。

四是部门基本支出效益情况。主要审查部门厉行节约原则的贯彻情况、日常公用经费的管控情况、资金有效使用的情况；揭露经费使用中挥霍浪费、滥支乱用等问题，提高工作效率，保障部门有效履行职责。

（4）部门项目支出情况。部门项目支出是为完成特定的行政工作任务或停业发展目标，在基本支出预算之外安排的专项支出。项目按其预算测算和编报要求分为四类：一是政府已研究确定的项目，即政府已研究确定需由财政预算资金重点保障安排的支出项目；二是经常性专项业务费项目，即部门为维持其正常运转而发生的大型设施、设备、大型专用网络运行费和为完成特定工作任务而持续发生的支出项目；三是跨年度支出项目，即除以前年度延续的政府已研究确定项目和经常性专项业务费项目之外，经财政部门批准并已确定分年度预算，需在本年继续安排预算的项目和当年新增的需在本年度及以后年度继续安排预算的支出项目；四是其他项目。部门项目支出实行单项申请和核定，采取项目库管理的办法。

（5）部门收入情况。部门及所属单位的收入包括一般财政预算拨款收入、纳入预算管理的政府性基金收入、预算外资金收入和其他收入。部门及所属单位收入审计的具体内容如下。

一是收入取得的合法性。对财政拨入的一般预算拨款收入、纳入预算管理的政府性基金收入、纳入财政预算外资金专户管理的部分预算外资金收入，主要审查如实申报、申请预算资金情况，揭露弄虚作假，虚报冒领、骗取财政资金等问题。对事业收入、事业单位经营收入等其他收入，主要审查按照国家规定开展相关专业业务活动、经营活动等并取得相关收入的情况。

二是相关收入纳税情况。对部门所属单位应当纳税的收入，主要审查严格按照国家规定进行纳税申报情况，及时、足额缴纳税款情况，揭露隐瞒、转移收入，偷税、漏税等问题。

三是收入管理情况。主要审查各项收入是否全部纳入部门预算，由财务部门统一评价各项收入核算的完整性、准确性等，揭露收入预算不完整、私设"账外账"、私存私放资金等问题。

（6）部门结余情况。部门及所属单位结余是指其收支相抵后的差额，包括财政拨款结余和非财政拨款结余两部分。财政拨款结余又分为基本支出结余和项目支出结余（含项目完成、中止或撤销形成的净结余资金；项目当年已执行但尚未完成和项目因故当年未执行需要推迟到下年执行而形成的专项结余资金）。

（7）部门征缴国家非税收入和执行"收支两条线"规定情况。一些部门依照法律、法规规定，履行执收执罚职责，负责征收和管理相关的行政事业性收费收入、罚没收入、国有资本经营收益、国有资源（资产）有偿使用收入等国家非税收入。

（8）部门执行政府采购制度情况。根据《中华人民共和国政府采购法》（简称"《政府采购法》"）规定，部门及所属行政事业单位用财政资金采购政府采购目录以内或限额标准以上的货物、工程和服务，应当实行政府采购。对部门执行政府采购制度进行的审计的具体内容如下。

首先，部门编报政府采购预算和计划情况。主要审查部门按照政府采购法律、法规和年度预算编制要求，编制政府采购预算，将政府采购的货物、工程和服务全部纳入政府采购预算情况；审查部门根据下达的政府采购预算，全面、详细、及时地编报政府采购计划情况，保障政府采购严格按照预算和计划执行。

其次，部门执行集中采购制度情况。主要审查部门依法将列入政府采购目录的货物、工程和服务委托集中采购机构进行采购的情况，揭露部门违反《政府采购法》规定，不委托或化整为零，擅自将货物、工程和服务列入政府采购目录，规避集中采购问题。

最后，部门执行采购方式和采购程序情况。对采购机构的集中采购和部门分散采购的活动，主要审查三个方面内容。一是政府采购方式。审查部门依法采用公开招标、邀请招标、竞争性谈判、询价、单一来源采购方式情况，揭露不执行规定采购方式、规避公开招标等问题。二是招投标程序。审查招标文件制作、招标公告发布、投标和开标活动组织、评标委员会组成、评标专家选择的合规性，评标办法和评标过程的公正性、合理性，中标人确定和招标结果的合法性，依据法律、招投标文件和政府采购预算签订采购合同情况以及采购合同全面履行情况。三是其他采购程序执行情况。审查竞争性谈判、询价等采购程序执行的合规性、规范性，揭露违反公开、公平、公正原则，未按规定方式和程序开展政府采购，违规操作、弄虚作假、行贿受贿、损害国家和采购人利益等问题。四是政府采购效果。审查组织采购的及时性和采购活动效率，采购物品价格和节约资金情况，采购物品质量，采购合同执行情况和供应商后续服务情况等。

（9）部门执行国库集中收付制度情况。部门及所属单位正在推行国库集中收付制度，即其财政性资金通过国库单一账户体系（即由国库单一账户、财政部门零余额账户、财政部门预算外资金专户、预算单位零余额账户、预算单位小额现金账户、预算单位特设专户构成的账户体系）进行收缴、存储、支付和清算的制度。对部门非税收入收缴的审计已在前面进行了阐述。

（10）部门国有资产管理情况。部门及所属单位国有资产包括由财政性资金形成的资产、国家划拨给的资产、按照国家规定组织收入形成的资产，以及接受捐赠和其他经法律确认为国家所有的资产。

（11）部门其他财政管理情况。审查部门及所属单位负债情况，按规定偿还各项负债和负债核算情况；审查机构划转撤并或单位清算财务管理情况，包括全面清理各项财产、债权、债务，按规定办理国有资产移交、接收、划转手续，妥善处理各种遗留问题；审查部门及所属单位其他相关财务收支及管理情况。

（二）部门决算审计

1. 部门决算审计的定义

部门决算是政府财政决算的重要组成部分。部门决算审计主要是对各部门编制的年度决算草案执行审计、确保部门年度决算草案的真实性、合规性。

部门决算审计，实质上是审计机关依法对部门预算执行结果的真实、合法、效益情况进行的审计监督，是部门预算执行审计的延续。部门预算执行审计与部门决算审计有着密切的关系，主要表现在三个方面。一是部门预算执行审计和决算审计是部门财政收支审计的两个不同阶段。从部门预算管理的全过程来看，部门预算管理主要包括预算编制、预算执行和决算三个环节。部门预算执行情况是编制决算的基础和依据，部门决算是预算执行情况的体现和结果。二是部门预算执行审计是部门决算审计的基础。部门决算审计的主要目标是确认决算收支的真实性、合法性，许多决算收支事项都需要追踪到具体预算执行过程中加以确认。因此，审计机关一般在全面开展部门预算执行审计的基础上，再对部门决算进行审计；或者从部门决算入手，向前延伸检查部门预算执行情况，确认决算收支。三是部门预算执行审计和部门决算审计工作可以相互促进。

2. 部门决算审计内容

（1）年终财务清理、结算的情况。主要审查部门及所属单位按规定清理、核对年度收支数字和各项缴拨款项、各项往来款项、各项财产物资情况，以及年终结账情况等。

（2）编制决算草案的情况。主要审查部门及所属单位按规定编制决算草案，有关账表、表表相符情况；决算内容全面、完整情况各项决算收支数额真实、准确情况。审查因虚列支出、随意结转造成决算不实等问题因隐瞒、漏报而形成表外资金、资产，甚至造成国有资产流失等问题。

（3）部门汇总所属单位决算草案的情况。主要审查部门按规定汇总所属单位决算，将所属单位全部收支（含事业收支和事业单位的经营收支等）统一纳入汇总的决算报表，以及因漏汇、少汇，造成决算不完整等问题审查部门以所属单位上报的会计数字为准汇总决算报表，以及因随意调整科目、弄虚作假造成会计信息失真等问题。

（4）部门决算草案与预算差异的情况。主要审查部门及所属单位预算执行结果与批复预算数相符情况；预算的追加、追减和各预算科目之间资金调剂的上报审批情况；年度预算内、预算外收入完成预算计划情况；各项支出按预算和用款计划拨付，预算资金结余、滞留情况及其原因。

（5）部门决算草案反映的资金使用效益情况。主要审查部门及所属单位贯彻执行增收节支的财政政策情况；各项资金使用达到预期计划目标和最终或阶段性的成果情况；部门决算反映的资金使用取得社会效益和经济效益，各项资金收支和事业发展与社会经济发展相适应情况等。

（6）部门决算草案反映预算执行审计结果的情况。主要审查预算执行审计发现的问题是否在决算中得到了相应的调整和纠正；审查预算执行审计中未予审计或虽经审计但情况仍未查实的重要事项等。

四、专项转移支付资金审计

（一）专项转移支付资金审计的定义与内容

专项转移支付审计就是要通过全面审核专项转移支付项目设置、资金分配管理使用情况，反映转移支付制度安排、管理体制中存在的突出问题，揭示挪用、侵占、浪费、骗取资金以及利益输送、渎职等重大问题，提出完善制度、规范管理、推动改革、制约权力、提高绩效等方面的意见和建议。

专项转移支付审计的主要内容包括：专项转移支付项目设置环节审计、专项转移支付资金分配环节审计、专项转移支付预算管理环节审计、转移支付绩效评价制度执行情况审计。这里由于篇幅原因，不一一赘述。

（二）专项转移支付资金审计的主要方法

审计要在掌握专项转移支付资金总体种类、规模、设立依据和目标、分配方法及其实施部门的基础上，审查专项转移支付资金管理制度的健全性和有效性，项目资金申请的真实性、合规性，项目评审和审批的规范性，以及项目实施的效果性；重点揭示专项转移支付资金在管理、分配、使用、监督环节存在的骗取、套取资金和利用职务之便转移侵占、以权谋私、贪污受贿等违法犯罪问题；分析转移支付资金运行过程中存在的薄弱环节，促进规范转移支付资金管理、提高资金使用效益。

 课后训练

一、思考题

1. 什么是经济责任审计？有哪些具体种类？

2. 与真实性审计相比，经济责任审计有哪些特点？

3. 领导干部的经济责任审计的内容应当包括哪些方面？领导干部行贿受贿和生活作风问题是否应纳入经济责任审计？

4. 查找资料，阐述为了建立适应社会主义市场经济的公共财政框架，我国已采取了哪些财政制度改革措施？

5. 论述财政审计的概念、目标与审计方法。

6. 政府转移支付情况的内容有哪些？

二、分析题

1. 案情介绍

在某银行审计中发现，滨州、东江地区多个公司存款账户与个人存款账户间资金交易频繁且数额巨大。审计组追踪资金流向和来源，并延伸相关部门，最终查实东江市特大非法经营地下钱庄案件线索。

2. 审计过程和方法

（1）充分利用计算机数据分析对公账户资金的流量、流向特征。

（2）锁定可疑账户后，进一步追踪资金流动规律，并根据这些规律扩大可疑账户范围。

（3）将资金追查结果汇总分析。

（4）结合外国延伸调查取得资金流动与企业正常生产经营严重不符的相关证据。

审计组赴东江工商和税务部门调查，发现 19 家企业经营规模小，且经营状况不正常，企业间存在一定的关联关系。由此判断，这些单位的巨额资金流动与其经营状况严重不符，且资金集中转给个人，涉嫌非法经营地下钱庄。

3. 风险解析

地下钱庄利用商业银行存款账户进行洗钱等违法犯罪活动，不仅侵害了金融管理秩序，严重破坏了公平竞争规则，还妨害了司法活动，助长了犯罪分子不断实施犯罪的气焰。这种犯罪活动一直是世界各地严厉打击的重点领域。如果商业银行在经营过程中未按照规定对巨额异常资金流动情况进行监测上报，主客观上帮助了洗钱犯罪的顺利实施，同时也给商业银行自身带来了巨大的法律风险。实际操作中，洗钱活动手法多样，通过多个企业和个人账户之间资金多次划转来达到的目的，极具隐藏性。因此，审计中应充分利用多家商业银行存款业务数据，关注资金异常流动现象，对发现的线索进行延伸追踪落实。

请问：（1）商业银行审计组是如何发现地下钱庄的？

（2）在信息技术时代，商业银行审计面临什么机遇与挑战？

（3）针对洗钱，审计应采用哪些技术和方法？

参考文献

[1] 刘明辉. 审计（第6版）[M]. 大连：东北财经大学出版社，2017.

[2] 朱锦余. 审计学（第2版）[M]. 北京：高等教育出版社，2012.

[3] 王英姿，朱荣恩. 审计学（第4版）[M]. 北京：高等教育出版社，2017.

[4] 阚京华，周友梅，管亚梅. 审计学（第2版）[M]. 北京：人民邮电出版社，2016.

[5] 迈克尔·纳普著. 审计案例[M]. 刘颖译. 大连：东北财经大学出版社，2014.

[6] 刘三昌. 政府审计[M]. 大连：东北财经大学出版社，2016.

[7] 陈希晖. 审计与准则[M]. 大连：东北财经大学出版社，2016.

[8] 内蒙古自治区审计学会. 领导干部自然资源资产离任审计常见问题定性与评价指南[M]. 北京：中国时代经济出版社，2018.

[9] 《商业银行审计指南》编写组. 商业银行审计指南[M]. 北京：中国时代经济出版社，2018.

[10] 《财政审计读本》编写组. 财政审计读本[M]. 北京：中国时代经济出版社，2016.

[11] 崔飚，李传彪. 审计理论与实务（第2版）[M]. 北京：人民邮电出版社，2017

[12] 戚振东. 审计综合实验[M]. 大连：东北财经大学出版社，2017.

[13] 《国家审计案例故事》编写组. 国家审计案例故事[M]. 北京：中国时代经济出版社，2017.

[14] 中国注册会计师协会. 审计[M]. 北京：中国财政经济出版社，2018.

[15] 李瑛. 审计学（第二版）[M]. 北京：机械工业出版社，2009（第2版）.

[16] 秦荣生. 卢春泉. 审计学（第八版）[M]. 北京. 中国人民大学出版社，2016.

[17] 张立民. 审计案例一种互动学习方法（第五版）[M]. 北京. 北京大学出版社，2013.

[18] 张继勋. 程悦. 审计学（第二版）[M]. 北京. 清华大学出版社，2015

[19] 宋常. 审计学（第七版）[M]. 北京. 中国人民大学出版社，2014.

[20] 曾铁兵. 当代审计学：真实的问题与案例（第五版）[M]. 北京. 经济科学出版社，2006.

[21] 高莹. 万里霜. 闫志刚. 审计学原理与实务[M]. 北京. 清华大学出版社，2007.

[22] 宋依佳. 审计案例集[M]. 北京. 中国时代经济出版社，2009.

[23] 刘华. 审计理论与案例[M]. 上海. 复旦大学出版社，2005.